Karl-Wilhelm Dahm

BERUF: PFARRER

Karl-Wilhelm Dahm

Beruf: Pfarrer

Empirische Aspekte

Claudius Verlag München

Einbandentwurf: Werner Richter

Satz und Druck: Claudius Verlag München
ISBN 3/532/71290/3

MEINER FRAU

Inhaltsverzeichnis

Vorwort 9

I. Zur Sozialgeschichte des Pfarrerberufes 11

1. Die protestantischen Pastoren und der Staat 13
2. Die Fluktuation der Theologiestudentenzahl von 1800 bis 1970 48
3. Traditionen und Übergänge im Predigerseminar 59
4. Der Pfarrerstand im Spiegel der Sozialstatistik 75
   A) Pfarrerzahl und Gemeindegröße (in landeskirchlichem Vergleich) 1840—1968 77
   B) Zur sozialen Herkunft der Pfarrer (Väterberufe 1768—1968) 86
   C) Differenzierungstendenzen im Berufsfeld, 1958—1968 92

II. Zur gegenwärtigen Situation des Pfarrerberufes 97

1. Das Berufsfeld des Pfarrers in der Sicht einer „funktionalen Theorie“ des kirchlichen Handelns 99
2. Reform und Realität 157
3. Hummanität und Lernprozeß 176
4. Erwägungen zur Zukunft der Religion 190

III. Probleme einer aufgabenorientierten Praxis 203

1. Pfarrerberuf und Kooperation 205
2. Hören und Verstehen 218
3. Kleingruppenarbeit in der Gemeinde 245
4. Seelsorgerliche Kommunikation 264
5. Kirchliches Bauen im Wandel kirchlicher Aufgaben 278

IV. Thesen zur Reflexion kirchlicher Wirklichkeit heute 289

1. Aufgabe und Bedeutung von Religion in der Gesellschaft 291
2. Aspekte einer funktionalen Theorie des kirchlichen Handelns 303

3. „Stationen des Hörens" 310
4. Soziologische Anmerkungen zum Thema Predigt 319
5. Kirchliche Kommunikationsprobleme
in sozialpsychologischer Sicht 322

Register 326

Vorwort

Ob man und wie man heute (noch) Pfarrer sein kann, ist eine Frage, die nicht nur von Kandidaten der Theologie, sondern auch von Pfarrern selbst und in einer breiteren Öffentlichkeit hartnäckig gestellt und oft diskutiert wird. Bei ihrer Erörterung spielen in zunehmendem Maße empirische, besonders sozialwissenschaftliche Aspekte eine wichtige Rolle. Wir meinen, daß sich in der kritischen Auseinandersetzung mit diesen Aspekten neue und fruchtbare Perspektiven für den Beruf des Pfarrers gewinnen lassen können. Dazu ist es freilich notwendig, daß die empirischen Aspekte mit den theologischen, also mit dem Auftrag der Kirche vermittelt werden.

Im Rahmen dieser Thematik soll dieses Buch Überlegungen zur Diskussion stellen, die während der letzten drei Jahre in der Auseinandersetzung mit Herborner Pfarramtskandidaten entstanden sind. Erwähnen möchte ich die ehemaligen Kandidaten und Mitarbeiter Edmund Weber, Ulf Häbel, Helge Richter, Peter Stenzel, Dieter Bertram und Karl Martin. Ausdrücklich danken möchte ich meinem Assistenten Ernst-August Küchler, der mir über die gemeinsame theoretische Arbeit hinaus besonders geholfen hat, daß die Idee des Buches verwirklicht wurde.

Für die Anregung der Publikation und für verständnisvolle Beharrlichkeit danke ich Herrn Pfarrer Göpfert vom Claudius Verlag. Für das Lesen der Korrekturen und darüber hinaus für eine gute Kommunikation danke ich meinem Schwiegervater Alfred Schneider.

Herborn im Sommer 1971

Karl-Wilhelm Dahm

I.

Zur Sozialgeschichte des Pfarrerberufes

1. Die protestantischen Pastoren und der Staat

„Der evangelische Priester ist, sobald er sich stark genug dazu fühlt, zur Theokratie ebenso geneigt wie der katholische, und dabei ist schwerer mit ihm fertig zu werden, weil er keinen Papst über sich hat." Würde man heute Pfarrer oder Lehrer nach dem historischen Ort dieses Zitates befragen, dann würde wahrscheinlich von den meisten auf die Gegenwart, kaum aber auf Bismarck verwiesen werden, der nach 25jähriger Kanzlerschaft zu diesem Urteil gelangte[1]. Wem die kirchliche Situation der Bismarck-Ära auch nur im Umriß vertraut ist, wem bekannt ist, daß Bismarck die beamtete Geistlichkeit gewöhnlich als quantité négligeable behandelte und die Kirchenpolitik souverän seinen Staatsnotwendigkeiten unterordnete[2], dem muß in der Tat dieses Urteil verblüffend erscheinen.

Heute, hundert Jahre nachdem Bismarck die Richtung der deutschen Geschichte für lange Zeit festlegte und damit auch das Verhältnis von Staat und Pastoren entscheidend beeinflußte, wird erneut das Thema der Theokratie leidenschaftlich diskutiert. In Öffentlichkeit und Profanwissenschaften spricht man von „Klerikalismus"[3] und „Konfessionalisierung"[4]; in Kirche und Theologie geht es um das Problem der „Christokratie"[5]. So verschieden die soziologischen und theologischen Implikationen dieser drei Vokabeln sein mögen, so ist ihnen doch die Feststellung theokratischer Tendenzen gemein — so sehr diese Feststellung von den jeweils gemeinten oder angegriffenen Positionen aus auch als Mißverständnis oder Unterstellung bestritten werden mag.

[1] Brief an Prinz Wilhelm, den späteren Kaiser Wilhelm II., vom 6. 1. 1888, in: Bismarck, *Gedanken und Erinnerungen*, Bd. III, Kap. I.

[2] Vgl. etwa O. Dibelius, *Das Jahrhundert der Kirche*, Berlin 1926, S. 64 f.

[3] Vgl. T. Ellwein, *Klerikalismus in der deutschen Politik*, München 1955. — E. Müller und B. Hanssler, *Klerikalisierung des öffentlichen Lebens?*, Osnabrück 1963.

[4] J. Matthes, *Religionszugehörigkeit und Gesellschaftspolitik*, in: *Internationales Jahrbuch für Religionssoziologie*, 1965, S. 43-66.

[5] Vgl. W. Schmauch und Ernst Wolf, *Königsherrschaft Christi*, München 1958 *(Theol. Existenz Heute*, N. F. 64). Zur Diskussion vgl. W. Schweitzer, *Sozialethik*, in: *Die Religion in Geschichte und Gegenwart*, Bd. VI, 3. Aufl. 1962.

Die erstaunliche Parallelität von Beurteilungen am Beginn und am Ende des hier zu betrachtenden Zeitraumes darf gewiß nicht als Zufall leichtfertig abgetan werden. Sie darf aber auch nicht die Erkenntnis verstellen, daß der deutsche Protestantismus in seiner Geschichte weit mehr durch das Gegenteil von theokratischen Neigungen, nämlich durch kirchliche Übergriffe des Staates und durch unkritische „Staatsfrömmigkeit" der Pastoren, gefährdet war. Im Spannungsfeld theokratischer und cäsaropapaler Tendenzen hat die Beziehung zwischen dem Staat und den Pastoren während der letzten hundert Jahre ganz unterschiedliche Gestaltungen und auf den ersten Blick paradox erscheinende Wandlungen erfahren. So hingen die Pastoren dem Wilhelminischen Staat und seiner Obrigkeit in gläubiger Verehrung und bedingungsloser Treue an, sanktionierten sie ihm, was er von ihnen forderte, sei es die Einsegnung der Waffen, sei es der Kampf gegen die „gottlose" Sozialdemokratie — und das alles, obgleich dieser Staat sie in oft entwürdigender Abhängigkeit hielt, sie als „Schwarze Polizei" in Anspruch nahm und obgleich sie von dessen führenden Gesellschaftskreisen nie recht ernst genommen wurden. Ein halbes Jahrhundert später ist das Bild gleichsam umgedreht: Dem von der CDU geführten Staat, der ihnen die Unabhängigkeit ihres Amtes garantiert, der ihre Arbeit großzügig unterstützt, der in seinen führenden politischen Repräsentanten nachgerade um ihr Vertrauen wirbt, diesem Staat stehen die Pastoren vielfach in kritischer Wachsamkeit, der regierenden Partei und ihrer Politik sogar in unverhohlener Skepsis oder Ablehnung gegenüber.
Dennoch lassen sich in diesen grundlegenden Veränderungen unschwer kontinuierliche Entwicklungen beobachten. Diese Entwicklungen zeigen einen je unterschiedlichen Verlauf in den Teilbereichen, die das Gesamtverhältnis zwischen Staat und Pastoren konstituieren und bestimmen. Wir unterscheiden fünf solcher (untereinander vielfach verflochtener) Teilbereiche: 1. die theologische Staatsauffassung; 2. das organisatorische Verhältnis von Staat und Kirche; 3. die Dichotomie von Staat und Gesellschaft; 4. die soziale Sicherheit der Pastoren; 5. die Dialektik von Staat und Nation. Es erscheint ratsam, die ihrerseits unter je eigenen Bedingungen stehenden Zeitabschnitte des Kaiserreichs, der Weimarer Republik, des NS-Staates und der Bundesrepublik nach den Gesichtspunkten dieser sie sämtlich durchziehenden Teilprobleme zu gliedern. Vor-

weg müssen jedoch die in den einzelnen Teilbereichen wirksamen Traditionen, zum Teil in Auseinandersetzung mit gegenwärtig vorherrschenden Meinungen, herausgearbeitet werden.

Traditionen

1. Zur Erklärung der Katastrophe von 1945 wird heute gerne auf eine Genealogie der politischen Moral von Luther über Friedrich II. und Bismarck zu Hindenburg und Hitler verwiesen. Diese Genealogie war ursprünglich (1933) von (damals) pronationalsozialistischen Theologen und Historikern konstruiert worden[6]. Unter den zahlreichen Verbindungslinien zwischen lutherischer Tradition und nationalsozialistischem Programm (wie etwa der Reichsidee, dem gottesdienstlichen Charakter des Dienstes am Vaterland oder auch der Ablehnung westlich-liberalistischen „Mammonsgeistes") wurde insbesondere die gemeinsame Forderung nach einer starken Staatsmacht hervorgehoben. In der Macht des Staates sah man übereinstimmend das wirksamste Ordnungselement gegenüber den auseinanderstrebenden Egoismen von Individuen und Gruppen. Karl Barths Kritik an der zeitgenössischen lutherischen Ethik nahm den Gedanken dieser Genealogie auf, versah ihn jedoch mit einem negativen Vorzeichen. Für Barth schien in der traditionellen lutherischen Staatsmoral die verhängnisvolle Tendenz angelegt, die Macht dem Recht vor- oder überzuordnen. Deutliche Ausprägungen dieser Tendenz fand er in der Außenpolitik Friedrichs II. und Bismarcks. Ihr entspreche innenpolitisch, daß „die Verantwortlichkeit des einzelnen Bürgers so bewußt, so grundsätzlich vernachlässigt, ja unterdrückt wurde"[7]. Diese Perspektive, von Barth offenbar als Herausforderung der lutherischen Theologie zur Überprüfung ihrer Staatslehre polemisch zugespitzt, ist in den letzten zwanzig Jahren in stark vereinfachter Form unter Theologen und Historikern so allgemein geworden, als handele es sich um ein historiographisch gesichertes Forschungsergebnis. Charakteristisch für diese Vereinfachung ist etwa die Rahmenthese in Fritz Fischers vielzitiertem Aufsatz „Der deutsche Protestantismus und die Politik

---

[6] Vgl. Ernst Wolf, *Zur Selbstkritik des Luthertums,* in: *Evang. Selbstprüfung*, hrsg. von P. Schempp, Stuttgart 1947, S. 113-135.

[7] K. Barth, *Eine Schweizer Stimme 1938-1945,* Zollikon 1945. Zitat bei Wolf, a.a.O., S. 115 f.

im 19. Jahrhundert". Fischer zeichnet als allgemeinen Bezugsrahmen folgendes Polaritätsprofil: „Für die westlich-calvinistische Welt liegt die sündhafte Möglichkeit des Menschen im Mißbrauch der Macht, während für die deutsch-lutherische Welt die sündhafte Möglichkeit des Menschen in der Auflehnung gegen die Macht liegt."[8] Die Isolierung des Machtbegriffes ist in diesem Zusammenhang zumindest mißverständlich. Sie ermöglicht, ja vom Kontext her suggeriert sie sogar die Vorstellung von einer heimlichen Kongruenz zwischen den machiavellistischen Strömungen einer Verabsolutierung des Machtprinzips und den lutherischen Traditionen des Gehorsams gegen die gottgesetzte Obrigkeit.

Eine solche Vorstellung aber läßt sich weder bei den Reformatoren noch für die Zeit des Absolutismus noch für die christlichen Konservativen im vorbismarckischen Preußen verifizieren. Und wo mit Berufung auf die „Staatsnotwendigkeiten" die Macht vor das Recht, der Zweck vor die Mittel gesetzt wird, kann das nicht als typisches Handeln eines genuin „lutherischen Christen" qualifiziert werden (gegen Fischers Bismarck-Interpretation — S. 493).

Die lutherische Staatslehre hat vielmehr in allen ihren Variationen bis Ende des 19. Jahrhunderts an dem der Macht vorgeordneten Rechtsprinzip festgehalten[9]. Das Rechtsprinzip war für sie in den Geboten Gottes enthalten, aus deren Verpflichtungsanspruch der Staatsmann keinesfalls entlassen werden konnte. Das gilt insbesondere für die reformatorische Zweireichelehre, nach der Staat und Kirche in ihren Funktionen zwar streng unterschieden, aber doch durch das in beiden Bereichen wirkende Regiment und Gebot Gottes unauflöslich aneinander gebunden sind. Zwar hat sich diese Bindung in der durch Melanchthon eingeleiteten und geprägten lutherischen Orthodoxie zugunsten einer relativen Eigenständigkeit der drei „Stände" (Kirche, Staat, Wirtschaft) gelockert. Doch bleiben auch jetzt für die „weltlichen" Bereiche der Politik die naturrechtlich-christlichen Sittlichkeitsgebote durchaus in Geltung. Die

[8] In: *Historische Zeitschrift*, Bd. 171; 1951, S.473-518. Zitat: S. 475 und 517.

[9] Vgl. W. Elert, *Morphologie des Luthertums*, Bd. II, München 1932, bes. 4. Kap.: „Der Staat", S. 298 ff. und S. 387 ff. Das große Werk Elerts dürfte für die Zeit bis etwa 1850 immer noch die überzeugendste Gesamtanalyse bieten. Die Analysen der späteren Zeit (Bismarckbild, Eigengesetzlichkeit, Führertum, Sozialismus, Wirtschaft u. a.) bleiben dagegen vielfach unbefriedigend.

These Ernst Wolfs (S. 131), daß mit der orthodoxen Auffassung von der relativen Eigenständigkeit „prinzipiell dem Weg zur Theorie der ‚Eigengesetzlichkeit‘ Raum gegeben“ sei, muß darum problematisch erscheinen. Denn „Eigengesetzlichkeit“, wie sie etwa von F. Naumann theoretisiert wurde, bedeutet die grundsätzliche Loslösung des zweckbezogenen politischen Handelns von dem vorgegebenen System ethischer Normen. Der Weg von der „Eigenständigkeit“ führt über eine Kluft, die nur durch einen qualitativen Sprung überwunden werden kann. Die Antriebskräfte zu diesem Sprung aber scheinen uns nicht als immanente Konsequenz in der lutherischen Tradition zu liegen, sondern von außen zu kommen: generell aus den umfassenden gesellschaftlichen Wandlungsprozessen der Neuzeit, die gegen Ende des 19. Jahrhunderts zu einer nicht mehr zu ignorierenden Zuspitzung der nationalen und sozialen Problematik führten, und speziell aus den „realpolitischen“ Kristallisationen der neuen sozialen Wirklichkeit, besonders aus der von Bismarck erfolgreich praktizierten Moral der Staatsnotwendigkeiten und aus dem Phänomen des Imperialismus. Diese Herausforderungen stellten die Theologie vor Aufgaben, für deren Bewältigung die überkommenen Kategorien nicht auszureichen schienen. Freilich hat auch die neue Kategorie der „Eigengesetzlichkeit“ diese Aufgaben nicht gelöst, sondern eher erschwert, wie die verhängnisvolle Geschichte dieses Begriffes im 20. Jahrhundert zeigt.

Einstweilen, in der Zeit Melanchthons und für die nächsten drei Jahrhunderte, war jedoch von „Eigengesetzlichkeit“ keine Rede. Jetzt bildete sich vielmehr langsam jener „protestantische Humanismus“ heraus, der die in der Reformationszeit entwickelten, aber durch apokalyptische Erwartungen bruchstückhaft gebliebenen ethischen Impulse der Reformatoren aufnahm und später mit Gedanken des rationalen Naturrechts verband[10]. In seiner Staatslehre hält der protestantische Humanismus gegen die absolutistische Überordnung des Staates über das Recht am Vorrang der Rechtsordnung fest. In seinen pietistischen und aufklärerischen Varianten kollidiert er mit der machiavellistischen Interpretation der Staats-

---

[10] Diesen Hinweis verdanke ich Prof. Dr. Dr. Theodor Strohm, Berlin, der in seiner Untersuchung über „Wohlfahrtszweck und sozialer Rechtsstaat“ (in Vorb.) die ethischen Strukturen des „protestantischen Humanismus“ herausarbeitet.

räson und mit der Praxis des Polizeistaates (gegen Fischers Behauptung von „völliger Einfügung“ und „Sanktionierung“ — S. 475). Und wenn Barth auf Friedrich II. verweist, dann wäre zu fragen, ob dieser nicht eher in seiner Dienst- und Pflichtauffassung lutherisch geprägt war als in seiner machiavellistischen Außenpolitik; denn in der Dienstauffassung unterscheidet er sich von dem „westlich“ geprägten Louis XIV., nicht aber in seinem „Machiavellismus“.

Schließlich zeigt sich das Erbe des protestantischen Humanismus in der Staatsauffassung der „Christlichen Konservativen“ im Preußen der vorigen Jahrhundertmitte. Gewiß haben F. J. Stahl, die Gebrüder von Gerlach und ihre politischen Freunde die Zeichen der neuen Zeit wie etwa die soziale Frage nicht richtig erkannt, waren sie antidemokratisch, antirevolutionär; gewiß sahen sie die Autorität, ja „Majestät und Heiligkeit der Gewalt“ allein in jener Obrigkeit, die „von Gottes Gnaden und nach Gottes Gebot und nicht durch und nach dem Willen des Volkes herrscht“[11]. Doch war es eben „Gottes Gebot“, war es der Gerlachsche Grundsatz „iustitia fundamentum regnorum“, war es der Rechtsgedanke, der sie schon in den 60er Jahren in Gegensatz zu Bismarck brachte. Freilich gab es für ihren anhaltenden Konflikt mit dem Kanzler auch andere, scheinbar vordergründige Anlässe: etwa die von den Konservativen als Verletzung des Fürstenstandes interpretierten bismarckischen Annexionen, ihre Ablehnung des „liberalen Nationalitätengötzentums“ und nicht zuletzt ihre theokratischen Ideen, die gelegentlich in klerikale Machenschaften umschlugen und zu dem eingangs zitierten Urteil Bismarcks über theokratische Tendenzen im Protestantismus beigetragen haben dürften. Aber in und hinter diesen Anlässen ging es grundsätzlich eher um die „Christlichkeit“ des Staates, um den Rechtsgedanken. Eine stringente Kontinuität zwischen Stahl und Bismarck nachzuweisen, dürfte daher weit größere Schwierigkeiten bereiten, als es Fischer (S. 483) wahrhaben will.

Bismarcks zweckbetonter Dezisionismus, der die ratio status über

---

[11] Zit. bei Fischer, a.a.O., S. 483; zur Theorie der christlichen Konservativen vgl. H. Hermelink, *Das Christentum in der Menschheitsgeschichte*, Bd. II, Stuttgart 1954, S. 340 ff. und S. 588 ff. Zum Konflikt zwischen den christlichen Konservativen und Bismarck vgl. auch: W. O. Shanahan, *Der deutsche Protestantismus vor der sozialen Frage*, München 1962, S. 358 ff.

die ratio hominum stellt, ist den Prinzipien des protestantischen Humanismus entgegengesetzt. Er findet seine Rechtfertigung erst in der erwähnten neuprotestantischen Theorie der Eigengesetzlichkeiten, die durch Rudolf Sohms Interpretation der „Scheidung von Geistlichem und Weltlichem" folgendermaßen charakterisiert ist: Da „das Christentum keinerlei Antwort auf politische Fragen zu geben vermöge", müsse politische Tätigkeit weltlich, als „Kampf für die Macht des Daseins unseres Volkes" begründet werden[12]. Es dürften diese neuprotestantischen Ideen und ihre Substitutionen durch die sogenannte „Lutherrenaissance" nach dem Ersten Weltkrieg sein[13], die die Perspektive Fischers und die von ihr repräsentierte allgemeinere Vorstellung von der lutherischen Genealogie des verabsolutierten Machtprinzips bedingen und verzerren.

Versteht man die lutherische Staatslehre im Sinne des Rechtsprimates, wie er vom protestantischen Humanismus festgehalten und durchgebildet wurde, dann gewinnt man eine erste Erklärung für die oft genug naiv erscheinende „Staatsfrömmigkeit" der lutherischen Pastoren in der deutschen Geschichte. Sie konnten und wollten der den Staat repräsentierenden Obrigkeit in Treue untertan sein, weil sie der Treue der Obrigkeit gegen Gottes Gebot gewiß zu sein glaubten.

2. Doch sahen die Pastoren in der Obrigkeit nicht nur das weltliche Regiment, dem sie wie jeder Untertan Gehorsam, als Pfarrer sogar beispielhaften Gehorsam schuldeten. Sie sahen vielmehr gleichzeitig

---

[12] Vgl. besonders die Berichte und Kommentare von F. Naumann, in: *Die Hilfe*, Jg. 1896ff. Die Formulierung Sohms findet sich in einer Rede vor dem National-Sozialen Verein in Erfurt 1896. — Freilich handelt es sich bei dem Neu- oder Kulturprotestantismus um ein sehr differenziertes Phänomen, das keineswegs pauschal auf eine undynamische Anpassungsethik festzulegen ist. So hat Naumann bekanntlich später durchaus die Intentionen des protestantischen Humanismus wieder aufgenommen und für die Demokratie in Deutschland fruchtbar zu machen gesucht. Und Ernst Troeltsch, „Neuprotestant letzter Generation", hat (besonders in seiner Auseinandersetzung mit Max Weber) nachdrücklich die Aporien einer These der Irrationalität der Werte herausgearbeitet. Troeltsch forderte, daß eine in der christlichen Tradition stehende Sittlichkeit die „vernunftlosen Kräfte in der Politik" bändigen solle. — Zu Troeltsch vgl. zuletzt: H. E. Tödt, *E. Troeltschs Bedeutung für die evang. Sozialethik*, in: *Zeitschrift für Evang. Ethik*, Jg. 1966, S. 227-236.

[13] Vgl. dazu die Belege bei Ernst Wolf, a.a.O. (siehe Anm. 6).

und darüber hinaus in ihrem Landesherrn den summus episcopus, die von Gott verordnete Autorität des Kirchenregimentes. Der protestantische „Cäsaropapismus" entsprach, wie selbst Karl Barth für das 18. Jahrhundert feststellt, dem „auch von bewußten und ernsten Christen geteilten Rechts- und Ordnungsempfinden"; er galt ihnen nicht als „Ausdruck fürstlichen Übermutes"[14]. Als problematisch wurde der Cäsaropapismus erst empfunden, als die regionale Kongruenz von Staat und Konfession verlorenging und als die Toleranzvorstellungen der Aufklärung ihre soziale Gestalt im „paritätischen Staat" fanden, d. h. als die verschiedenen Konfessionen, Freikirchen und selbst das „dezidierte Nichtchristentum" vom Staat als grundsätzlich gleichberechtigt anerkannt und behandelt wurden. Seit Schleiermachers um 1800 vorgetragener Forderung „Hinweg mit jeder Verbindung zwischen Kirche und Staat" breiteten sich auch in Pfarrerkreisen der Wunsch und die Forderung nach institutioneller Selbständigkeit der Kirche, vor allem nach Unabhängigkeit von der Staatsbürokratie aus[15]. Freilich hat dieser Drang vorerst die grundsätzliche Bejahung der gegebenen Staatsform in Hinsicht auf deren politische Funktion nicht beeinträchtigt. Daß er sich später zu einem prinzipiell eigenständigen, in unserer Übersicht also einem zweiten Bestimmungsfaktor des Verhältnisses zwischen Staat und Geistlichkeit entwickeln konnte, hat zur Voraussetzung, daß die als selbstverständlich geltende Identität von Obrigkeit und Staat zweifelhaft wurde. Vorerst jedoch blieb (im Grunde bis 1918) die religiös begründete und der gegenseitigen Rechtsverpflichtungen gewisse Treue zur Obrigkeit allen kirchlichen Selbständigkeitsbestrebungen vorgeordnet und für die Staatsauffassung der Pastoren maßgeblich.

3. Auch die vielbeklagte eigentümliche Verständnislosigkeit protestantischer Theologen gegenüber den gesellschaftlichen Wandlungsprozessen scheint vor allem auf die beharrlich festgehaltene Identifizierung von Obrigkeit und Staat zurückzugehen. Die lutherische Obrigkeitsauffassung war ursprünglich als eine Theorie der Bewahrung und des Schutzes der Menschen durchaus auf die gesell-

---

[14] K. Barth, *Die protestantische Theologie im 19. Jh.*, Zollikon-Zürich 1952, S. 69. — Ob und wieweit damit die „Sache der Kirche" (Barth) verfremdet wurde, ist hier nicht zu erörtern.

[15] Belege bei K. W. Dahm, *Pfarrer und Politik*, Köln-Opladen 1965, S. 61. Vgl. ferner H. Hermelink, a.a.O., Bd. I, S. 372 ff.

schaftliche Gesamtwirklichkeit bezogen. Wie die traditionelle Dreiständelehre enthielt sie jedoch kein aktives Prinzip zur Umgestaltung der sozialen Welt. Als die gesellschaftlichen Gegebenheiten sich wandelten, konnte die Obrigkeitslehre daher gleichsam aus ihrem konkreten sozialen Kontext heraustreten und zu einer abstrakten Staatslehre erstarren. Aus der Funktion des Staates, die sittliche Ordnung zu erhalten, entwickelte sich der Gedanke, der Staat selbst sei, unbedingt, diese sittliche Ordnung. Die Folge war eine soziale Isolierung der Obrigkeitslehre, die die außerhalb des Staates sich bildenden politischen und sozialen Kräfte vernachlässigte oder sie, wie etwa den aufklärerisch-bürgerlichen Gesellschaftsbegriff, auf den Aspekt des Gegensatzes zum bestehenden Staat reduzierte[16]. Diese Tendenz wurde im 19. Jahrhundert verstärkt durch die pietistisch-idealistische Betonung der individuellen Gläubigkeit und die ihr entsprechende Abwertung der „weltlich"-politischen Geschäfte. Der Verständnismangel gegenüber den konkreten Problemen der gesellschaftlichen Wirklichkeit ist insbesondere in der Einstellung zur sozialen Frage des 19. Jahrhunderts manifest geworden. Die große Mehrzahl der Geistlichen betrachtete, bei aller Hilfsbereitschaft im Einzelfall, die vorliegende sozialstrukturelle Problematik mit den Augen der Konservativen oder verhielt sich ganz passiv[17]. Auch wo sich Theologen, vor allem die „Christlich-Sozialen" dieser Not gründlicher anzunehmen suchten, blieben sie fast durchweg dem „frommen Kurzschluß" verhaftet, daß die sittliche Verwahrlosung im Einzelfall wie die gesellschaftliche „Entordnung" im ganzen aus dem Abfall vom Glauben, gleichsam als Strafe Gottes, zu erklären und letztlich nur durch eine „christliche Regeneration des gesamten Volkslebens" (Wichern) aufzuheben sei[18]. Diese etwas eilige und einseitige religiöse Analyse verstellte ihnen weithin den Zugang zu einer radikaleren Analyse der technischen und ökonomischen Gründe des Pauperismus. Insgesamt verstanden die Pastoren kaum, daß Atheismus und Materialismus eher als Folge denn als Ursache der sozialen Not gedeutet werden mußten, beharrten sie auf ihrer Perspektive, betrachteten

[16] Vgl. T. Rendtorff, *Zum sozialethischen Problem der Institutionen, besonders im Verhältnis von Staat und Gesellschaft*, in: *Glaube und Gesellschaft*, o. Hrsg., Kreuz-Verlag, Stuttgart 1966, S. 42-58.

[17] Vgl. W. O. Shanahan, a.a.O., S. 181, 235, 413, 438, 469 ff. und passim.

[18] Vgl. H. D. Wendland, *Der Begriff Christlich-sozial*, Köln-Opladen 1962, S. 11 ff.

auch später die SPD als „Systematisierung der sündlichen Gelüste des Menschen“ (Wichern) und stellten sich um so entschlossener gegen alle sozialrevolutionären Strömungen auf die Seite der die bestehende Staatsordnung repräsentierenden Kräfte.

4. Die antirevolutionäre und antisozialistische Position war zusätzlich in einem Faktor begründet, der insbesondere nach 1918 das Staatsverhältnis der Pastoren wesentlich beeinflußt hat: Die Pastoren sahen weithin in der bestehenden Gesellschaftsordnung den Garanten ihrer sozialen Sicherheit. Schon als durch die aufklärerische Religionskritik viele Pfarrer ihres theologischen und pfarramtlichen Auftrages unsicher geworden waren, hatte ihnen der Staat mit dem Ausbau der seit jeher beiläufig wahrgenommenen „sekundären Berufsfunktionen“ eine neue Statussicherheit angeboten. Sie wurden „Offiziere der Moral“, die das Volk im Sinne des Staates zu erziehen hatten, wurden „Sittenprediger, Landwirte, Listenmacher und geheime Polizeidiener“ (J. G. Herder)[19]. Gewiß kann man, wie Barth, diese Funktionen von einem strengen Amtsverständnis aus als „Allotria“ kritisieren und karikieren; man sollte jedoch die bestehenden Verlegenheiten nicht vorschnell aus der Sicht einer inzwischen ihrer Eigentlichkeit sicherer gewordenen Theologie verharmlosen — und sollte auch nicht den allgemeinen kulturellen Ertrag dieser „sekundären“ Berufstätigkeiten der Pfarrer übersehen. Die Pastoren der Aufklärungszeit jedenfalls konnten auch dann eine Existenzberechtigung in ihrer Arbeit finden, wenn deren theologische Begründung ihnen zweifelhaft wurde. Mochte der paritätische Staat ihnen im Verlauf des 19. Jahrhunderts wichtige Funktionen wie Wohlfahrtspflege und Schulwesen auch wieder wegnehmen, so blieb doch die Gewißheit, in einer auf die Verbindung von Thron und Altar sich stützenden Gesellschaftsordnung grundsätzlich in Position und Prestige gesichert zu sein. Daß im christlichen Abendland auch andere, die soziale Position des Pfarrers grundsätzlich bestreitende und faktisch auflösende Entwicklungen möglich waren, hatte man am französischen Beispiel deutlich genug vor Augen. Um so stärker hielt man in Deutschland an der bestehenden Ordnung fest und lehnte man revolutionäre Bestrebungen als Teufelswerk ab.

5. Ein letzter Traditionsstrang betrifft den nationalen Gedanken.

---

[19] Beleghinweise bei K. W. Dahm, a.a.O., S. 46ff., und Hermelink, I, S. 140f.

Auch hier lassen sich Linien bis in die Reformationszeit, etwa zu Luthers berühmter Schrift „An den christlichen Adel deutscher Nation“ zurückverfolgen. Doch bleibt Luther frei von übersteigertem Patriotismus und bleibt der Topos „Nation“ in den lutherischen Ethiken bis zu den Befreiungskriegen zweitrangig oder ganz außer Betracht. Erst zu Beginn des 19. Jahrhunderts scheinen auch nationalistische Vorstellungen zu einer Art Kompensation theologischer Verlegenheiten zu werden. Wie G. Kaiser nachgewiesen hat, sind die Denk- und Gefühlsstrukturen des deutschen Patriotismus nicht unerheblich von den Frömmigkeitsstrukturen des Pietismus beeinflußt. Die Übertragungen reichen vom Gedanken der Liebes- und Glaubensgemeinschaft, von Subjektivismus, Emotionalismus und Irrationalität bis zur Idee des Erlösungsopfers: „Wie Blut und Wunden Christi sind auch Blut und Wunden des Patrioten sieg- und heilbringend und wie der sterbende Christus, so erlöst der sterbende Patriot das Vaterland.“[20]
Während der „napoleonischen Kriege“ ist dieser religiöse Patriotismus von ungezählten Kanzeln ins Volk getragen worden, hat „die Zukunft unseres Vaterlandes im evangelischen Pfarrhaus gelegen“ (Bismarck)[21]. Aus diesen Wurzeln entwickelte sich eine nationalprotestantische Religiosität mit ihren spezifischen Vorstellungen vom „Deutschen Gott“ und dem deutschen Volk als dem „auserwählten Gottesvolk“. In jüngster Zeit hat K. Scholder mit Berufung auf empirische Untersuchungen die These vertreten, daß das nationalprotestantische Ideengut zwar die Theologie „merkwürdig unberührt“ gelassen, dafür aber von Kanzeln und Kathedern aus „um so nachhaltiger gewirkt“ habe[22]. Doch scheint diese Beobachtung nicht auf das gesamte 19. Jahrhundert gleichmäßig zuzutreffen. In der Zeit von 1820—1870 etwa dürften von der Masse der Pfarrerschaft eher konservative als nationale Ideen und Haltungen vertreten worden sein. Jedenfalls hat der liberale Nationalismus der Paulskirche im Pfarrerstand wenig Resonanz

---

20 G. Kaiser, *Pietismus und Patriotismus . . .*, Wiesbaden 1961, besonders S. 224 ff.

21 Belege bei Dahm, a.a.O., S. 163 und passim.

22 K. Scholder, *Die evangelische Kirche und das Jahr 1933*, in: *Geschichte in Wissenschaft und Unterricht*, Jg. 1965, S. 700 ff., bes. S. 702. Und: E. Weymar, *Das Selbstverständnis der Deutschen. Ein Bericht über den Geist des Geschichtsunterrichtes der höheren Schulen im 19. Jh.* Beiheft zu: *Die Geschichte in Wissenschaft und Unterricht*, Jg. 1962.

gefunden[23], hat die protestantische Kriegspredigt von 1870/71 in weit geringerem Maße nationale Töne angeschlagen als 1813 oder 1914; und jedenfalls dürfte die Mehrheit der Pfarrer in den Konflikten zwischen der altkonservativen „Kreuzzeitung" und der „nationalen" Politik Bismarcks noch 1875 auf seiten der Konservativen gestanden haben[24].
Die fünf Faktoren, die das Verständnis zwischen Staat und protestantischer Geistlichkeit seit der Gründung des zweiten Deutschen Reiches in wechselnder Aktualität bis heute bestimmen sollten, waren also in teils sehr bestimmten, teils unscharfen Ausprägungen diesem Verhältnis aus seiner Geschichte bereits vorgegeben. Die den Faktoren im einzelnen entsprechenden Denkweisen waren in Jahrzehnten oder sogar in Jahrhunderten so tief im Pfarrerstand eingewurzelt, daß es zu schweren Krisen kommen mußte, als die Bedingungen ihrer Voraussetzung sich grundlegend änderten. Die Geschichte des Verhältnisses zwischen Staat und Pastoren in den letzten hundert Jahren ist die Geschichte der Krisen seiner Traditionen.

I. Das heilige evangelische Reich deutscher Nation

1. Was sich in den Jahren unmittelbar vor und nach der Reichsgründung zutrug, schien freilich alles andere als eine Krisenentwicklung einzuleiten. Schon seit 1866 war abzusehen, daß Deutschland unter einer gottesfürchtigen Dynastie, einer Obrigkeit gleichsam nach dem Herzen der Pastoren geeinigt werden würde. Die Gefahr einer Ausweitung des westlichen Parlamentarismus mit seinen potentiell sozialrevolutionären Tendenzen und seiner Beeinträchtigung der patriarchalischen Autorität des „Königs von Gottesgnaden", vor der die Geistlichkeit schon mehrfach, auch in einer Adresse an Wilhelm I. öffentlich gewarnt hatte, schien gebannt[25]. Zwar gab es, wie wir sahen, Bedenken gegen die Rechtmäßigkeit der bismarckschen Annexions- und Kriegspolitik, blieb man überhaupt dem Kanzler gegenüber zurückhaltend und mißtrauisch. Aber über Bismarck stand eben der König, dessen Gottes-

---

[23] Vgl. Shanahan, a.a.O., S. 235.
[24] Beleg bei Dahm, a.a.O., S. 162 ff. Ähnlich übrigens auch Fischer, a.a.O., S. 491 ff.
[25] Vgl. Fischer, a.a.O., S. 492.

furcht und dessen Bindungen an Gottes Gebot man letzten Endes vertraute und zu dem sich die Spitzen der Geistlichkeit notfalls auch hinter dem Rücken Bismarcks Zugang zu verschaffen wußten. 1866 und 1870 predigte man den Gehorsam gegen Gott und den König, weil die von Gott gesetzte Obrigkeit es war, die zu den Waffen rief; beging man den Kriegsausbruch darum auch nicht in nationalem Enthusiasmus, sondern mit Buß- und Bettagen. Und als Adolf Stoecker nach der Kaiserproklamation dem Empfinden der meisten seiner Amtsbrüder mit dem Ruf Ausdruck gab „Das heilige evangelische Reich deutscher Nation vollendet sich", da gründete sich dieser Enthusiasmus weniger auf den Nationalstaatsgedanken und schon gar nicht auf den Gedanken eines Machtstaates, der sich selbst die Quelle des Rechtes ist, sondern er gründete sich darauf, daß das ganze Deutschland nunmehr von einem bewußt protestantischen Monarchen repräsentiert war und durch ihn im Sinne des lutherischen Verständnisses von Recht und Pflicht regiert werden sollte. Diese Treuebindung an die von Gott gesetzte Obrigkeit dominierte zweifellos, wie in den vorangegangenen Jahrhunderten bis zum Jahr 1918 die Staatsauffassung und das Staatsverhältnis der protestantischen Pastoren. Sie blieb auch dominierend, als Wilhelm II. in den Jahren um die Jahrhundertwende einem großen Teil der Pastoren das Vertrauen in die Obrigkeit schwer machte. Die dominierende Konstante der Bindung an die Obrigkeit kann freilich nicht die Wandlungen verdecken, die sich in den Bereichen der anderen Faktoren zutrugen und die sämtlich ein Gefälle zu jener großen Krise aufweisen, die mit der Abdankung der monarchischen Obrigkeit im Jahr 1918 auf die Pastoren zukam.

2. Der erste ernsthaftere Konflikt mit dem Staate Bismarcks erwuchs aus jener Tradition, die auf größere Selbständigkeit der Kirche gegenüber der Staatsbürokratie drängte. Waren die Anfänge des Kulturkampfes als Sicherungsmaßnahmen gegen ultramontane Ansprüche vom evangelischen Lager noch unterstützt worden, so kam es über den Maigesetzen von 1873, die die Ausbildung und Anstellung der Geistlichen unmittelbar der staatlichen Zuständigkeit unterstellten, zu ersten Protesten. Zwar akzeptierten die protestantischen Kandidaten im Gegensatz zu ihren katholischen Kollegen die neue Regelung ohne nennenswerten Widerstand. Doch sank die Zahl der evangelischen Theologiestudenten im Jahre 1875 auf den absolut und prozentual tiefsten Stand des Jahrhunderts.

Die allgemeine Kulturkampfstimmung, die ihren Ausdruck nicht zuletzt in der von der Tagespresse verbreiteten Ansicht vom „Aussterbeetat des Klerus“ fand, ließ den Pastorenberuf nicht eben attraktiv erscheinen und mußte schon deshalb die Besorgnis der Kirchenbehörden herausfordern[26]. Diese Besorgnis weitete sich auf die Gefahr einer allgemeinen Lockerung der christlichen Volkssitte aus, als die Schule dem kirchlichen Einfluß entzogen und die Zivilehe obligatorisch gemacht wurde. Zentrum des Widerstandes waren die Christlichen Konservativen mit ihren prinzipiellen Bedenken gegen den „heidnischen Staatskult“, der „den Glauben an seinen Zwecken mißt“ und „aller Religion und Freiheit ein Ende macht“[27]. Es waren diese Bedenken, die die Mehrzahl der Geistlichen in die schon erwähnte Opposition gegen Bismarck auf die Seite der Kreuzzeitung trieben.

Andererseits konnten die immerhin von dem liberalen „Kulturkampfminister“ Falk gegen den Widerstand der konservativen Legitimisten durchgesetzten quasidemokratischen Synoden (Kirchenparlamente) sich mangels entsprechender Kompetenzen nicht zu einer Gegenkraft gegen die von staatlichen Verwaltungsjuristen beherrschten Kirchenbehörden entwickeln. Die Zentralbehörden der Landeskirchen, vor allem der preußische „Evangelische Oberkirchenrat“ (EOK) blieben sorgfältig bemüht, in ihren Anweisungen an die Geistlichkeit der jeweiligen Politik der Staatsregierung Rechnung zu tragen. Bismarck selbst beschied alle Interventionen zugunsten einer größeren Unabhängigkeit von Kirche und Geistlichkeit abschlägig. Auch ein letzter Vorstoß von bewährt kaisertreuen Politikern (Kleist-Retzow, Stoecker u. a.), im Zusammenhang der Bemühungen Bismarcks um einen friedlichen Abschluß des Kulturkampfes („Friedensgesetz“ 1887) unternommen, endete mit einer glatten Niederlage und Bismarcks geringschätziger Äußerung: „Was ist denn die evangelische Kirche? — Das sind eben die Geistlichen.“[28] Diese Geistlichen verachtete er als Funktionäre einer Organisation, die mit seinen eigenen, vom Pietismus geprägten Vorstellungen von christlicher Gemeinschaft so gut wie gar nichts zu tun hatte. Zugleich aber hielt er, wie unser Eingangszitat zeigte, die theokratischen Neigungen der Pastoren für staatsgefährdend,

[26] Vgl. unten S. 48 ff.
[27] Vgl. Hermelink, a.a.O., III, S. 56-79, Zitat S. 67 f.
[28] Vgl. O. Dibelius, *Das Jahrhundert der Kirche*, Berlin 1926, S. 68 f.

wobei er unter „theokratisch" offenbar nicht nur die politischen Bestrebungen der Christlichen Konservativen, sondern auch die von ihm als Institutionsegoismus empfundenen Unabhängigkeitsbestrebungen verstand.

Grundsätzlich änderte sich auch nach Bismarcks Entlassung nichts an der Bevormundung von Kirche und Geistlichkeit durch den Staat. Es blieb das Ziel der staatlichen Kulturpolitik, die evangelische Kirche so fest als möglich in der Hand zu behalten. Die Pfarrer empfanden diese Lage als unwürdig. Aber sie waren nicht bereit, das Übel an seiner Wurzel zu bekämpfen. Als Stoecker seit den achtziger Jahren immer wieder die Abschaffung des landesherrlichen Summepiskopates forderte, fand er keine Resonanz in der Pastorenschaft. Die Verbundenheit der Pfarrer mit dem Kaiser als ihrer zugleich weltlichen und geistlichen Obrigkeit war stärker als die Ablehnung der Bevormundung durch die staatskirchliche Bürokratie.

3. Das in erster Linie auf die Staatsnotwendigkeiten bedachte Kirchenregiment war für die Stellung der Geistlichkeit zur sozialen und zur nationalen Frage von verhängnisvoller Konsequenz. Die soziale Frage trat, nachdem der Kulturkampf sie zeitweise in den Hintergrund gedrängt hatte, gegen Ende der siebziger Jahre wieder in den Mittelpunkt der politischen Probleme. 1877 hatte der Pfarrer R. Todt in seinem Buch „Der radikale deutsche Sozialismus und die christliche Gesellschaft" die These vertreten, daß die Arbeiter nicht durch Karitas allein, sondern primär durch Sozialpolitik der Monarchie und der Kirche zurückgewonnen werden könne. In diesem Sinne gründete der Hofprediger A. Stoecker seine „christlich-soziale Arbeiterpartei". Aber die Arbeiter waren inzwischen anderwärts organisiert und sahen in Stoecker den Funktionär des Klassenfeindes. Als seine Partei bei den Reichstagswahlen 1878 scheiterte, zog er sich, vielleicht zu eilig, auf die überkommene antisozialistische Position zurück, verstärkte die Agitation gegen die SPD als den antichristlichen Heerbann zum Sturz der gottgesetzten Ordnung und richtete die Agitation in zunehmendem Maße auch gegen den „Vater" des liberalistisch-materialistischen Geistes, nämlich das moderne, von Jehova abgefallene Judentum. Als er mit seinen antisemitischen Parolen Erfolg hatte, änderte er Namen und Zielsetzung seiner Partei; 1881 wurde das Etikett „Arbeiter" gestrichen und die „christlich-soziale Partei" zum kleinbürgerlich-

antisemitischen Seitensproß der Konservativen. Von den Höhen des Ruhmes als gefeierter Volkstribun und Kaiserfreund ging Stoeckers Weg in den folgenden zwei Jahrzehnten bis hinab in die Ächtung durch Kaiser und Kirche. Den Tiefpunkt kommentierte ein Telegramm Wilhelms II., das von weittragender Bedeutung für den gesamten Pfarrerstand werden sollte. Der Kaiser telegraphierte 1896: „Politische Pastoren sind ein Unding. Wer Christ ist, der ist auch sozial. Christlich-sozial ist Unsinn. Die Herren Pastoren sollen sich um die Seelen ihrer Gemeinden kümmern, die Nächstenliebe pflegen, aber die Politik aus dem Spiele lassen, dieweil sie das gar nichts angeht."

Der EOK beeilte sich, dieser Allerhöchsten Verlautbarung durch die Zustimmung der Generalsynode in der Pfarrerschaft Geltung zu verschaffen. Die Pastoren wurden damit zum fünften Male in zwanzig Jahren zu einem Stellungswechsel in der Frage politischer und besonders sozialpolitischer Tätigkeit aufgefordert. Zuerst war ihnen anläßlich der Publikation Todts Zurückhaltung befohlen worden, da es der Kirche nicht zustehe, dem Evangelium Lösungen für solche politischen Fragen zu entnehmen, die „innerhalb der bestehenden Rechtsordnung des Staates noch strittig" sind. Schon zwei Jahre später gab der EOK anläßlich des Sozialistengesetzes die eben erst postulierte Zurückhaltung selbst preis und verpflichtete die Pfarrer einseitig auf die Position Bismarcks. Als drittens der neue Kaiser, Wilhelm II., 1890 eine Proklamation des guten Willens an die Arbeiterschaft richtete, rief der EOK die Geistlichen unverzüglich zu tatkräftiger Unterstützung der kaiserlichen Sozialpolitik und darüber hinaus zur aktiven Teilnahme an politischen Versammlungen auf. Schon wenige Jahre später trat an die Stelle des kaiserlichen Optimismus in der Arbeiterfrage der verschärfte Kampf gegen die Sozialdemokratie und also wendete sich der EOK (1895) gegen die Teilnahme der Geistlichen an „Bestrebungen der Weltverbesserung" und gegen „die krankhafte Unruhe vieler Geistlicher, rhetorisch als Weltverbesserer aufzutreten in Dingen, die sie nicht völlig verstehen". Ein Jahr später wurde dann den Pastoren im Sinne des Kaisertelegramms bei Androhung disziplinarischer Maßnahmen politische Tätigkeit untersagt[29]. So blieb es, was die offizielle Stellung der Geistlichkeit betrifft, bei

[29] Vgl. H. Hermelink, a.a.O., III, S. 293-320 und F. Fischer, a.a.O., S. 502-515.

dem traditionellen Bündnis mit der herrschenden „Klasse". Freilich zeigt der Hinweis auf die „krankhafte Unruhe vieler Geistlicher" im EOK-Erlaß von 1895, daß sich große Teile der jüngeren Pastorengeneration mit den traditionellen Denkweisen in der sozialen Frage nicht mehr zufriedengaben. Sie orientierten sich vielmehr an den Versuchen des Pfarrers Friedrich Naumann, eine Synthese von Christentum und Sozialismus herzustellen. Ehe jedoch Naumann und sein Evangelisch-Sozialer Kongreß ihre Überlegungen zu einem Programm verdichten konnten, wurde ihnen durch die von Max Weber und R. Sohm behauptete Eigengesetzlichkeit auch der Wirtschaftspolitik die Möglichkeit einer Synthese zweifelhaft. Die Krise der traditionellen gesellschaftspolitischen Vorstellungen war im Pfarrerstand offenkundig geworden, aber eine überzeugende oder auch nur befriedigende Neukonzeption war nicht in Sicht.

4. Seit den achtziger Jahren war der Pfarrerstand genötigt, sich außer mit dem sozialen Status der Arbeiterschaft in zunehmendem Maße auch mit den Problemen des eigenen sozialen Status zu beschäftigen. Die überkommene patriarchalische Führungsstellung im örtlichen Gemeinwesen war durch den Funktions- und Prestigegewinn der technischen, ökonomischen und pädagogischen Berufe ausgehöhlt. Die vulgär-materialistische Propaganda hauptsächlich der marxistischen Bewegung hatte ebenso wie die Arbeitsbedingungen in den rapide wachsenden Großstädten, unter denen von einem einzigen Pfarrer bis zu 20 000 Gemeindeglieder betreut werden mußten, zu einer fortschreitenden Auflösung der kirchlichen Sitte geführt. Von der liberalen Presse wurden die alten, aus der Aufklärung stammenden Einwände gegen die Führungsrolle der Geistlichen wieder hochgespielt. Im Jahre 1906 wurde in den „leitenden Kreisen Deutschlands" unter dem Thema „Bedürfen wir des Pfarrers noch?" eine Umfrage veranstaltet, die in ihren Ergebnissen wie besonders in der keineswegs als unmöglich empfundenen Fragestellung den Geist der Zeit spiegelt[30]. Daß die Veränderungen in den sozialen Grundlagen ihrer Position nicht zum Gefühl unmittelbarer Existenzbedrohung in der Pastorenschaft führten, dürfte sich vor allem aus der Gewißheit erklären, daß man durch die genuin staatlichen Interessen letzten Endes in der eigenen Autorität gestützt und gesichert war. Mochte der Staat die Pfarrer-

---

[30] T. Kappstein, *Bedürfen wir des Pfarrers noch?*, Berlin 1906. Dazu Dahm, a.a.O., S. 50-56.

schaft in Einzelfragen auch verständnis- und oft genug taktlos behandeln, so wußte man doch, daß er letztlich ebenso unabänderlich auf die Verbindung von Thron und Altar festgelegt und angewiesen war wie die Kirche.

5. Auf dieser Grundlage erfuhren die alten, lange Zeit durch konservativ-legitimistische Anschauungen zurückgedrängten patriotisch-nationalen Strömungen eine kräftige Wiederbelebung. Sie entwickelten sich zu einem Staat und Geistlichkeit verbindenden Element, das stärker war als die Differenzen in der sozialen Frage und in der Kirchenpolitik. Die Kritik der älteren Pastorengeneration an der Politik Bismarcks wich mit der zunehmenden Festigung und dem Aufstieg des Reiches einer Übertragung der Treuebindung an die Obrigkeit auf den neuen Staat. Die nationalen Feiertage nahmen die kirchliche Predigt in ihren Dienst. Als sich zu Beginn der achtziger Jahre in der Studentenschaft und damit in der künftigen Gebildetengeneration ein Umschwung von demokratisch-liberalen zu nationalen Tendenzen vollzog, waren die Theologiestudenten führend beteiligt (Gründung des Vereins Deutscher Studenten 1881)[31]. Wenige Jahre später (1886) wurde der „Evangelische Bund zur Wahrung der deutsch-protestantischen Interessen" gegründet, der ursprünglich das „Erbe der Reformation" gegen die nach Beendigung des Kulturkampfes erneut auftretenden ultramontanen Ansprüche vertreten sollte, der aber tatsächlich bis zum Ende des Zweiten Weltkrieges zu einem in Pfarrerschaft und Kirche außerordentlich einflußreichen Propagandainstrument nationalprotestantischer Ideen wurde[32]. Im Zentrum dieser Ideen stand die schon im Etikett proklamierte Synthese von deutsch und protestantisch. In Innigkeit und Gläubigkeit, Ernst und Pflichtbewußtsein, Gemeinschaftssinn und Opferbereitschaft sollte sich der aus dieser Synthese erwachsene deutsche Nationalcharakter von dem rationalistischen, destruktiven, egoistischen und mammonistischen Charakter der „westlichen" (und keineswegs nur der katholischen) Völker unterscheiden.

Der Glaube an diese Synthese, der der Aufstieg des Reiches zu danken und in deren drohender Auflösung durch den Materialis-

---

[31] Vgl. Fischer, a.a.O., S. 498 f. und R. Wittram, *Kirche und Nationalismus,* in: *Das Nationale als europäisches Problem,* Göttingen 1954.

[32] Vgl. F. v. d. Heydte, *Gute Wehr. Werden, Wirken und Wollen des Evangelischen Bundes,* Berlin 1936.

mus der Bestand der Nation gefährdet sei, beherrschte Denken und Haltung des Pfarrerstandes in den letzten Jahrzehnten des Kaiserreiches. Das zeigt besonders deutlich die Memoirenliteratur dieser Zeit, die durchweg auf folgenden Ton gestimmt ist: „Es war mir immer, als wenn der tiefste Pulsschlag echten deutschen Wesens, wenn irgendwo, in den deutschen Pfarrhäusern zu spüren wäre ... Frömmigkeit, Liebe zu Jesu und seiner Gemeinde, geistige Regsamkeit und mannigfache Bildung, deutsche Gesinnung und Vaterlandsliebe (werden) nirgends treuer erfunden als dort."[33]

Es liegt in der Konsequenz dieser synthetischen und oft genug synkretisierten Verbindung von deutsch und evangelisch, daß Naumanns Gedanke der Eigengesetzlichkeiten, der die Synthese auflösen und ihre Elemente ethisch isolieren mußte, im Pfarrerstand keine größere Resonanz fand. Freilich vermied die Konzeption Naumanns eine banale und unreflektierte Verkürzung christlicher Gedanken auf nationale Zweckmäßigkeiten. Den Gefahren einer solchen ideologisch verkürzten Identifizierung dürfte aber, was besonders ihre Predigten und Stellungnahmen während des Ersten Weltkrieges anschaulich machen, der größte Teil der Pfarrer erlegen sein[34]. Im Kriege ist nach einem Wort des religiös-sozialen Schweizers L. Ragaz „das Christentum von dem Vater Jesu Christi zu Wotan, Jupiter und Baal abgefallen". Der nationale Enthusiasmus hatte das Verhältnis von Staat und Pastoren usurpiert und seine anderen Komponenten kräftig überwuchert.

II. Die Weimarer Republik[35]

Es war dieser nationale Enthusiasmus, an den man sich klammerte, als durch den Wegfall der Monarchie die Pfarrerschaft einer radikalen und anfänglich existenzbedrohenden Verunsicherung ausgesetzt wurde.

1. Bis 1918 war, wie wir sahen, das Staatsverhältnis der Pastoren

---

[33] L. Schneller, *Allerlei Pfarrherren,* Leipzig 1925, S. 5f. — Zur Übersicht über die Memoirenliteratur vgl. Dahm, a.a.O., S. 217ff.

[34] Vgl. B. Doehring (Hrsg.), *Ein feste Burg. Predigten und Reden aus eherner Zeit,* Berlin 1914/15. Und G. Mehnert, *Evangelische Kirche und Politik 1917-1919,* Düsseldorf 1959.

[35] Die Zeit 1918-1939 habe ich ausführlicher analysiert, in: K. W. Dahm, *German Protestantism and Politics,* in: *Journal of Contemporary History;* 1968, London, S. 29-49.

in all seinen Teilbereichen durch die Bindung an die als gottgesetzt empfundene Obrigkeit dominiert —, und abgesehen von einigen nationalistischen Auswüchsen der letzten Jahrzehnte, trotz aller Einseitigkeiten auch ethisch qualifiziert. Eine solche auf der Basis gegenseitiger Rechtsverpflichtungen erwachsende Treuebindung hat die Pastorenschaft zum Weimarer Staat nie zu entwickeln vermocht. Mit Ausnahme einiger, hauptsächlich der Zeitschrift „Die christliche Welt" und der Deutschen Demokratischen Partei nahestehender Theologen vermochte man die republikanische Autorität nicht als Obrigkeit im überkommenen Sinne anzunehmen. Die alte Abneigung gegen Parlamentarismus und Demokratie war durch die Art, in der man die Ereignisse von 1918/19 erfahren und gedeutet hatte, war also durch das „Kainsmal der Novemberrevolution", durch „Verrat", „Dolchstoß" und „Parteiegoismus", und war nicht zuletzt durch die auf „westlich-demokratisch-mammonistischen" Geist zurückgeführte „Versailler Schmach des Jahrhunderts" noch verstärkt worden. Der obrigkeitliche Gedanke blieb darum auf die Heiligkeit der Krone fixiert, wurde in wehmütiger Apotheose der heiligen Vergangenheit verbraucht und diskreditiert. Die Republik selbst erschien als ein Provisorium, das man bestenfalls zu tolerieren bereit war, das aber pauschal mit den Hypotheken des Versagens in staatspolitischen Fragen, insbesondere während der Friedensverhandlungen, der Ziellosigkeit in der Wirtschaftspolitik und der Zerrissenheit der Kulturpolitik belastet wurde. Am Ende des Provisoriums würde, so hoffte man, entweder die Monarchie wiederhergestellt oder aber ein „gottgesandter Retter, der Führer, den wir brauchen", erscheinen[36].

2. Mit der Monarchie war der landesherrliche Summepiskopat gefallen; die Weimarer Reichsverfassung dekretierte: „Es besteht keine Staatskirche." Damit war die seit Jahrhunderten erstrebte Unabhängigkeit der Kirche vom Staat verwirklicht. Nachdem einige Monate lang eine radikal kirchenfeindliche Politik nach den Vorstellungen des Kultusministers A. Hoffmann zu befürchten stand, mußten selbst republikfeindliche Kirchenführer im Laufe des Jahres 1919 anerkennen, daß sich mit den „neuen

[36] So schon ein „Aufruf zur Bildung eines Pressebundes deutscher Gemeinschaftschristen" 1921. Vgl. *Kirchl. Jahrbuch (KJ) 1921*, S. 305. Vgl. auch *KJ 1924*, S. 147 und *Deutsches Pfarrerblatt (D. Pf. Bl)* 1926, S. 369.

Bestimmungen“ und ihrer Anwendung durch die Reichsregierung „wohl würde auskommen lassen“. Trotzdem behielten die zahlreichen Äußerungen zum Thema „Habemus ecclesiam“ auch weiterhin ihre antirepublikanische oder mindestens antirevolutionäre Spitze. Offensichtlich hat man sich in der Pastorenschaft nie von der Enttäuschung darüber frei zu machen vermocht, daß die neugewonnene Freiheit von der staatlichen Vormundschaft ausgerechnet den „widergöttlichen Mächten der Zerstörung“ zu verdanken war. Seine großzügige Kirchenpolitik ist dem Weimarer Staat von den Pastoren nicht gedankt worden. Vielmehr wurde der neue Begriff der „Volkskirche“, der den der „Staatskirche“ abgelöst hatte, von einem nicht geringen Teil der Geistlichen so ausgelegt, als ob die Kirche die Interessen der Nation gegen die Politik des Staates zu vertreten und zur Geltung zu bringen hätte[37].

3. Die Abneigung gegen die Republik ging zum guten Teil auf die alte Gegnerschaft gegen die SPD zurück. In der SPD sah man den Initiator von Revolution und Dolchstoß, den Repräsentanten des Parteiegoismus und vielfach überhaupt den Repräsentanten des neuen „Systems“: „Unser politischer Sturz und unser ganzes wirtschaftliches Elend wurzelt in der Marxschen Theorie und diese wieder auf dem Rousseauschen Wahn von der Edelmütigkeit des menschlichen Geschlechts.“[38] Wie zu Wicherns Zeit galt die SPD noch immer als „Systematisierung der sündlichen Gelüste“, als eine Partei, die „überschäumt vom Haß gegen alle Besitzenden, die Neid und Mißgunst systematisch züchtet“. Das aber widerspreche Christi Ablehnung des Mammonsdienstes: „Mammonsdiener sind nicht nur die reichen Geldsäcke, sondern genau ebenso die Bettelarmen, die sie blutig beneiden und ihren Mammon ergieren.“[39] Von diesem Mammonsgeist der antichristlichen SPD versuchte man einen Sozialismus zu unterscheiden, der seit dem Urchristentum „Herzschlag der Kirche“ sei. Doch blieb dieser christliche Sozialismus, wie die der sozialen Frage gewidmete Botschaft des Betheler

---

[37] Belege bei Dahm, a.a.O., S. 60-69, S. 165-184.

[38] So der Herausgeber des offiziösen KJ, der Kirchenrat und Honorarprofessor J. Schneider, dessen jährliche Berichte zur *„kirchlichen Zeitlage“* die Meinungstendenzen und Stimmungen im Pfarrerstand gut wiedergeben; *KJ 1923*, S. 351. Vgl. auch F. Büchsel, *Kirche und Sozialdemokratie*, in: *KJ 1920*, S. 21 ff.

[39] J. Schneider in: *KJ 1926*, S. 590 ff.

Kirchentages von 1924 zeigt[40], in den alten individualistisch-karitativen Vorstellungen befangen, blieb auch ihm durch die These von der „mammonistischen Vergiftung des Wirtschaftslebens" der Zugang zu den ökonomischen Faktoren der sozialen Frage verstellt, blieb er sogar hinter den konkreten christlich-sozialen Vorstellungen des 19. Jahrhunderts zurück. Zwar galt es unter den gegebenen Bedingungen und den vorherrschenden Denkweisen schon als Fortschritt, daß sich der Erste Deutsche Evangelische Kirchentag überhaupt und primär mit der sozialen Frage beschäftigte. Aber durch seine Botschaft dürfte das erstrebte Ziel, wenigstens einen Teil der sozialistischen Arbeiterschaft der Kirche zurückzugewinnen, kaum erreicht worden sein. Eine gründlichere und verheißungsvollere Diskussion über die soziale Aufgabe der Kirche begann sich, angetrieben durch die kleine und unermüdliche Schar der Religiösen Sozialisten, erst gegen Ende der Weimarer Zeit durchzusetzen[41]. Sie wurde allerdings bald durch andere und fürs erste dringlichere Probleme suspendiert.

4. Die Ressentiments gegen die Republik im allgemeinen und gegen die marxistischen Parteien im besonderen finden ihre Erklärung nicht nur in traditionellen Denkgewohnheiten, sondern auch in dem Schockerlebnis akuter Existenzbedrohung. Als Vertreter der USPD war am 10. 11. 1918 der wegen seiner kirchenfeindlichen Publikationen berüchtigte „10-Gebote-Hoffmann"[42] zum Kultusminister im „Revolutionären Rat der Volksbeauftragten" ernannt worden. Zu seinen öffentlich proklamierten Plänen gehörte die Konfiszierung des Kirchenvermögens, die Einstellung der staatlichen Zuschüsse zur Pfarrerbesoldung, die Aberkennung der beamtenrechtlichen Stellung und des passiven Wahlrechtes der Geistlichen. Als Hoffmanns Absichten bekannt wurden, kam es zu einem Entrüstungssturm, der ihn zwang, noch im Januar 1919 sein Amt niederzulegen. Sein Name aber blieb bis in die Zeit des Dritten

---

[40] Vgl. K. Kupisch (Hrsg.), *Quellen zur Geschichte des deutschen Protestantismus (1871-1945)*, Göttingen 1960, S. 155 ff. Zur Kritik an der Betheler Botschaft seitens der liberalen Pfarrer im Freundeskreis der „Christlichen Welt" vgl. J. Rathje, *Die Welt des freien Protestantismus*, Stuttgart 1952, S. 324 ff.

[41] Vgl. H. D. Wendland, *Die soziale Aufgabe der Kirche und die sozialethische Diskussion der Gegenwart*, in: *KJ 1931*, S. 342 ff. und *KJ 1932*.

[42] So genannt wegen seines Buches: *Die Zehn Gebote und die besitzende Klasse*, 1891, 2. Aufl. 1922.

Reiches das immer wieder angeprangerte Symbol für die Kirchenfeindschaft der SPD und speziell für die latente Gefährdung der sozialen Sicherheit der Pastoren. Unter das Symbol Hoffmann wurden die zahlreichen Schikanen staatlicher Stellen in sozialdemokratisch oder kommunistisch regierten Ländern des Deutschen Reiches subsumiert: so die Kürzung des Zuschusses für die Pastorengehälter, die bis in die Jahre 1924—1926 Not, Elend und gelegentlich auch den Hungertod in die Pfarrhäuser hineintrug; so aber vor allem die Mißhandlungen und in Einzelfällen auch die Ermordung von Pfarrern während der Kommunistenaufstände in Mitteldeutschland[43]. Die Fixierung auf diese Ereignisse, die freilich oft genug aus parteitaktischen (DNVP-)Gründen hochgespielt wurden, hinderte die Mehrzahl der Pastoren auch dann noch, ihr Verhältnis zur Republik und zur SPD zu korrigieren, als sich die Anlässe längst als Ausnahmen und Mißgriffe untergeordneter Stellen erwiesen hatten.

5. Ein standfester Damm gegen die latenten Gefahren der „roten Sintflut" konnte, so glaubte man im Pfarrerstand, nur auf dem Boden der alten Synthese von Deutschtum und Christentum gebaut werden. Dieser Boden war es auch, auf dem allein eine geistige Erneuerung der Nation und der Aufbau einer besseren Zukunft möglich erschienen. Deutsch und christlich, Nation und Altar, das war die Parole, die vom Zweiten Evangelischen Deutschen Kirchentag (Königsberg 1927) ebenso wie von ungezählten Kanzeln in Sonntagspredigten, bei Heldengedenkfeiern und sonstigen Anlässen ausgegeben wurde. Die alten nationalprotestantischen Ideen von der Überlegenheit des christlich-deutschen Wesens, an dem die Welt, an dem vor allem Deutschland selbst moralisch und wirtschaftlich genesen solle, wurden vielfach angereichert mit einer sentimental abstrusen Mythologie vom „heiligen Deutschland", wurden in ihren antisemitischen Tendenzen weiterentwickelt, wurden freilich dahin geändert, daß an die Stelle der überkommenen „Staatsfrömmigkeit" entschiedene Kritik am bestehenden Staate trat. In all diesen Anschauungen hat der vielberufene „Pastorennationalismus" gewiß dazu beigetragen, daß die Saat Hitlers einen aufnahmebereiten Boden fand. Doch gebietet die historische Wahrhaftigkeit eine Modifizierung der seit 1945 vielfach vorgetragenen Behauptungen, daß dieser Pastorennationalismus

[43] Belege bei Dahm, a.a.O., S. 134-145.

gleichsam zwangsläufig und einlinig in die NS-Ideologie, ja in das „Terrorregiment der NSDAP“ einmünden mußte[44]. Der Nationalismus nämlich, wie ihn die Masse der Pastoren verstand und vertrat, wurde nachdrücklich von dem germanischen Heidentum der völkischen Bewegung, von der darwinistischen Rassenmythologie, von den antisemitischen Ausschreitungen und den rücksichtslosen Kampfmethoden der Nationalsozialisten unterschieden; kurz: er sollte an die Synthese christlich-deutsch gebunden bleiben. Jede von der Synthese „Nation und Altar“ abgelöste Tendenz zur Verabsolutierung des Nationalismus wurde nachdrücklich abgelehnt[45]. Die Hitlerpartei selbst war in der sonst überaus lebhaften Diskussion der nationalen Frage zunächst als quantité negligeable unbeachtet geblieben. Erst mit ihrem Wahlsieg vom September 1931 setzt in den publizistischen Organen des Pfarrerstandes eine leidenschaftliche Auseinandersetzung über das Für und Wider zur NSDAP ein. Unter den insgesamt 17 000 Pfarrern der Evangelischen Kirchen Deutschlands dürften in dem Jahr vor der NS-Machtergreifung höchstens 250 als rückhaltlose Anhänger oder Mitglieder der NSDAP hervorgetreten sein. Etwa ein Drittel der Gesamtpfarrerschaft dürfte der NS-Bewegung in wohlwollender, wenn auch relativ zurückhaltender Offenheit gegenübergestanden haben. Ein weiteres Drittel dürfte in deutlicher Gegnerschaft den NS abgelehnt haben; in dieser letzten Gruppe kam der quantitativ größte Teil aus dem altkonservativen, der DNVP nahestehenden Lager, während die qualitativ entschiedenste Ablehnung aus dem Kreis der Religiösen Sozialisten und dem Kreis der liberalen „Freunde der Christlichen Welt“ vorgetragen wurde. Ein letztes Drittel der Gesamtpfarrerschaft dürfte sich indifferent oder abwartend verhalten haben[46].

Aufs Ganze gesehen sind die von den Pastoren seit 1925 immer wieder vorgebrachten Warnungen vor einem aus der Synthese „Christlich-deutsch“ herausgelösten übersteigerten Nationalismus ohne Wirkung geblieben, als der NS-Rausch das deutsche Volk und mit ihm einen Teil der Pastoren erfaßte. Wahrscheinlich muß-

[44] So vor allem K. Kupisch, z. B. in: *Zwischen Idealismus und Massendemokratie*, Berlin 1955, S. 189; ferner ders., *Protestantische Perspektiven*, Berlin 1957, S. 46 ff. — Auch Scholder, a.a.O., S. 709 f. mißt dieser Perspektive m. E. zu großes Gewicht bei.

[45] Belege bei Dahm, a.a.O., S. 203.

[46] Vgl. Dahm, a.a.O., S. 202-211.

ten sie unwirksam, ja unglaubwürdig bleiben, weil innerhalb der Synthese das christliche Element auf die Aspekte einer individuellen Frömmigkeit und einer in Hinsicht auf die sozialen Institutionen nicht durchreflektierten Nächstenliebe geschrumpft war.

III. Der NS-Staat

Das Verhältnis von Staat und Geistlichkeit hat während des Dritten Reiches einen Bruch erfahren, der die überkommenen Traditionen radikal in Frage stellte oder zerstörte. Dieser Bruch ist zeitlich schwer zu fixieren, weil seine Bedingungen in der staatlichen Politik von den meisten Pastoren erst im Verlauf eines längeren, oft schmerzhaften Prozesses voll erfaßt wurden. Das Regime seinerseits ließ spätestens vom Winter 1937/38 an offen erkennen, daß es mit den überkommenen Rechtsvorstellungen gebrochen hatte und sich als gefestigt genug betrachtete, um auf taktische Rücksichten zu verzichten. Wie in der Militärpolitik (Entlassung des Kriegsministers von Blomberg und des Heeresbefehlshabers von Fritsch), in der Außenpolitik (Anschluß Österreichs) und in der Politik gegenüber den Juden setzte sich auch in der Kirchenpolitik jetzt eine harte und rücksichtslose Linie durch[47]. Zwar hatte Hitler schon im April 1933 seinem engeren Mitarbeiterkreis angekündigt, daß er „das Christentum in Deutschland mit Stumpf und Stiel, mit all seinen Fasern und Wurzeln auszurotten“ beabsichtige[48]. Doch sollten bis zur Festigung seiner Herrschaft die Kirchen für die politischen Ziele der NSDAP eingespannt werden. Nach außen wurde darum wie in der „Kampfzeit“ vor 1933 der „Standpunkt eines positiven Christentums“ herausgestellt, dem freilich schon im NS-Parteiprogramm das „Sittlichkeits- und Moralgefühl der germanischen Rasse“ ausdrücklich übergeordnet war und der trotzdem von zahlreichen Pfarrern und selbst Theologieprofessoren im Sinne der Wunschvorstellungen einer Synthese von Thron und Altar interpretiert und dann als Grundlage gemeinsamer Bestrebungen akzeptiert worden war[49]. In allgemeinen politischen Fragen rechnete das Regime daher mit Resonanz und Unterstützung

[47] Vgl. F. Zipfel, *Kirchenkampf in Deutschland 1933-1945*, Berlin 1965, S. 17, S. 244 ff. u. ö.
[48] Vgl. H. Rauschning, *Gespräche mit Hitler*, Zürich 1940, S. 49 ff.
[49] Vgl. Dahm, a.a.O., S. 205 ff.

seitens der Pfarrerschaft; darüber hinaus sollte die evangelische Kirche mit Hilfe nationalsozialistischer Pfarrer und der deutschchristlichen Bewegung (DC), die katholische auf diplomatischem Wege (Konkordat) auch organisatorisch „gleichgeschaltet" werden[50]. Dabei sollte der Schein gewahrt bleiben, daß der Staat selbst den als „innerkirchlich" deklarierten Streitigkeiten zwischen DC und „Bekennender Kirche" (BK) in neutraler Zurückhaltung gegenüberstände und lediglich auf „Entkonfessionalisierung" des öffentlichen Lebens bedacht sei[51]. Als sich das Regime stark genug fühlte, ging es ab 1938 unverhüllt und mit massiven Maßnahmen dazu über, die Kirchen ganz aus dem öffentlichen Leben auszuschalten. Dazu mußte in erster Linie der Einfluß des Pfarrerstandes gebrochen werden. Im März 1938 wurde der seit langem als Haupt der BK befehdete und außerdem wegen direkten Widerspruches gegen Hitler (Gespräch Januar 1934) verhaßte Pfarrer Martin Niemöller in ein KZ eingeliefert. Obgleich er soeben vom Gericht auf freien Fuß gesetzt worden war, hatte die Gestapo ihn noch im Gerichtsgebäude verhaftet und so einer aufmerksamen in- und ausländischen Öffentlichkeit die Außerachtsetzung von Recht und Gesetz dokumentiert. Ebenfalls ab 1938 setzten der administrative Kampf gegen den theologischen Nachwuchs, eine Minderung der staatsbürgerlichen Rechte und erhebliche materielle Benachteiligungen der Pfarrer und ihrer Familien ein. Gleichzeitig begann sich die NSDAP um eine „Umvermittlung" der Geistlichen in andere Berufe zu bemühen. Trotz teilweise attraktiver materieller Angebote sind jedoch nur 2 % der evangelischen und der katholischen Geistlichkeit von 1933 bis 1945 aus dem kirchlichen Dienst ausgeschieden. — Während der letzten Kriegsjahre mußte der Kampf gegen Kirchen und Pastoren suspendiert werden. Hitler und Goebbels ließen aber keinen Zweifel daran, daß nach dem Endsieg der Pfarrerstand beseitigt und daß vor allem über diejenigen Pfarrer ein Strafgericht hereinbrechen werde, die sich während des Krieges in zunehmender Zahl mit Wort und Tat gegen Unrecht und Verbrechen gewandt hatten[52].

Die Pfarrerschaft ihrerseits hatte 1933 zweifellos mit großer Mehrheit und „quer durch alle konfessionellen und kirchenpolitischen

---

[50] Vgl. Zipfel, a.a.O., S. 29 und S. 253.
[51] Vgl. ebenda, S. 29-59 und S. 82-136.
[52] Vgl. Zipfel, a.a.O., S. 244-260.

Gruppierungen hindurch"[53] in die allgemeine und erwartungsvolle Begeisterung über die NS-Machtergreifung eingestimmt. Die durch das ganze Volk gehende Bewegung hatte einen Großteil der vorher geäußerten Bedenken hinweggeschwemmt und übertönte die Warnungen einer nicht unbeachtlichen Minderheit, die sich ebenfalls aus fast allen kirchenpolitischen Lagern rekrutierte. Die Mehrheit glaubte, die allgemeine Bewegung für die Kirche fruchtbar machen zu müssen und zu können. Sie baute vor allem auf die Proklamation des „positiven Christentums" und erwartete, daß auf dieser Basis die alten nationalprotestantischen Wunschvorstellungen verwirklicht und damit auch der als verhängnisvoll empfundene jüdische Einfluß eingedämmt werde. Sie erhoffte sich von der neuen Führung, daß sie sich als eine starke, an die traditionelle Obrigkeitsauffassung gebundene Staatsautorität erweisen und darum in der Lage sein werde, sowohl die seit Versailles verletzte nationale Ehre wie das in Klassen- und Gruppenkämpfen verlorene Gemeinschaftsbewußtsein wiederherzustellen. Sie sah in dem an Naumann erinnernden Gedanken eines nationalen Sozialismus die bisher vergeblich gesuchte Lösung der sozialen Frage. Sie vertraute darauf, daß die bisherigen Gewaltmaßnahmen und Ausschreitungen der SA und anderer NS-Gliederungen mit der Übernahme der politischen Verantwortung abgestellt würden, und darauf, daß Sauberkeit und Rechtsstaatlichkeit durch den bewußt evangelischen Reichspräsidenten von Hindenburg garantiert seien. So war die Mehrheit des Pfarrerstandes der Überzeugung, daß ihr Verhältnis zu dem neuen Staat stärker von den alten Traditionen bestimmt sein werde als zu dem Staat von Weimar. Gründliche Zweifel an dieser Überzeugung kamen auf, als die Beziehungen zwischen Staat und Kirche sich ganz anders als im Sinne ihrer Tradition entwikkelten. Bereits im Frühjahr 1933 mußte man erkennen, daß der Staat die Kirchenpolitik der NS-hörigen DC massiv unterstützte. Der innerkirchliche Widerstand bekenntnistreuer Pastoren gegen die DC-Bewegung und, als diese von der Partei Ende 1933 fallengelassen wurde, gegen das NS-gesteuerte „Reichskirchenregiment" mußte daher zum Konflikt mit dem Staate selbst führen. Im März 1935 kam es zu einer ersten Welle polizeilicher Strafmaßnahmen, als nach einer von der Gestapo verbotenen Kanzelabkündigung

[53] G. E. Stoll, *Die evangelische Zeitschriftenpresse im Jahre 1933*, Witten 1963, S. 239 f.

715 Pfarrer vorübergehend verhaftet wurden. Im Jahr 1937 wurden 805 Verhaftungen registriert. Insgesamt wurden von 1935-1942 80 protestantische Geistliche in ein KZ verbracht, 20 von ihnen starben dort oder an den Haftfolgen. Der BK selbst, genauer ihrer wichtigsten organisatorischen Zelle, dem von Niemöller geleiteten „Pfarrernotbund", gehörte im Januar 1934 fast die Hälfte der 17 000 deutschen Pastoren an. Da der Kurs Niemöllers einem Teil der Pfarrer bald als zu radikal und darum die Schwierigkeiten verschärfend erschien, verringerte sich der Anteil der BK-Geistlichen im Laufe des Jahres 1934 und für die Zeit bis 1945 auf etwa ein Drittel der Gesamtpfarrerschaft[54].

Der Widerstand der BK richtete sich fast ausschließlich gegen die kirchlichen Übergriffe des Staates und gegen die innerkirchlichen DC-Bestrebungen, die Kirche zu einem Organ der NSDAP zu machen, das Evangelium zugunsten eines „artgemäßen" nordisch-heldischen Christentums zu „entjuden" und die Nichtarier aus der Kirche und zumal aus dem Pfarrerstand auszuschließen[55]. Ein über die Kirchenpolitik hinausgehender politischer Widerstand gegen das Regime schien schon aus Gründen der traditionellen Obrigkeitsauffassung undenkbar. So wurde aus Kreisen auch der BK Hitler mehrfach der staatspolitischen Treue der Pastoren versichert; selbst Niemöller betonte noch während seines Prozesses im Februar 1938, daß er seit 1924 stets NSDAP gewählt habe und seine Arbeit keine prinzipiell antinationalsozialistische Tendenz verfolge[56]. Dennoch entwickelte sich in den kirchenpolitischen Auseinandersetzungen ein Widerstand gegen die Staatsgewalt, wie ihn die bisherige Geschichte des deutschen Protestantismus nicht kannte. Für diese Entwicklung war ein großer Teil der Pastoren theologisch völlig unvorbereitet, viele erschraken, als ihnen die Konsequenzen klar wurden, gaben den öffentlichen Protest auf, versuchten sich mit den örtlichen Machthabern zu arrangieren oder, in gleichsam lautloser Opposition, den vom Unrecht unmittelbar Betroffenen (etwa jüdischen Bekannten) individuell zu helfen. Andere suchten, die im Kirchenkampf gewonnene Erkenntnis der Unrechtspolitik

---

[54] Vgl. Zipfel, a.a.O., S. 40, 122 ff. und das *Amtsblatt der EKD* vom 15. 1. 1948.

[55] Zur Theologie und Kirchenpolitik der BK vgl. Ernst Wolf, *Kirchenkampf*, in: *Die Religion in Geschichte und Gegenwart*, Bd. III, Sp. 1443-1453, Tübingen 1959, 3. Aufl. (Lit.).

[56] Vgl. D. Schmidt, *Martin Niemöller*, Hamburg 1959.

des Regimes theologisch zu verarbeiten, und gelangten zum Postulat einer sittlichen Widerstandspflicht, die bis in die Kreise des „20. Juli 1944“ wirksam wurde. — Die wichtigsten theologischen Impulse sowohl zur Bekämpfung der DC-Theologie als auch zur Überwindung der nationalprotestantischen Traditionen und der traditionellen Neigung zur Staatsmetaphysik kamen aus der Theologischen Erklärung der Barmer Bekenntnissynode vom Mai 1934. In der 5. These dieser vor allem durch die Theologie Karl Barths geprägten Erklärung hieß es u. a.: „Der Staat hat nach göttlicher Anordnung die Aufgabe ..., nach dem Maß menschlichen Vermögens unter Androhung und Ausübung von Gewalt für Recht und Frieden zu sorgen... Wir verwerfen die falsche Lehre, als solle und könne der Staat über seinen besonderen Auftrag hinaus die einzige und totale Ordnung menschlichen Lebens werden ...“[57].

IV. Die Bundesrepublik

Nach dem Zusammenbruch des NS-Staates wurde den Pfarrern ein hohes Maß an politischem Vertrauen im Volk und von den sich neu formierenden politischen Parteien entgegengebracht. Schon die Besatzungsmächte hatten sie vielfach mit kommunalpolitischen Aufgaben betraut; zumal dort, wo alle anderen Persönlichkeiten des öffentlichen Lebens durch ihre NS-Vergangenheit belastet waren. Die Führer der Linksparteien hatten in der Zeit gemeinsamen Widerstandes und gemeinsamen Leidens ihre vor 1933 aus gutem Grund pastorenfeindliche Einstellung revidiert. Die CDU war vielerorts von protestantischen Geistlichen mitbegründet worden[58] und wurde anfänglich als die neue politische Heimat der Pastoren angesehen. Zur Enttäuschung vieler CDU-Mitglieder distanzierte sich jedoch schon bald ein gewichtiger Teil ehemaliger BK-Pastoren demonstrativ von der Partei und trat in heftige und anhaltende Opposition zur Regierungspolitik. In der konservativen Führungsschicht der CDU und in weiten Kreisen der Öffentlichkeit

---

57 Vgl. dazu Ernst Wolf, *Barmen*, München 1957, bes. S. 137ff.

58 Vor allem in den wichtigen rheinischen Gründungszellen der CDU waren ehemalige BK-Pastoren führend an Gründung und ersten Programmentwürfen der CDU beteiligt. Vgl. L. Schwering, *Frühgeschichte der Christlich-Demokratischen Union*, Recklinghausen 1963, S. 40, 73ff., 141 und passim.

verstand und versteht man weithin heute noch nicht, welch weitreichende Konsequenzen dieser Teil aus den Erfahrungen mit dem totalen Staat gezogen hatte.

Die Mehrzahl der Pastoren ihrerseits dürfte nach Kriegsende dem von den Führern aller kirchenpolitischen Richtungen unterzeichneten „Stuttgarter Schuldbekenntnis“ (Oktober 1945) zugestimmt haben, in dem es hieß: „... Wir klagen uns an, daß wir nicht mutiger bekannt, nicht treuer gebetet, nicht fröhlicher geglaubt und nicht brennender geliebt haben.“[59] Sie war bereit, aus den Fehlern der Vergangenheit zu lernen, ihre traditionellen politischen und sozialethischen Vorstellungen zu revidieren, ein politisches Wächteramt zu übernehmen und ernst zu nehmen. Deshalb stellte sie mit Sorge fest, daß in dem neuen Staat die alten Mächte wieder an Einfluß gewannen, daß das Christentum für partei- und wirtschaftspolitische Interessen mißbraucht wurde, daß die Regierung eilfertig zu den Waffen drängte, die Gott selbst den Deutschen gerade erst aus der Hand geschlagen zu haben schien, daß die NS-Diktatur als Unglücksfall der Geschichte verharmlost wurde, daß erste Regungen demokratischer Willensbildung durch taktische Manipulationen überspielt wurden; kurz, daß man nicht bereit war, die alten politischen Verhaltensweisen gründlich zu überprüfen und zu ändern. Der Staat selbst galt, nach einem vielzitierten Wort der fünfziger Jahre, als „Organisation der Unbußfertigkeit“. Das Unbehagen darüber dürfte im größeren Teil der Pfarrerschaft anzutreffen sein. Besonders energisch haben ihren Unmut die „Kirchlichen Bruderschaften“, an ihrer Spitze wiederum Martin Niemöller, zum Ausdruck gebracht. Den Bruderschaften, einer politisch leidenschaftlich engagierten, theologisch insbesondere durch Karl Barth beeinflußten Gruppe ehemaliger BK-Pfarrer und jüngerer Geistlicher, dürften knapp 10 % von den insgesamt 12 000 evangelischen Pastoren der BRD zugehören oder nahestehen[60]. Sie sind durch insistierende Kritik an Wiederaufrüstung und einseitiger Westorientierung, an dogmatischem Antikommunismus und Notstandsplänen sowie durch demonstrative Teilnahme an den Ostermärschen der Atomwaffengegner und enge Kontakte zur

[59] Vgl. *Kirchliches Jahrbuch 1945-1948,* Gütersloh 1950, S. 26 f.

[60] Ein aus bruderschaftlichen Kreisen kommender Offener Brief gegen die Notstandsgesetzgebung wurde im Frühjahr 1966 von 650 evangelischen Geistlichen unterzeichnet. Vgl. *Der Spiegel,* Heft 21/1966, S. 26.

DFU hervorgetreten. Theologisch verstehen sie ihr Engagement als „politischen Gottesdienst", als Konsequenz der Forderung Luthers nach einem „Gottesdienst des christlichen Lebens" und damit als bewußten Widerspruch gegen diejenigen protestantischen Traditionen, die das „weltliche" Geschäft der Politik in frommer Überheblichkeit ablehnen oder es seinen Eigengesetzlichkeiten anheimgeben[61]. In ihren inhaltlich-politischen Vorstellungen suchen sie an urchristlichen Gedanken über Gewaltverzicht oder tätigen Versöhnungswillen anzuknüpfen und damit diejenigen Traditionen zu überwinden, in denen die christliche Ethik zur ideologischen Hülle machtstaatlicher oder nationalromantischer Zwecke denaturiert war. Seitens der Regierungsparteien ist ihnen darum (oft mit den gleichen Worten wie den BK-Pastoren durch die NS-Behörden) Kanzelmißbrauch, Schwärmerei und Staatsgefährdung vorgeworfen worden; noch im Bundestagswahlkampf 1965 hat der Bundesminister und stellvertretende CDU-Vorsitzende von Hassel, Repräsentant des konservativen CDU-Protestantismus, die Gefahr eines „Bündnisses der Linksprotestanten mit dem Antichrist" öffentlich heraufbeschworen.

Wichtiger als die vielfach verständnislosen Vorwürfe der Parteipolitiker wurde die seit Bestehen der Bundesrepublik vorgetragene theologische Kritik an den Bruderschaften. Sie kam in erster Linie aus dem Lager der orthodoxen Lutheraner, gründete sich auf eine genuin „biblische", von „Entstellungen" gereinigte Zweireichelehre und richtete sich gegen die „Politisierung" der Kirche und dagegen, „die politische Ordnung unmittelbar aus der Herrschaft Jesu Christi abzuleiten", also gegen eine direkte Übertragung christlich-eschatologischer Maximen auf die Politik[62]. Der Konflikt zwischen beiden theologischen Richtungen führte bis zu gegenseitiger Verketzerung und zeitweise an den Rand der Kirchenspaltung.

Die Masse der Pfarrer dürfte indessen, teilweise unter bewußtem Verzicht auf theologischen Purismus einen Mittelweg zwischen beiden Positionen gesucht haben. Außer bruderschaftlichen und außer den von einer wenig formierten Minderheit vertretenen betont

---

[61] Vgl. Ernst Wolf, *Politischer Gottesdienst*, in: *Blätter für deutsche und internationale Politik*, Heft 4/1966, S. 3-15.

[62] Vgl. die vielzitierte Kundgebung der Bischofskonferenz der Vereinigten Evangelisch-Lutherischen Kirche Deutschlands vom 12. 3. 1952 (*KJ 1952*, S. 27-33).

konservativen Vorstellungen wird man in der gegenwärtigen Pfarrerschaft am häufigsten einen gemäßigten, parteipolitisch nicht festgelegten Linksliberalismus antreffen.

Diese Wandlung der politischen Grundeinstellung stellt zwar den wichtigsten, nicht aber den einzigen Faktor des Verhältnisses von Pastoren und Staat in der BRD dar. Dieses Verhältnis wird vielmehr nach wie vor durch jene, mit den politischen Einstellungen verflochtenen Komponenten bestimmt, deren traditionelle Ausprägungen wir ausführlich erörtert haben. Durch die Krise von 1918 und insbesondere durch die Erfahrungen mit der NS-Diktatur haben diese Traditionen zweifellos an Beharrungs- und Prägekraft verloren. Doch sind sie auch in ihren Modifikationen zum Verständnis der neuen Probleme notwendig:

1. An die Stelle der bis in die NS-Zeit vertretenen und verbreiteten Skepsis gegenüber der „westlich"-parlamentarischen Demokratie ist die selbstverständliche Bejahung des demokratischen Rechtsstaates getreten. Diese Selbstverständlichkeit scheint jedoch eher in der Anerkennung der faktischen Entwicklung als in theologisch-sozialethischer Bewußtseinsbildung verankert zu sein. Jedenfalls dürfte, wie etwa die andauernde Debatte über den Obrigkeitsbegriff zeigt[63], die theologische Begründung der Demokratie von vielen Pfarrern längst nicht in dem Maße verarbeitet sein wie vormals die Begründung der monarchischen Obrigkeit oder wie der demokratische Gedanke in der angelsächsischen Geistlichkeit. Aus diesem Mangel sollte nicht zu schnell eine weiterbestehende Anfälligkeit der Pfarrer für antidemokratische Bestrebungen gefolgert werden (wahrscheinlich würden solche Bestrebungen den Widerstand der meisten Pfarrer hervorrufen). Die Gefahr dieses Mangels scheint vielmehr darin zu liegen, daß weite Kreise der Pastoren nicht in der Lage sind, im Sinne der von ihnen selbst vertretenen politischen Diakonie zur „Fundamentaldemokratisierung" (K. Mannheim)[64] unserer Gesellschaft beizutragen, und darin, daß sie ihrer Position im Spannungsfeld von kirchlichen Eigeninteressen und den Interessen des Gemeinwohls theoretisch nicht gewiß sind.

2. Die letztgenannte Gefahr kommt deutlich zum Ausdruck in der

---

[63] Vgl. *Dokumente zur Frage der Obrigkeit.* „Violettbuch" zur Obrigkeitsfrage von Bischof Dibelius, Darmstadt 1960 (Stimme-Verlag).

[64] K. Mannheim, *Mensch und Gesellschaft im Zeitalter des Umbaus,* Darmstadt 1958, S. 52 ff. u. ö.

Hilflosigkeit gegenüber dem Vorwurf klerikaler oder konfessionalistischer Tendenzen. Grundsätzlich werden solche Tendenzen abgelehnt und glaubt man sich selbst frei davon. In der Praxis wird aber sowohl seitens der kirchlichen Verbände wie seitens der Parochialpfarrer das Subsidiaritätsprinzip in der Sozialpolitik wie in der Kulturpolitik so extensiv als möglich angewendet[65]. Daß diese Anwendung auf lange Sicht mit gesamtgesellschaftlichen Interessen kollidieren, die kirchenfreundliche Einstellung des Staates belasten, ja zu antiklerikalen Stimmungen führen kann und muß, ist eine Perspektive, deren Darstellung bei den Pfarrern eher auf bare Verwunderung als auf Widerspruch stößt. Die Vorstellungen über das Verhältnis von Staat und Kirche sind weithin immer noch an den staatskirchlichen Traditionen orientiert, aufgrund deren zwar die Muster des Pastorenverhaltens unter den Bedingungen entwürdigender Abhängigkeit, politischer Verfolgung oder auch großzügiger Förderung entwickelt, nicht aber die Möglichkeiten einer radikalen Trennung etwa nach amerikanischem oder französischem Modell reflektiert sind.

3. Den jahrhundertelang vernachlässigten gesellschaftlichen Wandlungsprozessen und insbesondere den Implikationen der sozialen Frage haben Theologiestudenten und Pastoren seit 1945 viel Aufmerksamkeit zugewendet. Fast jeder jüngere und mancher ältere Geistliche veranstaltet heute Gemeindevorträge und Diskussionen mit soziologischer Thematik. Die prinzipiellen Spannungen zwischen Pastorenschaft und Arbeiterschaft sind ausgeräumt (freilich ohne daß die Beteiligung der Arbeiter am kirchlichen Leben nennenswert gestiegen wäre). Doch wird vor dem Hintergrund des eifrigen soziologischen Interesses die Unsicherheit gegenüber den akuten Problemen des Verbandswesens und des gesellschaftlichen Pluralismus nur um so augenfälliger. Auch die politisch sonst so regsamen Bruderschaften haben die soziale Problematik der sozusagen unbeabsichtigten, im eigenen Hause betriebenen „Konfessionalisierung“ bisher großzügig vernachlässigt. Sollte hier die alte Tradition der „Gesellschaftsblindheit“ eine moderne Variante erfahren haben?[66]

---

[65] Vgl. J. Matthes, *Religionszugehörigkeit und Gesellschaftspolitik. Über Konfessionalisierungstendenzen in der BRD*, in: *Internationales Jahrbuch für Religionssoziologie* (hrsg. von J. Matthes), Jg. 1965, S. 43-66.

[66] Daß die Probleme der „Evangelischen Willensbildung in der plurali-

4. Ihre soziale Sicherheit wird gegenwärtig von den Pastoren nicht als Problem empfunden. Doch ist ihnen bewußt, daß eine fortschreitende Trennung von Staat und Kirche auch Konsequenzen für ihre materielle Versorgung, beispielsweise bei Wegfall der staatlichen Einziehung der Kirchensteuern, haben wird. Möglicherweise spielt dieser Aspekt bei den der Konfessionalisierung verdächtigen Bestrebungen zur Institutionssicherung untergründig mit.

5. Unter den fünf in ihrer Vorgeschichte und in ihrer Entwicklung während der letzten hundert Jahre von uns verfolgten Traditionen hat das nationalprotestantische Denken sich am verhängnisvollsten ausgewirkt — und ist es am gründlichsten zerstört worden[67]. Heute wird der Nationalismus, wird auch die Rede von dem christlich-deutschen Wesen, an dem die Welt genesen solle, wie ein Gespenst aus böser Vergangenheit eher verlacht als bekämpft. Wie ein Gespenst aber auch hat der Nationalismus in den fünfziger und sechziger Jahren gelegentlich mehr Aufmerksamkeit, beispielsweise durch die NPD, auf sich gezogen, als es der dahinterstehenden geistigen und politischen Kraft zukam. Vielleicht hat die Beschäftigung mit diesem Gespenst allerdings von anderen Aufgaben und Gefährdungen des neuen Staates abgelenkt.

Der Umgang mit den Problemen des Nationalismus wie mit anderen politischen Fragen hat zeitweise den Eindruck erweckt, als ob manche Pastoren, bei dem Bemühen um eine neue ethische Redlichkeit ihrer staatsbürgerlichen Existenz einer ihrer Sache gewissen inneren Sicherheit noch ermangelten. Das ist vor dem Hintergrund der Geschichte der letzten hundert Jahre nur verständlich. Wie sich das Verhältnis zwischen dem Staat und den Pastoren aber zukünftig gestalten wird, scheint, was die Pastoren betrifft, hauptsächlich davon abzuhängen, ob es ihnen gelingt, ihren Willen zu einer neuen politischen Verantwortung durch eine theologisch reflektierte „fundamentaldemokratische" Bewußtseinsbildung zu

---

stischen Gesellschaft" (Akademietagung Bad Boll 1962) inzwischen von theologischen Wissenschaftlern und Kirchenführern häufig diskutiert werden, ändert nichts an dem Bewußtseinsrückstand vieler Pastoren. Zu den Tendenzen der Diskussion vgl. Th. Strohm, *Die evangelische Kirche in der parlamentarischen Parteiendemokratie*, in: *Die neue Gesellschaft*, Jg. 1964, S. 461-471.

[67] Vgl. H. D. Wendland, *Nationalismus und Patriotismus in der Sicht der christlichen Ethik*, Münster 1965.

vertiefen; m. a. W.: ob es ihnen gelingt, ihr Engagement in den großen politischen Fragen der Zeit auf die kleinen, weniger spektakulären, aber langfristig entscheidenden Demokratisierungsprobleme des gesellschaftspolitischen Alltags in Gemeinde und Staat auszuweiten.

2. Die Fluktuation der Theologiestudentenzahl von 1800 bis 1970

Eine soziologische Betrachtung von Theologiestudentenzahlen setzt voraus, daß man sich den übergreifenden kirchlichen und gesellschaftlichen Ort des Theologiestudiums bewußt macht. Die eigentliche Funktion des Theologiestudiums ist die Ausbildung des Nachwuchses kirchlicher Amtsträger; Bezugsrahmen der Erörterung von Theologiestudentenzahlen ist häufig der Bedarf, früher eher der Überschuß, heute durchweg der Mangel an Nachwuchs. Da diese Zahlen aber Jahr für Jahr (in einigen deutschen Ländern seit über zwei Jahrhunderten) festgestellt werden, bilden sie zugleich eines der sensibelsten Meßinstrumente von empirisch faßbaren kirchlichen Lebensäußerungen. Ihr im Verhältnis zu anderen Äußerungen des kirchlichen Lebens hoher Grad an kategorialer Entsprechung erstreckt sich (und wird häufig auch angewendet) auf Vergleiche zwischen Einzelgemeinden, Kirchenkreisen, Landeskirchen, innerhalb der Ökumene und zwischen katholischer und evangelischer Kirche.

Der Vergleich der Zahl von Studierenden evangelischer Theologie mit der Zahl von Studierenden anderer Fachrichtungen gibt auf Jahre voraus den quantitativen Wert an, der die Stellung der Theologen innerhalb der Gesamtakademikerschaft einer Gesellschaft und damit einen nicht unerheblichen Faktor ihrer sozialen Funktion bezeichnet. In der Fluktuation der Theologiestudentenzahl wird endlich statistisch etwas greifbar von den Wirkungen jenes schwer zu fassenden „Zeitgeistes", der die Entscheidung für den Pfarrberuf auf vielerlei Wegen (Elternhaus, Schule, soziales Milieu, Jugendorganisation, Massenmedien usw.) positiv oder negativ beeinflußt, und auch davon, wie man die wirtschaftliche Situation des Pfarrberufes einschätzt. Freilich begibt man sich, wenn man über die Auswertung des nackten Zahlenmaterials hinaus zur Interpretation der Zusammenhänge mit „Zeitgeist" oder ökonomischen Bedingungen fortzuschreiten sucht, auf schwankenden und gefährlichen Boden. Interpret und Leser werden sich bewußt zu halten haben, daß diese komplexen Zusammenhänge nicht auf wenige eindeutige oder einlinige Kausalitäten zu reduzieren sind und daß, selbst wenn man die ganze Fülle geistes-, wirtschafts- und kirchengeschichtlicher Aspekte zu einem Beziehungssystem zu ordnen vermöchte (was wir hier nicht versuchen), gerade in der Entscheidung zum Theologiestudium Unwägbarkeiten und Bestimmungsfaktoren mitwirken, die sich der empirischen Erfassung gänzlich entziehen. Doch darf uns diese Erkenntnis nicht hindern, das Material, das uns die Statistik an die Hand gibt und das in Hinsicht auf Exaktheit, Umfang des Zeitraumes, konfessionelle und geografische Differenziertheit für die neuere kirchliche Historiografie seinesgleichen sucht, auszubreiten und einige Interpretationsaspekte vorzuschlagen.

Das Verhältnis zu den anderen Fakultäten

Repräsentative Zahlen für das gesamte ehemalige Reichsgebiet liegen vom Jahre 1830 an vor. Daten aus früherer Zeit könnten aus Matrikelbüchern einzelner Universitäten erhoben werden, geben aber vielfach keinen exakten Anhalt, weil sich bis ins 18. Jahrhundert hinein häufig Nichtstudenten, „Schuh-, Schäfer- und Bäckerknechte“ unter den Inskribierten finden, die die Privilegien der Universität wahrzunehmen, das heißt insbesondere den Militärwerbungen zu entgehen suchten. Lediglich im alten Preußen und in Württemberg waren die Verhältnisse relativ geordnet. Die größte preußische Universität im 18. Jahrhundert war in Halle an der Saale, das mit bis zu tausend Immatrikulierten mehr Studenten beherbergte als die anderen vier vollständig organisierten preußischen Universitäten in Königsberg, Frankfurt an der Oder, Erlangen und Duisburg zusammengenommen. Wenngleich Halle als typische Theologenuniversität (Königsberg etwa als Juristenuniversität) galt, sind die Verhältniszahlen dieser damals, neben Jena, größten deutschen Universität doch bezeichnend. Das ganze 18. Jahrhundert hindurch waren in Halle 50 bis 60 Prozent aller Studenten für Theologie eingeschrieben; 30 bis 40 Prozent für Jura; knapp 10 Prozent für Medizin. Wo diese drei Fakultäten nebeneinander bestanden, galt die Universität als vollständig organisiert. Der Ausbau philosophischer Fakultäten erfolgte durchweg erst im zweiten Drittel des 19. Jahrhunderts. Wer vorher an Philosophie oder Geschichte interessiert war, immatrikulierte für Theologie; wer Naturwissenschaften betreiben wollte, tat das in der medizinischen Fakultät. Bedeutet die Zugehörigkeit von 40 bis 50 Prozent der deutschen Studenten zur theologischen Fakultät daher zwar nicht, daß im 18. und beginnenden 19. Jahrhundert die Hälfte aller deutschen Akademiker den Pfarrberuf ausgeübt hat, so bedeutet sie doch, daß mindestens die Hälfte der durch den Erwerb von Bildung qualifizierten deutschen Führungsschicht sich diese Bildung am Material oder in der Auseinandersetzung mit der theologischen Tradition erworben hat. Sie spiegelt darüber hinaus etwas von der bekannten Tatsache, daß das gesamte Erziehungswesen jener Zeit von der Kirche organisiert und reguliert war.

So ist es bis etwa 1850 die Regel, daß ein großer Teil auch der Fachtheologen ins höhere Lehrfach geht — wie umgekehrt die entsprechend qualifizierten Lehrer unter günstigen Bedingungen in Predigerstellen überwechseln. Auch später bleibt eine, freilich im Umfang zurückgehende Wechselbeziehung zwischen beiden Berufen bestehen. Doch lassen die Veränderungen, die das 19. Jahrhundert im Verhältnis von theologischer und philosophischer Fakultät gebracht hat, auch am Zahlenmaterial den Prozeß der Loslösung und Verselbständigung des Bildungs- und Erziehungswesens von der Kirche ablesen.

Von 100 Immatrikulierten studierten:

Jahr	Ev. Theologie	Philosophie
1830	27	18
1855	20	30
1880	16	32
1900	10	33
1914	6	40
1924	3	41

Abgesehen von der Relation zwischen Theologie- und Philosophiestudenten gibt diese Tabelle auch einen Eindruck von dem starken Rückgang des Anteils der Theologiestudentenschaft an der Gesamtstudentenschaft. Dieser Rückgang hat sich nach dem Zweiten Weltkrieg auf 2 Prozent fortgesetzt, ist bei diesem Anteil aber gestoppt worden: der Anteil von 2 Prozent ist in den letzten 20 Jahren trotz der in dieser Zeit erfolgten weiteren Verdoppelung der Gesamtstudentenzahl konstant geblieben. Nun ist mit diesem Rückgang zwar nichts über die Möglichkeit der Wahrnehmung spezifisch pfarramtlicher Aufgaben gesagt: die absoluten Theologiestudentenzahlen sind 1830, 1880, 1910 und 1960 etwa gleich hoch; die Relation von Studenten dieser Fakultät und evangelischer Bevölkerungszahl ist seit 1945 sogar günstiger als während des ganzen voraufgegangenen Jahrhunderts (vgl. die zweite Tabelle). Nicht zu verkennen dagegen ist, daß mit dem Rückgang von 50 auf 2 Prozent an der Akademikerschaft eine außerordentlich weitreichende Reduktion der gesamtgesellschaftlichen Funktion eingetreten ist. Daran ändert auch der Hinweis nichts, daß durch die Notwendigkeiten der technischen Zivilisation eine Akademisierung zahlreicher Berufe herbeigeführt wurde, die auch die soziale Stellung anderer, ehedem führender akademischer Berufsstände relativiert oder reduziert hat. Das nämlich ist in einem unvergleichlich geringeren Umfange als bei den Theologen geschehen: Der Anteil der Juristen ging von 30 (1830) auf etwa 12 Prozent zurück, der der Mediziner ist sogar, bei zwischenzeitlichem Anstieg auf 30 Prozent (1890), heute auf gleicher Höhe wie 1830: bei 16 Prozent.

Eine im Blick auf den Gesamtzeitraum ähnliche Entwicklung wie die der deutschen evangelischen Theologiestudenten weisen die Zahlen für den deutschen katholischen Pfarrernachwuchs und für den der „Nederlandse Hervormde Kerk" auf[1]. Der Anteil der katholischen Theologiestudenten, die (schon auf Grund des weit kleineren katholischen Bevölkerungsanteiles) im Deutschen Reich nie mehr als 12 Prozent der Gesamtstudentenschaft stellten, ist 1925 auf 3 Prozent abgesunken, lange Zeit (bis 1960) auf diesem Stand geblieben und erst in jüngster Zeit unter den der protestantischen Theologiestudenten in der BRD abgesunken (1,5 Prozent). — Die Studenten der „Nederlandse Hervormde Kerk" stellten noch 1850 mehr als ein Drittel aller holländischen Studenten. Ihr Anteil hat sich inzwischen auf 4 Prozent (konstant seit 1945) verkleinert.

Trotz der Ähnlichkeiten der Gesamttendenz und ihrer Auswirkungen auf die Einbuße an sozialer Funktion unterscheidet sich die Entwicklung der katholischen und holländischen Daten doch an einem entscheidenden Punkt von denen aus dem protestantischen Deutschland; die Entwicklung ist außerhalb des deutschen Pro-

[1] Vgl. außer Tabelle 2 in diesem Text die synchronoptische Tabelle und den Quellennachweis in RGG, 3. Aufl., Bd. V, Sp. 283-289: Pfarrer III, statistisch und soziologisch.

testantismus stetiger verlaufen: ohne jene plötzlichen Unterbrechungen des Rückganges zugunsten eines kurzfristigen rapiden Anstieges, die, grafisch dargestellt, die Zeit von 1850 bis 1950 als außerordentlich stark gezackte Kurve erscheinen lassen. Sollte man daraus schließen müssen, daß im deutschen Protestantismus besonders sensibel auf gesellschaftliche, zumal politische Verhältnisse und weltanschauliche Stimmungen reagiert wird?

Sozial- und theologiegeschichtliche Zusammenhänge

Zur Erörterung dieser Frage muß unser Zahlenmaterial genauer differenziert werden. Die nachstehend wiedergegebenen Zahlen sind abgerundet. Die unter den Spalten römisch-katholisch angegebenen eingeklammerten Zahlen besagen, daß nicht alle kirchlichen Ausbildungsstätten erfaßt wurden. Es studierten Theologie[2]:

Jahr	insgesamt		v. H. deutschen Studenten		v. 1 Million Kirchengliedern	
	ev.	kath.	ev.	kath.	ev.	kath.
1835	3200	(1800)	27	(15)	135	
1845	2100	(1400)	18	(12)	90	
1855	1700		15		80	
1865	2400		17		95	
1875	1800	(900)	11	(5)	70	
1885	3900		15		130	
1890	4600	2400	16	8	150	110
1900	2500	3000	10	12	60	140
1914	4300	3600	6	5	100	150
1919	3900	3500	4	4	65	160
1924	1900	3100	2	3	45	140
1928	3500	3900	4	4	90	210
1932	7400	4500	7	4	180	220
1939	1300	4800	1	3	30	220

[2] Statistische Quellen: vgl. RGG, 3. Aufl., Bd. V, Sp. 283-289; dazu die neueren Jahrgänge des (evang.) „kirchlichen Jahrbuchs“ (bis Jhg. 1968), des (kath.) „kirchlichen Handbuches“ (bis Band 26) und des Statistischen Jahrbuches der BRD, (bis Jhg. 1970).

Jahr	insgesamt		v. H. deutschen Studenten		v. 1 Million Kirchengliedern	
	ev.	kath.	ev.	kath.	ev.	kath.
BRD und Westberlin						
1947	2900	4000	3	3	120	180
1950	4300	4800	4	4	175	220
1955	2600	5000	2	3	100	220
1959	3200	4000	2	3	125	180
1962	3700	3200	2	2	140	140
1968	4200	3900	1,5	1,5	140	130
DDR						
1950	700	350			50	150
1955	950	400			60	180
1959	750				50	
1962	550				40	
1968	600				50	

Der in absoluter und relativer Hinsicht stetige Rückgang in den Jahren 1835 bis 1855 wird sich aus dem Zusammenwirken von primär vier Faktoren erklären lassen: wie erwähnt, geht jetzt die Zahl der künftigen Oberlehrer in der theologischen Fakultät beständig zurück. Zum anderen bestehen, wie wir aus zeitgenössischen Berichten wissen, in dieser Zeit dauernd schlechte Anstellungschancen: evangelische Pfarramtskandidaten mußten, bevor sich ihnen die Tür zum eigenen Pfarrhaus öffnete, jahrelang als Hauslehrer und Hilfsprediger ihr kümmerliches Brot verdienen. Drittens hatte das öffentliche Ansehen des Pfarrerstandes, der vordem, in der Zeit der Befreiungskriege, als Symbol der religiös-nationalen Erneuerung galt, in den Jahrzehnten der in Kirche und Staat sich durchsetzenden Reaktion erhebliche Einbußen erfahren. Die Entwicklung, die sich in der einen Generation zwischen 1815 und 1848 zutrug, wird dadurch erhellt, daß der 1848 immer noch größte und einflußreichste akademische Stand in der Paulskirche die kleinste Abordnung aller gebildeten Stände stellte. Mit der politisch-sozialen Stimmung hängt eine vierte Faktorengruppe zusammen, die man als „weltanschaulichen Zeitgeist" bezeichnen könnte. Karl Barth hat in seiner „Protestantischen Theologie des 19. Jahrhunderts" (S. 117 f.) gesagt, daß der Pfarrerschaft des 18. Jahrhunderts (infolge der mit der Aufklärung entstehenden Problematik ihres

Auftrags- und Selbstverständnisses) etwas eigen sei von der „Stimmung eines langsam aussterbenden Indianerstammes". In dieser Problematik hatte zwar das 19. Jahrhundert eine Reihe von Kompensationen angeboten, von denen außer dem religiös-nationalen Sendungsbewußtsein insbesondere die pietistisch-romantische Form der frommen Innerlichkeit einerseits und der Rückzug auf ein unangreifbares, mit der „Objektivität der gottgewirkten Tatsachen" (Vilmar) begründetes Verständnis des geistlichen Amtes andererseits großen Einfluß auf das Selbstbewußtsein der Pfarrerschaft nahm. Daß damit freilich die Fragen der Aufklärung nicht erledigt waren, erwies die gerade um die Jahrhundertmitte lebhafte Diskussion um Bibel- und Dogmenkritik, die, angeregt durch die allgemeinverständlich-polemischen Schriften von David Friedrich Strauß, über die theologische Fachwelt hinaus in eine breitere Öffentlichkeit übergriff.

Trotz all dieser Stimmungen, die den Pfarrberuf wenig anziehend erscheinen ließen, brachten die sechziger Jahre einen kleinen Anstieg der Anzahl von Theologiestudenten, dessen Ursache man vorwiegend in den inzwischen verbesserten Anstellungsmöglichkeiten suchen wird. Nur zehn Jahre später, 1875, in einer Zeit der Siegesstimmung und des wirtschaftlichen Aufblühens, die einen nie dagewesenen Zustrom zu den Universitäten bringt, sinken die Theologenzahlen beider Konfessionen auf den tiefsten Stand des Jahrhunderts. Für die katholische Seite liegen die Ursachen dafür klar in dem Bismarckschen Kulturkampf, der von so vielen Hindernissen des Theologiestudiums begleitet war, daß in der politischen Presse allgemein vom „Aussterbeetat" des Klerus die Rede war. Nicht annähernd so rapide, aber dennoch unverkennbar war der Rückgang auf protestantischer Seite, der in der kirchlichen Presse erstmalig das Wort vom drohenden Nachwuchsmangel erscheinen läßt. Das Gesetz von Angebot und Nachfrage erklärt diese Entwicklung angesichts dieses Nachwuchsmangels nicht. Vielmehr wird die Kulturkampfstimmung auch den protestantischen Abiturienten einen kirchlichen Beruf nicht eben attraktiv erscheinen lassen, zumal die Kritik an Bibel und Dogma gerade jetzt durch die Verbreitung der Gedanken Darwins eine erneute Zuspitzung erfuhr. Schien es darum nicht besser, seinen Beruf im Rahmen der anscheinend unbegrenzten Möglichkeiten von Naturwissenschaft und Nationalökonomie zu suchen?

So einleuchtend diese Erklärung scheint, so eindeutig wird sie von dem nach Beendigung des Kulturkampfes einsetzenden Trend widerlegt: in den achtziger Jahren steigt die Kurve in beiden Konfessionen beträchtlich an, um bei den Protestanten 1890, knapp 15 Jahre nach der Zeit des absoluten Tiefpunktes, den absoluten Höhepunkt des Jahrhunderts zu erreichen. Während die protestantische Kurve dann erneut steil absinkt, setzt sich der langsame, aber stetige Anstieg der katholischen Kurve von der Beendigung des Kulturkampfes bis zum Jahre 1955 unverändert fort. Wie mag es zu dieser merkwürdigen Zickzackbewegung bei den Protestanten zwischen 1875 und 1914 gekommen sein, in einer Zeit, in der die politisch-gesellschaftlichen Verhältnisse, die Anstellungschancen, die Einkommensverhältnisse und das Prestige des Pfarrerstandes gleichbleibend günstig waren? Auch der vorhin skizzierte, gegen Klerikalismus und Dogmatismus kritisch gerichtete Zeitgeist änderte seinen Charakter nicht so sprunghaft, daß ihm die großen Schwankungen angelastet werden könnten. Die einzig verbleibende Erklärung sind die innerkirchlichen Verhältnisse und die Theologie selbst. Der starke Andrang in den achtziger Jahren fällt zusammen mit dem großen Einfluß der Theologie von Albrecht Ritschl. Ritschl hatte versucht, die der protestantischen Theologie von der Naturwissenschaft drohende Krise mit der auch in der Philosophie verbreiteten Losung „Zurück zu Kant“ aufzufangen und zu überwinden. Diese Losung bedeutete die Verlagerung des theologischen Interesses von der Metaphysik auf die Ethik, von der Problematik der historischen Überlieferung auf die „Persönlichkeit Jesu“. In alledem versuchte er, selbst „Urtyp des nationalliberalen deutschen Bürgers im Zeitalter Bismarcks“, das Christentum als die „große und unvermeidliche Ermöglichung und Verwirklichung eines praktischen, im besten Sinne vernünftigen Lebensideals“ (Barth, a.a.O., S. 598) verstehen zu lehren. Das entsprach fraglos dem Wunsch der gebildeten Protestanten, die aus der Resignation der Rückzugsstimmung herauswollten. Sicher hat diese Interpretation der christlichen Lehre zahlreichen Interessierten ihre Hemmungen gegenüber der Theologie genommen.

Wie aber kam es dann, gegen Ende der neunziger Jahre, zu dem erneut starken Rückgang? Ob man meinte, daß auf dem von Ritschl gewiesenen Wege die Differenz zwischen überkommenem Dogma und modernem Denken doch nicht befriedigend überwunden war? Die wissenschaftliche, zumal die exegetische und historische Theologie hatte um die Jahrhundertwende ihre Blütezeit. Das wissenschaftliche Interesse allein aber veranlaßte offenbar nur wenige zum Theologiestudium. Die interessierten Abiturienten waren in dieser Zeit offenbar erneut von jener Frage umgetrieben, die der ehemalige Theologiestudent Theodor Kappstein als Thema einer 1906 durchgeführten Meinungsbefragung in die Formel kleidete „Bedürfen wir des Pfarrers noch?“ Die Antworten auf diese Umfrage waren nicht gerade ermutigend — ebensowenig wie die innerkirchlichen Zustände, die vor allem durch die heftigen, oft häßlichen Streitigkeiten zwischen Orthodoxen und Liberalen bestimmt waren. Zu den Streitpunkten gehörte die Frage, „wer von beiden Parteien den jungen Leuten das Studium der Theologie in stärkerem Maße verleide und damit den Rückgang der Studentenzahl verschulde“ (so: J. Conrad in den Jahrbüchern für Nationalökonomie und Statistik, 1906). Ähnlich der Soziologe F. Toennies in seiner Antwort auf die Kappstein-Umfrage: „Die jungen Theologen werden durch die Differenz von Glauben und intellektueller Redlichkeit aufgerieben und moralisch verdorben.“

Um so erstaunlicher ist der um 1910 einsetzende neuerliche Anstieg der Kurve, der 1914 bereits den Höchststand des Jahres 1890 erreicht. Sollten sich hier größere geistig-gesellschaftliche Veränderungen angedeutet haben, so sind sie durch Krieg und Umbruch wieder verschüttet worden und daher nicht mehr zu analysieren.

Eine in ihrer Gegensätzlichkeit für das gesellschaftliche Denken nach den beiden Weltkriegen symptomatische Entwicklung kennzeichnet den Vergleich der Jahre 1919 bis 1924 und 1945 bis 1950. Zu Beginn der zwanziger Jahre geht die Zahl, offensichtlich unter dem Eindruck der durch den Zusammenbruch heraufbeschworenen totalen Krise sprunghaft zurück und führt 1924 erneut zur Sorge um eine Nachwuchskatastrophe. Nach 1945 steigt sie demgegenüber in der BRD ebenso sprunghaft an, was zweifellos auf die großen Erwartungen zurückzuführen ist, die nach dem staatlichen Zusammenbruch an die Kirche herangetragen wurden. — Anders ist es mit einer zweiten Phase nach beiden Weltkriegen. In der Weimarer Republik ist diese durch den rapiden Anstieg der Kurve auf eine weder früher noch später je erreichte Höhe bestimmt. In der BRD bleibt sie von 1950 bis 1970 auf ungefähr gleichem Stande, wobei die Schwankungen sich in erster Linie aus den etwa entsprechenden Schwankungen der Geburtenzahl in den betreffenden Jahrgängen zu erklären scheinen. Die Gründe für die Vervierfachung der Theologiestudentenzahl zwischen 1926 und 1932 scheinen zunächst eindeutig ökonomischer Art zu sein: die kirchliche Organisation hatte den Umbruch von 1918 besser als befürchtet überstanden, der herrschende Pfarrermangel ließ im geistlichen Beruf eine sichere und rasch erreichbare wirtschaftliche Existenz erwarten, die Zukunft der meisten anderen akademischen Berufe galt infolge Überangebotes und Weltwirtschaftskrise als überaus unsicher. Trotzdem wird diese ökonomische Erklärung nicht als monokausaler Faktor bewertet werden dürfen. Aus zeitgenössischen Berichten wissen wir, welch starken Einfluß um die Mitte der zwanziger Jahre Karl Barth und die gesamte dialektische Theologie auch auf Studenten außerhalb der theologischen Fakultäten nahm. Es soll vorgekommen sein, daß unter dem Eindruck eines Vortrages von Barth die Studenten anderer Fakultäten „scharenweise" zur Theologie überwechselten.

Die theologische Entwicklung in der BRD hat keinen Aufbruch dieses Umfanges gebracht. Als die Kriegsgeneration aus den Hörsälen in das kirchliche Amt entlassen war, als sich auch erwies, daß die während des Neuaufbruches nach 1945 an die Kirche herangetragenen Erwartungen diese überforderten, als endlich auch in anderen akademischen Berufszweigen die Aussichten immer besser wurden, ging die Zahl der Theologiestudenten zunächst um ein Drittel zurück. Seit 1957 ist sie indessen wieder angestiegen, wobei die stetige Form dieses Anstiegs freilich keinen Anhalt für sensationelle Motivationswandlungen gibt[3].

Zum Schluß sei der Blick auf die Entwicklung in der kirchenfeindlichen Atmosphäre von NS-Staat und DDR gerichtet, eine Entwicklung, — die verglichen mit den entsprechenden katho-

---

[3] Ein kräftigerer Einbruch in die von 1950 an etwa gleichbleibende Motivationslage ist von den Auswirkungen der gesellschaftlichen Protestbewegung zu erwarten, die sich gegen Ende der sechziger Jahre von den Universitäten auf die höheren Schulen ausdehnte und die Religionskritik ausdrücklich als Teilziel ihrer Politik erklärte. Ob und wie sich eine damit zusammenhängende kirchenkritische Mentalität auf die Entscheidung zum Theologiestudium auswirkt, ist freilich 1970 noch nicht statistisch zu erfassen.

lischen Zahlen — unsere oben geäußerte Vermutung von der besonderen Sensibilität der protestantischen Reaktionen auf gesellschaftliche Prozesse erhärtet. Während die evangelische Kurve zwischen 1932 und 1939 von ihrem absoluten Höchststand des betrachteten Gesamtzeitraumes auf ihren absoluten Tiefstand zurückgeht, bleibt die katholische Kurve im gleichen Zeitraum nicht nur konstant, sondern steigt sogar geringfügig an. Dagegen nahm die Zahl der evangelischen Theologiestudenten in der DDR zunächst, bis 1955, stetig zu. Die Gegensätzlichkeit dieser Tendenz mag sich zum Teil daraus erklären, daß das Theologiestudium in der DDR anfangs als eine Möglichkeit erschien, den marxistischen Tendenzen im sonstigen Wissenschaftsbetrieb zu entgehen. Vielleicht sah mancher Student während der fünfziger Jahre in der Kirche den einzigen Ort, bis zu einer Änderung der Verhältnisse am ehesten „überwintern" zu können; vielleicht sollte sogar gelegentlich mit dem Theologiestudium die Opposition zu den bestehenden Verhältnissen ausgedrückt werden. Darauf deutet die Tatsache hin, daß in dem Jahr der stärkeren Spannungen zwischen Kirche und Staat, 1953, die theologischen Fakultäten Mitteldeutschlands ihre höchste Studentenzahl hatten. Alle diese echten oder vermeintlichen Möglichkeiten von Opposition wurden in der NS-Zeit offensichtlich in geringerem Umfang wahrgenommen; jedenfalls hat man sie, sofern sie überhaupt gesucht wurden, nicht an den theologischen Fakultäten realisiert.

3. Traditionen und Übergänge im Predigerseminar

Überlegungen zur 150-Jahr-Feier des Theologischen Seminars Herborn

Von den heute in Deutschland amtierenden evangelischen Pfarrern hat die große Mehrzahl im Zuge ihrer Ausbildung ein Predigerseminar besucht. Doch weiß man in der kirchlichen Öffentlichkeit und selbst in Kerngemeinde und Kirchenvorstand kaum, was mit „Predigerseminar" eigentlich gemeint ist. Der eine denkt an ein Seminar derjenigen Freikirchen und Gemeinschaften, die ihre Amtsträger als „Prediger" bezeichnen; der andere denkt an ein Seminar, in dem speziell oder ausschließlich das Predigen gelernt werden soll; der dritte denkt an eine Ausbildungsstätte des Zweiten Bildungsweges für Pfarrer.

Die Unklarheit wird noch größer, wenn man weiß, daß die gleiche Einrichtung, die in den meisten Landeskirchen als Predigerseminar bezeichnet wird, in anderen Landeskirchen als „Theologisches Seminar" (Hessen-Nassau), als „Pfarrseminar" (Württemberg), als „Praktisch-Theologisches Seminar" (zeitweilig im Unterschied zum „Seminar für praktische Theologie" in der Theologischen Fakultät; Baden—Heidelberg) geführt wird.

Trotz all dieser sprachlichen Unklarheiten ist die Aufgabe der „Predigerseminare" verhältnismäßig klar zu umreißen. Es handelt sich um Ausbildungsstätten der zweiten, sogenannten „postuniversitären" Ausbildungsphase der Pfarrer. In dieser zweiten Phase soll das, was in der ersten Phase, nämlich dem Studium an der Universität, theoretisch erarbeitet und zum durchreflektierten eigenen theologischen Bezugsrahmen entwickelt wurde, mit dem vermittelt werden, was in der kirchlichen Alltagswirklichkeit und in der Berufspraxis des Pfarrers an Aufgaben auf den jungen Theologen zukommt. Dieser Vermittlungsprozeß vollzieht sich in der Regel im Wechsel von einerseits praktischen Versuchen in der Gemeinde (Predigt, Unterricht, Seelsorgebesuch, Gruppenarbeit) und andererseits begrifflicher Aufarbeitung sowie theoretischer Auffächerung der praktischen Erfahrungen im „Predigerseminar".

Eine solche zweite Ausbildungsphase einzurichten und neben dem

Gemeindevikariat auch Gelegenheit zu theologischer Weiterarbeit im Seminar zu geben, hat sich im Verlaufe der letzten 150 Jahre immer nachdrücklicher als notwendig herausgestellt. Diese Entwicklung entspricht gleichen Tendenzen in der Ausbildung von Juristen, Medizinern, Philologen, Pädagogen u. a. Überall hat die im engeren Sinne fachwissenschaftliche Thematik an den Universitäten ein so hohes Maß an Eigengesetzlichkeit und Eigengewicht angenommen, daß der Vermittlungsprozeß mit der jeweiligen Berufspraxis nicht gleichsam linker Hand und nebenbei erledigt werden konnte, sondern ein eigenes Schwergewicht entwickelte und eigene Einrichtungen erforderlich machte.

Die ersten deutschen Predigerseminare wurden nach den napoleonischen Kriegen im weiteren Zusammenhang der Dreihundertjahrfeiern zur Reformation gegründet: Wittenberg 1816; Herborn-Nassau 1818; Loccum 1820. Diese ältesten Predigerseminare begingen vor kurzem ihr 150jähriges Bestehen. Die folgenden Überlegungen suchen bestimmte Erfahrungen und Probleme dieser 150jährigen Geschichte und besonders der letzten 50 Jahre am Beispiel Herborn zu reflektieren.

Gerade über diese letzten Jahrzehnte haben fast alle hessennassauischen Pfarrer ein sehr geprägtes, in teils intensiver eigener Erfahrung gewonnenes und in jahrelanger Beobachtung gefestigtes Urteil. Angesichts der Vielfalt und auch der Widersprüchlichkeit solcher individueller Urteile gilt es für uns, eine Ebene zu finden auf der sich einerseits die „Ehemaligen" mit ihren persönlichen Erinnerungen wiederfinden können, auf der andererseits aber auch eine Kritik formuliert werden kann, die Gelungenes und Mißlungenes, Stärken und Schwächen der Vergangenheit für die Gegenwart und vielleicht sogar für die Zukunft fruchtbar zu machen versucht.

Rund 1750 Kandidaten sind in den letzten 150 Jahren durch das Herborner Seminar gegangen. Von 1818—1918 waren es knapp 750; von 1918—1945 waren es fast 300; seit dem Ende des Zweiten Weltkrieges sind es etwa 700. Schon heute läßt sich unter dem Vorbehalt unvorhersehbarer Entwicklungen sagen, daß in der Zeit von 1946 bis Ende 1971, also in den 25 Jahren seit der Wiedereröffnung des Seminars nach dem Kriege mehr Kandidaten das Seminar besucht haben werden als in dem gesamten ersten Jahrhundert seines Bestehens.

Etwa 800 Pfarrer und Ruheständler also haben ein sehr präzises Urteil über ihre Herborner Zeit. Über dieses Urteil haben wir eine Reihe der Ehemaligen befragt. Manche von ihnen gingen sehr hart mit ihrer Seminararbeit ins Gericht. Einige bezeichneten sie schlichtweg als mehr oder weniger verlorene Zeit. Andere sagten, daß in Herborn die eben erst an der Universität gewonnene eigene theologische Position auf ein Mittelmaß kirchlicher Normaltheologie nivelliert werden sollte und tatsächlich oft genug nivelliert wurde. Ein Pfarrer sagte: „Es war die Zeit eines langsamen und trotz allen intendierten Widerstandes unwiderstehlichen Prozesses der Einschwärzung auf die Farben von Talar und Agende." Die Grundstimmung einer vor einigen Jahren bei den Kandidaten aller Nachkriegsjahrgänge eingeholten Stellungnahme ist zweifellos überwiegend seminar-kritisch.

Dieser Unterton von „Frustration", von Enttäuschung angesichts der Diskrepanz zwischen dem, was das Seminar an Vermittlung von Theorie und Praxis leisten sollte, und dem, was es faktisch zu erbringen vermochte, zieht sich durch die Berichte fast aller Generationen von Kandidaten. Er findet sich bei solchen, die im vorigen Jahrhundert in Herborn studierten ebenso wie bei denen aus den zwanziger, fünfziger oder sechziger Jahren unseres Jahrhunderts. Und dieser Unterton ist keineswegs auf die Einstellung gegenüber Herborn beschränkt; sie betrifft in kleinen Modifikationen die Beurteilung fast aller Predigerseminare deutscher Zunge — und wahrscheinlich auch die entsprechenden Einrichtungen im englischen oder französischen Sprachraum. Sie schließt nicht aus, daß die meisten Ehemaligen an den einen oder anderen Dozenten eine dankbare und herzliche Erinnerung bindet, und daß solche Sympathiebindungen oft Jahre hindurch wirksam und fruchtbar für die eigene Arbeit geblieben sind. Der Unterton von Frustration schließt auch nicht aus, daß die Kontakte der Kandidaten untereinander häufig ausgesprochen intensiv waren, im theologischen Gespräch ebenso wie an der Tischtennisplatte; und daß sich aus manchem Coetus eine Arbeitsgemeinschaft entwickelt hat, die über Jahre, ja in einzelnen Fällen über Jahrzehnte hinaus lebendig blieb. Es gibt also durchaus bei fast jedem Ehemaligen freundliche Erinnerungen an seine Seminarzeit. Gerade darum aber darf jener kritische und oft negative Unterton nicht verschwiegen werden.

Wer das täte, dem würde zu Recht Falschmünzerei oder Schönfärberei nachgesagt. Auch wir müssen uns fragen, ob und an welcher Stelle uns der fast modisch gewordene Slogan „Unter den Talaren der Muff von tausend Jahren" trifft, und wo er uns nötigt, liebgewordene Traditionen zu überdenken. Denn Herborn hat mit dem Stolz auch den Staub von nunmehr vierhundert Jahren akademischer Tradition zu bewältigen.

Wenn wir uns ausdrücklich der skizzierten Grundstimmung stellen und sie auf ihre Faktoren und Ingredienzien hin analysieren wollen, dann hängt das im übrigen mit Erfahrungen zusammen, die man heute im Umgang mit Kandidaten machen kann. Studenten bringen heutzutage ihre Kritik an Inhalt oder Stil von Lehrveranstaltungen sehr energisch zum Ausdruck. Das geschieht aber so selbstverständlich, daß jene Empfindlichkeiten, die ihren Hauptsitz in den Dunkelfeldern undurchschaubarer Gerüchte oder hinter vorgehaltener Hand vorgetragener Unzufriedenheit haben, zunehmend ihren Nährboden verlieren. Vielleicht hat man in einer Zeit, in der solcherlei Kritik verschwiegen oder unterdrückt wurde, verkannt, daß die Dunkelfelder des Geheimen, des Verschweigens, der vermeintlichen Unaufrichtigkeiten, der finsteren Manipulationen eine gefährliche Brutstätte sozialer Konflikte bilden. Wo die Politik einer Fakultät, einer Kirchenleitung oder eines Kirchenvorstandes sich öffentlicher Diskussion und öffentlicher Kritik entzieht, da wächst selbst in scheinbar nebensächlichen Fragen ein Wall von Mißtrauen, der die Entscheidungsgremien aller Instanzen von der Basis ihres Vertrauens und ihrer Beauftragung isoliert und damit jenen Buhmann geradezu aufbläst, den man heute als Establishment bezeichnet. Wo demgegenüber Öffentlichkeit ist, da ist Diskussion, da muß Kritik sich artikulieren, da muß sie also nach Gründen und Gegengründen fragen, da ist sie zur Verstehbarkeit, zur Kommunizierbarkeit genötigt. In unserem Falle heißt das, wir müssen die objektiven Faktoren zu bestimmen und zu beschreiben versuchen, die die negativen Eindrücke vieler Ehemaliger hervorgebracht haben. Eine ganze Reihe von Faktoren ist dabei zu berücksichtigen.

Da ist erstens die Personenfrage. In aller Welt rangiert sie in öffentlichen Angelegenheiten an vorderer Stelle. In diesem Sinne sagt man dann: von Ausnahmen abgesehen seien die Seminare eben schlecht besetzt gewesen. Doch ist die schnellfertige Reduktion eines Mißstandes auf die Personenfrage meistens kurzschlüssig. Sie vernachlässigt beispielsweise, daß zahlreiche Seminardozenten später Universitätsprofessoren wurden und an der Universität nach eigener Beurteilung weit besser als am Seminar zur Wirksamkeit gekommen sind. Sie vernachlässigt auch die Allgemeinheit des Problems an deutschen Predigerseminaren. Es wäre gegen alle Regeln der Wahrscheinlichkeit, daß während des gesamten letzten Halbjahrhunderts alle deutschen Seminare ebenso schlecht besetzt waren wie ihr Image im allgemeinen schlecht war. Damit soll die Personenfrage nicht heruntergespielt werden. Aber sie reicht zur Erklärung der allgemeinen Seminarkritik nicht aus.

Neben der Personenfrage rangiert der Faktor Milieu. Nach der freien, allein der eigenen Verantwortung anheim gegebenen Gestaltung des eigenen Lebens während der Studienzeit mußte der Kandidat sich, ob er wollte oder nicht, für jeweils zwei Semester in eine festgeregelte Lebensordnung einfügen, er mußte im Wohnheim des Seminars, in Herborn im Schloß wohnen, mußte an den Lehrveranstaltungen teilnehmen, konnte sich die Dozenten nicht aussuchen, mußte essen, was die Seminarküche auftischte, ob es schmeckte oder nicht. Kurz: der Kandidat fühlte sich kaserniert, und dementsprechend wurde das Wort „Kaserne" von den Kriegsteilnehmern, die sich Ende der 40er Jahre auf das Pfarramt vorbereiteten, genauso häufig im Munde geführt wie von den Kandidaten, die zwanzig Jahre später die inzwischen komfortabel gewordenen Kasernenstuben bezogen. Ob übrigens auch die Kandidaten der zwanziger und dreißiger Jahre das Herborner Schloß als Kaserne empfunden haben, ist nicht mehr genau bekannt; vielleicht hat Lili Marlen, die in Gestalt Herborner Bürgerstöchter und zukünftiger Pfarrfrauen eine wichtige Rolle gespielt hat, dazu beigetragen, das Kasernenleben erträglicher zu machen. Wie dem aber auch sei, für die Kandidaten der fünfziger und sechziger Jahre entfiel diese Möglichkeit der Kompensation. Wenn sie ins Seminar kamen, waren sie zum größten Teil verheiratet oder verlobt, hatten sie ihre Frauen oder Bräute weitab und fühlten sich im Gedanken an Lili Marlen eher unterdrückt als erfreut.

Die Bedeutung des Kasernenaffektes ist freilich in den allerletzten Jahren zurückgegangen. Nach der neuen Ausbildungsordnung sind die Kandidaten nur zu einem sechswöchigen Einführungskurs in Herborn stationiert, ansonsten wohnen sie, die Verheirateten zusammen mit ihren Familien, in der Gemeinde, in der sie ihr Vikariat absolvieren. Von dort kommen sie in jedem Monat für eine Woche nach Herborn. Obwohl diese neue Regelung zu atmosphärischem Wandel, zum Rückgang von Frustrationen, Aggressionen und anderen Seelenschmerzen beigetragen hat, sind natürlich damit noch keineswegs die Probleme des Seminar-Milieus schlagartig gelöst.

Bei unserer Analyse der kritischen Grundstimmung muß außer vom Lehrpersonal und vom Milieu drittens von den Lehrveranstaltungen die Rede sein. Die Frage heißt: was sind die wissenschaftlichen Gegenstände der Seminarausbildung? Die konventionelle Kritik richtet sich dagegen, daß das Seminar eine Art von Fakultät in verkleinertem Maßstab sein wollte oder auch in diese Rolle gedrängt wurde. Lange Jahrzehnte hindurch war tatsächlich mehr oder weniger gründlich alttestamentliche und neutestamentliche Exegese, systematische Theologie, Geschichte der Homiletik, Geschichte der Katechetik, der Liturgik, des Kirchenrechts usw. traktiert worden. Die Schwierigkeit dabei war, daß ein Seminardozent nicht gleichzeitig auf dem letzten Stand der Exegese, der Systematik, der Pädagogik, der Seelsorgelehre und außerdem noch ein guter Gemeindepfarrer sein kann. Im Wettbewerb mit den Spezialisten der verschiedenen Disziplinen einer theologischen Fakultät mußte das Seminar folglich zurückbleiben, mußte es als eine Stätte erscheinen, an der mehr oder weniger unzureichend aufgewärmt wurde, was der Student an der Universität gelernt hatte oder doch gelernt haben sollte.

Wenn das Seminar aber nicht als Fakultät in verkleinertem Maßstab seiner Aufgabe gerecht werden konnte — wie sollte dann sein wissenschaftliches Proprium bestimmt werden? Und weiter, diese Frage erscheint mindestens ebenso wichtig: wie müßte dann sein Lehrbetrieb organisiert sein? Wir können auf diese Frage noch keine in jeder Hinsicht abgesicherte Antwort geben. Doch wird seit etwa 1965 versucht, neue Konzepte zu erproben. Man ging in der Neugestaltung vor allem davon aus, daß die dem Seminar aufgegebene Vermittlung von Theorie und Praxis am ehesten im Wege eines auf Dauer gestellten Phasenwechsels von praktischem Versuch und methodisch kontrollierter Reflexion dieses Versuches geleitet werden könne. So, wie sich wissenschaftlicher Erkenntnisfortschritt im allgemeinen als ein Wechsel von Hypothesenbildung, experimenteller Erprobung und Korrektur der Hypothese vollzieht — so läßt sich auch ein differenziertes Bewußtsein vom Auftrag, von den Möglichkeiten und Grenzen des pfarramtlichen Dienstes nur im Wechsel von Vollzug und methodisch geregelter Kontrolle gewinnen. Genau hier scheint die spezielle Aufgabe des Seminars auch gegenüber der Universität zu liegen. Direktbeziehungen zwischen praktischer Probe und theoretischer Besinnung vermag die Universität allenfalls am Modell darzustellen, aber sie vermag sie nicht für die Dauer von zwei Jahren für jeweils 20 bis 25 Studenten zu organisieren. Die Universität vermag ebensowenig den Verarbeitungsprozeß zwischen Praxiserfahrung und praxisbegleitender Reflexion zu organisieren; denn ein solcher Verarbeitungsprozeß vollzieht sich, wie in den verschiedenen humanwissenschaftlichen Disziplinen immer deutlicher herausgearbeitet wird, am besten in sogenannten Konversationszirkeln, d. h. in den Diskussionen von Kleingruppen von etwa sechs bis zwölf Teilnehmern.

Derartige Gruppendiskussionen finden in Herborn statt, wenn die Kandidaten für eine Woche im Monat aus dem Vikariat ins Seminar kommen. In Gruppen diskutieren, kritisieren und verarbeiten sie eben damit, was an Information in der Lehrveranstaltung angeboten wird. Der unmittelbar plausiblen Bedeutung der Verarbeitungszirkel suchen die Kandidaten aber auch über die Seminarwochen hinaus zu entsprechen, indem sie sich an den Orten ihres Vikariates zu Team-Gruppen zusammenfinden und ihre Arbeiten, so gut es geht, unter gegenseitiger Beobachtung, Ermutigung und Kritik zu tun versuchen.

Auf der Suche nach den verstehbaren und damit zur Veränderung anregenden Signalen der konventionellen Seminarkritik seitens Ehemaliger und Jetziger ist nun eine vierte Faktorengruppe zu betrachten, nämlich das wissenschaftliche Handwerkszeug, mit dessen Hilfe wir die vorhin beschriebene praxisbegleitende Reflexion zu betreiben versuchen. Die Kritik am Seminar als einer Fakultät im verkleinerten Maßstab richtet sich u. a. ja gerade darauf, daß eine Auffrischung und bestenfalls eine Ausweitung der exegetischen Kenntnisse und des systematischen Problembewußtseins noch längst nicht bedeutet, daß damit auch schon Anleitungen für deren praktische Anwendung gegeben seien. Die Transmission auf praktische Anwendung ist noch nicht dadurch erbracht, daß man Kunstgriffe oder Rezepte zu vermitteln versucht, oder daß man sich, wie frühere Schlagworte lauteten, über „Hombis“ und „Lebis“ unterhält, d. h. über homiletische Bilder und Lebensbilder und deren jeweilige Veranschaulichungskraft. Die Transmission eines theologischen Verkündigungswillens auf die Tätigkeitsbereiche des pfarramtlichen Handelns hat vielmehr folgende Doppelbedingung zur Voraussetzung:

1. Der Theologe muß wissen, was er theologisch will; er muß das, was er will, elementarisieren können, er muß es verstehbar machen, er muß es aus dem eingeschliffenen theologischen Jargon, den er sich während des Studiums angeeignet hat und auch aneignen mußte, wieder herauslösen können; er muß die Relevanz seiner Botschaft plausibel machen können; er muß die Relevanz gerade auch da plausibel machen können, wo die Inhalte seiner Botschaft wie etwa die Rechtfertigungslehre oder die theologia crucis oder das Nachfolgepostulat nicht eindimensional rationalisiert werden können, wo sie nicht im Vorhandenen aufgehen. Sofern Exegese und Systematik zu diesem Prozeß der Elementarisierung und der Emanzipation vom Jargon beizutragen vermögen, haben sie einen Platz in der Seminarausbildung. Sofern diese Praxisbezogenheit fehlt, werden Exegese und Systematik von den Kandidaten leicht als l'art pour 'lart, oder, wie man heute sagt, als Glasperlenspiel oder gar als repressive Ablenkung verstanden und abgelehnt.

2. Die andere Bedingung der Transmission betrifft die Kenntnis der Praxis selbst, betrifft also die Frage nach den Nöten und Bedürftigkeiten der Menschen unserer Zeit, nach den Interessen und Verstehensmöglichkeiten unserer Gemeindeglieder, nach den Zwängen und Freiheitschancen unserer Gesellschaftsverfassung. Es ist gerade unter Kandidaten weitverbreitete Meinung, daß an dieser Stelle ein Defizit der gegenwärtigen Theologie liegt. Es ist auch kaum noch bestritten, daß eine sachgemäße und für den Theologen hilfreiche Analyse unserer kirchlichen und gesellschaftlichen Wirklichkeit sich der Ergebnisse und Methoden der modernen

empirischen Wissenschaften, insbesondere der Verhaltenspsychologie, der Kirchensoziologie, der kritischen Gesellschaftstheorie und der Kybernetik bedienen muß. Seit Jahren ist in fast allen Vorschlägen zur Ausbildungsreform gefordert worden, daß eine empirisch-kritische Theologie gleichberechtigt neben die historisch-kritische Theologie treten müsse. Da sich diese Forderung bisher aber noch kaum institutionell ausgewirkt hat, versuchen vielerorts die Predigerseminare so gut es geht in die Bresche zu springen. Dabei ist leicht zu erkennen, daß damit erst die ersten Schritte auf einem weiten Weg getan werden. Aber immerhin: man versucht diese Schritte jetzt wenigstens. Ob sie die Kandidaten ein Stück weiter bringen, darüber müßten diese freilich selber Auskunft geben.

Mit diesem Zwischenbescheid schließen wir den ersten Teil unserer Überlegungen ab, der diejenigen Faktoren der allgemeinen Seminarkritik zu isolieren versuchte, innerhalb deren Wirkungsbereich Änderungen möglich sind und auch durchgeführt wurden. Wir sind uns bewußt, daß es sich bei den Faktoren des Milieus, der Ausbildungsorganisation und der wissenschaftlichen Handwerkslage von Lehrveranstaltungen zwar um wichtige und oft genug unterbewertete Aspekte handelt, daß wir damit aber das Zentrum der Verlegenheiten und Schwierigkeiten eines Predigerseminars noch keineswegs zureichend beschrieben haben.

Theologische Aporien

Das Zentrum der Verlegenheit liegt, so meine ich, vor allem auf dem Felde der Theologie. Es liegt in den theologischen Aporien unserer Zeit; in jenen Aporien, die weithin, wie noch zu zeigen ist, erst durch gesellschaftliche Herausforderungen manifest und bewußt wurden. Und von eben diesen Aporien, die er theoretisch in aller Regel längst kennt, sieht sich der Kandidat existentiell betroffen, wenn er in das Predigerseminar und damit in die kirchliche Praxis eintritt. Auf diese Praxis ist er, wie man heute gern sagt, nicht programmiert. Der berufliche Alltag eines Pfarrers ist für ihn weithin diskreditiert, wofür er übrigens auch Gründe angibt. An diesem oft und ganz und gar ungeliebten Alltag aber, in dem Aktionsraum, den das Pfarramt bietet, muß sich erweisen, was die Theologie, die der Kandidat sich in seinem Studium angeeignet hat, austrägt. Jetzt kommt die Stunde einer Wahrheit, die plötzlich all jene Aporien wieder aufdecken kann, die auf dem Abstraktionsniveau der Universitätstheologie bewältigt schienen und die doch häufig nur durch die Aneignung gebräuchlicher theologischer Formeln überspielt worden waren. Wir wollen diese Aporien an einigen ausgewählten Problemstellungen der Seminargeschichte der letzten fünfzig Jahre aufzudecken versuchen.

In grober Einteilung gliedert sich der Zeitraum von 1918 bis 1968 in die drei politisch-gesellschaftlich besonders geprägten Abschnitte von 14 Jahren Weimarer Rupublik, 12 Jahren NS-Staat und 23 Jahren Bundesrepublik, wobei die Jahre 1945 bis 1949 tendenziell zur Bundesrepublik gezählt werden.

Am Beginn der Weimarer Zeit stand der große Schock der Katastrophe des Winters 1918/19. Kapitulation, Abdankung des Kaisers, Revolution, Ausrufung der Republik, Trennung von Kirche und Staat, sozialdemokratische Regierung — das alles waren Schläge, die das ganz selbstverständlich an die Verbindung von „Thron und Altar" angelehnte theologische Bewußtsein protestantischer Pfarrer auf das stärkste erschütterten. Das überkommene Wertsystem kam ins Wanken. Aber die Frage nach Ursache und Folgen der Katastrophe konnte eben auch nur in dem vorgegebenen Rahmen des mitgebrachten Wertsystems reflektiert werden. Und dieses Wertsystem bestand nun einmal in einer weitgehenden Identität von Evangelium und bürgerlich-nationaler Moral. Und so war die theologische Reflexion wie überall im Evangelischen Deutschland jener Tage auch in Herborn auf den Ton gestimmt, dem der damalige Seminarprofessor und langjährige Dekan des Dillkreises, Professor Karl Haussen folgenden Ausdruck gab: „Unsere Sünden, unsere Untreue, unsere Sucht nach gutem Leben, unsere geringe Bruderliebe, die Verleugnung unserer Verpflichtung für das Vaterland, unser Ungehorsam gegen Gottes Gebote, unter dieser Last sind wir zusammengebrochen." Soweit Haussen. Daß die Ursachen der Katastrophe möglicherweise in Fehlern der Wilhelminischen Politik und der militärischen Führung zu suchen waren, und daß, wenn schon theologisiert werden sollte, die Schuld dann eher in der anmaßenden Inanspruchnahme des Namen Gottes für die eigene Sache gesehen werden könnte als in dem pharisäischen Urteil über mangelnde Bruderliebe — das alles scheint für Theologen der damaligen Zeit, selbst wenn sie es gewollt hätten, kaum denkmöglich gewesen zu sein! Gerade das aber zeigt den Härtegrad der Verschmelzung von bürgerlicher und christlicher Wertvorstellung an! Im Laufe der zwanziger Jahre ist an die Stelle der alten Verbindungen von „Thron und Altar“ mehr und mehr eine neue Verbindung, die Verbindung von „Nation und Altar“ getreten. Die entsprechende Parole hieß: Synthese von Christentum und Deutschtum. Dieses Postulat bedeutete nicht, daß sich Kirche oder Pfarrerschaft auf die Seite der extremen Nationalisten, etwa der völkischen Bewegung oder der aufkommenden NSDAP geschlagen hätte. Aber es bedeutete eben doch, daß die nationale Frage theologisch tabu blieb, daß beispielsweise das ganze Problem des Völkerbundes, ja sogar das Problem der Weltkirchenkonferenz von Stockholm 1925 auch in Theologie und Kirche unter dem Vorzeichen der sogenannten nationalen Würde, d. h. unter dem Vorzeichen eines verletzten und durch die Westmächte mehrfach demonstrativ gedemütigten Nationalgefühls gesehen und beurteilt wurde. Es gab im damaligen Protestantismus Ausnahmen von dieser Regel. Dazu gehörten in erster Linie die sogenannten „Freunde der Christlichen Welt“. Einer von ihnen, ein Gießener Privatdozent, wurde im Jahre 1925 an das Herborner Seminar berufen. Doch mußte auch er erfahren, wie unerhört hartnäckig und verkrustet die unter den Herborner Kandidaten wie überall dominierende christlich-nationale Mentalität sich gab; wie schwer es war, die Kandidaten zur Überprüfung ihrer theologischen Prämissen zu veranlassen. Ein Kandidat der damaligen Zeit berichtete: wir hätten ihn einfach ausgelacht. (Eine Toleranz, den auszulachen, der eine von der dominierenden Mentalität abweichende politische Meinung vertritt, ist übrigens bis auf den heutigen Tag zu beobachten und scheint eng mit den Gegebenheiten einer Wohngemeinschaft zusammenzuhängen.) Die politisch-ethische Grundanschauung der Herborner Kandidaten aber blieb bis tief in die dreißiger Jahre hinein konservativ-national, durchweg unangefochten von der Frage, ob diese Anschauung nicht auf einer solchen Identifizierung von Evangelium und bürgerlicher Moral beruhe, die die theologische Reflexion vor gewaltige Aporien stellen mußte.

Zu einer breiteren Erkenntnis oder doch wenigstens zu einem ausdrücklichen Bekenntnis dieser Aporien und der aus ihnen abgeleiteten Fehleinschätzungen und Versäumnisse während der NS-Zeit kam es erst, als die Zeit der Prüfung schon vorbei war, nämlich im Stuttgarter Schuldbekenntnis von 1945. In der Zwischenzeit aber waren die Herborner Kandidaten und ihre Dozenten ebenso wie die ganze deutsche Kirche vor die Entscheidung gestellt, ob und wie vom Evangelium her zur Kirchenpolitik des NS-Staates und dann zum politischen Weg unseres Volkes Stellung zu nehmen wäre. In dieser Frage schieden sich auch in Herborn die Geister.

Es war eine kleine Gruppe von Herborner Kandidaten, die sich während des Jahres 1933 häufig im Zimmer des damaligen Lehrvikars Walter Kreck versammelte, um nächtelang genau diejenigen politisch-ethischen Grundfragen zu diskutieren, die noch im Jahr zuvor von denselben Kandidaten als Allotria verlacht worden waren. Theologischer Anhalt zur Problematisierung der sich rapide überstürzenden politischen Ereignisse war Karl Barths Kampfschrift: „Theologische Existenz heute". Von dieser Schrift aus erschien plötzlich als verstehbar, was Barth früher über die unter dem Evangelium sich vollziehende Umwertung aller Werte gesagt hatte. Und wenn es der Bekennenden Kirche in den ersten Monaten und Jahren ihres Kampfes auch primär um kirchliche Eigeninteressen und noch keineswegs um allgemeine politische Verantwortung gegangen ist, so hatte sie eben doch in dem Theologumenon von der Umwertung aller Werte einen Maßstab gewonnen, der es ihr ermöglichte, sich mühsam von den eingelebten Denkgewohnheiten des auf synkretistischer Identität von bürgerlich-nationalen und christlichen Vorstellungen beruhenden Wertsystems zu befreien.

Die Gruppe um Kreck umfaßte 1933 etwa ein Drittel der Herborner Kandidaten; sie war eine der Keimzellen der späteren hessen-nassauischen BK.

Die Mehrheit der Kandidaten und die Seminardozenten vermochten sich zu einer solchen organisatorischen Manifestation ihrer inneren Ablehnung des NS-Staates und seiner Politik nicht durchzuringen. Sie standen darum keinesfalls dem Denken der Deutschen Christen nahe. Nur einige wenige Kandidaten, etwa fünf, sind im Laufe der Jahre zu den Thüringer Deutschen Christen übergewechselt. Daß andere in dem turbulenten Jahr 1933 die SA-Uniform anzogen, scheint eher unter die Maßstäbe der Eitelkeit als unter die der politisch-gesellschaftlichen Reflexion zu fallen. Schwerer wiegt demgegenüber das kirchenpolitische Image, das Herborn im Laufe der dreißiger Jahre zuteil wurde. Das Theologische Seminar galt als eine Art Vorort des sogenannten BDM, des kirchenpolitisch neutral zwischen BK und DC zu bleiben versuchenden „Bundes der Mitte“. Dieses Image war für die Kandidaten der späten dreißiger Jahre, die schon als Studenten eine klare Position bezogen haben mußten, wenig anziehend. Die der BK nahestehenden Studenten nahmen ab Frühjahr 1935 am freien und von 1937 an am illegal arbeitenden Seminar der BK in Frankfurt teil, das von W. Kreck und K. G. Steck geleitet wurde. Während 1935—1937 an den Frankfurter Lehrveranstaltungen der BK bis zu 40 Kandidaten teilnahmen, ging die Zahl der Herborner auf sechs Kandidaten im SS 1935, fünf im WS 1935, vier im WS 1936 zurück. — Während des Krieges 1940—1945 war das Seminar geschlossen.

Nachdem die Semesterarbeit im Sommer 1946 wiederaufgenommen wurde, blieb die Kandidatenzahl zunächst sehr klein, nämlich bei vier und fünf Personen pro Kurs. Erst im Winter 1949, nachdem die ersten Kriegsteilnehmer ihre Universitätsausbildung abgeschlossen hatten, stieg die Frequenz erheblich. Es war die Zeit des Direktorats von Walter Kreck; eine Zeit, in der das Herborner Schloß auch unabhängig von seiner Kandidatenausbildung eine wichtige Rolle im theologischen Leben Deutschlands spielte. In Herborn traf sich häufig die sogenannte Bultmannschule zu ihrer Arbeitstagung mit durchweg 60 bis 80 Teilnehmern; in Herborn traf sich der Schülerkreis von Karl Barth und trafen sich namhafte Vertreter aus den Kirchen der Ökumene. Mit dem Entstehen der Evangelischen Akademien trat die Bedeutung Herborns als Tagungsort theologischer Gruppen und damit eine der interessantesten Varianten der Seminargeschichte wieder zurück.

Was blieb, waren die mühsamen Aufgaben, von denen im ersten Teil unserer Überlegungen die Rede war. Nach der erneuten Katastrophe des Jahres 1945 war die Bereitschaft der Kandidaten groß, den Katalog der überkommenen abendländischen Wertvorstellungen unter den Maßstab des Evangeliums und das hieß, sie radikal in Frage zu stellen. Insbesondere sind die Jahre von 1945 bis zum Jahre 1968 durchgehend von einem wachen und zum Engagement bereiten politischen Verantwortungswillen gekennzeichnet. Doch schien gerade in diesem politischen Verantwortungswillen und seinen Ausdrucksformen aufs neue die schwere Problematik des Verhältnisses von Evangelium und gesellschaftlichen

Wertsystemen aufzubrechen und sichtbar zu werden. Daß das Evangelium nicht einfach identisch ist und nicht identifiziert werden darf mit der Sozialmoral einer bestimmten Epoche — das hatte der im Dritten Reich mühsam erlernte und unter Schmerzen durchgeführte Prozeß der Ablösung von den alten, überständig gewordenen Moralvorstellungen gelehrt. Die kritische Funktion des Evangeliums, die Funktion der Umwertung, der Infragestellung aller Werte war wiedergewonnen. — Was mit einer solchen kritischen Funktion aber noch keineswegs erreicht war, ist die positive Bestimmung dessen, woran ein Christ sich denn zu orientieren habe. Und genau hier lagen in den fünfziger und sechziger Jahren die Probleme.

Woher nimmt, so fragten sich die Kandidaten, der Theologe die inhaltlich-konkreten Vorstellungen, die er in seinem politischen Handlungswillen zum Ausdruck bringt? Das Evangelium selbst wurde in dieser Sache immer häufiger als unspezifisch empfunden: abgesehen von abstrakten Maximen der Liebe, Gerechtigkeit und Frieden schien es keinen konkreten Katalog für politische Gestaltung oder politisches Verhalten anzugeben. Auch der Versuch Karl Barths, per analogiam fidei einen solchen Katalog abzuleiten, verlor, zunächst angesichts der Komplexität der biblischen Aussagen, zunehmend an Überzeugungskraft. Das politische Programm von „Christengemeinde und Bürgergemeinde", das noch zu Anfang der fünfziger Jahre auf große Zustimmung traf, wurde immer weiter in den Hintergrund gedrängt oder gerade auch als ein Beispiel dafür, was theologisch nicht vertretbar ist, herangezogen.

Wenn aber konkrete politische Anweisungen aus dem Evangelium nicht abgeleitet werden können, woher nimmt der Theologe dann die inhaltlichen Elemente etwa seiner Kapitalismuskritik oder seiner Kritik an der Notstandsgesetzgebung? Aber auch umgekehrt: woher nimmt ein politisch konservativ denkender Theologe die inhaltlichen Maßstäbe seiner Sozialismuskritik? Wenn der eine wie der andere aber seine inhaltlichen Vorstellungen aus dem Kontext seiner vernünftigen Einsichten in die Verhältnisse unserer Gesellschaft und deren möglichen Verbesserungen gewinnt — (und woher sollte er sie sonst beziehen?), darf er sich dann der vernünftigen Kritik seiner Position durch den Rückzug in die unstürmbare Festung eines prophetischen Auftrages zurückziehen? Darf man sich um politischer Auffassungen willen gegenseitig verketzern, weil man nicht in der Lage ist, die eigenen Positionen rational verstehbar zu machen?

Mit diesen Fragen hängen die heftigen Auseinandersetzungen zusammen, die in den letzten zwanzig Jahren im Herborner und in anderen Seminaren ausgetragen wurden. In diesen Fragen spiegeln sich aber zugleich jene Aporien, die die systematische Theologie noch keineswegs bewältigt hat. Sie erstreckten sich nicht nur auf das Problemfeld der politischen Ethik; sie betreffen, das wissen wir alle, in gleicher Intensität das ganze Feld der Sexualität und auch das der Erziehung; Felder auf denen die Revolution überkommener Wertvorstellungen vielen als weit dramatischer erscheint als die auf dem politischen Sektor. Eben diesen gewaltigen Umwälzungen, der großen Frage nach der gesellschaftlichen Revolution ebenso wie ihren scheinbar trivialen Varianten auf dem Gebiete der Erziehungs- und Sexualmoral, wie sie in der Gemeinde an ihn herangetragen werden können, — eben diesen gewaltigen Problemen sah sich der Theologe konfrontiert, wenn er aus einer als Elfenbeinturm betrachteten Universität heraustrat und vom Seminar aus die ersten Schritte auf dem Felde der kirchlichen Praxis tat. Und eben dort meinten viele zu erfahren, daß sie auf all das, was ihnen begegne, nur höchst unzureichend vorbereitet seien. Daß es ihnen an differenzierten Kenntnissen und Handwerkszeugen mangelt; daß die eingeführten Unterrichtsmittel und Kommunikationsmedien der Gemeinde wie etwa der Heidelberger Katechismus oder die meisten Gesangbuchlieder gerade jene Form von Jenseitsvertröstung reproduzieren, die heute vielfach als Repression bezeichnet wird. In der Praxis schienen sie auch bestätigt zu finden, was die jüngste Kritik an bestimmten zentralen theologischen Kategorien, wie etwa „Unverfügbarkeit", „Eigentlichkeit" oder „Unsicherheit" als resignativ, verschleiernd und ablenkend bezeichnete und was zumindest einen rationalen Zugang zu den Nöten und Notwendigkeiten der Gemeindeglieder eher zu verstellen als zu eröffnen vermochte.

An eben dieser Stelle scheinen die tiefsten Wurzeln gegenwärtiger Frustration zu liegen. Nicht selten stellen Kandidaten fest: Was sie in der Seminarzeit zu verkraften hätten, sei die fatale Erkenntnis, die sechs besten Jahre des eigenen Lebens an ein Studium gehängt zu haben, das jetzt nicht zu helfen vermöge, jenen Auftrag des Evangeliums auszuführen, dem die eigene Berufsarbeit und das eigene

Leben gelten solle. In diesen und ähnlichen Eindrücken scheint uns die Grundproblematik des Seminars zu liegen. Es ist das Problem, wie sie den Herausforderungen des Pfarrberufes im Kontext der gesellschaftlichen und neuer religiöser Herausforderungen unserer Zeit angesichts des ihnen verfügbaren theologischen Instrumentariums begegnen und dieses bewältigen sollen.

4. Der Pfarrerstand im Spiegel der Sozialstatistik

Wenn man Stellung und Rolle, Einfluß und Bedeutung einer Berufsgruppe in der Gesellschaft über einen längeren Zeitraum beobachten, Gleichbleibendes ebenso wie Veränderungen angemessen erfassen will, dann braucht man vor allem verläßliche und aussagekräftige Vergleichsdaten. Solche Daten könnte man beispielsweise gewinnen durch empirische Erhebungen derjenigen Einstellungen, Erwartungen und Kritiken, die von der Bevölkerung dem betreffenden Beruf und seinen Trägern entgegengebracht werden. Oder man könnte analysieren, welchen Niederschlag die Einstellung der Bevölkerung in der sogenannten schönen Literatur gefunden hat; in unserem Falle könnte man etwa vergleichen, welche generellen Beurteilungen der Pfarrerstand in der Literatur der Goethezeit und welche er etwa in der zeitgenössischen Literatur der 1970er Jahre erfährt. Man kann auch von rein statistischen Angaben ausgehen und die Einflußmöglichkeiten des Pfarrerstandes an der absoluten Zahl von amtierenden Pfarrern oder an der Gegenüberstellung zu entsprechenden Zahlen vergleichbarer Berufsgruppen aufzeigen und problematisieren. Welches Material und welche Methode man jeweils für die eigene Absicht auswählt und verwendet, wird nicht zuletzt von der Ertragskraft des zur Verfügung stehenden Materials abhängen.

Für die Sozialgeschichte des Pfarrerstandes ist in beinahe jeder Hinsicht eine Menge aufschlußreichen Materials gesammelt; wahrscheinlich mehr als für irgendeine andere Berufsgruppe im abendländischen Kulturkreis. Ein Teil dieses Materiales ist in wissenschaftlich zum Teil bemerkenswerten Monographien dargestellt und ausgewertet[1]. Daneben hat eine Reihe von Biographien[2] und Romanen[3] eine über die Kirche hinausgehende auch internationale

---

1 Besonders wichtig sind: P. Drews, *Der evangelische Geistliche*, 1905; und H. Werdermann, *Der evangelische Pfarrer*, 1925. — Eine kurze Zusammenfassung aus den publizierten Monographien bietet G. Holtz, *Pfarrer I*, geschichtlich, in *RGG*. 3. Aufl., Bd. V, Sp. 273—279; vgl. ferner K. W. Dahm, *Pfarrer und Politik*, 1965 (ausführliches Literaturverzeichnis).

2 Neuerdings etwa E. Bethge, Dietrich Bonhoeffer, 1968.

3 Beispielsweise I. Seidel, *Lennacker;* S. Lagerlöf, *Gösta Berling;* G. Bernanos, *Tagebuch eines Landpfarrers* u. a.

Beachtung gefunden. Eine Fülle von Material statistischer, biografischer und sonst berichtender Art, liegt noch ungeordnet und unaufbereitet in den Archiven. Die für die deutsche Nachkriegszeit (bis 1970) charakteristischen Berufs- und Positionsprobleme der Pfarrer sind in einigen eigenständigen Untersuchungen dargestellt worden[4].

In den veröffentlichen Arbeiten ist das Material einer seit vielen Jahrzehnten sorgfältig geführten kirchlichen Statistik nur teilweise benutzt oder zugängig gemacht. Ein uns wichtig erscheinender Teil dieses Materials ist darum im folgenden Abschnitt für die Zeit des letzten Jahrhunderts wenigstens zur Groborientierung zusammengestellt und aufbereitet worden; in knappen Kommentaren sollen die wichtigsten Daten interpretiert und Hinweise für weitere Auswertungsmöglichkeiten gegeben werden.

Bevor wir das tun, muß kurz begründet werden, warum wir in diesem Abschnitt vorwiegend die ja durchaus problematische und problematisierungsbedürftige Bezeichnung *Pfarrerstand* verwenden. Wir nehmen sie zunächst deshalb auf, weil sie in der deutschen Öffentlichkeit bis in die belletristische Literatur während der vergangenen Jahrzehnte gang und gäbe war und sich im alltäglichen Sprachgebrauch viel länger erhalten hat als etwa die Bezeichnung „Lehrerstand“ oder „Ärztestand“. Unseres Erachtens ist dieser Sprachgebrauch nicht nur und nicht in erster Linie als ein Hinterherhinken hinter dem gesellschaftlichen Wandel und seinem Ausdruck in der Alltagssprache zu erklären; etwa in dem Sinne, daß Religion, Kirche und Pfarrerstand noch auf die ständische Gesellschaftsordnung ausgerichtet seien, während die soziale Wirklichkeit

---

[4] Besonders wichtig sind: G. Wurzbacher / K. M. Bolte / R. Klaus — Roeder / T. Rendtorff, *Der Pfarrer in der modernen Gesellschaft*, 1960. —

G. Bormann, *Studien zu Berufsbildung und Berufswirklichkeit evangelischer Pfarrer in Württemberg*. Teil I: *Die Herkunft der Pfarrer, ein geschichtlich-statistischer Überblick von 1700—1965*, in: *Social Compass*, 1966, S. 115 ff. — Teil III: *Tendenzen der Berufseinstellung und des Berufsverhaltens*, in: *Internationales Jahrbuch für Religionssoziologie*, Bd. 4, 1966, S. 159—209. — G. Bormann, *Kommunikationsprobleme in der Kirche*, in: J. Matthes, *Kirche und Gesellschaft, Religionssoziologie* II, rde 312/313, 1969, S. 169—206.

Y. Spiegel, *Der Pfarrer im Amt*, 1970; — Y. Spiegel, *Pfarrer ohne Ortsgemeinde*, 1970; — E. Senghaas/Knobloch, *Die Theologin im Beruf* 1969.

längst durch die Probleme der Klassengegensätze und des industriegesellschaftlichen Pluralismus bestimmt sind. Ein solches Hinterherhinken mag als Faktor mitspielen, doch scheint ein weit schwerer wiegender Grund für die anhaltende Verwendung des Wortes Pfarrerstand darin zu liegen, daß mit diesem Begriff die besondere und eigene Art von Position und Rolle des Pfarrers in der modernen Gesellschaft ausgedrückt werden soll. Diese besondere Position des Pfarrers in einer im wesentlichen nach berechenbarer Leistung strukturierten Gesellschaft scheint einerseits damit zusammenzuhängen, was durch das Stichwort Religion mit all seiner Komplexität und seinen unwägbaren Implikationen angezeigt wird. Andererseits ist dieser Beruf offensichtlich funktional gesehen einigermaßen unspezifisch und darum schwer einzuordnen; das Verständnis vom „Geistlichen Amt“ ist sozusagen mit sehr verschiedenartigen Berufsarten und Berufsdefinitionen koalitionsfähig (so konnte der Pfarrer während den letzten 150 Jahren ohne große theologische Schwierigkeit mit seinem Verkündigungsamt sowohl pädagogische wie administrative, fürsorgerische und sogar industrielle Aufgaben wahrnehmen). Doch werden wir uns mit den Problemen der funktional unspezifischen Aufgabenbestimmung später zu beschäftigen haben.

An dieser Stelle geht es darum, das statistische Material selbst darzulegen und für unsere sozialgeschichtliche Fragestellung wenigstens andeutungsweise zu bearbeiten.

Kurzkommentar zu Tabelle A (Pfarrerzahl)

Siehe Tabelle A Seiten 78/79

1. Verlust an gesellschaftlichem Einfluß trotz Verbesserung der innerkirchlichen Versorgung

Fragen wir zuerst nach den gleichsam quantifizierbaren Bedingungen des gesellschaftlichen Einflusses, so gehören dazu zunächst die Möglichkeiten, die eigenen (also kirchlichen) Aufgaben angemessen zu bewältigen. Schon beim ersten Blick auf die Tabelle kann man erkennen, daß die Verhältnisse während der letzten 60 Jahre im

Tabelle A: Pfarrerzahl und Gemeindegröße (in landeskirchlichem Vergleich) 1840–1968[1]

	Tätige Pfarrer je 100 000 Kirchenglieder[3]						Tätige Pfarrer, absolut			Planstellen, absolut[3]		Durchschnittl. Gemeindegliederzahl je Parochialpfr.			
	1840	1910	1928	1949	1958	1968	1928	1958	1968	1958	1968	1928	1954	1968	1954
	1	2	3	4	5	6	7	8	9	10	11	12	13	14	15
BRD															
Unierte Kirchen															röm.-kath.
Baden		54	62	62	56	55	556	716	788	833	852	1600	1800	2700	1500
Berlin-West[2]	60	30	29	27	34	32	1542	1627	486	1605	551	3500	3400	4200	2000
Bremen		21	17	20	20	27	50	86	139	92	142	6000	6100	4700	2000
Hessen-Nassau		57	59	56	59	48	924	1200	1129	1067	1220	1700	1900	2800	1600
Kurhessen-Waldeck	90	60	66	44	48	52	536	580	589	640	700	1500	2100	2500	1300
Pfalz				56	55	56		373	423	367	469		1800	2600	1500
Rheinland		43	37	37	37	40	856	1249	1555	1282	1753	2700	3000	3100	1700
Westfalen		34	33	36	39	46	735	1252	1529	1145	1631	3000	2700	3000	1700
Lutherische Kirche															
Bayern	80	64	66	62	60	67	1347	1526	1703	1629	1826	1500	1700	1900	1200
Braunschweig	100	58	53	37	40	46	237	286	303	324	350	1900	2600	2600	1600
Eutin				23	23	32		22	28	27	28		4500	3700	
Hamburg	28	11	14	26	26	36	137	197	238	196	245	7200	5100	4100	2500
Hannover		54	48	32	35	43	1232	1462	1698	1628	1710	2100	2900	3300	1500
Lübeck		18	23	20	25	44	28	55	93	54	83	4300	4600	3200	2000
Oldenburg		36	30	25	35	40	126	194	219	168	223	3300	3000	3200	1800
Schaumburg-Lippe		60	48	31	33	34	22	26	25	27	26	2100	3000	3200	1600
Schleswig-Holstein		36	33	22	28	33	460	647	793	688	878	3100	3700	3500	1200
Württemberg	82	62	62	60	62	68	1057	1571	1739	1536	1672	1600	1600	2000	1400

Reformierte Kirchen															
Lippe		43	37	28	37	46	57	100	114	95	121	2700	2700	2500	1600
Nordwestdeutschland				53	53	52		117	112	135	132		1900	2300	1300
Zusammen BRD	—	—	—	40	44	47	9155	11 659	13 700	11 933	14 612	—	2400	2800	1600
DDR															
Berlin-Brandenburg	60	30	29	27	34		1542	1627		1605		3500	3400		2000
Mecklenburg	64	60	52	28	28		384	364		437		1900	3800		1600
Pommern	75	51	41	34	31		727	212		286		2400	3500		1600
Sachsen (ehem. Provinz)	85	60	53	44	34		1458	1193		1806		2000	3100		1600
Sachsen (ehem. Königreich)	65	31	30	25	26		1348	1190		1541		3300	3800		1800
Schlesien	70	40	39	34	32		876	75		86		2600	3200		1100
Thüringen		59	50	34	38		754	733		1180		2000	2600		1300
Zusammen DDR	—	—	—	29	34		7089	5504		7077		—	3000		1500
Zusammen ev. Kirchen in Deutschland	70	44	44	37	40		16 244	17 163[4]		19 010		2400	2700		—

[1] Quellen: Kirchliche Jahrbücher (evangelisch) 1910—1968; Kirchliche Handbücher (katholisch) 1—26; Statistische Jahrbücher der BRD bis 1970; außerdem das in RGG, 3. Aufl. Bd. V, Spalte 289 angegebene statistische Material.

[2] Die Zahlen bis einschließlich 1958 beziehen sich auf die Landeskirche Berlin-Brandenburg; die Angaben für 1968 sind auf Berlin-West beschränkt.

[3] Jeweils alle ordinierten Geistlichen (Parochialdienst, Verwaltung, Anstalten, Militär usw.).

[4] Nicht einberechnet sind rd. 3000 Pfarrer, die emeritiert oder vom kirchlichen Dienst beurlaubt (400) sind oder sich im Wartestand befinden (100).

Sinne der Kirche nicht nur stabil geblieben sind, sondern daß sie sich gerade während des letzten Jahrzehnt in einer Reihe von Landeskirchen sogar erheblich verbessert haben. Freilich müssen wir dazu die kirchliche Aufgabe für sich allein, gleichsam losgelöst vom gesellschaftlichen Kontext betrachten: Die sogenannte innerkirchliche Versorgung, nämlich die Wahrnehmung von Predigtdienst und unterrichtlichen Tätigkeiten, von Seelsorgebesuchen und „Amtshandlungen" wie Taufe, Trauung und Beerdigung, war während des betrachteten Zeitraumes gleichbleibend gewährleistet oder wurde verbessert.

Stellt man die innerkirchliche Versorgung jedoch in den Kontext anderer gesamtgesellschaftlicher Einflußmöglichkeiten, dann hat sich in diesem Zeitraum in den quantifizierbaren Bedingungen ganz Entscheidendes zum Nachteil von Kirche und Pfarrerstand verändert. Was die Tabelle nämlich nicht im Detail ausweisen kann, ist die gravierende Tatsache, daß zu Beginn unseres Jahrhunderts noch bis zu 20 % aller deutschen Akademiker evangelische Pastoren waren, während es um das Jahr 1970 nicht einmal mehr 2 % sind. Das bedeutet, daß sich die indirekten sozialen Beeinflussungsmöglichkeiten, wie sie etwa durch die akademische Bildung gegeben sind und über das geistige Leben der Nation hinausreichen in die Bereiche von Wirtschaft und Politik, ganz erheblich verringert haben. Damit hat sich im 20. Jahrhundert eine Tendenz fortgesetzt, die bereits seit Beginn des vorigen Jahrhunderts zu beobachten ist und zahlenmäßig am ehesten aus dem Vergleich der Zahl protestantischer Theologiestudenten mit der Gesamtzahl deutscher Studenten abgelesen werden kann.

Um die Mitte des 19. Jahrhunderts stellte der Pfarrerstand im Durchschnitt des damaligen Deutschland etwa ein Drittel der Akademikerschaft. Bedenkt man, daß es in den geschlossenen katholisch geprägten Gebieten keine evangelischen Pfarrer gab, dann kann man annehmen, daß in einigen protestantischen Ländern jeder zweite Akademiker evangelische Theologie studiert hatte. Bedenkt man weiter, daß andere Akademiker wie Juristen und Ärzte zum großen Teil in den Städten und an den Residenzen lebten und arbeiteten, dann kann man folgern, daß auf dem flachen Lande der Pfarrer oft der einzige „Gebildete" im weiten Umkreis war. Auf dem flachen Lande aber lebten bis in die Mitte des 19. Jahrhunderts über 80 % der deutschen Bevölkerung. Und diese

Bevölkerung hatte durchweg einen weit engeren Kontakt zu dem zuständigen Pfarrer, als es heute in der Regel der Fall und möglich ist. Das macht ein Vergleich der Spalte 1 unserer Tabelle A mit den Spalten 2—6 deutlich. Um die Mitte des vorigen Jahrhunderts gab es kaum einen Pfarrer (außer in Hamburg), der mehr als 1500 Gemeindeglieder zu betreuen hatte. Die meisten hatten es mit weniger Menschen zu tun, mit denen dafür aber umso öfter.

Von diesen Daten ausgehend kann man sich deutlich machen, welchen Einfluß der Pfarrerstand nicht nur auf den Glauben, sondern auch auf das profane Denken und Handeln in Deutschland haben mußte. Dieser Einfluß wurde dadurch noch verstärkt, daß die Geistlichen zusätzlich zu ihren kirchlichen Ämtern offiziell mit der staatlichen Schulaufsicht und gelegentlich mit anderen administrativen Aufgaben beauftragt waren.

Die zentrale Position im gesellschaftlichen Kräftefeld, wie sie die Pfarrer noch vor 100 Jahren innehatten, ist heute zahlenmäßig zu einer eher marginalen Position, zu einer Randerscheinung geschrumpft. Wenn eine Berufsgruppe zwei Prozent der Akademikerschaft stellt, so kann von dieser Zahl allein kaum eine besondere gesamtgesellschaftliche Bedeutung abgeleitet werden. Wenn die Pfarrer trotzdem auch heute einen stärkeren Einfluß besitzen, als aufgrund des 2%-Anteils zu vermuten wäre, dann hängt das offensichtlich mit den tief eingelebten Erwartungshaltungen und Zuständigkeitsauffassungen der Bevölkerung zusammen, wie sie nach wie vor weithin dem Pfarrer entgegengebracht werden. Doch ist darüber an anderer Stelle weiter nachzudenken.

Zunächst ist wichtig, sich jenen fundamentalen Unterschied bewußt zu halten, der zwischen einer in unserem Jahrhundert durch konstante oder sogar zunehmende Pfarrerzahlen gewährleisteten innerkirchlichen Versorgung einerseits und einem durch große Einbußen gekennzeichneten Verlust an gesamtgesellschaftlicher Einflußmöglichkeit andererseits besteht. Dieser Unterschied ist ohne Zweifel von großer Auswirkung auf das Berufsimage wie auch auf Berufsmentalität und Berufsidentität der Pfarrer selbst. Das kann man gewissermaßen auch geographisch beobachten und erfahren, wenn man Stellung und Ansehen des Pfarrers in einer etwas abgelegenen ländlichen Region und in einem Großstadtbezirk miteinander vergleicht. Auch wenn kaum ein Pfarrer in der patriarchalischen Stellung im Dorf noch sein Ideal sieht (aus den großen Schwierigkeiten, die ländlichen Pfarreien zu besetzen, kann eher das Gegenteil erschlossen werden), bringt der Wechsel vom ländlichen Dorf in den Großstadtbezirk doch die größten Anpassungsprobleme an die andersartigen Prestigemaßstäbe und Interaktionsregeln mit sich.

2. *Landeskirchliche Unterschiede und „Süd-Nord-Gefälle“*

Ob sie ihren Auftrag ordentlich erfüllen können, hängt für alle Kirchen wesentlich davon ab, ob genügend Mitarbeiter zur Verfügung stehen. Unter den in Deutschland (und in fast allen westlichen Kirchen) obwaltenden Umständen heißt das vor allem, ob genügend Pfarrer (bzw. Priester) zur Verfügung stehen. Unsere Tabelle A zeigt, wie das Verhältnis von Aufgabenstellung und Mitarbeiterzahl (Pfarrer) im Verlauf des zwanzigsten Jahrhunderts in den deutschen Landeskirchen war. Allerdings ist die Aufgabenstellung de facto nicht so unmittelbar auf die Zahl der Kirchenmitglieder bezogen, wie es auf den ersten Blick erscheinen könnte. Unmittelbar gemessen wird der Bedarf von Pfarrern in den deutschen Landeskirchenämtern nämlich an der Zahl der Kirchengemeinden, die ihren Pfarrer haben wollen. Und diese Gemeinden haben sehr unterschiedliche Mitgliederzahlen. In Großstadtgemeinden kamen zeitweise auf einen Pfarrer bis zu 10 000 Gemeindeglieder (vor allem in den Hansestädten während der zwanziger Jahre); dagegen gibt es immer noch eine ganze Reihe von Dorfgemeinden, die einen Pfarrer für sich beanspruchen, obwohl sie weniger als 1000 Seelen zählen. Wenngleich inzwischen die Extremfälle nivelliert wurden (vgl. Spalte 12—14 für Hamburg, Bremen und Lübeck), zeigt die Tabelle doch, daß in den Landeskirchen mit überwiegend ländlich-dörflicher Siedlungsstruktur (wie Bayern oder Kurhessen-Waldeck) nach wie vor quantitativ erheblich bessere „geistliche Versorgung“ gegeben ist als etwa in den Stadtstaat-Landeskirchen (wie Westberlin, Hamburg und Bremen) und auch als in den meisten von industriellen Ballungsräumen geprägten Landeskirchen (wie Rheinland und Westfalen).

Doch sind die Siedlungsstruktur und der Grad der Industrialisierung keineswegs das einzige Kriterium für das Verhältnis von Pfarrerzahl (und Pfarrstellenzahl Sp. 7—9) einerseits und der Zahl der Kirchenglieder andererseits. Beispielsweise weist Württemberg trotz seiner Industrie- und Ballungsstruktur einen quantitativ hervorragenden, von allen deutschen Landeskirchen den besten Personalstand auf. Nach Württemberg folgen Bayern, die Pfalz und Baden, also die Landeskirchen aus dem süddeutschen Raum. Auch die beiden hessischen Kirchen weisen eine günstigere Personallage auf als alle nördlicher gelegenen Landeskirchen. Man kann geradezu feststellen, daß, je weiter man nach Norden gelangt, desto ungünstiger wird das Verhältnis zwischen der Zahl der Pfarrer und der der Kirchenglieder; die Ausnahme von der Regel bildet in diesem Fall die allerdings kleine (und für den Durchschnitt unerhebliche) Reformierte Landeskirche von Nordwestdeutschland.

Die möglichen Ursachen für dieses auffällige Süd-Nord-Gefälle können wir hier nicht gründlich erörtern; wohl aber sollen einige kirchlich geläufige Erklärungsmuster hinterfragt werden. Für Württemberg wird oft die pietistische Tradition ins Feld geführt, die der etablierten Volkskirche ein Stück freikirchlicher Dynamik eingeprägt habe. Das mag mitspielen, doch trifft diese Erklärung schon auf die weit ausgedehnte bayerische Landeskirche mit ihren sehr verschiedenen Frömmigkeitsstilen (z. B. auch einer sprichwörtlichen oberfränkischen Unkirchlichkeit) keineswegs mehr zu. Überhaupt spielen die Unterschiede der theologischen Prägung und erst recht die der konfessionspolitischen Gruppierungen offensichtlich eine geringere Rolle für die Nachwuchs- und Personallage als man oft meint und propagiert. So stehen neben der gut versorgten bayerischen Kirche, die streng-lutherisch geprägt ist und der VELKD angehört, die ebenso lutherischen nordelbischen Kirchen mit einer relativ schlechten Versorgungslage. Auf der anderen Seite weist man in den unierten Landeskirchen Rheinland und Westfalen, beispielsweise gegenüber dem ebenfalls unierten Hessen-Nassau gerne auf eine günstige Personalsituation hin und führt sie auf eine lebendige, vom reformierten Pietismus und der Theologie Karl Barths bestimmten Kirchlichkeit zurück; dabei verkennt man jedoch, daß die vermeintlich günstigere Personalsituation vor allem durch die andere „Infra-Struktur“ zustandekommt: Hessen-Nassau hat relativ mehr kleine und Kleinstgemeinden als Rheinland und Westfalen, gemessen an der Gesamtheit ihrer evangelischen Bevölkerung ist die hessen-nassauische Kirche sogar in einer besseren Personalsituation als Rheinland und Westfalen. Auch zwischen

Hessen und Nordrhein-Westfalen war und ist also das merkwürdige „Süd-Nord Gefälle“ in Kraft.
Unserer eigenen hier allerdings mehr spekulativ als begründet vorgetragenen Vermutung nach sind die Ursachen für dieses Gefälle in sehr viel tieferen Wurzeln als etwa den im letzten Jahrhundert aufgekommenen (und teilweise wieder vergangenen) theologischen und kirchenpolitischen Strömungen zu suchen. Der Personalbestand und also die ihm vorausgehende Nachwuchsrekrutierung scheint uns in erster Linie mit der auf der untersten Ebene des Dorfes oder des Stadtbezirkes gegebenen sozialen Verflechtung des kirchlichen Lebens, seiner Anerkanntheit, seiner Funktionstüchtigkeit, seiner Inanspruchnahmen zusammenzuhängen. In der biographisch frühen Erfahrung solcher Kirchlichkeit werden vermutlich die Grundeinstellungen zum Pfarrerberuf vorprogrammiert, die sich dann später sozusagen ihre theologische Bewußtheit und Begründung verschaffen. In Süddeutschland nun erscheint die Kirchlichkeit (trotz regionaler Unterschiede) insgesamt sozial stärker integriert als im Westen und Norden der BRD (bei wiederum gewichtigen regionalen Unterschieden). Die spezifisch süddeutsche Kirchlichkeit dürfte nicht zuletzt mit der stärkeren Diaspora- und Konkurrenzsituation mit dem Katholizismus zusammenhängen; sie hat übrigens auch ihre Entsprechungen in einer bestimmten, sich von der preußischen durchaus und auch bewußt unterscheidenden politischen Mentalität.

3. DDR und BRD

Bis zum Ende des Zweiten Weltkrieges waren die mitteldeutschen Landeskirchen, was die Pastorenzahlen betrifft, keineswegs schlechter gestellt als die der späteren BRD. Sie kamen zwar nicht an die Verhältnisse der süddeutschen Landeskirchen heran, waren aber, mit Ausnahme des (lutherischen) ehemaligen Königreiches Sachsen und Berlins, den nordwestdeutschen gegenüber im Vorteil. Dies gilt, was das Verhältnis zwischen Pfarrerzahl und Seelenzahl betrifft, in einigen Gebieten (beispielsweise Thüringen gegenüber Schleswig-Holstein oder den Hansestädten) auch noch nach 20 Jahren eigenstaatlicher Entwicklung der DDR am Beginn der 70er Jahre.
In gewissem Sinne sind also auch die DDR-Kirchen in das Süd-

Nord-Gefälle eingeordnet. Das ist schon deshalb nicht verwunderlich, weil sie vor dem Krieg kein mitteldeutsches Eigenleben führten, sondern, auf einigen Gebieten sogar bis in die 60er Jahre hinein, stärker in ihre gesamtdeutschen kirchenpolitischen Formationen integriert waren als mit ihren zu einer anderen kirchenpolitischen Gruppe gehörenden ostdeutschen Nachbarkirchen. So waren lange Zeit die Kontakte enger und die Pfarrermentalität ähnlicher zwischen beispielsweise den Landeskirchen von Westfalen und Pommern, die beide der unierten früheren „altpreußischen Union“ (APU) angehörten, als zwischen den räumlich benachbarten Landeskirchen von Pommern und Mecklenburg; denn Mecklenburg gehörte nicht zur unierten APU, sondern zur lutherischen VELKD (Vereinigte Evangelisch-Lutherische Kirche in Deutschland), und hatte seinerseits wiederum engere Kontakte zu den VELKD-Kirchen Schleswig-Holstein oder Hannover.

In der Nachkriegszeit ging die absolute Zahl der Pfarrer in der DDR insgesamt um ein knappes Drittel zurück, während sie in der BRD um ein gutes Drittel auf (1968) knapp 14 000 anstieg. Der Rückgang in der DDR bedeutet allerdings nicht, daß die kirchliche Versorgung in eine katastrophale Situation gekommen wäre; ein solcher Einbruch steht auch nicht zu befürchten, solange sich die Zahl der Theologie-Studenten auf der Ebene hält, auf der sie sich in den letzten 25 Jahren eingependelt hat. Die Verminderung der Pfarrerzahl steht vielmehr in einem gewissen Entsprechungsverhältnis zu einer Verminderung der Kirchenglieder. Diese Verminderung ist teils auf die während unseres Betrachtungszeitraumes allgemein rückläufige Zahl der DDR-Bevölkerung, teils auch auf eine Zunahme von Kirchenaustritten zurückzuführen. Allerdings ist auch die Zahl der Kirchen-Austritte bei weitem geringer gewesen, als man aufgrund der allgemeinen politischen Situation und vor allem aufgrund der zeitweise recht massiven antikirchlichen Propaganda zu vermuten geneigt ist. Ohne daß wir genaue Statistiken darüber vorlegen können (die amtlichen Statistiken der DDR geben über die Religionszugehörigkeit keine Auskunft), ist nach der zuverlässigen Schätzung von Fachleuten damit zu rechnen, daß gegen Ende der sechziger Jahre rund zwei Drittel der DDR-Bevölkerung einer protestantischen Kirche angehörten.

Dies bedeutet, daß für den Zeitraum 1945—1970 für die Kirchen in der DDR grundsätzlich ebenso von einer volkskirchlichen Situation gesprochen werden muß wie in der BRD und keineswegs von einer freikirchlich-diasporaähnlichen Lage, wie es in Westdeutschland oft angenommen und ausgesprochen wird[1]. Zweifellos haben Pfarrer in der DDR in verschiedener Hinsicht unter schwierigeren Verhältnissen zu arbeiten als in der BRD; aber ihre Aufgaben sind, funktional betrachtet, die gleichen. Hier wie dort hängen Aktivität und Atmosphäre des Gemeindelebens weitgehend vom Pfarrer und sogar von der Pfarrfamilie ab; hier wie dort wenden sie den größten Teil ihrer Zeit und Kraft auf diejenigen Aktivitäten, die nur von einer Minorität ihrer Gemeindeglieder in Anspruch genommen werden: Gottesdienst, Bibelstunde, Frauenkreis usw.; hier wie dort kommt man mit der großen Mehrzahl der Gemeindeglieder nur bei Gelegenheit einer Amtshandlung (Taufe, Trauung und vor allem Beerdigung) oder bei der noch selteneren Gelegenheit eines Hausbesuches zum engeren Kontakt; hier wie dort haben Pfarrer aber in der Regel einen Vorschuß an Kontaktbereitschaft und an menschlichem Vertrauen, der ihnen einen größeren Aktionsradius beläßt, als sie ihn von ihrer eigenen Kraft her gesehen bewältigen können.

Kurzkommentar zu Tabelle B
(Zur sozialen Herkunft)

Zwei Daten dieser Tabelle sind es, die für unsere Frage nach der gesellschaftlichen Situation des Pfarrerstandes während der letzten beiden Jahrhunderte besonders bemerkenswert erscheinen: Einmal der hohe Anteil von Pfarrerskindern unter den späteren Pfarrern und Pfarrfrauen; zum anderen der im Verhältnis zu anderen Studienrichtungen überdurchschnittlich große Anteil von Akademiker-Kindern.

1. Pfarrerssöhne

Daß im Zeitraum unserer Betrachtung mindestens ein Viertel aller Pfarrer selbst aus einem *Pfarrhaus* stammt und daß darüberhinaus

[1] Vgl. dazu die sehr bemerkenswerte erste gründliche kirchensoziologisch-empirische Studie aus der DDR: G. Kretzschmar: *Volkskirche im Umbruch*, Berlin 1967. — Zu Pfarrer und Pfarrfamilie vgl. S. 160 ff.

Tabelle B: Zur sozialen Herkunft der Pfarrer (Väterberufe 1768—1968)

Berufe	Befragte	ev. stud. theol.				Pfarrer	Pfarrfrau	ev. stud. theol.			kath. stud. theol.		Stud. aller Fakultäten
	Ort	Universität Halle[1]			Dt. Reich	Gesamt-Deutschland		BRD			Dt. Reich	BRD	BRD
	Zeit	1768 bis 1771	1820 bis 1836	1850 bis 1881	1887 bis 1890	1950		1952	1958	1967	1930	1952	1952
		1	2	3	4	5	6	7	8	9	10	11	12
Pfarrer		41	32	37	20	25	20	22	22	16	-	-	2
Studienräte						3	3	4	4	6		3	4
Sonstige akademische Beamte (einschl. Hochschullehrer)		8	7	6	5	4	5	6	7	8	3	3	12
Sonstige Akademiker (Anwälte, Ärzte, Ingenieure)		3	2	2	2	2	5	8	10	11		4	14
Akademiker insgesamt		52	41	45	27	34	33	40	43	41	3	10	32
Lehrer mit nichtakad. Ausbildg.					17	12	6	6	4	1		5	7
Sonstige Beamte im gehobenen Dienst		16	20	25	17	8	7	9	8	8	26	7	9
Beamte im mittleren und einfachen Dienst						8	5	6	5	4		10	7
Fabrikanten, Großkaufleute, leitende Angestellte		7	11	11	4	6	9	8	8	5	2	5	12
Mittlere Handeltreibende (Einzelhändler, Vertreter)					11	2	3	5	5	6	8	6	7
Selbständige Handwerker		17	17	10	10	5	4	4	4	3	11	9	5
Selbständige Landwirte		7	9	8	14	8	8	4	3	2	28	20	4
Angestellte im mittleren und einfachen Dienst		-	-	-	-	9	11	10	13	19	8	11	10
Arbeiter, Taglöhner usw.		1	2	1	0	3	2	5	7	7	13	14	5
Sonstige und ohne Angabe		-	-	-	-	5	12	3	-	4	1	3	2
Zusammen		100	100	100	100	100	100	100	100	100	100	100	100

[1]) Zahlen für das gesamte Reichsgebiet liegen bis 1880 nicht vor; Halle bietet jedoch einen repräsentativen Querschnitt, weil dort im 18. und 19. Jh. bis zu 60 % aller preußischen stud. theol. immatrikuliert waren.

eine Reihe von Pfarrerfamilien über Generationen hinweg, zum Teil in ununterbrochener Folge seit der Reformation, im Dienst der Kirche stand, gehört zu den bekannteren Statistika des Pfarrerstandes. Die Tatsache selbst ist allerdings so ungewöhnlich nicht: Abgesehen davon, daß hier wiederum ein Relikt der ständisch-strukturierten Gesellschaft, in der gewöhnlich mindestens einer der Söhne Beruf und Geschäft des Vaters übernahm, gefunden werden könnte, — war und ist bis heute die Gewohnheit, den Beruf des Vaters zu erlernen, in den klassischen akademischen Berufsgruppen der Mediziner, Juristen und Philologen genauso verbreitet wie unter den Theologen.

Wiederum kann und soll diese Gewohnheit in ihren positiven und negativen Aspekten hier nicht ausführlich problematisiert werden, doch soll wenigstens die Richtung möglicher Überlegungen angedeutet sein. Wer die Aufgaben seines späteren Berufs bereits im Elternhaus beobachten kann, wer beispielsweise als Pfarrerssohn miterlebt, wie der Vater oder (häufig noch wichtiger) die Mutter mit den Menschen umgehen, die ins Pfarrhaus kommen; — (sei es einer, der die Beerdigung seiner Frau anmelden muß, seien es Mitglieder des Kirchenchors oder des Kirchenvorstandes); wer miterlebt und oft genug miterleiden muß, wie der Vater über den Konfirmanden-Unterricht stöhnt; wer andererseits auch die Konfirmanden, mit denen man ja im gleichen Dorf oder in der gleichen Straße aufwächst, über den Vater stöhnen hört; wer von den Konflikten im Kirchenvorstand einerseits aus den Berichten des Vaters und andererseits aus den verschiedenen Quellen örtlicher „Nachrichtenagenturen“ erfährt; — der wird oft genug angezogen sein von dem breiten Spektrum der Möglichkeiten und auch der Schwierigkeiten, vor allem von der Fülle zwischenmenschlicher Kontakte, die der Pfarrberuf bietet. Er wird auch auf das Bild des Vaters orientiert sein, wird das nachahmen wollen, was ihm am Vater gefällt, und wird vor allem das besser machen wollen, was ihm nicht gefällt. Er wird sich mehr oder weniger unbewußt ein paar elementare Muster für den pastoralen Umgang mit Menschen erarbeitet haben, die er gern selbständig erproben möchte. Er wird in der Regel auch in die theologischen Probleme der Zeit oder auch seiner Heimatgemeinde früh und ausdrücklich einbezogen; sein eigener Versuch, Bewußtheit über Leben und Welt zu gewinnen, wird von vornherein mit dem Instrumentarium und den Denkstrukturen der Theologie verflochten sein.

Die aus all diesen Faktoren oder doch einigen von ihnen resultierende Entscheidung, den Beruf des Vaters zu ergreifen, hat zweifellos für die Kirche und darüberhinaus für das kulturelle Leben in Deutschland überhaupt durchaus positive Auswirkungen gehabt. Immer wieder ist in kulturgeschichtlichen Publikationen und neuerdings auch in der empirischen Begabungsforschung darauf hingewiesen worden, daß aus dem evangelischen Pfarrhaus überdurchschnittlich viele Gelehrte, Künstler und Politiker hervorgegangen sind[1]. Man hat das Pfarrhaus geradezu als „Züchtungszentrum der deutschen Geniezüchtung" apostrophiert und diese Bedeutung darauf zurückgeführt, daß die Pfarrer über Jahrhunderte hinweg genügend Muße, genügend Vorbildung und ein entsprechend strenges Bildungsethos hatten, um den Begabten ihrer Kinder eine vorzügliche Ausbildung zu vermitteln. Wo diese auf Bildung gerichtete Grundhaltung über Generationen andauerte und immer neu reproduziert wurde, konnte es dann zu den erwähnten Spitzenleistungen kommen.

Die vergleichsweise hohe Reproduktion des Berufsstandes aus den Söhnen der jeweiligen Berufsträger eröffnete jedoch nicht nur die Möglichkeit zu elitärer Auslese, sondern sie barg auch die Gefahr einer kastenähnlichen Sonderstellung in der Gesellschaft. Der Werdegang zahlloser Pfarrer führte aus dem Pfarrhaus über die theologische Fakultät und die Heirat mit einer Pastorentochter wieder in ein Pfarrhaus zurück. Oft genug (vor allem im 18. und zu Beginn des 19. Jahrhunderts) führte der Weg sogar ins elterliche Pfarrhaus zurück, das damals nicht selten, und zwar aus Gründen ökonomischer Sicherheit, über Generationen hinweg in der Hand derselben Familie blieb. Was die Funktion des Pfarrers in Kirche und Gesellschaft betrifft, konnte dieser in sich geschlossene Kreislauf leicht zu einer Art kirchlicher, theologischer oder schärfer: pfarrständischen Eigenwelt führen, deren eigener Jargon und eigene Lebensform die Kommunikation mit den Gemeindegliedern und damit eine ganze Reihe wichtiger Aufgaben massiv behindern. In zunehmendem Maße scheint davon seit etwa dem Ende des

[1] Vgl. H. Werdermann, *Der evangelische Pfarrer*, 1925; S. 115ff. — M. Koehler, *Über die soziale Bedeutung des evangelischen Pfarrhauses*; Phil. Diss. Heidelberg 1952.

Ersten Weltkrieges das wichtigste Kommunikationsmittel, nämlich das sogenannte Symbolinventar der Alltagssprache betroffen zu sein. Während in vielen Pfarrhäusern die überkommenen theologischen Begriffe, Bilder und Schemata noch ganz selbstverständlich eingeübt, von den Kindern internalisiert und so auch mit lebendigem Inhalt gefüllt werden, haben sich die Deutungsschemata der Kirchenmitglieder meist weit von dem überkommenen biblisch-theologischen Symbolinventar entfernt. Die Kluft, die dadurch entstanden ist, bringt zweifellos gerade die in die eigene Berufsverantwortung eintretenden Pfarrerssöhne (und nicht nur diese!) in große Schwierigkeiten und wohl auch Identitätskrisen.

In jüngster Zeit, etwa seit dem Ende des Zweiten Weltkrieges ist der Anteil von Pfarrerssöhnen unter den Pfarramtskandidaten langsam aber stetig zurückgegangen. Es scheint, als ob der Sog zu immer stärkerer Funktionalisierung der Berufsaufgaben, zu Berufsmobilität und Berufswechsel; als ob auch der Sog zu einer neuen Einheitlichkeit von Deutungsschemata und Symbolinventar der technischen Zivilisation, wie er nicht nur durch Schule und Fortbildung, sondern auch durch Fernsehen und Illustrierte vermittelt wird; — als ob das alles die überkommene Eigenwelt des protestantischen Pfarrhauses auflösen wird. Sicher wird das seine positiven Auswirkungen für Auftrag und Funktionsfähigkeit der Kirche haben. Aber sicher bedeutet das auch den Abschied von einem der interessantesten Phänomene der deutschen Kulturgeschichte.

2. Bildungsbürgerliches Berufsimage

Über den gesamten beobachteten Zeitraum der letzten zwei Jahrhunderte waren im Pfarrberuf gerade auch im Vergleich zu anderen akademischen Berufen überdurchschnittlich viele Akademikersöhne tätig. Gewiß hängt das mit der großen Zahl von Pfarrerssöhnen zusammen, doch gab es entsprechend große oder sogar noch größere Anteile von Arztsöhnen unter den Medizinstudenten, von Apothekersöhnen unter den Pharmazeuten und von Juristensöhnen unter den stud. jur. Jedenfalls lag der Anteil von Akademikersöhnen während der fünfziger Jahre bei den evangelischen Theologiestudenten mit 41 % um 8 % höher als in der Gesamtstudentenschaft (33 %); er wurde nur von den Medizinern (50 %) übertroffen.

Die Gegenposition dazu nahm (und nimmt, soweit feststellbar, nach wie vor) die katholische Theologiestudentenschaft ein; sie weist unter allen studentischen Fachschaften den kleinsten Anteil von Akademikersöhnen auf. Das ist nicht allein damit zu erklären, daß es keine katholischen Pfarrerssöhne gibt; denn auch die Zahl der nicht aus einem Pfarrhaus kommenden Akademikerkinder ist unter protestantischen Theologiestudenten mehr als doppelt so groß als bei den katholischen.

Dieser bemerkenswerte Unterschied scheint uns anzuzeigen, daß beide Pfarrberufe, der des evangelischen Pastors und der des katholischen Priesters, neben anderen Verschiedenheiten auch durch ein je andersartiges Berufsimage charakterisiert sind. Am wichtigsten für das Image des Pfarrberufes sind zweifellos die religiösen, geistlichen oder theologischen Aspekte. Beim katholischen Priester dürfte es dabei in erster Linie um Gesichtspunkte der „Mittlerschaft", des übernatürlichen Habitus, des „character indelebilis" und des Zölibates gehen; in evangelischen Kreisen fragt man vorwiegend, ob der Pfarrer auch wirklich gläubig sei, ob er selbst glaube, was er sage, ob sein und seiner Familie Lebenswandel in Übereinstimmung mit dem von ihm vertretenen oder erwarteten ethischen Forderungen sei. Neben diesen Grundbestandteilen des Pfarrer-Images gibt es jedoch deutlich bestimmte Aspekte zu Prestige und Schichtenzugehörigkeit. So kann man feststellen, daß der katholische Priesterstand sehr viel stärker mit bäuerlichen Kreisen sowie mit dem Mittelstand und der Arbeiterschaft verwandtschaftlich verflochten ist als der evangelische Pfarrerstand. Der protestantische Pfarrberuf ist demgegenüber stärker in das Bildungsbürgertum der oberen Mittelschicht integriert; für die Söhne von Studienräten oder Amtsrichtern bleibt der Pfarrberuf gewissermaßen auf dem „level" der Familie, — genauso wie für den Pfarrerssohn der Beruf des Arztes oder des Volkswirtes. Dementsprechend wird man den Beruf des evangelischen Pfarrers längst nicht mehr als typisches Mittel für den sozialen Aufstieg von Söhnen aus den mittleren oder unteren Mittelschichten betrachten können; diese noch im 19. Jahrhundert wichtige gesellschaftliche Funktion dürfte inzwischen vor allem auf die pädagogischen Berufe übergegangen sein. Dagegen nimmt der Priesterberuf diese Funktion offenkundig nach wie vor wahr, wenngleich sie wegen des Zölibates kaum Auswirkungen auf die Zusammensetzung und Mentalität der oberen Mittelschichten hat.

Kurzkommentar zu Tabelle C (Differenzierungstendenzen)

Siehe Tabelle C Seiten 94/95

Im Zusammenhang mit den vielfältigen Veränderungen von Berufsstrukturen und Arbeitsverhältnissen, von Lebensgewohnheiten und Weltauffassungen wird spätestens seit den fünfziger Jahren in den deutschen Kirchen viel über die notwendige Differenzierung im Aufgabenfeld des Pfarramtes geredet und geschrieben. Die Tabelle soll anhand des erreichbaren Datenmaterials Anhaltspunkte dafür geben, wieweit sich und in welcher Richtung diese zunächst pauschalen Forderungen in den letzten zehn Jahren strukturiert und experimentiert wurden und ob sich bereits bestimmte Tendenzen in personeller Hinsicht abzeichnen.

a) Der *Anteil weiblicher Theologen* unter den Pfarrern (Spalte 3 und 4) bleibt zweifellos weit unter den Vermutungen, die sich an den in den letzten zwanzig Jahren rapide gestiegenen Anteil von Studentinnen in der Theologiestudentenschaft an deutschen Fakultäten knüpften. Die Zahl der Pfarrerinnen ist außer in den Kirchen der Stadtstaaten überall unter 3 %, der Beruf der Pfarrerin damit bis auf den heutigen Tag eine durchaus marginale Erscheinung im kirchlichen Leben geblieben. (Wo Pfarrerinnen allerdings amtieren, da scheint durchweg ein ursprünglich vermutetes und teilweise von theologischer Seite kräftig genährtes Vorurteil schneller abgebaut und überwunden worden zu sein, als die Beteiligten vorher annahmen.)

b) Weit schwieriger als die Zahl der Pfarrerinnen ist die Zahl der *Pfarrer ohne theologisches Vollstudium* (zweiter Bildungsweg; Pfarrdiakone usw.) festzustellen. Gemäß der in Anmerkung 4 begründeten Einschränkung kann man vermuten, daß der tatsächliche Anteil von nichtakademisch ausgebildeten Pfarrern erheblich höher liegt, als aus den Spalten 5 und 6 zu entnehmen ist. In einigen Landeskirchen scheint er bis zu 25 % der Pfarrerschaft auszumachen. Aus der Tabelle wird erkennbar, daß der dort erfaßte Anteil von Pfarrern im „pfarramtlichen Hilfsdienst" sich zwischen

1958 und 1968 durchweg verdoppelt hat. Die Tendenz, kirchliche Mitarbeiter ohne theologisches Vollstudium nach Zusatzkursen in die pfarramtliche Tätigkeit zu übernehmen, schien zunächst in den 60er Jahren noch stärker zu werden, da mit dem Ausscheiden der in der Pfarrerschaft starken Geburtsjahrgänge 1905—1910 mit zunehmendem Pfarrermangel gerechnet wurde. Neuerdings (etwa seit 1970) scheint sich jedoch aufgrund einer erheblichen Zunahme von Pfarramtskandidaten das Verhältnis von Angebot und Nachfrage von Theologen mit vollem akademischen Studium in fast allen Landeskirchen auszupendeln. Damit dürfte die Frage nach dem zweiten Bildungsweg quantitativ zunächst in den Hintergrund treten.

c) Das Verhältnis zwischen *parochialer (ortsgemeindlicher) und überparochialer* Arbeit der Kirche hat sich in den letzten zehn Jahren durchschnittlich um 5 % zugunsten übergemeindlicher Tätigkeiten (Akademiepfarrer, Industriepfarrer, Schulpfarrer, Krankenhauspfarrer usw.) verändert. Im einzelnen bestehen hinsichtlich der Zahl von sogenannten Sonderpfarrämtern, wie die Tabelle zeigt, große Unterschiede zwischen den einzelnen Landeskirchen. Daß die Zahl der Sonderpfarrämter in den Stadtstaaten besonders groß ist, wird kaum überraschen; daß sie allerdings in Baden vier mal so groß ist als in dem sozio-kulturell und ökologisch vergleichbaren Bayern, gibt schon eher Rätsel auf. Nicht berücksichtigt werden konnte in dieser Tabelle die in sich wiederum komplexe und zum Teil auch widersprüchliche Vielfalt der Sonderpfarrämter[5]. Von den in der Statistik vorherrschenden quantitativen Gewichten ausgehend, wird man abschließend festhalten, daß das Gemeindepfarramt mit über 75 % Anteil am pfarramtlichen Berufsfächer deutlich und sicher auch für die nächste Zeit die Basis der kirchlichen Arbeit darstellt.

---

[5] Aktuellen Aufschluß darüber gibt der Sammelband Y. Spiegel (Hrsg.) *Pfarrer ohne Ortsgemeinde*, 1970.

Tabelle C: Differenzierungstendenzen im Berufsfeld, 1958—1968

	Tätige Pfarrer, absolut		weiblich		im „pfarramtlichen Hilfsdienst" (nichtakad. Ausbildg.)		im parochialen Dienst		im überparochialen Dienst		unständig (Hilfspred., Pfarrvikare)	
			Von 100 tätigen Pfarrern sind									
	1	2	3[1]	4	5	6[4]	7	8	9	10	11	12
	1958	1968	1958	1968	1958	1968	1958	1968	1958	1968	1958	1968
Unierte Kirchen												
Baden	716	788	2,8	3,0	4,5	9,4	72,0	65,3	9,5	14,4	11,2	11,0
Berlin-West[3]	1627	486	2,6	12,3	7,6	1,8	77,8	72,0	9,2	21,0	2,9	5,1
Bremen	86	139	2,3	2,2	—	0,7	82,6	83,5	11,6	8,6	3,5	7,2
Hessen-Nassau	1200	1126	0,3	2,3	4,1	8,6	81,5	72,5	6,4	9,1	7,8	9,8
Kurhessen-Waldeck	580	589	1,0	2,5	1,9	3,7	85,9	79,2	3,3	8,2	7,9	9,0
Pfalz	373	423	1,6	2,6	—	1,4	73,5	68,1	3,8	10,4	21,2[2]	20,1[2]
Rheinland	1249	1555	1,6	2,5	3,0	4,0	83,9	80,8	5,6	8,1	6,0	7,0
Westfalen	1252	1529	2,2	2,7	2,3	6,9	80,5	75,7	6,0	11,8	8,9	5,6
Lutherische Kirchen												
Bayern	1526	1703	1,6	1,3	1,8	2,7	78,0	79,9	3,9	3,5	14,7[2]	13,8[2]
Braunschweig	286	303	1,0	2,3	1,4	3,6	91,6	84,2	3,1	6,9	2,8	5,3
Eutin	22	28	—	—	—	7,1	100,0	85,1	—	—	—	7,1
Hamburg	197	238	5,7	3,4	—	—	66,5	67,7	19,3	25,2	8,6	7,1
Hannover	1462	1698	2,4	2,8	5,4	9,5	81,0	71,3	8,2	14,4	3,0	5,0
Lübeck	55	93	—	7,5	—	—	83,7	71,0	14,5	17,2	1,8[2]	11,8[2]
Oldenburg	194	219	1,0	2,3	13,9	5,0	72,7	78,5	5,7	10,5	6,7	5,9
Schaumburg-Lippe	26	25	—	—	3,8	8,0	88,5	92,0	—	—	7,7	—
Schleswig-Holstein	647	793	1,1	1,4	2,8	4,0	87,3	85,4	4,3	5,5	4,6	5,0
Württemberg	1571	1739	1,0	2,3	3,1	3,8	75,3	73,6	5,5	7,0	15,1[2]	15,7[2]

Reformierte Kirchen												
Lippe	100	114	1,0	1,8	3,0	1,8	84,0	86,0	6,0	8,8	6,0	3,5
Nordwestdeutschland	117	112	—	—	6,0	8,9	92,3	85,7	0,9	5,4	0,9	—
Zusammen	13286	13700	1,7	2,7	3,8	5,3	79,6	75,7	6,5	9,7	8,4	9,2

[1] Im KJ 1958 werden die Theologinnen auch dienstrechtlich als eigene Kategorie geführt, während sie 1968 dienstrechtlich in die übrigen Kategorien integriert sind. Daraus erklärt sich, daß 1958 die fünf Spalten 3, 5, 7, 9, 11 zusammen 100 % ergeben, während 1968 die vier Spalten 6, 8, 10, 12 bereits 100 % ergeben.

[2] In der Zahl sind die ordinierten Vikare ohne 2. theologisches Examen enthalten.

[3] Die Angaben für 1958 beziehen sich auf Berlin-Brandenburg.

[4] In einigen Landeskirchen werden Pfarrer ohne theol. Vollstudium nach einer bestimmten Zeit und nach einer Prüfung den Pfarrern mit theologischem Vollstudium dienstrechtlich gleichgestellt und dann nicht mehr in der Spalte „pfarramtlicher Hilfsdienst“ aufgeführt. Der tatsächliche Anteil von Pfarrer ohne theol. Vollstudium ist also weit größer, als in den Spalten 5 und 6 erkennbar wird.

II.

Zur gegenwärtigen Situation des Pfarrerberufes

1. Das Berufsfeld des Pfarrers in der Sicht einer „funktionalen Theorie" des kirchlichen Handelns

1. Der Ansatz: die Funktionen der Praxis

1.1 Kirchliches Handeln wird in fast allen theoretischen Grundlegungen vom „Auftrag der Kirche" her definiert. Der Auftrag wiederum wird abgeleitet aus biblischen Aussagen oder aus früheren und inzwischen zum Dogma gewordenen Interpretationen der biblischen Aussagen, beispielsweise der Bekenntnisschriften.

Kirchliches Handeln wird also in der Regel nicht definiert unter dem Gesichtspunkt seiner gesellschaftlichen Funktionalität, d. h. seiner Verflechtungen in die jeweilige geschichtliche Situation und deren gesellschaftliche Praxis mit ihren dem Menschen helfenden oder den ihn unterdrückenden Institutionen.

Die theologische Diskussion über kirchliches Handeln ist (ebenso wie die über den Auftrag der Kirche überhaupt) zur Zeit durch starke Gegensätze, Widersprüche und gegenseitige Verständigungsschwierigkeiten gekennzeichnet. Diese Uneinheitlichkeit wirkt sich jedoch auf die tatsächliche Gestaltung und den Vollzug des kirchlichen Handelns kaum aus. In dem nach wie vor als besonders wichtige Manifestation von Kirche angesehenen Tätigkeitsfeld des Pfarrers beispielsweise hat sich trotz immer neuer ekklesiologischer Entwürfe in den letzten Jahrzehnten kaum wesentliches geändert.

Eine deutlich erkennbare Auswirkung der theoretischen Problematisierung des kirchlichen Handelns lag allerdings darin, daß eine zunehmende Zahl von Pfarrern die sogenannten volkskirchlichen Funktionen (wie Religionsunterricht, Konfirmation, Beerdigung etc.) nur widerstrebend und mit schlechtem Gewissen wahrnahm, weil sie ihrem im Studium erarbeiteten Verständnis von kirchlichem Auftrag nicht entsprachen. Andererseits sahen sie aber kaum realisierbare Möglichkeiten, den volkskirchlichen Aufgabenkatalog durchgreifend zu verändern. So bleibt ihr individuell engagiertes Reflektieren des kirchlichen Auftrags, so bleiben aber auch die Spannungen in der öffentlichen theologischen Diskussion des kirchlichen Auftrages relativ folgenlos für die pfarramtliche Praxis.

Es könnte sein, daß diese Folgenlosigkeit und die ihr korrespondierende Unsicherheit über die Praxis des kirchlichen Handelns damit zusammenhängt, daß in den zeitgenössischen theologischen Entwürfen zum Thema Kirche zu wenig Hilfen zur Bewältigung der Differenz zwischen dem „Auftrag" und den „Alltagsfunktionen" der Kirche angeboten und entfaltet werden.

1.2 In den hier vorgelegten Überlegungen wird versucht, an diesem Defizit anzusetzen und gewissermaßen einmal umgekehrt als sonst üblich vorzugehen: nämlich bei der Erörterung und Problematisierung der Funktionen zu beginnen und auf diesem Wege Bausteine für eine Theorie des kirchlichen Handelns zu gewinnen. Damit soll und darf die theologische Reflexion über den „Auftrag" der Kirche, über Ziele und Inhalte der kirchlichen Arbeit natürlich nicht suspendiert sein; eine solche Suspension könnte nur einen blinden und sterilen Pragmatismus zur Folge haben. Es gilt vielmehr, die theologische Besinnung über Ziel, Inhalt und Auftrag unmittelbarer und mehr als bisher auf die alltäglichen Aufgaben zu beziehen.

Eine Voraussetzung dafür scheint uns allerdings zu sein, daß das Ungleichgewicht zwischen einem sehr umfangreichen und ausdifferenzierten theologischen Potential zur Reflexion des Auftrages einerseits und einem noch kaum entwickelten wissenschaftlichen Instrumentarium zur Reflexion der praktischen Aufgaben andererseits ein wenig ausbalanciert wird. Dies kann bei der gegebenen Situation auch dazu führen, daß bewußt einmal energisch und vielleicht etwas einseitig der Akzent auf diese Funktionen, ferner auf die für ihre Problematisierung in Betracht kommenden erfahrungswissenschaftlichen Instrumente und auf die Erprobung dieser Instrumente gesetzt wird.

1.3 Unser Versuch, von einer Reflexion der Aufgaben aus zu einer Theoriebildung über kirchliches Handeln zu gelangen,

ordnet sich ein in andere soziologische Versuche, gesellschaftliches Handeln unter „funktionalem“ Aspekt zu erfassen und in einer „funktionalen Theorie“ zu systematisieren.
In Anlehnung an deren Denkstruktur soll in unserem Zusammenhang mit dem Begriff der *„Funktion“* eine zweifache, aber ineinander verflochtene Bedeutung zum Ausdruck gebracht werden: Einmal soll im Sinne des vor 100 Jahren von dem französischen Soziologen E. Durkheim eingeführten Sprachgebrauches mit dem Wort „Funktion“ die wechselseitige Abhängigkeit einer Institution oder einer Tatsache mit anderen gesellschaftlichen Zusammenhängen ausgedrückt werden[1]; konkret: Kirchliches Handeln wollen wir in den Zusammenhang seiner gesellschaftlichen Bedingungen und seiner gesellschaftlichen Folgen und Wirkungen stellen und nicht isoliert davon betrachten. — Die andere besonders auf Organisations- und Berufsprobleme bezogene Bedeutung grenzt den Funktionsbegriff gegen den allgemeineren Begriff der „Aufgaben“ ab. „Funktion“ ist in diesem (und übrigens auch alltagssprachlich verwendeten) Sprachgebrauch insofern ein Spezialfall von „Aufgaben“, als mit diesem Wort die verantwortliche Teilnahme eines Trägers an der Erfüllung der Aufgabe und damit zugleich die Verflechtung dieses Trägers in andere gesellschaftliche Bindungen zum Ausdruck gebracht wird. Eine „Aufgabe“ ließe sich demgegenüber auch beschreiben, ohne daß Art und Träger der Erfüllung gleichzeitig mit ins Blickfeld kommen.
Unser Verständnis von *„Theorie“* knüpft zunächst an einen Sprachgebrauch der sogenannten positiven Wissenschaften an und meint im Anschluß etwa an K. Popper den „vorläufigen Deutungsversuch von erreichbarem empirischen Datenmaterial zu einem ausgegrenzten Problembereich“[2]. „Vorläufig“ bedeutet, daß die Theorie unter dem Einfluß neuer Daten oder neuer Fragestellungen nicht nur überholungsfähig, sondern auch überholungsbedürftig ist, daß sie

[1] Vgl. zur Einführung: R. Mayntz, *Strukturell-funktionale Theorie*, in: W. Bernsdorf (Hrsg.), *Wörterbuch der Soziologie*, 1969, S. 1132 ff.
[2] Vgl. zur Einführung: K. D. Opp, *Soziologische Theorie*, in: W. Bernsdorf (Hrsg.), *Wörterbuch der Soziologie*, 1969, S. 1080—1088; ferner E. Topitsch (Hrsg.), *Logik der Sozialwissenschaften*, 1966.

prinzipiell auf Korrektur, Ergänzung oder Falsifizierung angelegt ist. Auf die Grenzen dieses potentiell „positivistischen" Theoriebegriffes ist in letzter Zeit, ursprünglich angeregt durch M. Horkheimers Aufsatz über „Traditionelle und kritische Theorie" (1937), immer wieder hingewiesen worden[3]; sie liegen darin, daß hier Gegebenheiten bloß festgestellt und quantifiziert werden könnten, ohne daß ihr geschichtlicher Charakter, ihr „Gewordensein" als menschliches Produkt und damit ihre Veränderbarkeit, ihre Verbesserungsbedürftigkeit mitbedacht werden. Diesem gefährlichen Mangel sucht Horkheimer entgegenzuwirken, indem er die Gegebenheiten der Wirklichkeit nicht nur empirisch erfassen, sondern immer auch unter dem Aspekt ihrer Möglichkeiten kritisieren und also verändern will. Diesen Grundimpuls der sogenannten „Kritischen Theorie" wird heute keiner außer Acht lassen können, der den einen oder anderen Ausschnitt von Wirklichkeit auf einen theoretischen Begriff zu bringen versucht. Auch eine „funktionale Theorie" des kirchlichen Handelns wird sich dieser Kritik zu stellen haben.

2. *Theologisches Denken und empirisch-kritische Methode*

2.1 Wer in theologischen Kategorien und Systemen zu denken gewohnt ist, mag sich fragen, wie die neuerdings mehr und mehr auf die Kirche und in der Kirche angewendeten sozialwissenschaftlichen Begriffe, Fragestellungen und Kontroversen denn mit dem überkommenen theologischen Denken vermittelt werden können. Vielleicht hilft bei diesen Überlegungen ein Vergleich mit der Rezeption der „historisch-kritischen Methode" durch die Theologie des 18. und 19. Jahrhunderts. So wie man damals die biblischen Quellen und die kirchengeschichtliche Entwicklung mit Hilfe der in den profanen Wissenschaften entwickelten „historischen Kritik" angemessener zu begreifen und zu problematisieren

[3] M. Horkheimer, *Kritische Theorie*, 2 Bde, Neuauflage 1968. Dazu: J. Habermas, *Erkenntnis und Interesse*, 1968; G. Rohrmoser, *Das Elend der Kritischen Theorie*, 1970; J. Habermas / N. Luhmann, *Theorie der Gesellschaft oder Sozialtechnologie*, 1971.

versuchte, geht die Theologie heute daran, mit Hilfe des Instrumentariums der sogenannten Erfahrungswissenschaften (empirische Wissenschaften) die kirchliche Wirklichkeit zu analysieren und zu reflektieren[4]. Dazu ist sie genötigt, weil die in ihrer eigenen theologischen Fachsprache verwendeten Begriffe und Denkweisen zur Erfassung dieser Wirklichkeit in vielen Fällen nicht ausreichen und außerdem für den Nichttheologen nicht immer verständlich sind. Auch in die Problematik der kirchlichen Praxis (beispielsweise psychotherapeutische Seelsorge oder kirchenorganisatorische Strukturplanung) sind sie oft nur noch unter Schwierigkeiten zu übersetzen. Das bedeutet nicht, daß in der Theologie nicht auch Wirklichkeit auf den Begriff gebracht und im Sinne einer tieferen Wahrheit analysiert wäre. Es bedeutet aber, daß der Wirklichkeitsgehalt dieser theologischen Sprache den meisten Menschen verborgen bleibt, weil ihr Bewußtsein primär durch naturwissenschaftliches und sozialwissenschaftliches, also unmittelbar durch empirisches, auf Erfahrung bezogenes Denken geprägt ist.

2.2 Die Differenz zwischen theologischem Bewußtsein und umgangssprachlicher Mentalität kann gerade am Kirchenverständnis deutlich werden. Der von der biblischen, der reformatorischen und der systematischen Ekklesiologie geformte Kirchenbegriff eines Theologen kann durchaus unvergleichbar sein mit den Vorstellungen, Interessen und Erwartungen derjenigen gewiß zahlreichen Kirchenmitglieder und Kirchensteuerzahler, die in der Kirche in erster Linie eine Art Dienstleistungsorganisation sehen. Wenn es nicht gelingt, in diesen beiden ganz verschiedenartigen Betrachtungsweisen eine übergreifende oder implizite Gemeinsamkeit der Interessen zu finden, kann die Differenz leicht zu gegenseitiger Verständnislosigkeit, zum Abbruch der Kommunikation, zum Kirchenaustritt führen. Damit ist

[4] Vgl. W. D. Marsch, *Institution im Übergang*, 1970; P. Dienel, *Kirche 1980*, Ev. Presseverband Frankfurt 1968; D. Stoodt, *Demokratisierung der Kirche*, in: *Wissenschaft und Praxis* (WuPKG) 1970, S. 209—220; Y. Spiegel, *Kirche als bürokratische Organisation*, ThExheute 160, 1969; W. Jetter, *Was wird aus der Kirche?*, 1968; H. H. Brunner, *Kirche ohne Illusionen*, 1968; J. M. Lohse, *Kirche ohne Kontakte*, 1967; W. Pannenberg, *Thesen zur Theologie der Kirche*, München 1970.

wiederum nicht gesagt, daß sich der Theologe kritiklos an die Dienstleistungs-Auffassung anpassen solle; sondern es ist gemeint, daß er eine Sprache finden muß, die seine Kritik an der Dienstleistungs-Auffassung verständlich machen kann. Das aber wird nach Lage der Dinge in erster Linie bedeuten, daß er sich mehr als bisher auf empirisches Denken und empirisch geprägte Umgangssprache einläßt und einübt.

2.3 Empirisches Denken steht, wie schon angedeutet, leicht in der Gefahr, sich mit der Analyse der gegebenen Wirklichkeit zufrieden zu geben, im Vorhandenen gewissermaßen aufzugehen, Möglichkeiten der Veränderung und der Innovation nicht mitzubedenken, also absichtlich oder unabsichtlich gegebene Strukturen zu rechtfertigen, zu sanktionieren und damit festzuschreiben. Diesem starken und gewissermaßen eigengesetzlichen Trend empirischer Wirklichkeitsbetrachtung hat die Theologie in ihrer prophetischen Tradition von der Davidszeit bis in die Gegenwart immer wieder entgegenzuwirken versucht; ihre grundlegende Intention, eine gegebene Wirklichkeit zu transzendieren, ist insbesondere in den Theologumena der Eschatologie, der Hoffnung der Zukunft, der Erlösung, des „Reiches Gottes" immer neu zur Sprache gebracht worden.

Gerade diese Grundabsicht, sich mit der gegebenen Wirklichkeit und ihrem „Elend" nicht abzufinden hat sich in jüngster Zeit, angeregt vor allem durch die schon erwähnte „kritische Theorie" der sogenannten Frankfurter Schule (Horkheimer, Adorno, Marcuse, Habermas) auch im öffentlichen Bewußtsein immer stärker mit dem Begriff der „Kritik" verbunden. Während „Kritik" in der Kombination „historisch-kritisch" stark auf die Bedingungen und Ursachen einer Gegebenheit (Zustandes oder Textes) zielt, wird „Kritik" in der Kombination „empirisch-kritisch" stärker als Aspekt der Veränderung und Verbesserung dieser Gegebenheit verwendet. In diesem Absichtszusammenhang sind wenigstens strukturell und formal (wenn auch nicht in jedem Sinne inhaltlich) eine sogenannte „Kritische Theorie" und eine zeitkritische Theologie durchaus miteinander zu vermitteln.

Die Dynamik dieser Absicht darf freilich nicht die nüchterne Wirklichkeitsanalyse, die Prüfung der eigenen Theorien und Versuche an der erfahrbaren Wirklichkeit, kurz: die erfahrungswissenschaftliche Redlichkeit überwuchern und damit zu neuer dogmatischer Verfestigung führen. Es kommt vielmehr darauf an, ob es einer empirisch-kritischen Methode gelingt, sowohl dem Anspruch erfahrungswissenschaftlicher Exaktheit als auch dem kritischen Willen zur Innovation zu entsprechen.

3. Hauptergebnisse der empirischen Kirchenforschung

3.0 Gehen wir im Sinne unseres dargelegten Ansatzes von dem erreichbaren Datenmaterial aus, so ergibt sich ein erster Überblick über die Funktionen, die der Kirche in unserer Gesellschaft zugeschrieben werden, aus einer Reihe von demoskopischen Erhebungen, die in der Zeit zwischen 1966 und 1971 veröffentlicht worden sind[5].

3.1 In der Bundesrepublik Deutschland bejahen nach wie vor ca. 90 % der Bevölkerung grundsätzlich die *Anwesenheit von „so etwas wie Kirche“*. Diese Anwesenheit wird in der Regel ganz selbstverständlich und ohne darüber ausdrücklich zu reflektieren für erforderlich gehalten. Mit dieser empirischen Feststellung ist noch nichts über die Belastbarkeit und Widerstandskraft dieser Grundeinstellung ausgesagt. Es kann sein, daß (wie in den letzten zwanzig Jahren in anderen westeuropäischen Ländern) ein Drittel der Kirchenmitglieder latent austrittswillig ist; es kann aber

---

[5] Als immer noch differenzierteste Erhebung gilt die sogenannte „SPIEGEL-Umfrage“ von 1967; ausführlich dargestellt in: W. Harenberg, *Was glauben die Deutschen*, 1968.
Vielfältiges Material bieten die zahlreichen Umfragen des Wuppertaler Institutes für Kommunikationsforschung (IFK), teilweise zusammengestellt von B. Kalusche in: W. Schneider (Hrsg.), *Aktion Gemeinde heute*, 1970.
Auf katholischer Seite hat die Totalbefragung der katholischen Bevölkerung durch die Deutsche Bischofskonferenz neuerdings (kritische) Aufmerksamkeit erregt; ihre Ergebnisse werden fortlaufend veröffentlicht in *„Synode“*, 1, 1971 ff. — Die große Zahl kleinerer Untersuchungen hat W. Marhold, *Fragende Kirche*, 1971, zu analysieren und zu systematisieren versucht.

auch sein (und dafür scheinen im Augenblick die stärkeren Indizien zu sprechen), daß eine ernsthafte Absicht zum Kirchenaustritt gegenwärtig bei etwa 5—10 % der Mitglieder vorhanden ist[6].

Andererseits darf die Tendenz zum Kirchenaustritt in vielen Fällen nicht auf eine unwiderrufliche und gründliche durchreflektierte Entscheidung zurückgeführt werden; diese Tendenz wird vielmehr von sehr verschiedenartigen Faktoren beeinflußt, unter denen die aktuelle Haltung der Kirche und insbesondere die des eigenen Gemeindepfarrers ein ganz erhebliches Gewicht haben können.

3.2 Die als selbstverständlich anerkannte Anwesenheit von „so etwas wie Kirche" gründet sich weithin *nicht auf ein unmittelbares Interesse an theologischen Fragen.* Gegenüber Glaubensfragen, Lehre und Dogmatik herrscht vielmehr eine ausgesprochen indifferente bis ablehnende Haltung vor.

Der Bejahungsgrad von überkommenen Glaubenssätzen ist rückläufig. (Nach der SPIEGEL-Umfrage „glauben" an Gott 68 %, an die leibliche Auferstehung Jesu 39 %, an die Jungfrauengeburt 36 % der Kirchenmitglieder.)

Über die Auseinandersetzungen um die Bekenntnisbewegung „Kein anderes Evangelium" oder über die sogenannte „Gott-ist-tot-Theologie" sind nicht einmal 3 % der Bevölkerung näher informiert; auch die Entmythologisierungsdebatte oder die „politische Theologie" haben wohl nie bei mehr als 3—5 % der Kirchenmitglieder Interesse und Aufmerksamkeit gefunden; selbst Fragen wie die, ob es ein Leben nach dem Tode gibt, werden nur von ca. 50 % der Bevölkerung als relevant empfunden.

Man wird das Interesse an theologischen Fragen eher als ein mittelbares indirektes Interesse beschreiben können. Es ist gleichsam unterschwellig anwesend in eigenen Lebensproblemen, in den Problemen der Krankheit und des Sterbens, der Ehe und der Erziehung. In solchen Situationen erscheint die Anwendung von früher einmal gelernten „Antworten des Glaubens" (etwa aus Katechismus und Gesangbuch) allerdings in zunehmendem Maße als schwierig; der

[6] Vgl. die Erörterung über Kirchenmitgliedschaft und Kirchenaustritt bei W. D. Marsch, *Institution,* S. 112—117.

Einzelne vermag die alten „Antworten des Glaubens“ kaum ohne die Hilfe eines Pfarrers auf seine Lebensprobleme zu übertragen.

3.3 Die grundsätzliche Bejahung der Anwesenheit von „so etwas wie Kirche“ gründet sich auch nicht auf ein unmittelbares Interesse an denjenigen Gemeindeveranstaltungen, die im Selbstverständnis der Kirche als zentral und geradezu konstitutiv gelten, nämlich *Gottesdienst, Abendmahl, Bibelstunde usw.* Die Teilnahme an diesen Veranstaltungen ist durchweg stagnierend oder rückläufig; sie beschränkt sich in der Regel auf nur 0,1 %—5 % der Kirchenglieder.

3.4 Bei den Teilnehmern an den zentralen Gemeindeveranstaltungen handelt es sich gewöhnlich um den gleichen (und gleichbleibenden) Kreis von Kirchengliedern, nämlich die sogenannte *Kerngemeinde.* Dazu zählen im bundesdeutschen Durchschnitt bei starken regionalen Unterschieden zwischen 1 % und 10 % der Mitglieder der Kirche (in einigen Großstadt- und Neubaubezirken liegt der Anteil der „Kirchentreuen“ unter 1 %; in einigen ländlichen Gebieten liegt er erheblich über 10 %).

Aus dem Kreis der Kerngemeinde kommen ca. 90 % der Gottesdienstbesucher (Ausnahme: Weihnachten und Konfirmation) und über 95 % der Teilnehmer an Bibelstunden, Abendmahlsfeiern und dgl. —

Die überwältigende Mehrheit der Kirchenmitglieder (90 % bis 99 %) gehört demnach nicht zur Kerngemeinde und wird von den zentralen Gemeindeveranstaltungen kaum erfaßt. Trotzdem will und darf diese Mehrheit nicht einfach mit dem Etikett „Fernstehende“ und „Randsiedler“ versehen und damit beiseite geschoben und vernachlässigt werden. Vielleicht läßt sich ihre positive wie negative Einstellung zur Kirche am ehesten als *„distanzierte Volkskirchlichkeit“* beschreiben.

Das Zahlenverhältnis zwischen Kerngemeinde und „distanziert-volkskirchlicher“ Majorität soll am Beispiel einer kleinstädtischen 6000-Seelen-Gemeinde konkret verdeutlicht werden: Von den 6000 Gemeindegliedern sind etwa 300 der Kerngemeinde zuzurechnen; das bedeutet, daß fast alle Gottesdienstbesucher und Teilnehmer an sonstigen Gemeindeaktivitäten aus diesem engeren Kreis kommen. Der übergroße Rest von 5700 (!) „distanziert-volkskirchlichen" Gemeindegliedern kommt dagegen nur bei Gelegenheit von Korfirmation oder Kasualdiensten mit der Kirchengemeinde in unmittelbare Berührung.

3.5 Bei dieser distanziert-volkskirchlich eingestellten Majorität der Kirchenmitglieder gelten als wichtigste *Aufgaben-Gebiete* der Kirche und werden hauptsächlich gewünscht:

a) „Seelsorge"
(im Sinne von persönlicher Zuwendung zum einzelnen Menschen)

b) „Kasualdienst"
(Taufen, Trauungen, Beerdigungen)

c) „Caritative Diakonie"
(sowohl Individualhilfe durch Gemeindeschwester, Krankenhaus, Altersheim etc. wie auch Hilfe für Notstandsgebiete in aller Welt)

d) „Religiöse Erziehung"
(Religions- und Konfirmandenunterricht).

Gottesdienst, Predigt und andere kerngemeindliche Veranstaltungen folgen diesen vier Aufgabengebieten erst in einigem Abstand.

Wie die verschiedenen Aufgabengebiete der Kirche ihrem Bedeutungsrang nach untereinander eingeschätzt werden, wird aus einer Hochrechnung des IFK von 50 Einzelbefragungen erkennbar. Auf die Frage nach „den wichtigsten Diensten des Pfarrers" nannten (bei der Möglichkeit von Mehrfachnennungen):

„Seelsorge"	75 %	der Befragten
Gottesdienst und Predigt	30 %	„ „
Kasualdienst	25 %	„ „
Religiöse Erziehung	20 %	„ „

3.6 Entsprechend dem Interesse an den genannten Aufgabengebieten ist die personelle Orientierung bei einer distanziert volkskirchlichen Grundeinstellung sehr viel stärker auf die hauptamtlichen kirchlichen Mitarbeiter als etwa auf die Gemeinde ausgerichtet. Nach wie vor ist es in den Augen der Mitglieder vor allem der *Gemeindepfarrer*, der die Kirche repräsentiert und die kirchlichen Auffassungen inter-

pretiert; nach IFK ist der zuständige Gemeindepfarrer bei mindestens 65 % der Gemeindeglieder namentlich bekannt. Demgegenüber sind Bischöfe, Pröpste, Dekane und andere kirchliche Führungspersonen der großen Mehrheit der Mitglieder unbekannt.
Offizielle kirchliche Äußerungen wie Denkschriften und Bischofsworte, aber auch Kirchenfunksendungen und selbst spektakuläre Aktionen (wie die 100 000 DM-Spende einer Landes-Synode für den Antirassismus-Fonds) gelten gegenüber dem, was der eigene Pfarrer sagt, für die Mehrheit der Gemeindeglieder als zweitrangig und werden größtenteils gar nicht zur Kenntnis genommen.
Neben dem Pfarrer sind als kirchliche Bezugspersonen bekannt die Gemeindeschwester, der Jugendleiter, der Diakon, vielleicht auch der eine oder andere Kirchenvorsteher, soweit er sich in kirchlichen Tätigkeiten öffentlich exponiert. Urteil über und Einstellung zur Kirche hängen vielfach davon ab, welche Erfahrungen man im Kontakt mit diesen kirchlichen Bezugspersonen gemacht hat.

3.7 Dementsprechend ist das *Kirchlichkeitsbewußtsein* der meisten Kirchenmitglieder stärker auf diese Bezugspersonen und insbesondere auf den Dienst des Pfarrers ausgerichtet als auf ein Gemeinschafts- oder Gemeindegefühl, wie wir es in den europäischen Freikirchen oder auch in den amerikanischen volkskirchenähnlichen Denominationen vorfinden. Lediglich in einigen Gruppen der Kerngemeinde läßt sich ein sozusagen horizontales Kirchlichkeitsbewußtsein feststellen.
Das bedeutet auch, daß der Gedanke vom allgemeinen Priestertum aller Gläubigen weder im engeren theologischen noch in einem weiteren soziologischen und säkularisierten Sinne internalisiert und verselbstverständlicht worden ist.

4. „Spätkapitalistischer Verschleierungstrost", „Dienstleistung" oder „Hintergrundserfüllung"? (Zur Diskussion von gängigen Deutungsmodellen)

4.0 Versucht man, diese sieben Hauptergebnisse der empirischen Kirchenforschung in einem größeren Zusammenhang zu interpretieren, so bieten sich eine ganze Reihe sozialwissenschaftlicher Deutungsschemata über die Funktionen der Kirche in der Gegenwart an[7]. Soweit wir sehen, werden innerhalb der Kirche und besonders unter jüngeren Pfarrern und Studenten gegenwärtig vor allem die folgenden beiden Deutungsmodelle diskutiert, die wir hier nur auf ihre typischen Merkmale verkürzt andeuten können. Einmal nämlich der neuerdings in der jüngeren Generation wieder aktuell gewordene neomarxistische Interpretationsrahmen, nach dem die Kirche vor allem als Organ der herrschenden Interessen in einer spätkapitalistischen Gesellschaft interpretiert werden müsse. Daneben scheint in den mittleren Generationen nach wie vor der soziologische Rahmenbegriff der Dienstleistung eine große Bedeutung zu haben. Darüber hinaus dürfte drittens die erklärende Kraft des Interpretationsschemas von der sogenannten „Hintergrundserfüllung" nicht unterschätzt werden, wenngleich es heute seltener explizit diskutiert wird.

4.1 Der neomarxistische Interpretationsrahmen, der in der Bundesrepublik lange Zeit ohne jede Bedeutung war, hat im Zuge der studentischen Protestbewegung seit 1967 eine unerwartet starke Resonanz gefunden. Heute (1971) beherrscht fast jeder Theologiestudent und jeder interessierte Student aus anderen Fachbereichen das Vokabular und (wenigstens in Ansätzen) die Denkweise der neomarxistischen Kirchenkritik und deren gesellschaftspolitische Voraussetzungen und Ziele.

Dieser Argumentationszusammenhang hat seinen literarischen Niederschlag hauptsächlich in immer neuen „papers", Thesenreihen und Streitschriften, nur selten jedoch in wissenschaftlich durchgeführten Publikationen gefunden. Häufig wiederkehrende Teilstücke der Argumentation sind etwa folgende: die Kirche trage zur „Systemstabilisierung" der spätkapitalistischen Gesellschaft dadurch bei, daß sie die Fragen nach Sinn und Ursache der bestehenden Verhältnisse

[7] Vgl. vor allem J. Matthes, *Religionssoziologie*, 2 Bde, 1967—1969; T. Luckmann, *Das Problem der Religion in der modernen Gesellschaft*, 1963; G. Kehrer, *Religionssoziologie*, 1968; G. Kehrer, *Das religiöse Bewußtsein des Industriearbeiters*, 1967.

durch irrational-religiöse Antworten verschleiere und dadurch von den (politökonomischen) Realitäten ablenke; daß sie in ihrer seelsorgerlichen und karitativen Praxis an den Symptomen „herumdoktere“, statt die Ursachen aufzudecken; daß sie keinerlei „echte“ soziale Funktion mehr wahrnehme, sondern durch egoistische Machtbündnisse mit anderen „bürgerlichen“ Institutionen (der Bundeswehr, der Wirtschaft, der Schule) ihr Überleben zu sichern versuche.
In diesen kirchenkritischen „papers“ werden empirische Daten kaum ausdrücklich reflektiert; die Auseinandersetzung mit der Kirchensoziologie beschränkt sich meist auf eine polemische und oft ahnungslose Ablehnung des sogenannten „Positivismus“ oder der sogenannten „Technokratie“. Auch eine Ausweitung der Reflexion auf die Praxis des kirchlichen Handelns findet sich nur selten. Nur in einem uns bekannten Ausnahmefall wird kirchensoziologisches Datenmaterial sowohl mit dem neomarxistischen Deutungsrahmen als auch mit einer positiven Interpretation praktischer kirchlicher Aufgaben zu verbinden versucht. Dabei kommt man zu dem Schluß, daß die Kirche zwar als Organ der herrschenden Interessen erkannt werden müsse, daß jedoch ein empirisch-analytisch geschulter Pfarrer durch seine (in der Entfremdungssituation gewonnene) Berufserfahrung gezwungen wird, die Legitimation des bestehenden Herrschaftssystems in Frage zu stellen; damit aber werde seine ursprünglich theologische Intention, nämlich Daseinserläuterung und Sinnintegration von Leid und Schuld mit verbalen und irrationalen Mitteln, politisch[8].

[8] E. Weber u. R. Trommershäuser, *Kirche im Kapitalismus*, in: U. Greiwe, Hrsg., *Herausforderung an die Zukunft*, 1970, S. 260—273, Zitat S. 273. — Ferner E. Weber, *Die Forderung nach Auflösung der Kirchenorganisation*, in J. Lohse, Hrsg., *Menschlich sein — mit oder ohne Gott?* 1969. — Zwar die Praxis des kirchlichen Handelns, nicht aber das vorliegende empirische Datenmaterial reflektiert B. Päschke in seinen auf die neomarxistische Theorie bezogenen Entwurf *„Praktische Theologie als kritische Handlungswissenschaft“*, in: *Theologia practica*, 1971, S. 1—13. Zur Kritik des Defizits an Reflexion empirischer Forschung vgl. K. Dienst, *Eine „Mainzer Theologie“?*, in: *Dt.Pfr.blatt*, 1971, S. 313—317. — Einen neuen Versuch, kritische Theorie und praxisbezogene Theologie zu verbinden, haben Chr. Gremmels und W. Herrmann, *Vorurteil und Utopie*, 1971, vorgelegt.

4.2 Älter als der neomarxistisch inspirierte Interpretationsrahmen zu den Funktionsproblemen der Kirche in der gegenwärtigen Gesellschaft ist das Deutungsschema der sogenannten „Dienstleistung". Das Wort kommt aus der volkswirtschaftlichen und soziologischen Fachsprache und bezeichnet ursprünglich den neben Landwirtschaft und industrieller Produktion dritten Sektor gesellschaftlicher Arbeit; zu diesem werden etwa gerechnet: Verkehr und Handel, Bildungswesen und ärztliche Versorgung, Versicherungswesen und Verwaltung. Der Dienstleistungsbegriff ist dann vielfach eingeengt und inhaltlich abgewandelt worden und heute durch die Vielfalt seiner Interpretationsmöglichkeiten relativ unbrauchbar. Was im Zusammenhang der kirchlichen Funktionsproblematik mit Hilfe dieses Begriffes ausgedrückt werden sollte, ist vor allem die Vergleichbarkeit bestimmter kirchlicher oder pfarramtlicher Aufgaben mit den Aufgaben etwa eines Arztes oder eines Lehrers. So wie man einen Arzt im Falle einer Erkrankung um eine medizinische Dienstleistung bittet, so bittet man einen Pfarrer gewissermaßen um eine „religiöse" Dienstleistung: etwa um den Besuch bei der kranken Mutter, um den Vollzug einer Taufe oder einer Beerdigung, um eine Erziehungs- und Begleitungshilfe für den Sohn im Konfirmandenunterricht. Diese Vergleichbarkeit mit ärztlichen oder pädagogischen Berufen und Berufserfüllungen wird als ein Interpretationsmittel für die Aufgabe der Kirche in unserer Zeit von weiten Kreisen der Bevölkerung angewendet und ist häufig genug empirisch nachgewiesen worden.
Von einigen Interpreten wird die Kategorie der Dienstleistung noch in einem weiteren Sinne auf die Kirche angewendet, nämlich in der Übertragung der Marktgesetze auf die kirchliche Arbeit. So formuliert K. Lefringhausen: „Der Übergang vom Anspruchs- zum Angebotsdenken mit den Maßstäben der Dienstleistungsgesellschaft wird eine der großen Aufgaben der Kirche sein ... Die Kirche wird künftig nicht mehr davon ausgehen können, daß der Verbraucher sich auf ihr Angebot einstellt, sondern sie muß im Konzert der Konkurrenten ein konsumentenorientiertes Angebot auf den Markt bringen. Geht man aber vom

Konsumenten aus, von seiner Lebenslage, von seiner Bedürfnisstruktur, dann wird das Gesamtangebot der Kirche wieder Diakonie im Sinne der Dienstleistung."[9]

4.3 Neben den beschriebenen beiden Deutungsrahmen für die Ergebnisse der empirischen Kirchenforschung muß ein dritter erwähnt sein, der zwar noch selten in durchgeführter Form auf die Kirche angewendet wurde, der aber doch eine verbreitete Grundstimmung begrifflich zu fassen helfen kann: die Kategorie der „Hintergrundserfüllung". Diese Kategorie ist insbesondere durch die Arbeiten von A. Gehlen in die Anthropologie eingeführt worden und soll ursprünglich ausdrücken, daß durch die virtuelle („verfügbare") Befriedigung eines Bedürfnisses das Bedürfnis selbst verändert wird: es tritt aus dem affektbesetzten Wunsch nach aktueller Befriedigung zurück und erfüllt sich zumindest teilweise am Bewußtsein der garantierten Befriedigungsmöglichkeit[10]. Dieser Gedanke ist inzwischen in vielfältiger Weise auf Institutionsprobleme ausgeweitet worden; so werden Eltern beispielsweise von dem unmittelbaren Bedürfnisdruck, ihr Kind gut auszubilden und ihm geistige Fertigkeiten zu vermitteln, durch die Institution Schule großenteils entlastet; sie wissen, die Schule ist da, man kann sie im Bedarfsfalle in Anspruch nehmen, braucht nicht erst selbst zu erkunden, was ein Kind mit 7 und was es mit 10 Jahren verstehen kann und lernen muß, braucht nicht die Lernmittel selbst zu produzieren usw. Die Anwesenheit der Schule ist eine Art „Hintergrundserfüllung" für den Aufgabenbereich, das eigene Kind angemessen auszubilden.

An das mit diesem Begriff „Hintergrundserfüllung" bezeichnete Problemfeld wird erinnert, wer die widersprüch-

---

[9] K. Lefringhausen und C. T. Wagner, *Kirche als Arbeitsmarkt*, 1969, S. 6 f.; vgl. auch P. Dienel, *Kirche 1980*, in Schriften der Ev. Akademie in Hessen und Nassau, Heft 78, 1968.

[10] A. Gehlen, *Urmensch und Spätkultur*, 1956, S. 56 ff.; ferner A. Gehlen, *Studien zur Anthropologie und Soziologie*, 1961; darin besonders den Aufsatz *„Probleme einer soziologischen Handlungslehre"*. Dazu ferner H. Schelskiy, *Über die Stabilität von Institutionen*, in: H. Schelsky (Hrsg.), *Zur Theorie der Institution*, 1970. — Zu den problematischen Implikationen der Theorie Gehlens vgl. W. D. Marsch, *Institution im* Übergang, 1970, S. 117—125.

lich erscheinenden empirischen Daten erklären will, wonach zwar von 90 % der Bundesbürger die Einrichtung und Anwesenheit von „so etwas wie Kirche" bejaht und für notwendig erachtet, diese Einrichtung aber kaum aktiv in Anspruch genommen wird. Wiederum ist ein Vergleich des kirchlichen Funktionsträgers mit dem Arzt naheliegend: der Arzt garantiert durch seine Anwesenheit, daß im Notfall medizinische Hilfe verfügbar ist; solange dieser Notfall aber nicht gegeben ist, freut man sich, daß man sie nicht braucht. Der Pfarrer garantiert durch seine Anwesenheit, daß im Falle der Notwendigkeit einer Erörterung von Lebens- und Sinnfragen, von Leid- und Schuldproblemen, aber auch im Falle des Wunsches nach seelsorgerlichem Trost und Zuspruch gewissermaßen ein Fachmann da ist, an den man sich wenden kann. Doch ist man im Grunde froh, sich nicht ständig mit diesen Sinnfragen beschäftigen zu müssen, sie gewissermaßen an die zuständige Instanz Kirche delegieren zu können. (Eine ganz andere und hier zweitrangige Frage ist es, ob die Kirche die „Sinnfragen" angemessen verwaltet; hier geht es zunächst nur um die ihr zugeschriebene Kompetenz).

Wahrscheinlich haben religiöse Institutionen in früheren Gesellschaften darüber hinaus immer die Funktion einer Hintergrundsrepräsentation der jeweils in Geltung stehenden Wert- und Lebensdeutungssysteme wahrgenommen. Offensichtlich hingen Prestige und Position des Pfarrers oder Priesters mit dieser Repräsentanz der sozusagen eigentlich gelten sollenden Werte zusammen. Im Vordergrund konnte sich diese Zuständigkeit durchaus als Kritik der herrschenden Alltagsmoral, vielleicht als „sauertöpfische" Pastorenmoral, vielleicht auch als „schwärmerische" politische Theologie darstellen. Grundsätzlich wurden Schwierigkeiten, die das schlichte Kirchenmitglied gleichsam mit diesen Vordergrundsmanifestationen der Hintergrundskompetenz hat, anscheinend solange ertragen und akzeptiert, solange im öffentlichen Bewußtsein anerkannt war, daß Pfarrer und Kirche letzten Endes zuständig sind für das, was „eigentlich" gelten sollte, was der „Wille Gottes" ist, was besser ist als das konventionelle Alltagsverhalten, was sozusagen die Wirklichkeit transzendiert. Dies im Hintergrund anwesend oder sogar erfüllt zu wissen, scheint freilich nicht nur die oft kleinkarierte Vordergrundsdarstellung der Kirche zu kompensieren, sondern gerade auch das Elend des alltäglichen Lebens, sei es durch die Verfügbarkeit von Trost, sei es durch die Möglichkeit der Umkehr ein wenig erträglicher zu machen. Hier liegt das besondere Gewicht und die besondere Problematik des Deutungsrahmens der „Hintergrundserfüllung".

4.4 Bei den drei skizzierten Rahmenmodellen zur Interpretation der Ergebnisse der empirischen Kirchenforschung handelt es sich, wie erwähnt, um eine willkürliche Auswahl aus einer Vielzahl von sozialwissenschaftlichen Interpretationsmöglichkeiten, unter denen insbesondere die der Systemforschung, der Wissenssoziologie, der Sozialpsychologie, der Organisationssoziologie u. a. zu nennen wären. Wir haben sie ausgewählt, weil sie in der gegenwärtigen kirchentheoretischen Diskussion von besonderer Aktualität sind oder sein können. Untereinander können diese Rahmenmodelle vielfältig verbunden sein oder in Spannung zueinander stehen.

So kann die neomarxistische Kirchenkritik den Dienstleistungsbegriff einerseits positiv aufnehmen und anwenden, andererseits eine „Dienstleistungskirche" auch zum Inbild technokratischer Anpassung an das kapitalistische System stilisieren. Umgekehrt kann, wer vom Dienstleistungsmodell ausgeht, in der linken Kirchenkritik sowohl produktive Impulse für eine neue Art gewissermaßen kritischer Dienstleistung erkennen als auch die Gefahren einer kirchenzerstörerischen und manipulativen „Umfunktionierung" heraufbeschwören. Ebenso kann das Theorem der „Hintergrundserfüllung" positiv und negativ mit dem der Dienstleistung (beispielsweise als einer Art „Vordergrundszuständigkeit") oder auch mit den „inhaltlichen" Absichten linker Kirchenkritiker in Beziehung gesetzt werden.
Wir unsererseits können uns mit den einzelnen Rahmenmodellen hier nicht ausführlich auseinandersetzen, sondern müssen versuchen, den eigenen Aspekt einer funktionalen Betrachtungsweise schärfer herauszuarbeiten.

5. Funktionale Betrachtung und spezifische Funktionsbereiche: Wertvermittlung und helfende Begleitung

5.0 Sowohl aus dem Datenmaterial der empirischen Kirchenforschung als auch aus den skizzierten Rahmenmodellen einer möglichen Deutung dieses Materials läßt sich erschließen, daß die Kirche von ihren Mitgliedern und in den sozialwissenschaftlichen Deutungsversuchen nicht in erster Linie als eine von der Gesamtgesellschaft gleichsam losgelöste oder als eine in die Gesamtgesellschaft wie ein erratischer Block hineingestellte Größe eigener Art empfunden wird, sondern daß sie auf vielfältige Weise eingebunden ist in andere soziale Zusammenhänge: sie wird von vielen Mitgliedern nicht nach ihrem theologischen Selbstverständnis (das die meisten gar nicht kennen), sondern danach beurteilt, welche Aufgaben sie hat und wie sie diese erfüllt; wobei die Aufgaben des Pfarrers etwa mit denen des Lehrers oder des Arztes verglichen werden. Man fragt, welche Rolle die Kirche im wirtschaftlich-politischen Gesamtzusammenhang der Gesellschaft spielt, ob sie die negativen und inhumanen Gegebenheiten der bestehenden Verhältnisse zu zementieren oder zu verändern hilft; man analysiert, was sie sozusagen im Vordergrund und was im Hintergrund für den Bestand der Gesellschaft leistet, welche Grundwerte sie vermittelt, ob und wie diese Grundwerte auf gegenwärtig anstehende Probleme (etwa der Wirtschaftsordnung oder der Rassenkämpfe) anwendbar sind usw. Kurz: die Kirche wird durchweg als ein Teil der gesellschaftlichen Wirklichkeit, sie wird im Sinne der oben (1.3) dargestellten Durkheim-Auffassung „funktional" begriffen.

Damit stellt sich die Frage, in welcher Weise die zweite Bedeutung unseres Funktionsbegriffes, nämlich der Zusammenhang von gesellschaftsbezogener Aufgabe und Aufgaben-Erfüllung in der „funktionalen Betrachtungsweise" ihren Ausdruck findet. Anders gefragt: welche besonderen, welche sozusagen spezifischen Aufgaben werden der Kirche in unserer durch Arbeitsteilung und funktionelle Spezialisierung strukturierten Gesellschaft von der Bevölkerung zugeschrieben? Welche Aufschlüsse lassen sich aus dem dargestellten Befund der empirischen Kirchenforschung gewinnen?

Wir meinen, daß trotz der gewaltigen Umschichtung von gesellschaftlichen Funktionen in den letzten zweihundert Jahren, trotz eines gewaltigen Verlustes von gesamtgesellschaftlichen Einflußmöglichkeiten der Kirche, auch heute noch zwei Hauptbereiche kirchlicher Zuständigkeit auszumachen sind, die im Abendland seit dem frühen Mittelalter als „Aufgabe der Kirche" gelten und bis heute in Vorstellungshorizont der Bevölkerung den Aktionsrahmen, wenn auch keineswegs eine monopolistische Zuständigkeit der Kirche bezeichnen. Wir meinen erstens einen „Funktionsbereich der Darstellung und Vermittlung von grundlegenden Werten" und wir meinen zweitens einen „Funktionsbereich der helfenden, vor allem emotionalen Begleitung in Krisensituationen und an Knotenpunkten des Lebens".

5.1 Im ersten gesellschaftlichen Funktionsbereich des kirchlichen Handelns, nämlich dem der *Darstellung und Vermittlung grundlegender Werte* geht es um die sogenannten Sinnfragen, um Bedeutungszusammenhänge, um Lebens- und Verhaltensorientierung, um ethische Motivation und ethische Normierung; um das, „was unter uns gelten soll, woran wir uns halten können"[11], um das, was im Volksmund als die Frage nach „Gut und Böse" bezeichnet wird. Die (Mit-) Zuständigkeit der Kirche in diesem Bereich kommt empirisch etwa in folgenden weithin eingelebten Vorstellungen zum Ausdruck: „Christsein bedeutet so viel wie guter Mensch sein" (vgl. SPIEGEL-Umfrage), oder: „Die Zehn Gebote sind dazu da, daß im Leben nicht alles drunter und drüber geht", oder: „wenn ich auch schon selber die eigentlich geltenden Normen (etwa Ehrlichkeit) nicht immer voll einzuhalten vermag, müssen sie doch grundsätzlich weitervermittelt und eingeübt werden, sonst käme das Chaos".

Darstellung einerseits und Vermittlung andererseits von Wertsystemen sind keineswegs identisch und funktional

[11] D. Stoodt, *Religion stabilisiert und emanzipiert,* in: *Ev. Kommentare* 1970, S. 707—711. Vgl. dazu K. Dienst, *Religionsunterricht — Interaktion — Gesellschaft,* in: *Der Evang. Erzieher,* 23/1971, S. 10ff.

nicht notwendig auf denselben Träger bezogen. So vollzieht sich beispielsweise die Vermittlung von Werten, d. h. deren Überlieferung, Neuinterpretation und Einübung, weit stärker durch die sogenannten Sozialisations-Agenturen der Familie, der Spiel- und Altersgruppen sowie der Schule als etwa durch die kirchliche Arbeit wie Konfirmanden- oder Religionsunterricht. Andererseits scheint aber die Bedeutung der Kirche in diesem Bereich größer zu sein, als es ihrem quantitativen Anteil an den Vermittlungsagenturen entspricht. Das dürfte damit zusammenhängen, daß die Kirche gleichzeitig und vielleicht noch stärker als unter dem Gesichtspunkt der Vermittlung unter dem der Darstellung gesehen wird. Durch die Kirche „dargestellt", besser vielleicht: „symbolisch repräsentiert" werden danach die in unserer Gesellschaft zwar grundlegend anerkannten, im praktischen Verhalten oft vernachlässigten, aber doch als Orientierungsanhalt und als „eigentlich erstrebenswert" geltenden Normen. Dazu gehören etwa „Nächstenliebe", Altruismus, Friedfertigkeit, Verständnis, Vergebungsbereitschaft, aber auch Gehorsam, Demut, Verzicht usw. Es handelt sich also um Normen, die sämtlich, wenn auch mehr oder weniger intensiv mit dem Stichwort „christlich" zusammengebracht werden. Daß diese Normen letztlich noch in Geltung stehen, daß sie immer wieder durch Manifestationen (sei es eine Weihnachtspredigt, sei es eine diakonische Sammlung) und beispielhaftes Handeln ins Bewußtsein gerückt werden, dafür steht sozusagen die Kirche — auch und vielleicht gerade dann, wenn diese Funktion für viele durchaus im „Hintergrund" ihres alltäglichen Lebensvollzuges bleibt.

Die „Hintergrunds-Anwesenheit" in Bezug auf die Wertrepräsentanz kann also durchaus auch als ein Gegensatz zu einem aktiven Vollzug von Interpretation und pädagogischer Vermittlung der Werte betrachtet werden. Nichtsdestoweniger bleibt sie auch dann „Funktion" im Sinne unseres Begriffes. Als charakteristisch erscheint uns jedoch, daß diese beiden Aufgaben der Repräsentanz und der pädagogischen Vermittlung von Werten im Blick auf die Kirche eigentümlich, logisch scheinbar unausgeglichen, aber gewissermaßen dialektisch miteinander verbunden sind. Eine solche

Verbindung findet sich freilich auch in anderen religiösen oder sonst kirchenähnlichen Institutionen; so etwa in den politischen Parteien, die sich gleichzeitig als Träger einer Weltdeutung, einer sozialen Heilslehre verstehen.

Die Zuständigkeiten und Leistungen der Kirche in diesem Funktionsbereich der Wertvermittlung sind zweifellos im Verlauf des letzten Jahrhunderts in Deutschland und speziell noch einmal seit ca. 1965 in der BRD erheblich zurückgegangen. Das wirkt sich zweifellos in der Grundeinstellung der Bevölkerung, etwa in Kirchenaustrittszahlen, aus und kommt auch in pointierten, inhaltlich auf die Wertproblematik gerichteten kirchenkritischen Veröffentlichungen zum Ausdruck. Die Kritik kann sowohl der Darstellungs- wie der Vermittlungsfunktion gelten. Sie betrifft Inhalte wie Methoden der kirchlichen Arbeit in diesem Bereich: Sei es, daß man die kirchlich tradierten Wertauffassungen als „hinterwäldlerisch" empfindet, also etwa auf die Lebensprobleme einer vorindustriellen Agrargesellschaft bezogen und für die Wertprobleme einer „technisch-wissenschaftlichen Zivilisation" mit ihren politökonomischen Spannungen, Atomkriegs- und Umweltgefahren kaum mehr brauchbar; sei es, daß man den kirchlich tradierten Wertauffassungen geradezu die Zementierung einer irrationalen autoritären und profitorientierten, ja einer potentiell faschistischen Gesellschaftsordnung anlastet und sie darum bekämpft.

Ein weiterer Ursachenzusammenhang für den Trend rückläufiger kirchlicher Zuständigkeit im Bereich der Werte und Normen wird in der zunehmenden Komplexität und gleichzeitigen Aufspaltung von Wertsystemen im Zeitalter der „wissenschaftlich-technischen Zivilisation" gesehen werden müssen. Das kann ein Vergleich der gegenwärtigen Probleme mit denen verdeutlichen, die fast tausend Jahre, bis hinein in das 19. Jahrhundert, die abendländische Wertreflexion bestimmt haben. Die Lebensproblematik der Menschen war damals unmittelbarer als heute auf die landwirtschaftliche Produktion, auf die Abhängigkeit von den Elementen der Natur, auf den ständigen Mangel an Nahrungsmitteln und Medikamenten und auf ein patriarchalisch-autoritäres Herrschaftssystem bezogen. Da über 90 % der Bevölkerung den gleichen Abhängigkeiten und Problemen ausgesetzt waren, mußte ihr Wertsystem einheitlicher sein und konnte es auch von nur einer Institution dargestellt und vermittelt werden. In Katechismen und Gesangbüchern kommt deutlich zum Ausdruck, daß es auch „inhaltlich" bei allen Christen um die gleichen und schichtenspezifisch nicht differenzierten ethischen Probleme ging.

Demgegenüber ist die Gegenwart der wissenschaftlich-technischen Zivilisation (und zwar sowohl der kapitalistischen wie der sozialistischen Welt) durch eine rapide Zunahme von klassen-, bildungs-, schichten- und berufsspezifischen Unterschieden in fast allen Lebensbereichen und damit auch in den entsprechenden Wert- und Normauffassungen geprägt. Was allen Menschen an Problemen gemeinsam ist, nämlich Krankheit oder Tod, Aggressivität oder Selbstwertbalance scheint im Alltagsbewußtsein zurückgedrängt und in der Lebensorganisation an die zuständigen Institutionen (z. B. Krankenhäuser) abgetreten zu sein. Was die Menschen verschieden beurteilen, nämlich die Fragen von Arbeit und Verdienst, von Liebe und Ehe, von Freizeit und Gesundheit, von Ausbildung und Erfolg; — das bestimmt die Probleme des Alltags. Und Antworten wie Verhalten sind infolgedessen anders bei Arbeitern, mittleren Beamten, leitenden Angestellten, Akademikern usw. Ebenso schichtenspezifisch und darum vielgestaltig wie die Wertsysteme können auch die Institutionen sein, die sie repräsentieren. So kann für einen Arbeiter das ethische Feld von Heirat, Ehe und Familie durchaus durch die Kirche repräsentiert sein; während er seine Vorstellungen über Arbeit und Wirtschaftsorganisation am ehesten in der SPD oder in der Gewerkschaft vertreten sieht. Umgekehrt kann ein mittlerer Beamter die kirchliche Ehe- und Familienauffassung für „hinterwäldlerisch" halten, aber der „christlichen" Lehre von Beruf und Gesellschaftsordnung nachdrücklich zustimmen.

Offensichtlich entspricht auch die Kirche selbst in einem bestimmten Umfang dieser Entwicklung der Aufteilung und zunehmender Divergenzen im Funktionsbereich der Wertvermittlung. Oft genug wird auf die Unterschiedlichkeit und gelegentlich die Widersprüchlichkeit von kirchlichen Stellungnahmen zu politischen, wirtschaftlichen oder sexualethischen Fragen hingewiesen. In bestimmten Grenzen können sich Anhänger der „Linken“ ebenso wie Anhänger der „Rechten“ auf kirchliche Verlautbarungen und auf exponierte kirchliche Führungspersonen berufen: die einen auf Niemöller, die anderen auf Dibelius. Die Kirche hat gewissermaßen die Pluralität und die Spannungen der heutigen Wertproblematik in sich hineingenommen — und eben auch darin repräsentiert sie ein Stück der gegenwärtigen gesellschaftlichen Wirklichkeit; so wie sie früher die Einheit des geltenden Wertsystemes darstellte, stellt sie heute einen Teil seiner Unausgeglichenheiten dar und hält dadurch ihre (Teil-)Zuständigkeit im Funktionsbereich der Wert- und Normenvermittlung lebendig.

Aufs ganze gesehen wird die Tendenz einer solchen Anpassung der Repräsentationsfunktion jedoch nicht darüber täuschen können, daß Einfluß und Autorität der Kirche in diesem Funktionsbereich in den letzten hundert Jahren stark zurückgegangen sind und wohl noch weiter zurückgehen werden.

5.2 Anders scheint der Tend in dem zweiten traditionellen und nach wie vor aktuellen gesellschaftlichen Funktionsbereich des kirchlichen Handelns zu sein: dem der *helfenden Begleitung, besonders des emotionalen Beistandes in Krisensituationen und an den Knotenpunkten des menschlichen Lebens*. Während für die kirchlichen Funktionen im Bereich der Werte eine abnehmende oder sogar schrumpfende Tendenz festgestellt werden muß, wird man zumindest die Nachfrage nach emotionalem Beistand in unserer Gesellschaft als zunehmend oder sogar als expansiv bezeichnen müssen.

Im einzelnen geht es in diesem Funktionsbereich zunächst darum, daß den Menschen zur Bewältigung von akuten Krisen (Trauer, Krankheit, Familienkonflikt, schuldhaftes Versagen) und von eingeschränkten Lebensmöglichkeiten (Einsamkeit, Alter, Gebrechlichkeit) eine seelsorgerliche Begleitung zuteil wird. Darunter wird in erster Linie eine individuelle, emotionale Zuwendung durch den Seelsorger zu verstehen sein; darüberhinaus wird hier aber auch an die caritativ-materielle Hilfe für notleidende Gruppen in überindividuell bedingtem Elend, von den Epileptikern in Bethel bis zu den Hungernden in der Dritten Welt, gedacht. Zweitens denkt man bei helfender Begleitung durch die Kirche an die Bewältigung und gewissermaßen auch die öffentlich-soziale Darstellung und Anerkennung der großen Wendestationen im Lebensablauf (Pubertät, Eheschließung, Elternschaft, Ablösung der Kinder, Verwitwung)[12]; dabei scheint bei diesen sogenannten „Passage-Riten" der seelsorgerliche Gesichtspunkt im Sinne verstehenden Hörens und Beratens an Bedeutung zu gewinnen, während der der sozialen Anerkennung, wie sie beispielsweise in der feierlichen Trauung in einer Dorfkirche unter Beteiligung der gesamten Bevölkerung zum Ausdruck kam, an Bedeutung verliert.

Da für diesen Funktionsbereich eine stark zunehmende Nachfrage nach „emotionaler Zuwendung" besonders charakteristisch zu sein scheint, soll hier der Ursachenzusammenhang dieser Zunahme kurz erörtert werden. In dem zweifellos wiederum sehr komplexen Zusammenhang scheinen zwei Ursachen von besonderem Gewicht zu sein. Die eine hängt zusammen mit der Auflösung der überkommenen Kommunikationsnetze der Nachbarschaft, der Großfamilie, der Familie als Produktionseinheit (vom Bauernhof bis zum Pfarrhaus, in dem zumeist auch alle Familienglieder in den Dienst des Vaters einbezogen waren). Die Kommunikation, die in diesen Sozialstrukturen stattfand, reichte von den Fragen der alltäglichen Arbeit bis zu verbalen und nonverbalen emotionalen Kontakten, sowohl in der Zuwendung wie im Streit, und sicherte insgesamt so etwas wie emotionale Geborgenheit. Innerhalb dieser Geborgenheit waren mehr oder weniger fest ritualisierte Bewältigungsformen für Krisensituationen (Mißernte, Arbeitslosigkeit, Krankheit, Trauer) und für „Knotenpunkte" (Hochzeit, Kindtaufe, Konfirmation) entwickelt und wirksam, in denen übrigens

[12] Vgl. Y. Spiegel, *Gesellschaftliche Bedürfnisse und theologische Normen; Versuche einer Theorie der Amtshandlungen;* in: *Theologia practica* 1971, S. 212—231.

der Pfarrer ganz selbstverständlich eine zentrale Rolle spielte. Diese dichten persönlichen Kommunikationsnetze haben sich im Zuge von Arbeitsteilung, Bevölkerungsmobilität, Medienkommunikation usw. weithin gelockert und teilweise ganz aufgelöst. Viele ältere und insbesondere alleinstehende Menschen verlieren ihre bisherigen Kommunikationsbeziehungen und fühlen sich einsam, vernachlässigt, überflüssig. Sie vor allem sind auf neue emotionale Kontakte lebenswichtig angewiesen; ein Teil von ihnen und ihren Angehörigen sieht in einer solchen Kontaktvermittlung oder Kontaktleistung eine wichtige Aufgabe der Kirche. Nicht selten ist die Meinung zu hören, daß man darin die sinnvollste Verwendung der eigenen Kirchensteuer sehen würde.

Die andere wichtige Ursache für eine stark zunehmende Nachfrage nach „emotionalem Beistand" und persönlicher Kommunikation überhaupt dürfte in den Arbeits- und Leistungsbedingungen unserer Gesellschaft zu sehen sein, auf deren bedrückende und unterdrückende Züge die Neue Linke immer wieder aufmerksam gemacht und gegen die sie protestiert hat. Tatsächlich lassen einerseits das Leistungs- und Erfolgsstreben und andererseits die Konsumzwänge der Freizeit (Fernsehen u. a.) kaum mehr Gelegenheit für eine unmittelbare, herrschaftsfreie und gewissermaßen intentional offene Kommunikation; diese aber ist wiederum eine Voraussetzung dafür, schwierige Lebensprobleme wie Trauer, fundamentales eigenes Versagen oder auch eine unheilbare Krankheit in der Kommunikation zu bearbeiten und ein Stück weit emotional zu bewältigen. Was nötig ist, sind also zunächst geregelte Gelegenheiten, solche Kommunikation zu ermöglichen, sind Menschen, die Zeit für den anderen haben, die zuhören können, die bereit und fähig sind, sich selbst emotional zu engagieren. Freilich sollte es, wie die Neue Linke besonders deutlich und polemisch betont hat, nicht bei einer auf Symptom-Therapie reduzierten emotionalen Zuwendung bleiben, die zwar nach den Folgen, nicht aber nach den Ursachen, etwa einer kommunikationszerstörenden Gesellschaftsstruktur fragt. Solange die Therapie selbst und die Reflexion der therapeutischen Möglichkeiten auf die Symptome begrenzt bleiben, können zweifellos Ursachen verharmlost und dadurch indirekt bestärkt und zementiert werden. Gerade hier wird die Funktion der Kirche häufig als höchst bedenklich attackiert[13].

Wenn dieser von der Neuen Linken ins öffentliche Bewußtsein gerückte Zusammenhang eines Defizits an menschlicher Kommunikation und eines „ausbeuterischen Wirtschaftssystemes" von den Linken selbst auch kaum der Kirche als Aufgabe zugeschrieben wird, so sind doch innerhalb der Kirche und insbesondere in der jüngsten Generation von Pfarrern und Vikaren starke Kräfte wirksam, die aus diesem Zusammenhang ihre eigene berufliche Motivation, sozusagen ihr Verständnis von ihrem „Auftrag" ableiten und definieren.

Ob man aber der These vom Zusammenhang eines zunehmenden Kommunikationsbedarfs mit einem „ausbeuterischen Wirtschaftssystem" zustimmt oder ob man sie, wie es in den Theorien der Seelsorge meist geschieht, nur am Rande oder gar nicht explizit berührt, — für unsere „funktionale Betrachtungsweise" ist zunächst einmal die unbestritten expansive Nachfrage nach personaler Kommunikation und speziell emotionaler Zuwendung von der größten Bedeutung. Dieser Bedarf wird von vielen Seiten mit den Aufgabn der Kirche in Beziehung gebracht; die im Abschnitt 3.5 referierten Befragungsergebnisse über die Dringlichkeit kirchlicher Aufgaben zeigen mit weitem Abstand die „Seelsorge" im Sinne persönlicher Zuwendung zum einzelnen Menschen an der ersten Stelle. Die sogenannten „Knotenpunkte" oder „Passage-Riten" (Geburt, Pubertät, Hochzeit, Sterben) werden so eindeutig als Aufgabengebiet der Kirche verstanden, daß sich nicht einmal (wie in anderen Funktionsbreichen) eine konkurrierende Institution entwickeln, geschweige denn durchsetzen konnte. Selbst Angehörige eines Gestorbenen, der aus der Kirche ausgetreten waren, versuchen häufig den Verstorbenen doch noch kirchlich zu beerdigen; dabei scheint es zunehmend seltener um die früher oft vermutete „sakrale Rückversicherung für das Jenseits" zu gehen als vielmehr

[13] Vgl. E. Weber, R. Trommershäuser, *Kirche im Kapitalismus*, in: U. Greiwe, *Herausforderung an die Zukunft*, 1970.

um die seelsorgerliche Haltung dessen, der die Bestattung vornimmt, um ein tieferes Verstehen von Tod und Trauer, als man es von dem Freund der Familie oder von einem hauptberuflichen Bestattungsredner erwarten zu dürfen meint.
Die Kirche ihrerseits hat sich, zumindest ansatzweise, der wachsenden und gegenüber früher in vielem veränderten Nachfrage im Funktionsbereich von Seelsorge, Kommunikation und „emotionalem Beistand“ zu öffnen versucht. Neue Ausbildungs- und Fortbildungsformen der Seelsorge sollen versuchen, die Erkenntnisse der Humanwissenschaften, vor allem der Psychologie, Psychotherapie und Gruppendynamik aufzunehmen; sie werden in CPT-Kursen, Ballint-Seminaren und gruppendynamischen Seminaren erprobt. Im Augenblick ist freilich noch nicht abzuschätzen, wie diese kirchliche Reaktion auf einen veränderten gesellschaftlichen Bedarf in einem alten Funktionsbereich der Kirche seitens der Gesellschaft aufgenommen wird. Noch ist nicht deutlich zu erkennen, ob es gelingt, die überkommene Wahrnehmung dieses Aufgabenbereiches mit einer modernen und kritischen Wahrnehmung so zu vermitteln, daß Kirchenglieder und Pfarrer ihre bisherigen Auffassungen über die Aufgabe der Kirche fortzuschreiben und also ihre eigene Identität beizubehalten vermögen. Das Aufgabenfeld für emotionale Zuwendung und personale Kommunikation allerdings bedarf auch, wenn eine Lösung dieser Frage noch nicht gewonnen ist, dringend der Bearbeitung.

6. *Anspruch, funktionaler Vollzug und „funktionale Frustration“ (zur Definition kirchlicher Zuständigkeiten)*

6.1 Wenn es richtig ist, daß die beiden Funktionsbereiche der „Wertvermittlung“ und des emotionalen Beistandes in Krisensituationen und bei „Knotenpunkten“ dem zur Zeit vorliegenden empirischen Material zufolge in unserer Bevölkerung als wichtigste Aktionsräume der Kirche angesehen werden, dann erhebt sich die Frage, wie es zu dieser Auffassung kam und wodurch sie möglicherweise erneuert und lebendig erhalten wird.

Eine in den letzten Jahren im Zuge einer allgemeinen Gesellschafts- und Kirchenkritik oft vorgebrachte Erklärung bestand in der auch innerkirchlich verbreiteten These vom traditionellen Monopol und von den Ansprüchen der sogenannten „Amtskirche“. An dieser These ist wahrscheinlich richtig, daß die „Amtskirche“ eine bestehende Situation im Sinne ihrer eigenen theologischen und kirchenpolitischen Vorstellungen zu nutzen und vielleicht auch auszunutzen versuchte, ohne immer ausreichend Rechenschaft darüber zu geben, ob diese Vorstellung auch in einem tieferen Sinne den Interessen ihrer Mitglieder und den Maßstäben einer kritischen Humanität standzuhalten vermochten. Aber die bestehende Situation selbst, das Zustandekommen der kirchlichen Zuständigkeit in diesen Funktionsbereichen vermag eine These, die den Anspruch der Amtskirche einseitig akzentuiert, schon deshalb kaum zu erklären, weil sie das gesellschaftliche Umfeld der Kirche, beispielsweise die Bereitschaft der Bevölkerung, den kirchlichen Anspruch anzunehmen, Kirchensteuer zu zahlen usw., nicht genügend in die Erklärung einbezieht. Der pure Anspruch einer Institution dürfte langfristig kaum Resonanz haben, wenn er sich nicht mit einer grundsätzlich anerkannten (wenngleich vielleicht in konkreto heftig kritisierten) Leistung verbindet.
In einer funktionalen Betrachtungsweise wird man statt vom Anspruch der Institution eher vom Vollzug und von der Erfüllung der Funktionen ausgehen. Möglicherweise läßt sich daraus der eine oder andere Gesichtspunkt über die Entstehung und die Zukunft kirchlicher Zuständigkeiten gewinnen.

6.2 Daß der Kirche die dargestellten Aufgaben zugeschrieben werden, ist zunächst einfach darauf zurückzuführen, daß die zuschreibende Bevölkerung nichts anderes kennt. Wo seit je der Pfarrer fest und als einziger zuständig ist für Kindtaufe, Konfirmandenunterricht, Krankenbesuch oder Beerdigung, da kommt das unbefangene Gemeindeglied kaum auf die Idee, daß das auch jemand anderer tun könnte oder daß es gar nicht getan zu werden braucht. So bestand zweifellos über Jahrhunderte hinweg ein Kreislauf von Vollzug und Zuständigkeitserwartung: als Kind sah und erlebte man, was ein Pfarrer zu tun hatte und dementsprechend verhielt man sich später selbst. Die Zuständigkeiten von Kirche und Pfarrer waren gewissermaßen in den Lernprozeß der Sozialisation mit einbezogen und wurden durch die „Plausibilitätsstruktur", d. h. durch die „Menschen um uns herum", durch unsere Bezugsgruppen in ihrer Legitimität immer neu bestätigt und dadurch gefestigt.[14].

Natürlich sind prinzipiell Institutionen und Berufsgruppen denkbar und de facto in neuerer Zeit auch kräftig wirksam, die in den erörterten Funktionsbereichen mit der Kirche konkurrieren können. Im Bereich der „Wertvermittlung" wäre etwa an die „Humanistische Union", an mehrere, untereinander wiederum konkurrierende marxistische Organisationen und andere ideologisch mehr oder weniger klar profilierte Gruppen zu denken. Für den Funktionsbereich der seelsorgerlichen Kommunikation und speziell des emotionalen Beistandes wird häufig auf die Alternative staatlich angestellter Psychotherapeuten, Sozialarbeiter, Gemeinwesenarbeiter usw. hingewiesen. Betrachtet man diese Konkurrenz- oder Alternativmöglichkeiten zur kirchlichen Arbeit in den hier erörterten Funktionsbereichen unter dem Gesichtspunkt der Zuständigkeitserwartungen (und vernachlässigt dabei vorübergehend die Frage nach der Fachkompetenz und den Wert-Inhalten), dann tritt ein anderer wichtiger Faktor im Rahmen des funktionalen Vollzugs in unser Blickfeld: nämlich die Anwesenheit eines bis ins letzte Dorf und den letzten Stadtbezirk durchorganisierten „Agentursystems", eines sogenannten „Kleinverteilungsapparates". Die Frage, ob Gemeindeglieder statt eines Pfarrers lieber einen psychologisch oder psychotherapeutisch ausgebildeten Berater als „Seelsorger" und vielleicht in der Jugendarbeit haben würden, wird für die meisten solange unbeantwortbar sein, solange sie sich die Rolle eines psychotherapeutischen Beraters im Alltagsleben beispielsweise eines Dorfes nicht recht vorstellen können. Die meisten Befragten würden die Frage wahrscheinlich so wenden, daß es nicht um die Alternative Pfarrer oder Psychotherapeut gehe,

[14] Vgl. P. Berger u. T. Luckmann, Die soziale Konstruktion der Wirklichkeit, 1969, siehe auch Anm. 10.

sondern, wenn man schon mit dem Pfarrer unzufrieden sei, dann darum, daß man einen besseren Pfarrer bekäme, einen vielleicht, der mit der Jugend umgehen oder beim Hausbesuch zuhören kann. Wahrscheinlich würde die Frage in akademischen oder großstädtischen Bevölkerungsgruppen anders gewendet werden; allerdings hält man auch dort, wenn wir recht sehen, deutlich fest an bestimmten, freilich meist unpräzise formulierten Aufgabenunterschieden und Aufgaben-Spezifica. Tendenziell heißt es etwa, daß der Psychotherapeut es nur mit einigen wenigen, aber im engeren Sinne kranken Menschen zu tun habe, während der Pfarrer es, mindestens im Sinne der weithin noch die Vorstellung leitenden dörflichen oder kleinstädtischen Situation, gleichzeitig mit den (relativ) Gesunden und zwar quer durch die Generationen und die Nachbarschaft zu tun habe. Er soll die Familien genauer kennen und gewissermaßen als einziger gleichzeitig mit dem Konfirmanden in Fragen der Werte-Reflexion und mit dessen kränkelnden Großmutter in der Aufgabe emotionaler Zuwendung zu tun haben.

Die Anwesenheit der kirchlichen Agenturen (vor allem des Pfarrhauses) und ihre Eingliederung und Erfahrbarkeit im eigenen Lebensbereich; der gelegentliche und sei es der auf Beerdigung begrenzte Kontakt mit Aufgabe und Person des Pfarrers; die Abwesenheit potentieller Konkurrenz-Agenturen: die nächste psychotherapeutische Praxis ist über 100 km entfernt und überlaufen, der Sozialarbeiter und die Mitarbeiter der staatlichen psychologischen Beratungsstelle sind persönlich unbekannt und werden eher der Bürokratie der Kreisverwaltung als dem eigenen Lebensbereich zugeordnet —, das alles hat zur Folge, daß eine alternative Wahrnehmung der hier erörterten kirchlichen und pfarramtlichen Funktionen kaum als Problem oder auch nur als problematisierungsbedürftig betrachtet wird.

6.3 Die Selbstverständlichkeit, in der die Kirche als zuständig für unsere beiden Funktionsbereiche empfunden wird, sagt noch nichts aus über die Belastbarkeit dieser Einstellung — (vgl. oben Abschnitt 3.1). Die zunehmende Zahl von Kirchenaustritten könnte im Gegenteil andeuten, daß ein zunehmender Teil der Bevölkerung der Kirche die „betreffenden" Zuständigkeiten abspricht oder, wahrscheinlich öfter, sich gar nicht mehr um Zuständigkeiten und Funktionen scheren zu müssen, sondern die Kirchensteuer sparen zu können glaubt. Ohne die Komplexität der Kirchenaustritts-Problematik damit auf eine einlinige Antwort vereinfachen zu wollen, scheint uns in unserem funktionalen Betrachtungszusammenhang dazu ein Aspekt besonders wichtig zu sein: der Aspekt nämlich einer „funktionalen Frustration". Wir meinen, daß die Verbindung zwischen einer bestimmten Institution (wie der Kirche) und bestimmten sozialen Funktionen keineswegs auf ewige Dauer gestellt sein muß; daß vielmehr neben der Frage, *wer* denn die Funktion (seit jeher und selbstverständlich) wahrnimmt, auch die Frage, *wie* denn die Funktion wahrgenommen wird, eine erhebliche Rolle spielt. Wo auf diese Frage andauernd eine negative Antwort gegeben werden muß, kann das zweifellos die überkommene Verbindung zwischen Institution und Funktion beeinträchtigen oder zerstören. Funktionale Frustration bedeutet also, daß man mit der Art und Weise, wie die Kirche ihre Aufgaben wahrnimmt und wie sie einem begegnet, unzufrieden oder davon enttäuscht ist. Solche Unzufriedenheiten und Enttäuschungen können verschiedene Ursachen haben: schlechte Erinnerungen an den eigenen Konfirmandenunterricht, eine als taktlos empfundene Äußerung des Pfarrers bei einem Hausbesuch, eine politisch linke (oder politisch konservative) offizielle kirchliche Stellungnahme, die vergebliche Bemühung um die kirchliche Bestattung eines aus der Kirche ausgetretenen Freundes oder auch einfach, daß einem die Kirche in Jahrzehnten weder positiv noch negativ unmittelbar begegnet ist, daß sie, wie es oft heißt, „außer wenn sie Geld von mir wollte, nie nach mir gefragt hat". Es spricht einiges dafür, daß derartige funktionale Frustrationen häufiger die Ursache von Kirchenaustritten und damit indirekt der Bestreitung von kirchlichen Zuständigkeiten in den erörterten und auch in anderen gesellschaftlichen Funktionsbereichen sind als etwa die ideologisch-theoretische Auseinandersetzung mit den Glaubensauffassungen des Christentums.

Vor diesem Hintergrund ist noch einmal die Frage aufzunehmen, ob der Kirche im Erwartungshorizont der Bevölkerung für die Wahrnehmung der beiden wichtigsten Funktionsbereiche ein sozusagen auf Dauer gestelltes Monopol zugeschrieben wird, ob man ihr eine herausgehobene „besondere Verantwortung" bei gleichzeitiger Anerkennung anderer Institutionen zubilligt, oder ob sie als gleichrangig mit solchen anderen Institutionen angesehen wird. Die Bedeutung von Vollzug und Agenturen für die Einstellung größerer Bevölkerungsgruppen (6.2) konnte die Auffassung nahelegen, daß mindestens eine „besondere Zuständigkeit", wenn nicht doch die Monopolstellung der Kirche im Bewußtsein der Bevölkerung zu vermuten wäre. Diese Auffassung wird jedoch durch die zuletzt erörterten Gesichtspunkte einer funktionalen Frustration relativiert. Daß unsere Bevölkerung im Augenblick von den Fragen, ob die Kirche ein Monopol habe oder ob es Alternativen zur kirchlichen Zuständigkeit gibt, nicht besonders tiefgehend bewegt ist, das bedeutet keineswegs, daß die Zuschreibung der funktionalen Zuständigkeit an die Kirche nicht sehr schnell preisgegeben werden könnte. Entwicklungen in der NS-Zeit, in der osteuropäischen Nachkriegszeit und in einigen der sogenannten „Jungen Kirchen" der Dritten Welt zeigen, wie schnell beispielsweise die Zuständigkeit für Passage-Riten, aber auch für Fragen der Wertreflexion von den christlichen Kirchen weggenommen und politischen Parteien oder auch Institutionen des Islam übertragen werden können. Das könnte sich in ähnlicher Weise auch in der Bundesrepublik zutragen, zumal als ein Grundmerkmal der religiösen Einstellung gelten muß, daß man sich nicht zu stark an eine Kirche binden, sich nicht zu stark festlegen, sondern gewissermaßen flexibel bleiben will. Allerdings dürfte eine zweifellos latent vorhandene grundsätzliche Bereitschaft, bestimmte kirchliche Funktionen anderen Institutionen zu übertragen, im Augenblick bei konkreten Verwirklichungsversuchen vor großen Schwierigkeiten stehen. Diese bestehen unseres Erachtens nicht in erster Linie in dem Widerstand, den die Kirchen selbst einer solchen Entwicklung entgegensetzen würden, sondern darin, daß der Großteil der Bevölkerung anderen in Frage kommenden Institu-

tionen, vor allem parteipolitischer, aber auch staatlich-bürokratischer oder kommerzieller Art mindestens ebenso skeptisch gegenübersteht wie den Kirchen.
Man wird also zu dem Schluß kommen, daß den Kirchen in unserer Gesellschaft seitens einer großen Mehrheit der Bevölkerung nach wie vor ein Vorsprung an Zuständigkeit für die genannten Funktionen zugeschrieben wird, daß aber die Verankerung dieser Zuschreibung in den tieferen Schichten der Grundeinstellung der Bevölkerung locker geworden ist. Was in naher Zukunft aus diesem „Vorsprung an Zuständigkeit" wird, hängt nicht zuletzt davon ab, wie die Kirche ihrerseits mit den gestellten Aufgaben umgeht und fertig wird.

7. Differenztheologie und berufliche Identität (Zur Vermittlungsproblematik von Verkündigungsauftrag und gesellschaftlicher Funktion)

7.1 Wenn es richtig ist, daß die zukünftige Entwicklung der Kirche soziologisch gesehen in hohem Maße davon abhängt, in welcher Weise die Funktionen in den beiden beschriebenen Bereichen wahrgenommen werden, dann kommt entscheidendes darauf an, wie denn innerhalb der Kirche, also seitens der meinungsbestimmenden Personen und Gruppen, die gesellschaftliche Funktion der Kirche insgesamt und die einzelnen Funktionsbereiche im besonderen beurteilt und mit welcher Einstellung sie bearbeitet werden. Geht man wiederum von empirischen Beobachtungen aus, dann ist zunächst festzustellen, wie schwer es vielen, vielleicht den meisten Theologen fällt, sich überhaupt auf eine funktionale Betrachtungsweise einzulassen. Zumindest in den Altersgruppen, die vor 1965 ihre Examen absolviert haben, gelten Verkündigungsauftrag und gesellschaftliche Funktion weithin als unvergleichbare Größen, gelten die „Eigentlichkeit" von Kirche und pastoralem Dienst als „unverrechenbar" mit den „Uneigentlichkeiten" des pfarramtlichen Alltags, werden „Nachfolge Jesu" und die sogenannte „Befriedigung religiöser Bedürfnisse" immer wieder als dichotomischer Gegensatz stilisiert.

Diese Gegensatzstruktur hat offensichtlich das theologische Denken und damit auch die theologische Identität zahlreicher Pfarrer seit nun über 50 Jahren, nämlich seit dem Ende des Ersten Weltkriegs, auf das stärkste geprägt. Sie hat ihren sozusagen klassischen, allerdings dialektisch-spannungsreichen Ausdruck im theologischen System Karl Barths mit seinem Ansatz bei der absoluten Andersartigkeit des Wortes Gottes gegenüber dem Menschen, der empirischen Kirche und der Gesellschaft gefunden, wenngleich die Vorläufer der sogenannten „Differenztheologie" weit zurück in die christliche Tradition reichen[14]. Seit den zwanziger Jahren findet sich die Differenzstruktur in immer neuen theologischen Varianten als Gegensatz von Kirche und Gesellschaft, von Glaube und Welt, von Evangelium und Religion, von Volkskirche und Avantgarde. Sie ist dabei nicht nur von Schülern und Anhängern Barths, sondern auch von Vertretern anderer theologischer Richtungen jahrzehntelang zur gewissermaßen einzigen genuin theologischen Denkstruktur „verselbstverständlicht" worden. Erst im Zusammenhang religionssoziologischer und philosophischer Anfragen ist diese Selbstverständlichkeit seit Beginn der 60er Jahre auch in der systematischen Theologie stärker problematisiert und hinterfragt worden[15].

Resonanz und Einfluß des differenztheologischen Denkens sind freilich auch in jüngere Zeit bei der Pfarrerschaft unverkennbar. Das zeigt beispielsweise das Echo, aber vielleicht auch das Pathos der Kirchentagsrede von E. Käsemann (1967 in Hannover), in der statuiert wird: „Es wird in Zukunft nur eine Gestalt der Christenheit geben, nämlich die Mission; religiöse Bedürfnisse mögen anderswo gestillt werden." Auch J. Moltmann, der in seiner „Theologie der Hoffnung" den dogmatisch steril gewordenen Gegensatz von Kirche und Gesellschaft zu überwinden versucht, schreibt

---

[14] Vgl. W. D. Marsch, a.a.O., S. 38—51, 109 ff. u. S. 155.

[15] J. Matthes, *Die Emigration der Kirche aus der Gesellschaft*, 1964, T. Rendtorff, *Säkularisierung als theologisches Problem*, in: *N. Z. f. syst. Theol.*, 1962, S. 318 ff.; ders., *Christentum außerhalb der Kirche*, 1969; ders. zur Säkularisierungsproblematik, in: *Intern. Jb. für Religionssoziologie* 1966, S. 51 ff. — G. Bormann, *Kommunikationsprobleme in der Kirche*, in: J. Matthes, *Religionssoziologie II.*

die Differenzstruktur doch wieder u. E. einseitig fort, wenn er nun nicht mehr Glaube und Religion, wohl aber Religion und Funktionalität einander entgegensetzt: „Wenn Religion nicht Selbstzweck ist und nicht Sinn und Wert in sich selbst hat, dann hat sie überhaupt keinen Zweck und Wert. Auf die Frage nach ihrem sozialen Nutzwert und ihrer moralischen Brauchbarkeit antwortet sie gar nicht. Wird sie in die Verwertungsprozesse der modernen Gesellschaft eingebaut, so wird sie sich auflösen und vernichtet werden"[17]. Endlich scheint diese Differenzstruktur auch in den allerneuesten, neomarxistisch beeinflußten Versuchen theologischer Theoriebildung wiederum eine kräftige Renaissance zu erfahren[18].

Nun ist es nicht unsere Aufgabe, Legitimität und Grenzen der Differenztheologie hier systematisch zu diskutieren. Um Mißverständnisse zu vermeiden, sei jedoch betont, daß man auch von unserem empirisch-funktionalen Ansatz aus das Recht und die Notwendigkeit differenztheologischer Entwürfe verstehen und bejahen muß, zumal dann, wenn sie verkrustete und inhaltslos gewordene kirchliche Gegebenheiten zu transzendieren und darüber hinaus zu Innovationen zu führen vermögen. Dies haben wir an anderem Ort gerade am Beispiel der frühen Dialektischen Theologie und der konkreten Kirchenkritik Barths („Quousque tandem . .") ausführlich deutlich zu machen versucht[19].

Andererseits scheint uns jedoch, daß mit der Verselbstverständlichung der differenztheologischen Denkstruktur im Zuge der Verbreitung der Dialektischen Theologie ihre spannungsreiche und auf konstruktive und konkrete Veränderung gerichtete Dynamik vielfach verloren gegangen ist. An die Stelle der Dialektik trat eine oft eindimensionale Widerspruchsstruktur gegen die Vorfindlichkeiten der Volks-

---

[17] J. Moltmann, *Die ersten Freigelassenen der Schöpfung*, 1971, S. 67 f. — Ders., *Theologie der Hoffnung*, 1964.

[18] Vgl. den mehrfach zitierten Aufsatz von E. Weber / R. Trommershäuser; sowie Gremmels-Herrmann, *Vorurteile* (Anm. 8) — Ferner: B. Päschke, *Praktische Theologie als kritische Handlungswissenschaft*, in: *Theologia practica* 1971, S. 1—13.

[19] K. W. Dahm, *Pfarrer und Politik*, 1965; S. 33—39, 69—76, 123 ff. und passim.

kirche, gegen den pfarramtlichen Aufgabenkatalog, gegen gesellschaftliche Funktionen überhaupt. Das Gegenbild zur vorfindlichen Kirche, gewissermaßen das Wunschbild, das Bild der eigentlichen Kirche blieb demgegenüber merkwürdig abstrakt, theologisch kaum vermittelbar und faktisch wohl auch nie vermittelt mit der landeskirchlichen (oder freikirchlichen) Gemeindewirklichkeit[20]. Diese Widerspruchsstruktur scheint freilich der Institution Kirche auch einen stabilisierenden Effekt gebracht zu haben: Widerspruch, Kritik und Konflikt mit dem „kirchlichen Establishment" sind unseres Erachtens für viele junge Theologen zum vielleicht wichtigsten Vehikel der emotionalen Integration in ihre kirchliche Berufspraxis geworden.

Freilich kann auch eine Integration durch Widerspruch auf die Dauer nicht die Hemmungen und Vorbehalte überspielen, die man in einem von Eigentlichkeits- und Differenztheologie bestimmten Studium gegen die Realitäten des volkskirchlichen Gemeindepfarramtes und gegen eine weltliche und damit auch gegen eine funktionale Betrachtungsweise gewissermaßen internalisiert hat. Diese tief sitzenden Vorbehalte lösen bei vielen Pfarrern schon ein Schaudern aus, wenn nur das einschlägige empirische Vokabular verwendet, also Kirche etwa als „institutionalisierte Religion" oder gar als „Dienstleistungsbetrieb" bezeichnet wird[21]. Das ist umso besser zu verstehen, weil die betreffenden Pfarrer gerade in jenem Verständnis von „Nachfolge Jesu" ihre theologische und berufliche Identität gewonnen haben dürften, das mit guten Gründen einem ideologischen Religionsbegriff und auch einem sinnentleerten Zeremoniell von Taufen und Beerdigungen entgegengesetzt war. Offenbar sah man die Gründe, sich von Begriff und Praxis eines konventionell und platt gewordenen Verständnisses von „Religion" und „Kasualien" zu distanzieren, darin, daß in ihnen die transzendentale Kraft der christlichen Botschaft nicht mehr angemessen zu Ausdruck und Wirkung zu bringen war. Wer damals so in der Kritik an Religion und

[20] Vgl. Marsch, a.a.O., S. 155 ff.

[21] Vgl. K. Linke, *Die Kirche — ein Dienstleistungsbetrieb?*, in: *Stimme der Gemeinde*, 1970, S. 461—466.

Kirche seine Identität gewann, muß heute mißtrauisch und vielleicht bestürzt sein, wenn wiederum von gesellschaftlichen Funktionen, von Wertvermittlung und „Passage-Riten“ die Rede ist — und damit das eben erst mühsam sozusagen entschlackte „Proprium“ der Theologie in neuen Amalgamierungen wieder verloren zu gehen droht.

7.2 Trotzdem bleibt das Problem, daß die Pfarrer, deren berufliche Motivation und deren theologisches Selbstverständnis in der sogenannten Differenztheologie verankert war, die Aufgaben der volkskirchlichen Praxis und damit die beschriebenen gesellschaftlichen Funktionen ja wahrnehmen mußten und auch getan haben. Es kann hier nicht untersucht werden, mit welcher theologischen Begründung sie im einzelnen über den Widerspruch gegen die oft verkrusteten und unerfreulichen Aufgabenfelder hinausgelangten: ob sie die differenztheologischen Ansätze teilweise verdrängten, ob sie bei der alltäglichen Arbeit mit desinteressierten Konfirmanden und erklärtermaßen „ungläubigen“ Hinterbliebenen ein „schlechtes Gewissen“ hatten — oder ob sie die volkskirchliche Praxis als ihren Aktionsraum verstanden, innerhalb dessen sie ihren Verkündigungsauftrag ausrichten konnten und sollten. Es geht an dieser Stelle auch nicht um den Fragenkreis *Volkskirche — Freikirche — Avantgarde — Dienstgruppenkirche.*

Es geht vielmehr um die Erkenntnis, daß Verkündigung und christliche Diakonie sich von den Zeiten der Urgemeinde bis heute (fast) immer im Aktionsraum von gesellschaftlichen Funktionen vollzogen haben. Ohne jede Frage kann nicht nur die Predigt Jesu, sondern auch die Verkündigung der Apostel, längst bevor der constantinischen Kirche dazu eine sozusagen gesellschaftsoffizielle Zuständigkeit zugeschrieben wurde, soziologisch als Kritik, Neuinterpretation oder Bestätigung überlieferter und geltender Werte, also als ein eminent einflußreicher Faktor im „Funktionsbereich der Wertvermittlung“ beschrieben werden. Ähnliches gilt für M. Luther oder K. Barth, die zweifellos die Wertsysteme ihrer Zeit gerade durch den „Kleinverteilungsapparat“, in dem ihre Anhänger und Schüler in

Unterricht und Predigt, in Presse und Rundfunk tätig waren, nachhaltig beeinflußt haben.

Der Zusammenhang zwischen der sozialen Funktion „Wertvermittlung" und einer auftragsgemäßen „Verkündigung" läßt sich andererseits auch am Beispiel der Auslegungsgeschichte eines solchen „Wertes", nämlich des 4. Gebotes — „Du sollst deinen Vater und deine Mutter ehren" — verdeutlichen. Im alttestamentlichen Israel hilft dieses Gebot eine Sozialordnung sichern, in der die Erwachsenen ihre alternden Eltern versorgen müssen. So, wie sie ihre Eltern „ehren" und das bedeutet auch: sie versorgen, so haben sie ihrerseits dereinst Anspruch, von ihren eigenen Kindern versorgt zu werden: „auf daß du lange leben kannst auf dem Boden, den Gott dir gibt". — Luther und der Heidelberger Katechismus nehmen das Gebot aus diesem gesellschaftlichen Rahmen einer Art familialer Sozialversicherung heraus, beziehen es nicht mehr auf Erwachsene, sondern auf Kinder und damit ganz allgemein auf die patria potestas[22]; diese wird auf die „Herren" bzw. auf „alle, die mir vorgesetzt sind" ausgedehnt und ihnen gegenüber von mir nicht nur Gehorsam, sondern auch Unterwerfung unter ihre Strafe gefordert. Diese (unbewußt vollzogene) Neuinterpretation des alttestamentlichen Gebotes ordnet sich offensichtlich ein in die Entstehungsgeschichte eines bürgerlich-paternalistischen Autoritarismus und hat seine Auswirkungen bis hin in die Wertsysteme des absolutistischen Staates und wohl auch des NS-Staates mit seinen Vorstellungen von „Kadavergehorsam". Freilich haben Luther und der Heidelberger Katechismus nicht einlinig die Macht der Herrschenden sanktioniert und befestigt; sie suchten vielmehr zugleich, diese zu relativieren und gewissermaßen zu entmytologisieren und zwar dadurch, daß die Herrschenden ihrerseits auf die gleiche Gehorsamshaltung und Abhängigkeit gegenüber dem Gott, der die Gebote gegeben hat, verpflichtet würden. — Inzwischen ist in den neueren Interpretationen des 4. Gebotes, etwa im Katechismus von Jörg Zink, das Element des Gehorsams gegenüber den Herren

[22] Vgl. zur Einführung M. Noth, *Das zweite Buch Mose*, ATD, 1958, S. 121—133.

wieder eliminiert und im Sinne der ursprünglichen Intention ersetzt durch „den Alten Geborgenheit geben und sie nicht verkümmern lassen“[23].

Mit diesem Beispiel einer faktisch in der Geschichte andauernd vollzogenen Verbindung (und Vermischung) von christlicher Verkündigung und der Vermittlung gesellschaftlicher Werte wollen wir nicht einen Mißbrauch des Wortes Gottes aufdecken oder karikieren, sondern die prinzipielle Geschichtlichkeit, theologisch gesprochen: einen Aspekt der Fleischwerdung des Wortes Gottes, auf die funktionale Betrachtungsweise anwenden.

Überlieferung und Interpretation von Entsprechendem läßt sich leicht an dem zweiten wichtigen Funktionsbereich, dem der helfenden Begleitung von Menschen an Wendepunkten und in kritischen Situationen aufweisen. Auch der geregelte Aktionsraum des diakonischen Handelns wird nicht einlinig gegen eine vom Glauben motivierte Spontaneität der Hilfeleistung, etwa der tröstenden Zuwendung durch einen Freund, ausgespielt und zur Alternative stilisiert werden dürfen. Auch hier geht es vielmehr um die Erkenntnis, daß das eine mit dem andern, daß brüderlich-seelsorgerliche Zuwendung als ein Akt diakonischer Verkündigung und funktionale Zuständigkeit, etwa in Trauerfällen, sich auch in der Geschichte der Kirche ständig verbunden und vermischt haben. Diese Vermischung muß zwar im praktischen Vollzug als spannungsreich, als Überforderung der eigenen Spontaneität und Zuwendungskraft, als Störung für eine gerade begonnene, wegen Zeitknappheit aber nicht in der notwendigen Stetigkeit und Dauer fortzuführenden Begleitung empfunden werden. Die funktionale Zuständigkeit gibt aber andererseits nicht nur die Chance und gleichsam die offene Tür für eine beabsichtigte seelsorgerliche Zuwendung, sondern sie ist oft genug auch erst Anlaß und Impuls für eine helfende Begleitung oder auch für ein tieferes Gespräch mit Menschen, die sonst vermutlich nie mit dem christlichen Glauben in Kontakt gekommen wären, und vielleicht auch nirgendwo Begleitung und Kommunikation gefunden hätten.

---

[23] J. Zink, *Was Christen glauben*, 1969, S. 35.

Versuchen wir, die Frage nach der theologischen Begründung einer faktisch ja immer vollzogenen Verbindung zwischen Verkündigungsauftrag und gesellschaftlicher Funktion noch einmal ins Grundsätzliche zu wenden, dann kann möglicherweise das reformatorische „in, mit und unter" ein Stück weiter helfen. Danach wären die funktionalen Aufgaben nicht nur Brücke oder Vehikel für den Verkündigungsauftrag (und damit eben doch wieder disqualifiziert), sondern sie wären ein Medium, innerhalb dessen sich Verkündigung ereignen kann. Umgekehrt formuliert und postuliert: wenn es nicht gelingt, das, was Verkündigung heißen soll, „in, mit und unter" der funktionalen Wahrnehmung deutlich zu machen; wenn es also nicht gelingt, im Zusammenhang eines konkreten Wertproblems, eines konkreten Lernprozesses, einer konkreten seelsorgerlichen Zuwendung zu einem Menschen, einer konkreten Demonstration christlicher Humanität im politischen Bereich klar und verständlich zu machen, was „Verkündigung" ist —, dann hilft es auch nicht, den Verkündigungsauftrag isoliert von den konkreten Aufgabenfeldern, sozusagen chemisch rein und theologisch wohlgesetzt zu formulieren.

7.3 Während, wie gesagt und sicher vergröbert, die künftigen Pfarrer bis in die Mitte der sechziger Jahre wohl hauptsächlich im differenztheologischen Denken, in der Frage nach dem Proprium, in der gründlichen Beschäftigung mit biblischer Exegese ihre Identität als Theologen gewonnen haben, scheint seitdem unter Theologiestudenten der Widerspruch gegen die Eskalation der Frage nach dem Proprium, gegen das Übermaß an Exegese, vielleicht auch gegen eine enggeführte Dauerthematisierung der Gottesfrage stark zugenommen und beinahe seinerseits selbstverständlich geworden zu sein. Motiviert war dieser Widerspruch nicht nur durch theologische Frustrationen, sondern auch durch die starke Welle einer auf mehr Praxis drängenden Kritik am Wissenschaftsbetrieb, die seit Mitte der sechziger Jahre im Zuge der studentischen Protestbewegung den gesamten Hochschulbereich erschüttert und verändert hat. „Was können wir mit Hebräisch, philologischer Exegese, Kirchengeschichte und altprotestantischer Dogmatik in unserem künftigen Pfarrberuf praktisch anfangen?" — war die eine immer wieder und immer lauter gestellte Anfrage. Und mit ihr meldete sich die andere, seit langem latente, virulente Anfrage an die vorherrschende Theologie: „Welche Überzeugungskraft hat für uns noch eine Theologie, deren Anspruch auf ‚Eigentliches' uns nicht verwirklichbar erscheint, die für uns in eine umfassende Grundlagenkrise geraten ist, die mit den politischen, psychologischen und naturwissenschaftlichen Aspekten unserer Wirklichkeitserfahrung nicht zusammenzubringen ist?" Offenbar befinden sich viele junge Theologen, nachdem die Studentenrevolte mit manchen anderen auch eine Reihe theologischer Tabus beiseite geräumt hat, in einer ähnlichen Situation, wie sie Ernst Troeltsch vor über 70 Jahren in dem klassischen Satz „Es wackelt alles" zusammengefaßt hat[24]. Und offenbar vermögen die Stützmauern und Gerüste, die durch die Dialektische und auch die sogenannte Existentiale Theologie gegen die Baufälligkeit des ins Wanken geratenen Gebäudes der überkommenen Theologie errichtet wurden, diese Generation nicht mehr so wie frühere zu überzeugen. Daraus aber entstehen für den Theologiestudenten akute Probleme für die eigene Berufsentscheidung und den gesamten Lebensplan; eine Autorengruppe Frankfurter Vikare kennzeichnet diese (1971) folgendermaßen: „Das Studium reicht weder als Rüstzeug aus, um die Aufgaben des herkömmlichen Pfarramtes einigermaßen befriedigend ausüben zu können, noch leitet es an, ein neues, identitätsvermittelndes Berufskonzept zu entwickeln, geschweige denn, es in die Praxis umsetzen zu können. Dies wird als umso bedrängender empfunden, als die idealistische Naivität (die richtige Theologie schaffe die richtige Praxis ‚von selbst') einer soziologischen Skepsis (die Praxis werde bestimmt durch die Rollenerwartungen, denen der Pfarrer ausgesetzt ist) gewichen ist ... wir alle haben im Verlauf dieses Ausbildungsganges mehr oder weniger ausgeprägte Zweifel gehabt, ob wir ihn fortsetzen sollten und könnten, und wir haben diese Zweifel als Infragestellung der persönlichen Identität erlebt."[25]

[24] Vgl. Dahm, a.a.O., S. 33 ff.
[25] J. Grein, G. Krämer, V. Läpple, U. Schwemer, W. Wittrock: *Identität*

Diese und ähnlich formulierte Verunsicherungen während des Studiums haben offensichtlich zu einer großen Zahl von „drop outs", von Studenten, die sich von der Theologie abgewandt haben, geführt. Andererseits ist die Zahl derer, die sich doch für den Pfarrerberuf entscheiden, und in die Vikarsausbildung eintreten, nach wie vor und gerade zu Beginn der siebziger Jahre erstaunlich groß; in manchen Landeskirchen ist sie außer zu Beginn der dreißiger Jahre in diesem Jahrhundert nie so groß gewesen. Wie ein offenbar größer werdender Teil von ihnen die beschriebene Identitätskrise zu überwinden sucht, zeigt wiederum die Arbeit der Frankfurter Vikarsgruppe: „Unserer Ansicht nach geht (das) nur über den Weg einer Klärung der diffusen und ambivalenten Einstellung zur Institution Kirche und zur Berufspraxis ihrer Funktionäre, speziell der Pfarrer. Denn nur, wenn sich der Theologiestudent hiermit indentifiizieren und seiner Meinung nach sinnvolle und befriedigende Arbeit leisten kann, wird er eine ihn langfristig tragende Identität finden können."

Eine solche Auseinandersetzung mit der kirchlichen Praxis kann durchaus dazu führen, daß die frühere Entscheidung für den Pfarrberuf unter neuen und vielleicht kritischeren Gesichtspunkten bestätigt oder sogar herbeigeführt wird. So begründet eine junge Theologin vor Beginn ihres Vikariates ihre Berufswahl in einem Zeitungs-Interview: „Ich habe von Soziologie auf Theologie umgesattelt, weil ich einsah, daß die Menschen Bedürfnisse haben, die von niemandem befriedigt werden — vielleicht mit Ausnahme der Pfarrer. Wir sind die Lückenbüßer der Gesellschaft und kümmern uns überall da um den Menschen, wo ihn diese Gesellschaft allein läßt ... Die Dienstleistungen der Kirche haben für mich Sinn und Chance. Die Menschen sind zu diesen Anlässen verunsichert. Man kann ihnen helfen. Ich denke, daß man in keinem anderen Beruf soviel mit dem Menschen zu tun hat."[26]

---

und Praxis, in: *Wissenschaft und Praxis,* WuPKG, 1971, Heft 9 (in Vorbereitung); daraus auch Teile der vorangehenden Zitate.

[26] Vgl. *Frankfurter Rundschau* vom 7. 8. 71, S. 15 (Ausgabe Kronberg).

Wenn eine Reihe ähnlicher Äußerungen[27] und Beobachtungen uns nicht täuschen, wird der unmittelbare Ansatz bei den kirchlichen Aufgaben, d. h. vor allem bei der Hilfe für Menschen in defizitären Lebenssituationen in Zukunft noch eine größere Rolle als bisher bei der Entscheidung für den Pfarrberuf spielen. Zwar hat dieser Impuls auch früher bei Abiturienten eine oft wichtige Rolle gespielt; im Verlauf des Studiums wurde er jedoch häufig durch den „Verkündigungsauftrag" abgelöst, verdrängt oder etwas unsicher verschwiegen. Heute werden nicht nur der Ansatz, sondern auch die Schwierigkeiten, ihn in der Praxis zu verwirklichen, also etwa gegen eine Fülle hindernder Rollenvorschriften und sozialer wie kirchlicher Zwänge anzukommen, ganz unbefangen als das eigentliche Zentralproblem der Pfarrer-Ausbildung bezeichnet.

Das Interesse an den pfarramtlichen Aufgaben, die Dialektik von einerseits grundsätzlicher Bejahung und andererseits konkreter Kritik und Veränderung der Praxis in den kirchlichen Funktionsbereichen werden unseres Erachtens freilich nur dann zu einer auf die Dauer „tragenden Identität" werden können, wenn sie auch theologisch begründet und reflektiert sind. Dabei wird es nicht nur um die gelegentlich zum „taktischen Problem" degradierten und disqualifizierten Gesichtspunkte der eigenen Glaubwürdigkeit in der Gemeinde und der Kommunikationsfähigkeit mit den Kollegen gehen. Sondern es wird vor allem um eine Art „innerer", d. h. mentaler und emotionaler Übereinstimmung des eigenen praktischen Tuns mit zentralen Inhalten der biblisch-christlichen Tradition gehen. Man wird in der kirchlichen Arbeit kaum Erfüllung finden, wenn man einen solchen, auch subjektiv als ehrlich empfundenen Kontinuitätszusammenhang mit früheren „Antworten des Glaubens" auf die Grundfragen menschlichen Daseins und menschlichen Zusammenlebens nicht mehr herzustellen vermag. Das bedeutet nicht, daß man diese Antworten in ihrer dogmatisch gewonnenen Gestalt, gleichsam in einem verbal-

[27] z. B. U. Häble, M. v. Rad, D. Reitz, H. Richter, F. Strub, *Überlegungen zum Gruppenpfarramt*, in: N. Hepp (Hrsg.), *Neue Gemeindemodelle*, Reihe „Theologie Konkret", 1971, S. 83—96.

inspirativen Sinne „wörtlich" zu übernehmen hätte; zweifellos wird man kritisch erkennen und aussprechen, wieviel zeitgebundene Vorurteile und vielleicht auch zeitgebundene Herrschaftsinteressen in bestimmte dogmatische Formeln mit eingeflossen sind. Das bedeutet aber wohl, daß man die in diesen Formeln vermittelte genuin christliche Intention und vielleicht auch das Stück anthropologischer Wahrheit zu erkennen und auf die gegenwärtigen Probleme anzuwenden versucht.

Ob und wieweit bei dieser notwendigen und schwierigen Aufgabe der Vermittlung eines Kontinuitätszusammenhanges die differenztheologischen Entwürfe, die weitgehend auf eine konkrete theologische Thematisierung der kirchlichen Praxisaufgaben verzichten, zu helfen vermögen, erscheint uns nach wie vor als problematisch. Möglicherweise könnten hier einige der Ansätze und Versuche der sowohl von Schleiermacher als auf andere Weise von Hegel und später von Tillich inspirierten „neuprotestantischen Theologie" eher weiterhelfen[28].

7.4 Eine besondere Variante der an den pfarramtlichen Aufgaben orientierten Motivation zum kirchlichen Dienst stellt deren Verbindung mit einem dezidiert sozialistisch-systemverändernden Handlungswillen dar, der in erster Linie auf die Überwindung von spätkapitalistischen und unmenschlichen Herrschaftsverhältnissen aus ist. Diese Verbindung erscheint zunächst als eines der Ergebnisse der energisch gesellschaftskritischen Studentenrevolte gegen Ende der sechziger Jahre, die unter Theologiestudenten eine besonders breite Resonanz und Beteiligung hatte. Als in deren Arbeitsgruppen und in den Versammlungen der sogenannten „Celler Konferenz" eine systemstabilisierende, verschleiernde und pseudotherapeutische Funktion der Kirche im Spätkapitalismus konstatiert war, „schmolz die Revolutionsstrategie zur Frage zusammen: Raus aus der Kirche oder rein in die Kirche?"[29]. Die in die Kirche gingen, taten

[28] P. Tillich, *Systematische Theologie*, Bd. 3, 1967, bes. S. 191—280; T. Rendtorff, *Kirche und Theologie*, 1966; W. D. Marsch, a.a.O., S. 269ff. und passim.

[29] Vgl. K. W. Bühler, *Sozialistische Opposition in der Kirche?*, in:

es zunächst mit der ausdrücklichen Absicht, deren Apparat im Sinne der eigenen gesellschaftsverändernden Vorstellung zu nutzen. Sie mußten freilich bald erkennen, daß das, wenn überhaupt und auch nur ansatzweise, lediglich gehen könnte, wenn „bis zu einem gewissen Grad die Erwartungen des einzelnen Bürgers und des Staates erfüllt werden, (denn) gesellschaftskritische Arbeit kirchlicher Gruppen ohne einen systemstabilisierenden Beitrag der Volkskirche ist illusionär“[30]. Die „Erfüllung von Erwartungen“ betrifft dabei wiederum in erster Linie die volkskirchlichen Hauptfunktionen, nämlich einmal den Bereich der nunmehr mit dem Stichwort „Sozialisation“ gekennzeichneten Bereich der in Kindheit und Jugend durch Elternhaus, Spielstraße und Schule vermittelten Aneignung grundlegender Verhaltensweisen und Normen, und zweitens den nun durch das Stichwort der „Sozialtherapie“ gekennzeichneten Bereich von Seelsorge, Kasualpraxis und Diakonie.

Ob und wieweit es gelingt, die fruchtbaren und schöpferischen Aspekte dieser Verbindung zwischen dem Interesse an den Aufgaben des Pfarramtes und einer sozialistisch systemverändernden Motivation innerhalb der Gemeinde so darzustellen und anzuwenden, daß auch Gemeindeglieder und Pfarrer mit anderer Auffassung etwas von einer solchen Fruchtbarkeit erkennen können, bleibt zunächst abzuwarten. Jedenfalls wird man diese Frage nicht, wie manche Vertreter der Neuen Linken meinen, in erster Linie kirchenpolitisch-taktisch lösen können; das würde nur zur Verstärkung des Verdachtes einer zynischen Umfunktionierung und eines Mißbrauches der Kirche führen. Vielmehr wird es vor allem darum gehen, erstens auch hier die theologische Kontinuität mit dem was die Bibel will und was „die Väter“ wollten, deutlich zu machen, und zweitens die Gemeindeglieder im persönlichen Umgang so ernstzuneh-

---

Lutherische Monatshefte 1969, S. 284—287. — W. D. Bukow, *Das Elend der sozialistischen Opposition in der Kirche*, 1969, bes. S. 40—60.

30 Studie I, 7 des „Institutes für kirchliche Sozialforschung“; Anonym vorgelegtes Manuskript *„Modell einer funktionsgerechten Ausbildung für den kirchlichen Dienst“*, Frankfurt 1970.

men, daß sie sich auch ernst genommen und verstanden, aber eben nicht manipuliert fühlen.
Ebenfalls ist im Augenblick (Herbst 1971) noch nicht abzusehen, ob die Verbindung von Pfarrerberuf und politisch formierter neomarxistischer Grundeinstellung in den kommenden Jahren zur tragenden Berufsmotivation für größere Gruppen von Theologiestudenten werden kann. Es könnte sein, daß diese Verbindung zwar den Theologiestudenten der Protestgeneration Kontinuität und Identität mit kirchlicher Arbeit zu vermitteln vermochte, daß aber nachwachsende Jahrgänge die Unterschiede und Gegensätze zwischen theologischer Mentalität und neomarxistischer Ideologie sowie zwischen kirchlichen Funktionen und unmittelbar politisch-revolutionärem Handeln nicht mehr miteinander zu vermitteln vermögen. Eher erscheint als denkbar, daß die neomarxistischen Anfragen und Impulse stärker als bisher in den inhaltlichen Reflexionen und Beiträgen sowohl der systematischen Theologie als auch der praktischen Arbeit im Bereich der Erörterung und Vermittlung von Wertsystemen aufgenommen und kritisch verarbeitet werden.

8. Kritik und Innovation

8.0 Die gesellschaftlichen Funktionsbereiche von „Wertvermittlung“ und „helfender Begleitung“ als Aktionsräume der Kirche und als Berufsfeld des Pfarrers zu bejahen und ernst zu nehmen, heißt, die gegenwärtige Wahrnehmung dieser Aufgaben „kritisch“, d. h. sowohl unter dem Aspekt ihrer Mängel als auch unter dem Aspekt ihrer Möglichkeiten, ihrer Erneuerung und Veränderung, ihrer Innovation zu analysieren. Dazu nötigt nicht nur der diese Überlegungen leitende und eingangs (1.3) angedeutete Theoriebegriff, sondern dazu nötigt auch die massive Kirchenkritik unserer Tage. Wenn nämlich die funktionale Betrachtungsweise ein Stück der kirchlichen Wirklichkeit richtig zu erfassen vermag und wenn dementsprechend ein Teil der gegenwärtigen Kirchenkritik zu Recht auf „funktionale Frustration“ (6.3) zurückgeführt wurde, dann muß man auch darüber nachdenken, wo die sozusagen überindividuellen Erfahrungen dieser Frustration gemacht, mit anderen Worten: welche Aufgabenbereiche von der Kirche unangemessen und unzureichend bearbeitet und bewältigt werden. Zu einer solchen „Kritik“ nötigt darüber hinaus und vor allem jedoch der „Auftrag“ derjenigen, die ihren Beruf auch als Berufung empfinden und die die Realität des kirchlichen Handelns am Maßstab des Evangeliums prüfen.

Diese Kritik wird sich, gerade nach dem in der Kritischen Theorie entwickelten Verständnis nicht darauf beschränken oder darin gefallen, Fehler aufzudecken und anzuprangern; sie wird vielmehr in erster Linie darauf aus sein, Möglichkeiten der Innovation durchsichtig zu machen, sie wird die oft außerordentlich mühsamen Versuche von Reform und Veränderung gewissermaßen unterstützen; sie wird die bei diesen Versuchen unvermeidlichen, schmerzhaften Konflikte nicht beschönigen, sondern fruchtbar zu machen bemüht sein.

Wenn wir recht sehen, muß sich eine aufgabenorientierte Kritik sowohl auf die sogenannten „inhaltlichen Fragen“, nämlich die gegenwärtige theologische Reflexion der in unserer Gesellschaft anstehenden „Sinnfragen“ und Wertprobleme richten, als auch auf die Handlungsformen der Kirche, von der Gestalt des Gottesdienstes und der Kasualfeiern über Methodik und Didaktik von Religions- und Konfirmandenunterricht und das seelsorgerliche Einzelgespräch bis hin zu den neueren Arbeitsformen der Dienstgruppen und der Erwachsenenbildung. Endlich wird sie auch die Gliederungs- und Organisationsstrukturen der Kirche betreffen. Es ist also das ganze weite Feld der kirchlichen Praxis, das unter dem Gesichtspunkt einer sachgerechten Erfüllung der alten, durch die Herausforderungen einer neuen Zeit aber neu profilierten Aufgaben mit neuen Instrumenten analysiert und gleichsam mit neuen Geräten beackert werden muß. Nicht sachgerecht wäre es nach unserem Verständnis des Evangeliums, wenn es bei der Erfüllung der Aufgaben lediglich darum ginge, einen möglichst reibungslosen oder effizienten, sozusagen technisch perfekten aber inhaltlich unreflektierten Vollzug von Dienstleistungen zu gewährleisten. Sachgerecht nach unserem Verständnis des Evangeliums ist es vielmehr, die im kirchlichen Handeln vermittelten Inhalte und Werte sowie seine Arbeits- und Kommunikationsformen daraufhin zu prüfen, ob sie dem Menschen helfen, ihr Leben im Sinne der in Jesus offenbarten menschenfreundlichen Liebe Gottes zu gestalten und zu bewältigen. Diese Prüfung und die aus ihr abzuleitenden Erneuerungs- und Veränderungsversuche können hier nicht für alle Aufgabenfelder der Kirche gründlich und gleichmäßig breit thematisiert werden. Ein Teil der pfarramtlichen Aufgaben wird in anderen Arbeiten dieses Buches ausführlicher behandelt. Im Zusammenhang des vorliegenden Aufsatzes kann es nur darum gehen, Kritik und Innovation punktuell für die beiden Funktionsbereiche von „Wertvermittlung“ und „helfender Begleitung“ aufzuzeigen.

8.1 Die gegenwärtige Problematik im Funktionsbereich der Vermittlung von Wert- und Deutungssystemen wird besonders deutlich in den inhaltlichen Schwierigkeiten des Konfirmanden- und Religionsunterrichtes. Das oben aufgewiesene Desinteresse gegenüber dogmatischen und abstrakt-theologischen Lehrstücken (vgl. 3.2) wird ja von Kirchenmitgliedern bekundet, die fast sämtlich an einer erheblichen Zahl von Religions- und Konfirmandenstunden teilgenommen haben. Offenbar ist es in diesen Stunden nicht gelungen, die Bedeutung der christlichen Lehrstücke, wie sie etwa in Katechismus und Gesangbuch formuliert sind und auswendig gelernt werden mußten, mit den tatsächlichen Lebensfragen und Schwierigkeiten der Kinder so zu vermitteln, daß sie in deren Wertsysteme integriert werden konnten. Das darf nicht allein und nicht in erster Linie den Pfarrern und ihren pädagogischen Mängeln angelastet werden. Hier muß vielmehr nüchtern und ehrlich erkannt werden, daß der Inhalt unserer Katechismusstücke und Gesangbuchlieder seinerseits zum großen Teil auf Problemstellungen bezogen und in Ausdrucksformen abgefaßt ist, die nicht die unserer Zeit sind.

Am Beispiel des vierten Gebotes wurde schon angedeutet (7.2), daß die „Geschichtlichkeit“ des Evangeliums eben darin manifest ist, daß es immer „in, mit und unter“ den

Fragen und Nöten der jeweiligen Zeit re-formuliert und lehrmäßig fixiert wurde. Und das betrifft nicht nur den Zusammenhang von Elternliebe, Gehorsam und politischer Herrschaft; sondern das gilt genauso für den Zusammenhang der Gebote „Du sollst nicht stehlen“ und „Du sollst nicht begehren...“ mit dem Eigentumsbegriff einer vorindustriellen agrarisch (und feudalistisch!) geprägten Gesellschaft; das betrifft zumindest nach Meinung und Verhalten eines großen Teiles der Kirchenmitglieder auch bestimmte Auslegungen des 6. Gebotes „Du sollst nicht ehebrechen“; das betrifft endlich die Tendenz ungezählter Gesangbuchverse, „in der Ewigkeit“ Ausgleich und Belohnung dafür zu finden, was „in der Zeit“ an Elend, Entbehrung und Demütigung ertragen werden mußte, — eine Tendenz, die über Jahrhunderte hinweg in einer sogenannten Mängelgesellschaft mit ihren defizitären Bewältigungsmöglichkeiten von Hunger und Krankheit, von „Feuer- und Wassernot“ die vielleicht einzige Hilfe war, das Elend zu ertragen, — eine Tendenz aber, die im 19. und 20. Jahrhundert oft dahin mißverstanden und mißbraucht wurde, die wirtschaftlichen, politischen und technischen Ursachen menschlichen Elends zu verharmlosen, zu verschleiern und jedenfalls die Entwicklung von Gegenkräften zu behindern. So lernten beispielsweise ganze Generationen von Konfirmanden des 19. Jahrhunderts, daß das wirtschaftliche Elend des Proletariates und daß die sittliche Verwahrlosung im Frühkapitalismus gleichsam als Strafe Gottes für den Abfall vom Glauben zu gelten habe — und für die „Systematisierung der sündlichen Gelüste des Menschen“, wie sie nach Wichern im Sozialismus zum Ausdruck komme[31].

Wenn ein heutiger Konfirmandenunterricht auch kaum in dieser massiven Weise den Interessen bestimmter wirtschaftlicher Machtgruppen dienen will, so sind doch in den traditionellen und nach wie vor traktierten Lernstücken eine Fülle einseitiger Denkweisen und Formulierungen enthalten, die in dieser Richtung mißverstanden werden können. Daß die darin angelegten Gegenkräfte gegen eine auch in

[31] Vgl. den einleitenden Teil des ersten Aufsatzes dieses Buches: Die protestantischen Pastoren und der Staat.

der Kirche mindestens verbal und intentional weithin vertretene „emanzipatorische" Erziehung zu „kritischer Mündigkeit" wenigstens an der Oberfläche kaum wirksam werden, hängt jedoch leider weniger von einer theologischen Aufarbeitung und Änderung dieser Einseitigkeiten als vielmehr davon ab, daß diese Lernstücke insgesamt kaum in das Bezugssystem der Kinder integriert werden, also relativ belanglos und folgenlos bleiben und von anderen Wert- und Sinnvorstellungen überlagert und verdrängt werden.

Eine sachgerechte Arbeit im Konfirmanden- und Religionsunterricht sowie in den verschiedenen Arbeitsformen der kirchlichen Erwachsenenbildung wird also zur wichtigsten Voraussetzung haben, daß die sich in unserer Zeit neu herausbildenden Wertvorstellungen theologisch aufgearbeitet werden; anders gesagt: daß das Evangelium gewissermaßen „in, mit und unter" den Fragen und Nöten unserer Zeit reformuliert wird. Um das noch einmal am Beispiel der Konfirmanden zu veranschaulichen: was unter dem Aspekt des Evangeliums über Frieden und Emanzipation, über Entfremdung und Ausbeutung, über Freiheit und Selbstverwirklichung, über Leistungsdruck und Sachzwänge, über Verkehrstod und Umweltzerstörung, über Liebe und Partnerschaft, über Planung und Zukunft zu sagen und zu fordern ist, darf nicht nur im Umweg über die an diesen Punkten dürftigen oder im eben beschriebenen Sinne einseitigen Lehrstücke aus Bibel, Katechismus, Gesangbuch und Kirchengeschichte traktiert werden; es muß vielmehr zu einer Art neuer, katechismusähnlicher, auf die Grundfragen unserer Zeit ganz unmittelbar bezogener „Christlicher Lehrstücke" kommen. Wissenschaftlich-theologische Vorarbeiten zu solchen Lehrstücken sind im letzten Jahrzehnt in großer Zahl entstanden. Wenn auch meist mit historischem Übergewicht haben eine ganze Reihe von ihnen doch die unseres Erachtens unausweichliche Aufgabe in Angriff genommen, die konstitutiven Elemente der christlich-biblischen Tradition mit modernen erfahrungs- und humanwissenschaftlichen Erkenntnissen sowie mit den gesellschaftspolitischen Herausforderungen unserer Zeit miteinander zu vermitteln[32]. Doch

[32] Vgl. z. B. H. Schmidt, *Frieden*, 1969; W. D. Marsch, *Zukunft*, 1969. —

sind diese fruchtbaren und weiterführenden literarischen Ansätze für die praktische kirchliche Erziehungs- und Bildungsarbeit, von verheißungsvollen Innovationen abgesehen, noch kaum zu den geforderten Lehrstücken didaktisch elementarisiert[33]. Zumindest werden sie, wenn wir empirisch richtig sehen, bisher nur selten in einer sowohl Pfarrer wie Konfirmanden und Schüler befriedigenden Weise angewendet.

Die kritische Überprüfung der in den kirchlichen Bildungseinrichtungen tatsächlich oder nur intentional vermittelten Inhalte und Wertvorstellungen und die Forderung, diese sowohl unter dem Aspekt der Geschichtlichkeit des Evangeliums als auch unter dem Aspekt der Herausforderungen unserer Zeit neu zu formulieren und didaktisch zu elementarisieren, wären ganz und gar mißverstanden, wenn man in ihnen eine neue Variante repressiver kirchlicher Indoktrination, diesmal vielleicht progressiv-liberaler Färbung, entdecken oder sie aus ihnen herauslesen würde. Uns geht es ausdrücklich nicht darum, erneut fertige und wie Versatzstücke hantierbare theologische Antworten oder Rezepte zu produzieren und zu servieren. Sondern es geht darum, zusammen mit den Konfirmanden (oder Erwachsenen) die früher und oftmals vorbewußt erfolgten religiösen Prägungen aufzuarbeiten und eine auf zunehmende Mündigkeit und kognitive Offenheit zielende Orientierungsfähigkeit in Fragen des zwischenmenschlichen Verhaltens und der Daseinsinterpretation einzuüben. Das aber geht nicht im Wege von kognitivistischem Erlernen eines vorgeschriebenen Un-

Erste und wegweisende Arbeiten für das breite Feld der Sozialethik liegen im Lebenswerk von H. D. Wendland vor, vgl. vor allem: *Die Kirche in der modernen Gesellschaft*, 1956, und: *Die Kirche in der revolutionären Gesellschaft*, 1967. — Zum Bereich der Wirtschaft vgl. H. Weber, *Theologie — Gesellschaft — Wirtschaft*, 1970; Zu einem „undogmatischen Christentum“ insgesamt vgl. T. Rendtorff, *Christentum außerhalb der Kirche*, 1969.

33 Für viele interessante Versuche der Religionspädagogischen Ämter und Institute sei hier nur hingewiesen auf die von S. Vierzig und H. Heinemann herausgegebenen *„Informationen zum Religionsunterricht“*, Hannover 1970 ff., sowie auf *„ru“*, Zeitschrift für die Praxis des Religionsunterrichts, Stuttgart 1971 ff., hrsg. von H. K. Berg u. a.

terrichtsstoffes. Sondern das geht unseres Erachtens am ehesten, wenn man von den alltäglichen Erfahrungen und von den besonderen Schwierigkeiten der Konfirmanden (oder Erwachsenen), ausgeht sie ihre Fragen selbst formulieren läßt und sich mit ihnen in die gleiche Suchrichtung zu stellen versucht.

Zweifellos spielt dabei die Berücksichtigung und eine behutsame Aufarbeitung der emotionalen Vorgänge und des motivationalen Vorfeldes eine erhebliche, wenn nicht entscheidende Rolle. Diese Rolle ist, wie in der Schule so auch in den Arbeitsformen der Kirche, jahrzehntelang verhängnisvoll vernachlässigt worden. Erst aus allerjüngster Zeit sind, angeregt vor allem durch gruppendynamische Erfahrungen jüngerer Pfarrer, auch auf diesem Sektor bemerkenswerte Versuche unternommen worden, über das totale Defizit hinauszugelangen und Innovationen einzuleiten[34]. Allerdings ist die Arbeit auf dem unsicheren Grenzfeld zwischen Psychotherapie, Gruppendynamik — und Pädagogik nicht ohne erhebliche Gefahren. Sie treten vor allem dort auf, wo man ohne zureichende psychotherapeutische Ausbildung den psychodynamischen Prozeß bewußt und einseitig forciert, ihn gewissermaßen aus dem Gesamtfeld der Einheit von kognitiver Information und Diskussion, von Spiel und Aufarbeitung der Kommunikationshindernisse herauslöst und ihn sozusagen zum Proprium des Konfirmandenunterrichtes macht. Unseres Erachtens sollte eine gruppendynamisch orientierte Arbeitsmethode in der Regel auf den Zusammenhang mit der oben beschriebenen „inhaltlichen" Erörterung von Lebensfragen und Daseinsorientierung begrenzt bleiben und nicht mit unzureichenden Mitteln die Therapie oder Veränderung emotionaler Personstrukturen anstreben. Doch ist die Grenze nicht immer klar zu definieren und sind auch die bisherigen Erfahrungen

[34] Erfahrungen aus einer gruppendynamisch und auf emotionale Prozesse reflektierten Konfirmanden- und Erwachsenenarbeit liegen uns nur aus der Evangelischen Kirche in Hessen und Nassau (EKHN) vor; vgl. K. Dienst, *Neue Versuche im Konfirmandenunterricht in der EKHN*, Teil III, vervielfältigtes Manuskript, 1971. — Anzufordern bei der Kirchenverwaltung der EKHN, 61 Darmstadt, Paulusplatz 1.

auf diesem Gebiet noch zu gering und zu wenig ausgewertet, um klare Trennlinien zwischen Innovation und Irrweg markieren zu können.

8.2 Auch in dem anderen Funktionsbereich, dem der helfenden Begleitung in Krisensituationen und an den Knotenpunkten des menschlichen Lebens, geht es sowohl um kognitiv-inhaltlich-theologische als auch um emotionale Faktoren. Umgekehrt als im Bereich der Wertvermittlung liegt jedoch hier das größere Gewicht auf dem Stichwort „emotionaler Beistand".

Die Kritik an der Wahrnehmung dieses Funktionsbereiches wird sich heute nicht mehr in erster Linie darauf richten müssen, daß Seelsorge und Amtshandlungen vorwiegend oder einseitig als „missionarische Gelegenheit"[35] verstanden werden und die beteiligten Menschen sich im Extremfall als Missionsobjekte („heute hat sie der Herr in meine Hand gegeben") vorkommen konnten; die Berliner Pfarrerbefragung etwa zeigt, daß dieses Verständnis schon seit Beginn der sechziger Jahre immer mehr in den Hintergrund getreten ist[36]. Auch die leicht zynisch wirkende, wenn auch nicht immer so gemeinte Auffassung, bei den Kasualfeiern handle es sich ja doch nur um die Befriedigung religiöser Bedürfnisse und um Zeremonienmeisterei wird heute seltener als früher vertreten. Zumindest in der neuesten Literatur[37] und nach eigenen Gesprächseindrücken von vielen Pfarrerkonventen quer durch die BRD scheint sich bei einer Mehrheit der Pfarrer die Erkenntnis durchgesetzt zu haben, daß es sich hier um eingelebte Bedürftigkeiten[38] der Menschen

---

[35] Vgl. R. Bohren, *Unsere Kasualpraxis — eine missionarische Gelegenheit?*, 1960.

[36] Vgl. Y. Spiegel, *Der Pfarrer im Amt*, 1970, S. 78 ff.

[37] Vgl. z. B. *Praktisch-Theologisches Handbuch*, hrsg. von G. Otto, 1970.

[38] Die anthropologische Komplexität solcher Bedürftigkeiten kann man mit W. Neidhart am Beispiel der Kasualien in folgende 6 Aspekte zu vereinfachen versuchen:
1 (soziologisch): Entlastungsfunktion durch die Gesellschaft bei solchen Grenzsituationen, die der einzelne nicht zureichend meistern kann;
2 (soziologisch): Legitimation des Aktes durch die Gesellschaft;
3 (verhaltenspsychologisch): Bedingter Reflex, der den Menschen von Kind an sozusagen einprogrammiert ist;

handelt, die dadurch, daß man sie theologisch oder gesellschaftspolitisch disqualifiziert oder negiert, noch keineswegs erledigt sind, und daß durch eine eilige Verweigerung weder das konkrete Problem des betroffenen Gemeindegliedes bewältigt ist noch der Betroffene in der Regel zu dem beabsichtigten „kritischen Nachdenken" und Umdenken veranlaßt werden kann. Im übrigen müßte an diejenigen, die in der Kasualpraxis nach wie vor in erster Linie Routine-Zeremoniell oder „Amtshändlertum" wittern oder anprangern, wohl auch die Frage gerichtet werden dürfen, wie sie selbst denn diese Aufgabe wahrgenommen haben. Aus eigener Erfahrung und aus begleitender Beobachtung mit Kollegen können wir nur feststellen, daß kaum ein Tauf-, Trau- oder Beerdigungskontakt auf unpersönlich-distanzierte Formalitäten oder auf das sogenannte Zeremoniell beschränkt bleiben *muß;* daß die Schwierigkeit vielmehr meistens darin besteht, den bei solchen Kontakten entstehenden, oft beiderseitigen Wunsch nach weiterer seelsorgerlicher Begleitung und Kommunikation aus Zeitgründen nicht erfüllen zu können. Große Schwierigkeiten können allerdings auch daraus entstehen, daß man sich einer konkreten Problemsituation nicht gewachsen fühlt, daß man nicht weiß, wie dem betreffenden Sterbenden oder Ratsuchenden nach den eigenen Kräften am besten zu helfen ist.

Hier scheinen denn auch die Ansatzpunkte für eine realistische und vorwärtsweisende Kritik zu liegen: je ernster man die Aufgabe der seelsorgerlichen Begleitung nimmt, desto schmerzlicher empfindet man, daß man zuwenig Kenntnisse hat; beispielsweise von den einzelnen Phasen der sogenannten „Sterbearbeit", der „Trauerarbeit" oder

---

4 (tiefenpsychologisch): Standardisierte Wiederholung mit libidinöser Besetzung des Rituals zur Beschwichtigung von Ängsten;
5 (religionsgeschichtlich): Symbolische Zuwendung von magischen Kräften (Trauung-Fruchtbarkeit; Bestattung-Schutzmaßnahme gegen eine rächende Wiederkehr des Toten, bzw. letzte Anerkennung des Toten und seiner Bedeutung für die Gemeinschaft).
6 (neomarxistisch): Verschleierung von Selbstentfremdung und Ausbeutung des Menschen im Kapitalismus; pseudotherapeutische Arbeit zur Stabilsierung des Beteiligten für den Produktionsprozeß. Vgl. *Hessisches Pfarrerblatt* 1/1971, S. 4ff.

auch von den Erziehungsproblemen, über die die Konfirmandeneltern klagen, über das Hin und Her zwischen antiautoritärer Erziehung und „verstehendem Widerstand“, wie ihn Kinder zu ihrem seelischen Wachstum dringend benötigen. Gegenüber all diesen und anderen Aufgaben im Bereich von Seelsorge und Beratung fühlt man sich oft im wortwörtlichen Sinne als rat-los.

Gewiß lernt man heute, daß schon die Verbalisierung einer ihn bedrückenden Schwierigkeit oder Notlage den Ratsuchenden erleichtern kann; gewiß weiß man, daß aufgrund eines eingelebten Rollenbildes vielfach schon die pure Anwesenheit des Pfarrers wirksamer ist als alles, was er sagt; gewiß weiß man, daß der Pfarrer in bestimmten Situationen, so schwer es ihm fällt, seine Grundeinstellung völlig zurückstellen und sich in das Pfarrer-Bild des Ratsuchenden hineinbegeben muß, um ihm zu helfen; gewiß weiß man insbesondere, daß auch bei einer solchen „Entäußerung“ dessen, was man als Pfarrer „eigentlich“ sein möchte, doch alles darauf ankommt, sich dem Ratsuchenden oder Trauernden in einer aufrichtigen, gleichsam emotional-solidarischen Weise zuzuwenden; daß gewissermaßen alles verloren ist, wenn das Gegenüber Unlust oder Zeitmangel, oberflächliche Routine oder Manipulation beim Pfarrer spürt oder vermutet.

Doch handelt es sich bei all diesen grundlegenden Erkenntnissen zunächst nur um Groborientierungen. Gerade wer diese aufgenommen und in sein Berufsverhalten ansatzweise eingearbeitet hat, erfährt um so schärfer sein Defizit in den Einzelproblemen der „helfenden Begleitung“ von Tauf- oder Konfirmandeneltern, von Konfirmanden und jungen Erwachsenen, von auseinandergelebten Ehepartnern und Alleinstehenden, von Leidenden und beruflich Überforderten, von unterprivilegierten Gastarbeitern und stumpf gewordenen Fließbandarbeitern, von Sterbenden und Trauernden.

Diesem Defizit wird man unseres Erachtens nicht zureichend dadurch begegnen können, daß an die Stelle der Theologie nunmehr nur noch oder erstrangig Psychologie oder Psychotherapie gesetzt oder betrieben wird. Sondern es geht wie in dem vorhin beschriebenen Problembereich von Wertsystemen und Daseinsorientierung darum, die drei Aspekte — erstens der biblisch-christlichen Inhalte und Motivationen, zweitens der erfahrungswissenschaftlichen Erkenntnisse aus Psychologie und Sozialpsychologie und drittens der Anwendungsreflexion auf das praktische Berufsfeld des Pfarrers — miteinander zu vermitteln. Gerade die Beziehung auf den letztgenannten Aspekt scheint uns unabdingbar, denn die abstrakt-theoretische Begegnung zwischen Theologie und Psychologie leistet, so wichtige Voraussetzungen sie zu schaffen vermag, noch kaum etwas für die konkreten Probleme des Pfarrers „vor Ort". Es geht also auch hier um so etwas wie didaktisch elementarisierte „Orientierungshilfen" für den Pfarrer.

Freilich kommt es dabei, anders als bei den erwähnten neueren Hilfsmitteln für den Religionsunterricht, nicht in erster Linie auf die literarische Publikation und Verbreitung von Entwürfen, Modellen und Anregungen an. Wichtiger als die schriftliche Vorlage von Modellen, die oft nur schwer übertragbar sind, ist vielmehr eine praktische und methodisch beobachtete Einübung in „helfende Begleitung" anhand solcher Orientierungshilfen. Bei der Einübung wird es vor allem darum gehen, die eigene Sensibilität zu trainieren, sich der eigenen Grenzen in Kommunikationsfähigkeit und seelsorgerlicher Arbeit bewußt zu werden, das vorhandene eigene Instrumentarium im Umgang mit Menschen etwas weiter zu differenzieren und vielleicht unentwickelte Instrumente so zu bearbeiten, daß sie verwendet werden können. Erfreulicherweise ist im Blick auf solche Einübung eine ganze Reihe von Innovations-Versuchen festzustellen, von denen vor allem die gruppendynamisch angelegten mehrwöchigen Trainingskurse von CPT/CPE und ähnliche Arbeitsformen insgesamt verheißungsvoll erscheinen[39]. Allerdings sind auch hier gewisse Gefahren, etwa der einseitigen Festlegung auf bestimmte Methoden (sei es Rogers, seien es bestimmte Schulrichtungen der Tiefenpsychologie) oder auch einer zu eilfertigen Ausrichtung auf Rolle und Aufgabe des Psychotherapeuten nicht zu übersehen. Doch

[39] Vgl. dazu näheres unten, Teil III, 4: Seelsorgerliche Kommunikation.

wird es in diesem Bereich ebenso wie in dem vorhin beschriebenen auf längere Sicht um immer neue Versuche gehen müssen, freilich auch um die kritische Reflexion ihrer Ergebnisse — und wiederum um eine behutsame Markierung der Grenze zwischen Innovation und Irrweg.

Was die Abgrenzung der Aufgabe des Pfarrers von der des Psychotherapeuten angeht, so könnten außer den theologischen wiederum empirische Gesichtspunkte aufschlußreich sein. Dazu gehört nicht nur, daß dem Pfarrer in der Regel die begleitende Kommunikation mit relativ „gesunden" Menschen aus seiner ganzen Gemeinde zugeschrieben wird — und eben nicht die sehr intensive, zeitaufwendige und damit auf eine kleine Zahl von Klienten eingegrenzte therapeutische Arbeit mit (relativ) „kranken" Menschen.

Wichtiger erscheint uns jedoch, daß es eben immer noch die Verklammerung von „Lehren" und „Helfen", von der symbolischen Repräsentanz grundlegend geltender Wertsysteme und der seelsorgerlichen Interpretation der kritischen Lebenssituationen, von Konfirmandenunterricht und Krankenbesuch ist, die den Unterschied zwischen dem Berufsfeld des Pfarrers und dem des Psychotherapeuten im Bewußtsein der Bevölkerung ausmacht.
Wie wir sahen, werden die Teilbereiche dieser Verklammerung nicht mehr so selbstverständlich auf Pfarrer und Kirche bezogen, wie das Jahrhunderte hindurch der Fall war; vor allem, was den Bereich der „Wertvermittlung" betrifft. Doch wo diese Verklammerung auch latent geworden sein mag und wo „Lehren" und „Helfen" ganz unterschiedlich gewichtet werden mögen, ist doch fast überall ein Rest (und meist nicht nur ein Rest) vom Bewußtsein dieser Zusammengehörigkeit vorhanden. Diese Zusammengehörigkeit bestimmt — wie uns scheint: konstitutiv — das Berufsfeld des Pfarrers. Wo neue Aufgabengebiete erschlossen, wo latente, bisher unterdrückte, aber „wirkliche" Bedürfnisse von Menschen geweckt und formuliert werden sollen, wo man nach dem Gebot und im Namen Jesu für unterdrückte oder gefährdete Gruppen als Pfarrer eintreten will, da scheint das Gelingen langfristig davon abzuhängen, wie diese neuen Aufgaben mit dem beschriebenen Berufsfeld

vermittelt werden können. Auch die vielerörterte Veränderungsbedürftigkeit und Reform der kirchlichen Strukturen und Organisationsformen muß u. E. in erster Linie auf die Schwierigkeiten und Unzulänglichkeiten des beschriebenen Aufgabenfeldes und seiner Bearbeitung bezogen sein.

2. Reform und Realität

Versuch einer Analyse der gegenwärtigen Schwierigkeiten in der evangelischen Kirche

„Reform in Aktion" — Schlagzeile und Inhalt dieses Pfarrerblatt-Artikels[1] haben, soweit das für eine teilnehmende Beobachtung erfaßbar ist, im Winter 1968/69 in der Pfarrerschaft einiges Aufsehen erregt. Die Diskussionen über den Gegenstand des Artikels, über Gründung und Denkrichtung einer „Aktion Kirchenreform" sind seitdem nicht mehr verstummt. Wer bisher als Pfarrer das Thema „Kirchenreform" als Liebhaberei von Querulanten, Karrieristen oder Literaten betrachtet hatte, fand sich jetzt vor eine (kirchen-)politische Realität gestellt, die sich nicht einfach ignorieren ließ. Diese neue Realität war mit dem Kennzeichen „Aktion Kirchenreform" noch keineswegs abgedeckt. Sie trug gleichsam viele Gesichter, deren jeweiliges spezifisches Profil für den Uneingeweihten nur schwer auszumachen ist. „Aktion Kirchenreform", „Außersynodale Opposition" (ASO), „Celler Konferenz", „Kirchliche Linke", „Kritische Kirche", — das alles ging für viele ineinander über. Man sah zwar, daß sich zwischen diesen Gruppierungen und auch innerhalb der einzelnen Gruppen erhebliche Unterschiede fanden; im Jargon gesprochen: daß Strategie und Taktik keineswegs eindeutig bestimmt waren; daß die objektiven Widersprüche einer in die gesellschaftlichen Widersprüche verstrickten Kirche sich im internen Streit der kirchlichen Linken spiegeln mußten.

Doch es gab offensichtlich auch etwas Gemeinsames: ein Band, das Streitende und Konkurrierende, das selbst Reformisten und Revolutionäre umfaßte. Und eben dieses Gemeinsame kennzeichnete die politische Dimension der gegebenen Lage: der entschlossene Wille, über Postulate und akademisch-publizistischen Streit hinaus Praxis zu gewinnen, Bewußtsein und damit Wirklichkeit zu verändern. Gemeinsame Voraussetzung war ihnen eine heftige Unzufriedenheit mit dem Bestehenden — und wohl auch der Verdacht, daß die leitenden Gremien der Kirche bewußt oder unbewußt darauf

[1] R. Dross, in: *DtPfbl* 68/1968, 873.

aus seien, am Bestehenden möglichst wenig ändern zu lassen. Gemeinsam war ihnen die Absicht, „autoritäre Strukturen“ und „unausgewiesene Herrschaft“ in der Kirche aufzudecken, abzubauen und durch Demokratisierung zu überwinden. Gemeinsam war ihnen endlich und vor allem: ihre Position zu verbreitern, sie politisch wirksam zu machen: durch Diskussion und Experimente hauptsächlich, notfalls auch durch massive Provokation.

Eine solche Provokation war für viele Pfarrer der eingangs erwähnte Aufsatz von *Reinhard Dross*, dem ersten Sprecher der „Aktion Kirchenreform“. Man fühlte sich gleichsam getroffen: „Die Mehrzahl der Pfarrer verbraucht ihre Arbeitskraft in der Durchführung unwirksamer, sinnloser oder gesellschaftlich bedenklicher Amtshandlungen und -geschäfte ... Die innerkirchlichen Veranstaltungen konservieren überholte Gesellschaftsformen (und) sprechen in der Regel nur noch Menschen an, die sich dem sozialen Wandel und einer Demokratisierung unserer Gesellschaft widersetzen.“[2] Doch führte die persönliche Betroffenheit durch solche Sätze bei der Mehrheit der Pfarrer offensichtlich nicht zu einem Evidenzerlebnis zustimmender Art — etwa derart: Dross hat recht; die „Aktion Kirchenreform“ artikuliert einigermaßen unsere ureigenen Nöte, wir müssen uns dieser Aktion anschließen, um ein Stück weiter zu kommen. Die Reaktion ging vielmehr fast durchweg in eine entgegengesetzte Richtung — etwa derart: Mit welchen Kriterien wird hier die kirchliche Arbeit beurteilt? Wie ist vor allem die Forderung, „die Kirchen haben sich in ihrem Verhalten und Tun vor der Öffentlichkeit zu verantworten“ (Dross) mit der theologischen Grundauffassung zu vereinbaren, daß die Kirche sich vordringlich vor ihrem Auftrag, vor dem Evangelium, vor Gott zu verantworten habe? Werden hier nicht Kirche, Evangelium und Theologie in unerträglicher Weise durch Soziologie und Psychologie relativiert und entsubstantiiert? So und ähnlich konnte und kann man es immer wieder hören, wenn auf Pfarrkonventen von diesem Artikel oder allgemein von der „Kirchlichen Linken“ die Rede war und ist. Die Pfarrer, die unmittelbaren und ersten Adressaten aller reformerischen Impulse und wichtigsten potentiellen Mitarbeiter jeder Reform, stehen bisher in ihrer großen Mehrheit abseits; sie stehen zum großen Teil der neuen Bewegung bewußt ablehnend gegenüber. Die meisten vermögen in dem, was

[2] R. Dross, a.a.O.

sie von der Linken hören und lesen, bisher ihre eigene Identität nicht zu entdecken. Viele fühlen sich eher verunsichert und bedroht und neigen dazu, den status confessionis auszurufen; sie sehen sich am Beginn eines neuen Kirchenkampfes.

Die gegenwärtige Diskussion über Kirche und Kirchenreform ist also von Konflikten, sogar von anscheinend unüberbrückbaren Gegensätzen gekennzeichnet. Zwischen einigen der beteiligten Gruppen und Personen gibt es kaum noch die Möglichkeit einer Verständigung. Die Verstehensschwierigkeiten reichen über die verwendete Begrifflichkeit bis in die Vokabeln der Umgangssprache[3]. Wir versuchen im folgenden, von einigen der Kristallisationen der Auseinandersetzungen der letzten Jahre auszugehen und diese so zu problematisieren, daß die Analyse für beide Richtungen noch verstehbar bleibt. Wahrscheinlich wird man von beiden Seiten bemängeln, daß das je eigene Proprium nicht genügend berücksichtigt ist: sei es die Unableitbarkeit des Evangeliums, sei es der Kampf gegen die pseudotherapeutische und emanzipationsfeindliche Funktion der Kirche in unserer Gesellschaft. Um diese sozusagen tieferen „Glaubensüberzeugungen" soll es uns jedoch gerade nicht gehen. Wir versuchen, eine Ebene von Allgemeinheit zu erreichen, die trotz der weiterbestehenden „Glaubensunterschiede" für alle Beteiligten zumindest von einer dringlichen pragmatischen Relevanz und jedenfalls diskutabel ist.

Ehe wir uns den sachlichen Kristallisationen unserer Problematik zuwenden, sollen die kirchenpolitisch-organisatorischen Zusammenschlüsse des letzten Jahres wenigstens in groben Strichen gekennzeichnet werden.

I. Die Formierung des Änderungswillens

1. Aktion Kirchenreform nennt sich ein Zusammenschluß von 25 bis 35 unterschiedlichen Reformgruppen aus allen Teilen der Bundesrepublik. Der Zusammenschluß wurde anläßlich der Loccumer

[3] Gelegentlich wird man sogar ernsthaft aufgefordert, doch eine Art provisorisches Lexikon zu erarbeiten, in dem für die neuen, vor allem aus der soziologischen Fachsprache und den neomarxistischen Deutungssystemen kommenden Wörter eine Art Äquivalent aus den konventionellen theologischen Denksystemen angegeben werden solle. Eine solche Vergleichbarkeit ganz verschiedener Deutungs- und Bezugsrahmen gibt es aber wohl nicht.

Tagung „Stabilisierung oder Mobilisierung der Kirche" (28.—30. September 1968) angeregt und vorbereitet. Am 26./27. Oktober 1968 wurde die „Aktion Kirchenreform" in Köln formell gegründet. Am 2./3. März 1969 fand in Frankfurt die erste Delegiertenkonferenz statt, an der über 60 Delegierte aus 25 Reformgruppen teilnahmen[4].

Die in der Aktion zusammenarbeitenden Gruppen unterscheiden sich sowohl nach den Zielen und der Praxis ihrer Arbeit wie auch nach der Zahl der mitarbeitenden Personen. Die wahrscheinlich größten Gruppen bilden der Arbeitskreis „Evangelische Erneuerung" in Bayern und der Kreis um die Zeitschrift „Ceterum" in Niedersachsen mit je 400—600 Mitarbeitern bzw. Anhängern. Auf der anderen Seite gibt es Gruppen, die kaum fünf Personen umfassen. Nach einer ersten, auf eine Umfrage gestützten Bestandsaufnahme der „Aktion Kirchenreform" sind 15 von 20 erfaßten Gruppen erst in oder seit dem Winter 1967/68 entstanden. Häufig geschah das im Zusammenhang mit oppositioneller Arbeit innerhalb oder außerhalb von Synoden; fast in allen Landeskirchen scheint sich im Laufe der letzten beiden Jahre eine Art ASO (außersynodale Opposition) gebildet zu haben. Neben diesen jungen Gruppenbildungen gehören zu „Aktion Kirchenreform" auch ältere und bereits etablierte Reformergruppen, wie etwa die auf mehreren Kirchentagen hervorgetretene „Göttinger Arbeitsgemeinschaft für Kirchenreform" oder der „Bund für freies Christentum", der eine Mitgliederzahl von 2000 angibt[5].
Nach der erwähnten Umfrage sind die Schwerpunkte des Handelns

---

[4] Diese Delegiertenkonferenz ist oberstes Organ der „Aktion Kirchenreform". Wenn sie nicht tagt, wird sie vertreten durch einen ständigen Ausschuß von zwölf Personen, der aus seiner Mitte eine Sprechergruppe wählt. Gegenwärtig gehören dieser Sprechergruppe an: Der Braunschweiger Religionspädagoge Professor Dr. *Reinhard Dross,* die Kölner Pfarrer *Martin Pirol* und *Klaus Schmidt,* der Heidelberger Theologiestudent *Wolf-Dietrich Bukow* sowie als Geschäftsführer Pfarrer *René Leudesdorff,* Diakonisches Werk, Frankfurt, Neue Schlesingergasse 24 (für Anfragen zuständig). Die „Aktion Kirchenreform" gibt einen Informationsdienst *„akid"* heraus, dessen erste Ausgabe (37 Seiten) im April 1969 erschien und der seit Juli 1970 im Göttinger Verlag Vandenhoeck & Ruprecht zweimonatlich erscheint.

[5] Die Zahlenangaben stützen sich auf die von der Geschäftsführung der „Aktion Kirchenreform" im Frühjahr 1969 durchgeführte Umfrage, deren Ergebnisse nur als Manuskript vervielfältigt wurden.

oder der Absicht der erfaßten Gruppen durch folgende vier Stichworte gekennzeichnet: a) Demokratisierung, b) gesellschaftliche Diakonie („Dritte Welt“), c) Organisation des Pfarramts (Team; Ausbildung usw.) und d) Gottesdienst. Eben diese Stichworte bilden auch die ersten vier Positionen eines Prioritätenkatalogs von Reformvorstellungen, der aus einer anderen, im Sommer 1968 von 60 reformerisch eingestellten Pfarrern beantworteten Umfrage gewonnen wurde[6]. Das am meisten genannte, am meisten befehdete und am meisten mißverständliche Stichwort „Demokratisierung“ ist etwa in folgende Teilaspekte zu gliedern: 1. durchgehende Gewaltenteilung in der Kirche; 2. Demokratisierung der Wahlen (Herabsetzung des Wahlalters, keine Eintragungspflicht, Einschränkung des Anteils „geborener“ und berufener Synodaler, Befristung der Wahlämter); 3. Förderung von Gruppen- und Fraktionsbildung in Synoden; 4. Öffentlichkeit des kirchlichen Handelns[7].

Doch müssen sich die in der „Aktion Kirchenreform“ arbeitenden Gruppen keineswegs in allen Einzelheiten mit der Demokratisierungs-Resolution ihrer Delegiertenkonferenz identifizieren. Die Bestimmung von Schwerpunkten und Methoden der eigenen reformerischen Arbeit liegt vielmehr bei den Gruppen selbst; auch in Hinsicht auf Theoriebildung und kirchenpolitische Stellungnahmen sind die Gruppen autonom. Die „Aktion Kirchenreform“ ihrerseits hat („vorläufig“) auf ein theoretisches Grundsatzprogramm verzichtet. Es geht ihr zunächst primär darum, die reformerisch interessierten oder tätigen Gruppen und Einzelpersonen in Kontakt zu bringen, gegenseitige Kritik und Hilfe anzuregen und zu fördern, Kooperation zu organisieren, das Interesse der Öffentlichkeit an Kirchenreform zu wecken, auf die leitenden Gremien der Kirche Einfluß zu nehmen und in alledem die Basis von Kirchenreform zu verbreitern.

Ob dies gelingt, ob die „Aktion Kirchenreform“ überhaupt über einen formalen und lockeren Zusammenschluß hinaus wenigstens die mittelfristigen Zielvorstellungen ihrer einzelnen Gruppen auszugleichen oder gar zu integrieren vermag, ist freilich noch keines-

---

[6] Diese Umfrage wurde von der Göttinger Arbeitsgemeinschaft für Kirchenreform angeregt, im Sommer 1968 durchgeführt und von mir ausgewertet. Die Ergebnisse dieser Umfrage wurden auf der erwähnten Loccumer Tagung vom 28.—30. 9. vorgetragen. Auch sie sind nur als Manuskript vervielfältigt.

[7] *akid* (Aktion Kirchenreform-Informationsdienst), Nr. 1, IV/69; S. 6.

wegs ausgemacht. Vor allem die latent vorhandenen theologischen, insbesondere ekklesiologischen Gegensätze enthalten kräftige Spaltungstendenzen. Aber auch gesellschaftspolitisch ist man sich nicht einig über Gestalt und Rolle der Kirche in einer sich wandelnden Welt. Einigkeit besteht im Augenblick vor allem darin, über uferlose Theoriedebatten hinauszugelangen: „Die Zeit der Diskussionen über Kirchenreform ist, wie es scheint, vorbei. Das Gebot der Stunde ist ihr Vollzug."[8] Wie weit dieses Postulat verwirklicht werden kann, dürfte nicht zuletzt von den nächsten Schritten abhängen: wohin sie gerichtet sind und, vor allem, wie sie vollzogen werden.

2. *Celler Konferenz.* Anders als die „Aktion Kirchenreform" war die Celler Konferenz durch die Einheitlichkeit der langfristigen Zielvorstellungen ihrer Anhänger charakterisiert. Die Zielvorstellungen treffen sich ohne Zweifel in dem Stichwort „sozialistische Gesellschaft". Diesem Ziel sollten, so hieß es, Arbeit, Energie und notfalls auch der Kampf der Teilnehmer an den Celler Konferenzen gelten. Von diesem Ziel her bemaß sich die Beurteilung und die Kritik an der Kirche.

Im Urteil über die soziale Funktion der Kirche aber wurde man sich keineswegs einig — weder die die „Celler Konferenz" konstituierenden Basisgruppen noch die Mitglieder dieser Gruppen. Um nur die größten Gegensätze anzudeuten: Die einen sahen in der Kirche nichts anderes als einen emanzipationsfeindlichen Aberglauben und autoritäres Denken reproduzierenden Vertröstungsapparat; sie forderten den radikalen Kampf gegen diese, die Entwicklung zum Sozialismus nur störende und hindernde Institution. Andere gingen ebenso davon aus, daß die Kirche faktisch eine „repressive" und also (sozial gesehen) keineswegs eine irrelevante, erst recht keine progressive Funktion wahrnehme; sie meinten aber, daß der formale Funktionsrahmen etwa des Pfarramts die Möglichkeit gibt, auch „progressiv" im Sinne der Veränderung von Bewußtsein und im Sinne von emanzipationsfördernder Aufklärung wirksam zu werden. Freilich sahen sie für diese ihre Absicht kaum einen Anknüpfungspunkt in dem, was sie in ihrer theologischen Ausbildung gearbeitet und gelernt haben; sie zeigten darum eine ausgesprochene Aversion gegen die konventionelle Theologie und wendeten sich statt dessen der marxistischen Gesellschaftsanalyse, besonders der „kritischen Theorie" zu, um dort den Bezugsrahmen für ein gesellschaftliches und damit kirchliches Handeln zu gewinnen; das Handwerkszeug für ein praktisches kirchliches Handeln (und also den Umgang mit Menschen) wollten sie sich in der kritischen Auseinandersetzung mit den empirischen Humanwissenschaften (bes. der Sozialpsychologie) erarbeiten. Eine dritte Gruppe innerhalb der „Celler Konferenz" meinte, am theologischen Bezugsrahmen der eigenen sozial-

[8] R. Dross, *DtPfbl,* a.a.O.

revolutionären Gesinnung festhalten zu können. Man versuchte hier, die entsprechenden biblischen Traditionen (von Amos bis Jesus) aufzunehmen, sie deutlicher als bisher zur Geltung zu bringen, sich dabei jedoch nicht in „hermeneutischen Verrenkungen" zu erschöpfen, sondern die entsprechenden Texte so in unsere gegenwärtigen gesellschaftlichen Verhältnisse auszulegen, daß die „Verkündigung" zur Ausweitung revolutionärer Bewußtheit beiträgt.

Die „Celler Konferenz" setzte sich hauptsächlich aus evangelischen und dazu einigen katholischen Theologiestudenten zusammen. Sie tagte zum ersten Mal vom 29. September bis 3. Oktober 1968 in Celle, trägt seitdem ihren Namen, ist aber erst ein halbes Jahr später ins Blickfeld der kirchlichen Öffentlichkeit getreten. Anlaß dafür war die Veröffentlichung eines in Celle diskutierten und größtenteils akzeptierten Papers über die Funktion von Kirche und theologischer Ausbildung[9]. Dessen Publizierung fiel zeitlich zusammen mit einem provozierenden (und verzerrenden) Bericht des „Spiegel" über die zweite Tagung der „Celler Konferenz", die vom 18.—20. März 1969 in Bochum stattfand[10]. An der zweiten Tagung hatten über 200 Theologiestudenten, Vikare und Pfarrer teilgenommen. Diese Zahl und die Berichte über ‚Celle II' haben der Unruhe in der Pfarrerschaft im Frühjahr 1969 noch einmal neue Nahrung gegeben. Eine dritte und letzte Tagung der „Celler Konferenz" fand im September 1969 auf Burg Rothenfels am Main mit ca. 150 Teilnehmern statt. Die Konferenz löste sich dort aus verschiedenen Gründen auf; eine Reihe von Teilnehmern beschloß, auf regionaler bzw. landeskirchlicher Ebene weiterzuarbeiten. Eine solche Weiterarbeit scheint jedoch, zumindest organisatorisch, kaum realisiert worden zu sein. Sie scheint auch nur möglich, wo die Celler Negationen sich zu kritischer Konstruktivität verändern. Das Verhältnis zwischen diesen beiden überregionalen Zusammenschlüssen der kirchlichen Linken, der „Aktion Kirchenreform" und der „Celler Konferenz", war komplex und wurde nie klar definiert. Offensichtlich gab es einzelne Gruppen und Personen, die in beiden Gremien mitarbeiteten. Ebenso gab es aber auch eine Tendenz, sich gegeneinander zu polarisieren: Die „Celler" wollten nichts mit jenem

---

[9] In: Evangelische Kommentare 2/1969, 230—233; vgl. ferner: M. Henkel, *Partisanenstrategie*, in: *Radius*, Nr. 1/1969.

[10] *Der Spiegel*, Nr. 14/1969, 65. Dazu Bericht und Richtigstellung, in: *akid*, Nr. 1/1969, 25-29.

Reformismus zu tun haben, den sie in technokratischen Strukturverbesserungen ebenso am Werke sahen wie in der Praxis ekklesiologischer Normenverschärfung (etwa in der „kirchenzerstörerischen" Verweigerung der Kindertaufe[11]). Sie sahen im Reformismus nur den unfruchtbaren Versuch, an Symptomen zu kurieren und allenfalls den systemimmanenten Funktionsablauf zu effektuieren. Umgekehrt wurde den „Cellern" (gerade auch aus den Reihen der „Aktion Kirchenreform") vorgeworfen, daß sie einem platten, in bezug auf ihre sozialistische Gesellschaftsutopie noch dazu schwärmerischen Rationalismus verfallen seien; daß sie die gegenwärtig möglichen und durchaus mit ihrem eigenen Fernziel in Kongruenz zu bringenden ersten Veränderungsschritte verhindern, indem sie durch die Maßlosigkeit ihrer Forderungen sowie durch eine schockierende Ausdrucksweise auch die Gutwilligen verschrecken und in einer breiteren kirchlichen Öffentlichkeit alles, was unter dem Stichwort „Reform" subsumiert wird, diskreditieren. Diese Argumente gehen freilich über die internen Auseinandersetzungen der kirchlichen Linken hinaus; sie werden in der einen oder anderen Variation auch aus ganz anderen Richtungen vorgetragen. Wir versuchen darum, sie in den Kontext der nun mehr systematisch zu entfaltenden Kristallisationen des Verhältnisses von Reform und Realität mit aufzunehmen.

II. Das Perlenspiel der Konzeptionen

Fragt man nach den Motivationen für die Formierung des Veränderungswillens in den letzten Jahren, so wird man im Blick auf den Zeitpunkt die Synchronisierung mit anderen gesellschaftlichen Entwicklungen, besonders mit der Formierung der APO (= außerparlamentarische Opposition) und den Polarisierungs-Aktionen gegen das „establishment" an den Universitäten, in den Schulen, in der katholischen Kirche usw. berücksichtigen müssen. Hier wie dort spricht man von der Notwendigkeit einer radikalen, wenn nicht revolutionären Umgestaltung der gesellschaftlichen Institutionen. Hier wie dort hält man die gegenwärtige Organisationsstruktur und die Funktionsabläufe der Institutionen für veraltet, verhärtet und unfähig, mit den Aufgaben der Zukunft fertig zu

[11] Vgl. *akid*, a.a.O. 27.

werden; theologisch: für „häretisch“[12]. Hier wie dort richtet sich die Kritik sowohl gegen die Organisationstheorie der betreffenden Institution als auch gegen die (mit der Organisationstheorie ihrerseits gewöhnlich nicht übereinstimmenden) tatsächlichen Vollzüge des praktischen Handelns in dieser Institution. Die Kritik kann sich also gleichzeitig oder partiell auf drei verschiedenen Ebenen entzünden oder vollziehen: als Kritik an den Konzeptionen, als Kritik an praktischem Handeln (besonders an den bürokratischen Machthabern, aber auch am Apparat der kleinen Funktionäre) und als Kritik an der Diskrepanz zwischen Theorie und Praxis. In der Kirchenkritik und den kirchenreformerischen Aktivitäten finden sich diese drei Ebenen genau so wie in der Universitäts- oder in der Gesellschaftskritik.

Was die seit Jahren diskutierten theologischen Konzeptionen von Funktion und Gestalt der Kirche betrifft, so schlug *Claus-Dieter Schulze* folgende Typologie von Reformbestrebungen vor[13].

Als Schlüssel seiner Analyse verwendet er den theologischen Topos der Säkularisation und gelangt damit zur Unterscheidung von „Traditionalisten“, „Avantgardisten“ (z. B. *Jan C. Hoekendijk*), „Progressiven“ (z. B. *Jürgen Moltmann*), und „Neoliberalen“ (z. B. Göttinger Arbeitsgemeinschaft für Kirchenreform). Dabei erfahren diese verschiedenen „Typen“ eine sorgfältige, gleichsam ideologiekritische Problematisierung ihrer theologischen Implikationen. Der Ansatz überzeugt auch insofern, als in jeder modernen Ekklesiologie ganz bestimmte Interpretamente von „Säkularisation“ mitgesetzt oder vorausgesetzt sind, wobei man vielleicht den allgemeineren Topos der Säkularisation zum Zweck der von Schulze intendierten Analyse auf das Verhältnis von „Kirche und Welt“ oder, noch präziser, auf die profane (beispielsweise gesellschaftliche) Dimension von Kirche hätte reduzieren sollen. Doch liegt die Hauptschwierigkeit der Analyse von Schulze unseres Erachtens in der Mißverständlichkeit seiner Kategorien. Es fragt sich, ob in den formalen und außerdem heterokategorialen Typenbezeichnungen „Traditionalisten“, „Progressive“ und „Neoliberale“ eine erhellende Evidenz der gegenwärtigen Reformdiskussion liegt. Diese Bezeichnungen implizieren ja jeweils einen Bewertungsrahmen, der in dem Aufsatz nicht ausdrücklich reflektiert ist und der im übrigen mit der abschließenden Stellungnahme des Verfassers zu kollidieren scheint: Vom gesellschaftskritischen Standpunkt der „Jungen Linken“ läßt sich beispielsweise die Konzeption Hoekendijks durchaus auch als das Gegenteil von „avantgardistisch“ interpretieren, nämlich als illu-

---

[12] N. Greinacher, *Die Kirche in der städtischen Gesellschaft*, Mainz 1966, 266 ff.

[13] C.-D. Schulze, *Reformation oder Performation der Kirche?*, in: *Pth* 58/1969, 106-122.

sionär, weil die spezifischen sozialen Funktionen der „Kirche der Zukunft"[14] nicht „kritisch-rational" definiert sind. Ebenso assoziieren „neoliberal" und „progressiv" kaum eine kategoriale Entsprechung: Warum sollte beispielsweise die Göttinger Arbeitsgemeinschaft nicht unter dem Aspekt von Realisierungschancen ihre eigene Konzeption für „progressiver" halten als etwa die Konzeption von *Jürgen Moltmann*?

Sucht man nach einem anderen Schema begrifflicher Unterscheidung für die gegenwärtig diskutierten Konzeptionen von Kirche, so ließe sich unter dem Gesichtspunkt der kirchenpolitischen Tendenz von pragmatischen Vorschlägen, Postulaten und Versuchen folgender Katalog denken, der das Material und in gewisser Weise auch die Typologie Schulzes aufzunehmen versucht:

a) Tendenz auf eine Art *Heilanstalt*, die für die geistlich-seelische Dimension des Menschen (sein Sündersein usw.) zuständig ist, in betonter Distanz zu ‚weltlichen' Institutionen steht, sich insbesondere nicht in ein einseitiges gesellschaftliches Engagement drängen lassen, sondern für Menschen aller politischen oder geistigen Richtungen offen sein will. Diese Richtung sieht gegenwärtig ihre theologische Aufgabe vor allem darin, gegen eine eindimensionale Fortschrittsgläubigkeit marxistischer oder technologischer Prägung die anthropologischen Tiefendimensionen des Scheiterns, des Leidens und Sterbens usw. zur Geltung zu bringen[15].

b) Tendenz zu einer reineren als der gegenwärtigen volkskirchlichen Verwirklichung und Darstellung dessen, was nach Schrift und Bekenntnis „Leib Christi" sein könnte. Forderung einer *bekennenden Gemeinde* derer, die „mit Ernst Christen sein wollen" und die in der Welt Beispiele wahrhaft christlichen Lebens setzen. Darum die Tendenz zur Normenverschärfung gegenüber den unverbindlichen volkskirchlichen Konventionen wie Säuglingstaufe, Kasualpraxis, Kirchensteuer. Es ist eine Tendenz der Polarisierung zur Welt in zwei einander befehdenden Varianten: einerseits in der der Bekenntnisbewegung, andererseits in der des prophetischen Wächteramts derer, die unter dem Ungehorsam und der Verständnislosigkeit der Welt leiden und auch zerbrechen können[16].

c) Tendenz der entschlossenen Hinwendung zu weltlichen Auf-

---

[14] J. C. Hoekendijk, *Die Zukunft der Kirche und die Kirche der Zukunft*, Stuttgart 1964.

[15] Diese Tendenz findet sich bei *Schulze* vorwiegend unter dem Typ „Traditionalisten".

[16] Diese Tendenz findet sich bei *Schulze* nicht in typischer Gestalt; die meisten Berührungspunkte bestehen zu seinem Typ der „Progressiven".

gaben („Konversion zur Welt") und damit der Abwendung vom Primat der ekklesiologischen Binnenprobleme. Zweitrangigkeit der Fragen nach institutioneller Sicherung, Verankerung und Reproduktion. Bereitschaft zum Verzicht auf organisiertes Kirchenwesen; statt dessen *Dienstgruppen* von Christen, die als „Soldaten des Schalom", als „Guerillakrieger" oder „Rebellen"[17] auf allen Lebensgebieten für Versöhnung, Gerechtigkeit und Humanität kämpfen — und so zur Avantgarde des göttlichen Willens für die Welt werden[18].

d) Tendenz zur *kritischen Annahme* des geschichtlich gewordenen *volkskirchlichen Rahmens* mit seiner komplexen Pluralität von theologischen Positionen und gesellschaftlichen Funktionen: betonte Weiterentwicklung der auf Mündigkeit, „Menschenfreundlichkeit" (Humanität) und Gesellschaftskritik bezogenen biblischen und kirchlichen Traditionen, jedoch keine Disqualifikation sogenannter „religiöser Dienstleistungen". Freigabe von und Ermutigung zu Experimenten auf allen Gebieten des kirchlichen Lebens, auch für die Intentionen der Avantgardisten oder der „Celler Konferenz", soweit die Aktionen nicht auf negativistische Destruktion gerichtet sind[19] [20].

Wenn dieser Katalog[21] von vier prinzipiell unterschiedenen (wenn auch faktisch meist in Mischform vorgetragenen) Konzeptionen die gegenwärtige Diskussion einigermaßen zutreffend beschreibt, dann gilt das Interesse sowohl des Analytikers wie des (Kirchen-)Politikers der Frage, welche Resonanz, welcher Zustimmungsgrad den einzelnen Konzeptionen zuteil wird.

Um wenigstens eine erste Teilanwort auf diese Frage zu gewinnen, wurde sie in die von der Göttinger Arbeitsgemeinschaft angeregte „Loccum-Umfrage" bei 60 überregional bekannt gewordenen refor-

---

[17] Etwa H. Cox, *Der Christ als Rebell*, Kassel 1967; ders., *Stadt ohne Gott*, Stuttgart 1966.

[18] Dies wäre *Schulzes* Typ der „Avantgardisten".

[19] Etwa W.-D. Marsch, *Was macht Kirche heute notwendig?*, in: *Die Herausforderung der Kirche*, Stuttgart 1967; ders., *Institution im Übergang*, 1970.

[20] Diese Position entspricht weithin dem, was *Schulze* mißverständlich als „neoliberal" bezeichnet, aber, wie auch die anderen Konzeptionen, in den jeweils positiven Absichten nur unzulänglich kennzeichnet.

[21] Zu dem Konzeptionskatalog im ganzen vgl. bes.: D. Stoodt, *Staat und Kirche in der Bundesrepublik* (Schriften der Evang. Akademie in Hessen und Nassau, Heft 77), Frankfurt 1968.

merisch denkenden oder experimentierenden Pfarrern aufgenommen[22].

Da es in der Umfrage um Reformvorstellungen ging, wurden nur die drei als reformerisch geltenden Konzeptionen von Kirche (also die Tendenzen b, c, und d) zur Auswahl gestellt. Das Ergebnis lautete:

Tendenz der eigenen Vorstellung über Kirche		
b: bekennende Gemeinde	5 =	8 %
c: Dienstgruppe	7 =	12 %
d: kritische Volkskirche	40 =	66 %
keine Antwort oder Ablehnung der Frage	8 =	13 %
befragte Pfarrer insgesamt	60 =	100 %

Obgleich jene Umfrage unter den gegebenen Bedingungen in mancher Hinsicht unzureichend blieb, zeigt dieses Ergebnis doch eine klare Tendenz: Auch unabhängig von der anschließend zu erörternden Frage, ob die Konzeptionen b) und c) angesichts der gegenwärtigen Erwartungsmuster der großen Mehrheit von Kirchenmitgliedern eine Realisierungschance hätten, ist ihre Überzeugungskraft offenbar auch für reformfreudige Pfarrer keineswegs durchschlagend. Damit ist ein in der Pfarrerschaft anscheinend ziemlich verbreiteter Eindruck korrigiert, nach dem kirchenreformerische Aktivität in den meisten Fällen zur Abschaffung der Volkskirche tendiere. Freilich hat ein solcher Eindruck seine Gründe. Sie dürften vor allem darin liegen, daß die am häufigsten und vielleicht auch am lautstärksten diskutierten Publikationen zum Thema Kirche entweder eine Alternativkonzeption zur Volkskirche anboten oder doch zumindest die gegenwärtige Kritik an der Volkskirche scharf und meist polemisch artikulierten[23]. Dennoch läßt sich, das zeigt das Befragungsergebnis, nicht allzu direkt vom Tenor dieser Publikationen die mittelfristige Zielvorstellung der sogenannten Reformpfarrer ableiten. Mag man auch den Alternativkonzeptionen mit Herz und Hoffnung zugestimmt haben, so sieht man offenbar sehr bald, daß diese Konzeptionen mit den

[22] S. oben Anm. 4.

[23] Vor allem H. Cox, J. C. Hoekendijk, aber auch J. Margull (Hrsg.), *Mission als Strukturprinzip*, Genf 1965; ferner P. L. Berger, *Kirche ohne Auftrag*, Stuttgart 1962; — und aus ganz anderer Richtung: H. H. Brunner, *Kirche ohne Illusionen*, Zürich 1968.

gegenwärtigen kirchlichen Realitäten kaum oder jedenfalls nicht abrupt zu vermitteln sind. Wem das nicht schon in nüchterner Beobachtung bewußt geworden war, der mußte es (wie im nächsten Abschnitt zu zeigen ist) im eigenen Experiment oft schmerzhaft erfahren.

So bleibt die Frage, welche Rolle und Bedeutung denn der weitläufigen Produktion und Diskussion von Konzeptionen und Reformforderungen zukommt, wenn diese zum überwiegenden Teil nicht unmittelbar auf die Praxis anwendbar sind. Zweifellos muß unter dieser Frage auch die oft beklagte Frustration am pfarramtlichen Alltag reflektiert werden, und zwar insofern, als die Diskrepanz zwischen Sollen und Sein durch die immer neu suggerierten Konzeptionen dessen, was Kirche eigentlich sei und darum auch sein müsse, zu einer oft unerträglichen seelischen Belastung gesteigert wird. Doch läßt sich unsere Frage nicht eindimensional beantworten. Es ist eine Dialektik in der unerschöpflichen Diskussion über Zwecke und Mittel von Kirchenreform: Die Diskussion motiviert den Veränderungswillen, aber sie frustriert ihn auch; sie erregt und schärft kritische Bewußtheit gegenüber dem Kirchenproblem, aber sie lenkt auch wieder davon ab, indem sie es gleichsam ästhetisiert, das heißt, indem sie es auf eine risikolose Ebene theologischer Gedankenspiele verlagert.

III. Die Praxis-Frustrationen der Reformer und der Revolutionäre

„Wir sind gescheitert", — so heißt der Bericht über einen Reformversuch in England[24]. Etwas von diesem Gefühl schwingt in vielen Berichten über praktische Experimente mit; vor allem dann, wenn man mit den am Experiment Beteiligten persönlich spricht. Der Unterton von Enttäuschung und Resignation betrifft natürlich nicht alles, was an neuen Versuchen durchgeführt wurde. Die sozialdiakonischen Tätigkeiten beispielsweise, von der Mörfeldener Flughafenaktion[25] über die verschiedenen Formen von „community organization" (Einrichtung von Altenclubs, Babysitting, Kinderhorten und Kindergarten, andere Nachbarschaftshilfe in Neubau-

[24] N. Stacey, *Woolwich,* in G. Schnath (Hrsg.), *Fantasie für die Welt,* Stuttgart 1967; dort auch eine Reihe weiterer Situationsberichte.

[25] Vgl. K. Oeser, *Mörfelden,* in: G. Schnath, a.a.O.

siedlungen) bis hin zu den geselligen Formen der Jugend- und Frauenarbeit, zur Organisation von Freizeiten und Familienerholung, — sie alle finden durchweg eine gute Resonanz. Ebenso scheint die Einrichtung von Hauskreisen und anderen Kleingruppen zur Informations- und Bildungsarbeit ein zwar wechselndes, in den meisten Fällen aber verheißungsvolles Interesse zu finden. Ähnliches gilt für die neuen Versuche auf seelsorgerlichem Gebiet: etwa für die Telefonseelsorge, aber auch für Ansätze von gruppendynamisch-therapeutischer Arbeit.

Demgegenüber beziehen sich die negativen Erfahrungen gerade auf das, was viele als das theologische Proprium ihrer neuen Versuche empfinden. Sie betreffen einerseits den Bereich des gottesdienstlichen Lebens und andererseits diejenigen Intentionen, die mit den Stichworten: missionarische Struktur, Gemeindeaufbau, Gemeindebewußtsein bezeichnet werden. Hier vor allem liegen (wie z. B. die „Loccumer Umfrage“[26], aber auch der Verlauf der gelegentlich und unfreundlich als „Renommier-Experimente“ bezeichneten Gemeindeversuche in Baunatal[27] und in Leonberg-Ramtel[28] zeigt) die Enttäuschungen, vielleicht aber auch die Fehleinschätzungen. Gewiß sind von der Arbeit in Leonberg-Ramtel, die sich schon wegen ihrer gründlichen Dokumentation als Erörterungsmodell eignet, wichtige Impulse und Hilfen sowohl für das gesellschaftliche Zusammenleben wie sicherlich auch für die Überwindung individueller Schwierigkeiten ausgegangen. Doch zeichnet sich in dem, was *Paul-Gerhard Seiz* die „Gemeinde in Dienstgruppen“ nennt, noch keineswegs jene Formierung und Dauerhaftigkeit ab, die man als Kristallisation eines neuen Organisationsmodells von Kirche deuten könnte. Hier wie anderwärts (etwa in der Hannoverschen Haushalterschaftsbewegung[29]) sind die zeitweilig lebhaften Aktivitäten großenteils wieder zurückgegangen oder ganz erloschen. Ähnliches gilt für die Gottesdienstreform. Obwohl gerade für diesen Zentralbereich des kirchlichen Lebens große Energien und eine schier unerschöpfliche „Fantasie für Gott“[30] investiert wurde, ist,

---

[26] Vgl. Anm. 4.

[27] Vgl. G. Weber, *Baunatal*, in: G. Schnath, a.a.O.

[28] Vgl. P. G. Seiz (Hrsg.), *Kirchenreform* Bd. 2: *Die Siedlung als Neuland der Kirche*, Stuttgart 1968. — G. Wacker (Hrsg.), *Kirchenreform* Bd. 5: *Kirche im Werden einer Dienstgruppe*, 1970.

[29] Zur Literatur vgl. C.-D. Schulze, a.a.O. 110.

[30] G. Schnath (Hrsg.), *Fantasie für Gott. Gottesdienste in neuer Gestalt*,

von erstaunlichen, aber zeitlich begrenzten Einzelerfolgen abgesehen, der allgemein rückläufige Trend im Gottesdienstbesuch davon offenbar unberührt geblieben; jedenfalls läßt sich bisher kaum erkennen, daß die „Gottesdienste in neuer Gestalt" einen neuen, einigermaßen regelmäßig teilnehmenden Besucherkreis aus bisher unkirchlichen Gemeindegliedern erschlossen hätten.

Dem Katalog von Reformer-Frustration muß noch ein letzter (in unserer „Loccum-Umfrage" immer wieder angeführter) Konfliktbereich hinzugefügt werden: der Konflikt mit Kirchenvorstehern und Kollegen. Während bei sogenannten weltlichen Stellen, bei der Presse und bei lokalen Behörden gewöhnlich Verständnis und Unterstützung leicht zu finden war, während auch bei kirchlichen Behörden (Dekan, Propst, Kirchenleitung) finanzielle Hilfe und abwartendes Wohlwollen zu gewinnen war[31], war die Mentalität in Kirchenvorständen und Pfarrkonventen anscheinend häufig von der Adenauer-Regel „keine Experimente" geprägt. Diese Mentalität wurde (außer auf persönliche Rivalitätsgefühle) gewöhnlich auf die Sorge zurückgeführt, daß man entweder das „eigentliche Evangelium" oder sonst doch die konventionelle „Versorgung" der Gemeinde (durch Hausbesuche, Frauenhilfe, Bibelstunde usw.) über dem Einsatz für sozial-karitative Aufgaben, für Jazz-Gottesdienst oder für die Einrichtung und Begleitung einer einzigen Dienstgruppe vernachlässige.

All diese Frustrations-Erfahrungen bei praktischen Reformversuchen sind natürlich auch zum Gegenstand der Erwägung und Beurteilung der „Celler Konferenz" geworden. Diese lehnte zwar die praktischen reformerischen Bemühungen zumeist als „systemimmanentes Flickwerk" ab. Sie leistete aber damit nur eine „akademische Pflichtübung", solange sie keine Methoden aufzeigen oder durchsetzen konnte, wie die von ihr intendierte Revolution zu verwirklichen sei. Man brauchte also (da die Bedingungen für eine Revolution nicht gegeben waren) zumindest eine vorläufige Theorie des eigenen kirchlichen Handelns, wenn anders man kritisch im Raum der Kirche arbeiten wollte. Spätestens, wenn

---

Stuttgart 1965; ferner: D. Trautwein/R. Roessler, *Für den Gottesdienst*, Gelnhausen 1968.

[31] Ausnahmen sind hauptsächlich im letzten Jahr bekanntgeworden: disziplinäre Maßnahmen in der Tauffrage, autoritäre Stellungnahmen gegen das Kölner *Politische Nachtgebet* u. a.

die mit den Cellern sympathisierenden Studenten ihr erstes Examen absolviert haben, in die praktische Ausbildung und damit auch in ein Gemeindepraktikum eintreten, müssen sie auch zu dem einen oder anderen reformerischen Experiment Stellung beziehen. Soviel wir, wiederum in teilnehmender Beobachtung, feststellen können, zeichnen sich erste Tendenzen einer vorläufigen Konzeption des Handelns ab.

Wenig Interesse, ja häufig ausgesprochene Ablehnung gegen die Investition von Energie besteht gegenüber denjenigen Reformbereichen, die von der ersten Reformer-Generation noch als die Hauptsache empfunden wurden: gegenüber Fragen des Gemeindebewußtseins, der „missionarischen Struktur" und des Gottesdienstes. Diese Bereiche gelten vielen der Jüngeren als „religiös" im Sinne eines anti-aufklärerischen, repressiv-autoritären Religionsbegriffs. Sie eignen sich deshalb nicht als Ansatzpunkte wirklicher Veränderung. Statt dessen zielt ihr Interesse auf jene kirchlichen Arbeitsfelder, auf denen sie über die Bannmeile der Kerngemeinde hinausgelangen und die „gesellschaftliche Basis" erreichen können: Dazu gehören vor allem die verschiedenen Formen des kirchlichen Unterrichts und des Religionsunterrichts, aber auch die sozialdiakonischen Aufgabengebiete (zum Beispiel Kindergärten, community organization usw.), sowie (nicht bei allen!) der seelsorgerliche Bereich.

Praktische reformerische Arbeit würde also für die „Neue Linke" etwa darin bestehen, autoritäre Strukturen in Kindergärten in eher emanzipationsfreundliche Strukturen umzuändern, im Religionsunterricht die Frage der Menschen nach sich selbst unter den gegenwärtigen gesellschaftlichen Bedingungen sachkundiger als unter exklusiv-theologischen Aspekten zu erörtern, in der seelsorgerlichen Therapie auch jene Milieufaktoren miteinzubeziehen, die bisher vernachlässigt wurden, und in alledem eine „kritische Bewußtheit" anzustreben, die die Voraussetzung von „revolutionärer Bewußtheit" ist. Doch stoßen auch die Revolutionäre damit bald auf Grenzen ihrer Möglichkeiten. Sie müssen beispielsweise feststellen, daß selbst Vikare, die sich mit AUSS-Schülern bei gemeinsamen Aktionen (etwa gegen die Notstandsgesetzgebung) solidarisieren, in der unterrichtlichen Praxis mit denselben Schülern Schwierigkeiten haben können. Diese Schwierigkeiten mit dem Hinweis auf eine autoritär-repressive Erziehung im Alltagsmilieu und anderen Schulfächern zu erklären, bedeutet noch nicht, sie pädagogisch überwinden zu können. Sie müssen feststellen, daß selbst ein Hauskreis junger Akademikerfamilien keineswegs bereit ist, die kritisch-rationale Gesellschaftstheorie, die man selbst für schlüssig hält, ohne weiteres oder nach langen Diskussionen zu akzeptieren. Sie müssen feststellen, daß die befreiende Kraft der Entlarvung von ideologischen oder religiös-mythologischen Zwängen keineswegs von denen als solche empfunden wird, denen sie Befreiung und Mündigkeit vermitteln soll. Sie müssen feststellen, daß der Versuch, sich so intensiv wie möglich gegen das „establishment" und seine bürokratische Mentalität zu polarisieren, noch keineswegs einen Prozeß des Umdenkens in Gang zu setzen vermag. So geraten die Revolutionäre bei ihrem eigenen Versuch, praktisch zu handeln, in eine gewisse strukturelle Solidarität mit jenen Reformisten, deren „religiöses Konzept" sie grundsätzlich verachten, an deren Frustrationen sie aber faktisch teilhaben.

IV. Religiöse Einstellungen und anthropologische Konstanten

Den zuletzt aufgezeigten Parallelitäten würden wahrscheinlich die „Linken" mit dem Argument widersprechen, daß ihre eigenen Schwierigkeiten grundsätzlich rational analysierbar sind und auf die Dauer, nach einem genügend gründlichen Lernprozeß, überwunden werden könnten; die Schwierigkeiten derer hingegen, denen es primär um „Gemeindeaufbau" und „gottesdienstliche Verkündigung" gehe, seien in der Irrationalität ihrer Prämissen begründet; genauer: sie entzögen sich einer kritisch-rationalen Definierbarkeit und Kontrolle.

An dieser Unterscheidung ist mancherlei Einleuchtendes. Es ist nicht viel damit gewonnen, daß man den „Linken" erwidert, daß und inwiefern auch ihre eigene Gesellschaftstheorie und ihre Anthropologie auf unbewiesenen Voraussetzungen aufbaut. Denn (abgesehen davon, daß die „Linken" sich ein gutes Stück länger rational zu verantworten vermögen, als viele Theologen meinen) es stehen sich hier letzten Endes doch wieder Bekenntnisfronten unversöhnlich gegenüber. Das Gespräch sowohl mit den „Linken" als auch mit den Vertretern einer konventionelleren Theologie muß jedoch unterhalb der Schwelle einer emotionalen Verfestigung von Glaubensüberzeugungen gesucht und geführt werden; beispielsweise in der Dimension einer „funktionalen Argumentation", also einer rational kontrollierbaren und darum kommunikationsfähigen „wenn-dann"-Relation.

Im Beispiel einer Rückfrage an die „Linken" bedeutet das: Wenn man das Interesse an sozialkritischer Aufklärung und Bewußtseinsbildung in der kirchlichen Praxis soweit verabsolutiert, daß die religiösen Bedürfnisse und Erwartungen der Gemeindeglieder ignoriert oder abgewiesen werden, dann wird man nur das Gegenteil der eigenen Intention erreichen, nämlich Verhärtung und Ablehnung. Oder: Wenn man nicht imstande ist, seine sozialkritischen Vorstellungen und Ziele mit den eingelebten religiösen Deutungsschemata von Pfarrer und Gemeinde, und also mit dem Kontinuitätszusammenhang der biblischen Religion, so zu vermitteln, daß eine positive Assoziation möglich wird, dann bleibt auch alle Berufung auf Rationalität und Humanität unverstanden und irrelevant.

Kurz: das Defizit der gegenwärtigen Reformbestrebungen und Revolutionsabsichten scheint zum guten Teil in der Vernachlässigung der Bedingungen von religiösen Einstellungen, nämlich der anthropologischen Konstanten eines Strebens nach Kontinuität, Spannungsausgleich und Stabilisierung zu liegen. Um dies wenigstens an einer allgemein zugänglichen Erfahrung zu veranschaulichen: Wenn ein Schulkind etwas lernen soll, dann wird der Lehrer es motivieren und nicht beschimpfen. Wenn er es beschimpft, so treten Abwehr- und Verteidigungsmechanismen in Kraft, die den Lernprozeß blockieren. Ähnliches gilt erst recht für Umlern-Prozesse in religiösen, das heißt emotional stark verfestigten Wertvorstellungen und Überzeugungen. Das Bedürfnis nach Stabilisierung und Vergewisserung des eigenen, emotional verfestigten Deutungssystems auf die Fragen nach gut und böse, Tod und Leben, Glück und Leid usw. hängt unseres Erachtens eng mit der religiösen Einstellung zusammen. Es ist wie jede Einstellung und also auch wie die jeweiligen Inhalte erlernt; gewöhnlich in erster Linie im frühkindlichen Alltag von Elternhaus, Schule und Spielstraße. Wie jedes erlernte Verhalten ist darum auch religiöses Verhalten veränderbar. Um es aber zu verändern, muß man die anthropologisch offenbar konstanten Regeln des Lernens beachten.

Diesem anthropologischen Aspekt darf der sozial-ökonomische Beziehungszusammenhang von Religion (zum Beispiel ihre Vertröstungs- oder Opium-Funktion) nicht einfach vor- oder übergeordnet werden. Hier wird man, gerade vom Ansatzpunkt kritischer Rationalität aus, die linken Tendenzen der Vereinseitigung eines sozialistischen Wunderglaubens (etwa: „die Sozialisierung der Produktionsmittel wird auch die Zeit des repressiven Aberglaubens beenden“) hartnäckig hinterfragen müssen. Andererseits haben diejenigen „Linken“ wohl recht, die eine platte Alternative von verhaltenspsychologischer und sozialökonomischer Dimension der Religion bestreiten und gerade den Zusammenhang von internalisiertem Glauben und ökonomischem Interesse problematisieren wollen. Doch geht das über unser Thema hinaus.

Uns geht es zunächst um die Einsicht, daß Kirchenreform sowohl in ihrer „reformistischen“ wie in ihrer „revolutionären“ Variante letztlich eine Frage der Umstrukturierung eingelebter und resistenter „religiöser Einstellungen“ ist. Nur wer sich auf den mühsamen Weg einer Veränderung begibt, dessen Stationen kritische Annahme und (vorwiegend in kleinen Gruppen) organisierte Lern- und Verarbeitungsprozesse heißen, — nur der trägt der Realität der Bedingungen von Kirchenreform Rechnung.

3. Humanität und Lernprozeß

„Christlicher Humanismus“ ist in den letzten Jahren zum Gegenstande einer vielfältig und oft massiv vorgetragenen Kritik geworden. Die Kritik bezieht sich nicht primär auf innertheologische Auseinandersetzungen darüber, wie das Proprium des „christlichen Humanismus“ und wie seine ethischen Implikationen zu definieren seien[1]. Es geht vielmehr vordringlich um die praktischen Auswirkungen des wie immer theologisch akzentuierten „christlichen Humanismus“ auf die sogenannte „Wirklichkeit“, also auf die gesellschaftlich-politische Gegebenheiten ebenso wie auf die der Privatheit. In illustrierten Wochenzeitschriften kann man heute lesen, daß Quartaner in Hamburg oder in Frankfurt lapidar erklären, „christlicher Humanismus“ sei ein Widerspruch in sich selbst. Denn das „christliche“ Menschenbild sei seinem Wesen und seiner Herkunft nach „inhuman“. Dem gleichen Argument begegnete man während der letzten beiden Jahre auf Schritt und Tritt in der westeuropäischen Öffentlichkeit; auf dem Kirchentag[2] ebenso wie in den Kampfschriften der Theologiestudenten[3]. Handlich und wohlfeil sind wichtige Bestandteile dieser Ansicht in J. Kahls Taschenbuch über „Das Elend des Christentums“ zusammengetragen[4]. Eine für den theologischen Büchermarkt astronomische Auflage von über 1000 000 Exemplaren (Nov. 1968 bis April 1970) deutet an, daß die betreffenden Argumente gefragt sind und — daß eine problematische Wissenschaftlichkeit keineswegs vorrangiges Kriterium für die theologie- und kirchenpolitische Relevanz einer Publikation gemacht werden sollte.

Kahls „Elend“ fällt zeitlich und inhaltlich zusammen mit einer auffälligen inhaltlichen Wende der Kritik an Kirche und Glauben

---

[1] Zum Problem der theol. Definition vgl. H.-D. Wendland, *Einführung in die Sozialethik,* Berlin 2971, Sammlung Göschen, Band 1203, Kapitel 1, S. 17—45.

[2] Z. B. von R. Krämer-Badoni, in: *Kirche ist mehr,* hrsg. von F. Lorenz, Stuttgart 1969, S. 44—49.

[3] Z. B. in: *Theologiestudenten 1969. Dokumentation einer revolutionären Generation,* ohne Vf., Evangelisches Verlagswerk, Stuttgart 1969.

[4] J. Kahl, *Das Elend des Christentums,* rororo-Aktuell — Taschenbuch, Hamburg 1968.

insgesamt. Seit Beginn der sechziger Jahre richtete sich eine zunehmende (und „modisch“ werdende) Kritik vor allem auf „die Institution“, „das Establishment“ und die gesellschaftliche Machtposition der Kirche. Angeprangert wurde, daß und wieweit sich die empirische Kirche von den Idealen der urchristlichen Religiosität entfernt habe. Die Ideale selbst blieben im allgemeinen unangetastet. Als „christlich“ galt, was in Wahrheit gut und richtig ist[5].Diese grundsätzlich anerkannte und gleichsam fraglose Gültigkeit zentraler Wertauffassungen wurde im Zusammenhang der neomarxistisch-antiautoritären Protestbewegung der Jahre 1967/68 lebhaft und über den Bereich einer esoterisch-akademischen Diskussion hinaus angegriffen. Außer der Instiution Kirche waren es jetzt die Inhalte der christlichen Religion, die zur Zielscheibe von Schüleraufrufen („Tretet massenhaft aus dem Religionsunterricht aus“) und zum Gegenstand der Problematisierung in den meisten publizistischen Medien wurden.

Der Katalog der angegriffenen Theologumena umfaßt insbesondere jene konventionellen „christlichen“ Überzeugungen, die den Erkenntnissen der sogenannten modernen Humanwissenschaften tatsächlich oder vermeintlich entgegenstehen und — die als eine weithin gültige Anthropologie des „christlichen Humanismus“ der Entfaltung und Entwicklung wahrer Menschlichkeit im Wege seien. Insbesondere die folgenden Auffassungen werden in immer neuen Varianten vorgetragen:

1. Ein autoritärer Gottesbegriff habe in Verbindung mit dem ihm entsprechenden verabsolutierten Gehorsamsprinzip zu Untertanenhaltung, Unterwürfigkeit, Unmündigkeit einerseits und zu Unterdrückung, Bevormundung und autoritärer Herrschaft andererseits geführt.
2. Eine supranaturale Erlösungs- und Kompensationsvorstellung hindere den Menschen, die „irdischen Bedingungen“ seiner Schwierigkeiten und Nöte, seiner Möglichkeiten und seiner Lebenserfüllung zu erkennen und zu bewältigen.
3. Eine einseitig verabsolutierte theologia crucis habe sich in der undialektischen Qualifizierung von Leiden, Schmerz, Scheitern und Versagen zuungunsten von Freude, Erfüllung und Glück dargestellt und ausgewirkt.

---

[5] W. Harenberg, *Was glauben die Deutschen,* (Empirische Umfrage), München 1968.

4. Eine defätistische Erbsündenlehre und ihre theologiegeschichtlichen Derivate haben den Menschen in Pessimismus, Resignation und Passivität getrieben.
5. Eine undynamische Theologie der „Schöpfungs-" oder „Erhaltungs"-Ordnungen habe die jeweils gegebenen Verhältnisse als dem Willen Gottes entsprechend sanktioniert, damit ihre geschichtliche Relativität ignoriert und den Kräften der Veränderung innerhalb von Kirche und Gesellschaft entgegengewirkt.
6. Eine karitativ verengte Liebesethik habe die bestehenden Verhältnisse dadurch zusätzlich verfestigt, daß sie zwar ihren Opfern Linderung zu verschaffen versucht, nicht aber den Ursachen der verschiedenen Formen von Verelendung auf den Grund zu gehen intendiert habe.
7. Ein heteronomes, nämlich durch die Entgegensetzung zur Offenbarung beschnittenes Verständnis von Vernunft habe zur Folge gehabt, daß die Handlungen und Zwecksetzungen der Entscheidungsgremien in Kirche und Gesellschaft einer rationalen Begründung und damit auch einer rationalen Kritik entzogen werden konnten.
Man könnte diesen Katalog mit einer Reihe weiterer Stichworte fortsetzen, etwa „Leibfeindlichkeit", „Frauenfeindlichkeit", „Zwei-Reiche-Lehre" usw. Doch ist der Horizont unserer Problematik auch ohne weitere Explikationen deutlich erkennbar.
In einem engeren theologiegeschichtlichen Sinne ist keines der skizzierten Probleme neu; sie alle sind seit der Aufklärung auf verschiedene Weise theologisch thematisiert und im Sinne der jeweiligen theologischen Ansätze aufgearbeitet worden. Dennoch scheint sich der Horizont dieser Fragen in unseren Tagen verändert zu haben. Und zwar eben deshalb, weil sie aus dem Bereich der gelehrten Diskussion im Elfenbeinturm herausgetreten und, in verkürzter oder auch verzerrter Form, öffentlich und allgemein geworden sind. Erst jetzt, so kann man vielfach lesen, erreiche der Säkularisierungsprozeß mit Hilfe der Medien des Fernsehens und der Illustrierten die sogenannte breite Masse. Wie immer diese nach wie vor umstrittene „Säkularisierungsthese"[6] genauer aus-

[6] Vgl. die Beiträge zum Thema, in: *Internationales Jahrbuch für Religionssoziologie*, Bd. II, 1966; weiter: K. Dienst, *Säkularisation*, in: *Jahrbuch der Hessischen kirchengeschichtlichen Vereinigung*, Bd. 20, 1969, S. 1/35; T. Rendtorff, *Christentum außerhalb der Kirche*, Hamburg 1969.

gelegt wird, in jedem Fall sehen sich Kirche und Theologie durch die Selbstverständlichkeit der kritischen und oft abwertend vorgetragenen Problematisierung von bisher fraglos anerkannten christlichen Grundüberzeugungen in den publizistischen Medien vor außerordentlich schwierige Herausforderungen gestellt.

Auf der einen Seite wird sich die Kirche den Vorwürfen selbst stellen müssen. Sie wird die Argumente nicht einfach als böswillige Verleumdung oder als pseudowissenschaftliche Banalitäten abtun können. Sie wird erkennen müssen, daß ein erhebliches Stück Wahrheit in diesen Vorwürfen steckt; sie wird zugeben müssen, daß sich bestimmte Teilstücke ihrer Verkündigung auch da sozusagen „objektiv" als repressiv oder emanzipationsfeindlich ausgewirkt haben, wo in subjektiver Redlichkeit nichts anderes als die Menschenfreundlichkeit der Liebe Gottes verkündigt werden sollte. Sie wird auch erkennen müssen, daß nicht nur der Mißbrauch christlicher Wahrheiten und Überzeugungen, etwa durch politische Herrschaftssysteme, sondern daß immer auch schon die vermeintlich „rein" biblische, „rein" theologische, „rein" wissenschaftliche Auslegung der Texte selbst von den jeweiligen gesellschaftlichen Verhältnissen beeinflußt sind und so die unauflösliche (und unausweichliche) Verflechtung von Theologie und Gesellschaft, von christlicher Idee und irdischer Realität zum Ausdruck bringt.

Gerade dies aber wird sie auch ihren Kritikern gegenüber zur Geltung bringen müssen, die, wie schon oft in der neueren Geschichte, aus Kirche und christlichem Glauben einen Sündenbock machen, auf den man bequem die Schuld am Elend der Jahrhunderte abladen kann. Die Kirche wird deutlich machen müssen, daß die vorhin skizzierten „dehumanen" Theologumena keineswegs gradlinig und eindimensional aus dem Neuen Testament oder gar von Jesus von Nazareth abgeleitet werden können, daß sie also keineswegs „genuin christlich" sind. Daß die christlichen Glaubensauffassungen vielmehr, wenn hier eine Abkürzung erlaubt ist, von Anfang an immer durch ihr dialektisches Verhältnis zu den gesellschaftlichen Gegebenheiten gekennzeichnet sind, daß sie immer zugleich die gesellschaftlichen Gegebenheiten transzendiert und sanktioniert haben, daß sie immer zugleich die „Bergpredigt" und Römer 13 (seid untertan . . .) umfaßten.

Dieser Ambivalenz gegenüber den gesellschaftlichen Realitäten wird jeder, der die Komplexität des Historischen nicht vorschnell auf die Bestätigung seiner eigenen Lieblingsideen vereinfacht, auch im Verlauf der Kirchengeschichte auf Schritt und Tritt begegnen. Karl Marx jedenfalls wußte darum, wenn er in der Einleitung zur Kritik der Hegel'schen Rechtsphilosophie behauptet, daß „das religiöse Elend in einem der Ausdruck des wirklichen Elends und in einem die Protestation gegen das wirkliche Elend" sei[7]; und „Religion" war für Marx ja in erster Linie durch die jüdisch-christliche Tradition repräsentiert. Bis in die bundesrepublikanische Gegenwart hinein läßt sich eine solche Ambivalenz etwa gegenüber dem Politischen nachweisen[8]. Dabei bedürfen die Tatsache und das Gewicht der Unterstützung konservativer und reaktionärer Kräfte im Nachkriegsdeutschland durch die christlichen Kirchen keines Beleges. Im Augenblick scheinen vielmehr die gegenläufigen Kräfte, die sich etwa mit den Namen Niemöller, Heinemann, Gollwitzer andeuten lassen, im Blick auf ihre gesellschaftliche Relevanz unterschätzt zu werden. Deren Auswirkungen betreffen nicht nur die Problematisierung von Wiederaufrüstung, Atomwaffen und Notstand in jenen Bevölkerungskreisen, die von der akademischen oder auch der innergewerkschaftlichen Diskussion nicht erreicht werden. Sondern sie betreffen auch die Motivation eines erheblichen Teiles jener Studenten, die gegen Ende der sechziger Jahre die antiautoritäre und antikapitalistische Protestbewegung in Gang gebracht haben und die ihre ersten Impulse in christlichen Jugendgruppen oder der Studentengemeinde empfangen hatten.

Doch wird die Aufgabe der Kirche angesichts der oben skizzierten aktuellen Herausforderungen sich nicht darauf beschränken dürfen, tatsächliches Versagen zu bekennen und ungerechtfertigte Angriffe abzuwehren; sie wird sich vielmehr in erster Linie der Frage stellen müssen, was denn angesichts der Tatsache zu tun sei, daß ein nicht geringer Teil ihrer Glieder unbeirrt, ja gelegentlich ausgesprochen bekenntnishaft an den fragwürdig gewordenen und befehdeten Theologumena festhält. Was könnte die Kirche denn tun? Zwei Richtungen des Handelns deuten sich an. Einerseits geht es offen-

---

[7] K. Marx, *Die Frühschriften*, Hrsg. S. Landshut, Stuttgart (Kröner 209) 1953, S. 208.

[8] Vgl. dazu: *Die sogenannte Politisierung der Kirche*, Furche-Stundenbuch 82, Hamburg 1968.
Ferner den dieses Buch einleitenden Aufsatz „Die protestantischen Pastoren und der Staat".

bar um eine theologisch-wissenschaftliche Aufgabe. Nämlich darum, die skizzierten Grundkategorien des christlichen Glaubens (Gott, Erlösung, theologia crucis, Ordnung, Liebe, Vernunft usw.) unter den Bedingungen einer neuen gesellschaftlichen und geistigen Situation so zu formulieren, daß sie sich nicht länger als eine unfruchtbare und trotzig-besserwisserische Alternative zu den Erkenntnissen der neueren Humanwissenschaften darstellen. Diese Aufgabe kann und soll hier nicht weiter detailliert werden; sie ist zweifellos an vielen Stellen längst in Angriff genommen[9], ist im Kanon der theologischen Disziplinen vor allem mit dem Fachbereich „Sozialethik" verbunden, hat starke und unkonventionelle Impulse aus der Ökumene empfangen, hat sich in Denkschriften, auf Kirchentagen, in Studentengemeinden und sonst öffentlichen Ausdruck verschafft — und ist doch in den Gemeinden, im Bewußtsein der Kirchenglieder, also an der Basis der Kirche noch kaum zur Kenntnis genommen.

Eben dieses Defizit zu problematisieren und auf Abhilfe zu sinnen, wäre die zweite und sicher ebenso dringliche Aufgabe der Kirche in unserer Zeit. Dieser Aufgabe soll hier ein wenig nachgedacht werden. Warum, so lautet die Frage, sind die neueren theologischen Versuche zur Deutung der überlieferten Glaubenskategorien unter den gesellschaftlichen und erkenntnistheoretischen Bedingungen der Gegenwart nicht stärker in das Bewußtsein der Kirchenmitglieder eingedrungen? Sicher ist eine Fülle sehr verschiedenartiger Gesichtspunkte zu bedenken, unter denen diese Frage untersucht werden kann. Beispielsweise wird in der gegenwärtigen Diskussion häufig auf den Zusammenhang von „Erkenntnis und Interesse" verwiesen[10]. Danach liege es im sozusagen objektiven Interesse der bestehenden Gesellschaftsverfassung und ihres Herrschaftssystems, daß ihre Ideologien auf Ablenkung und Privatisierung tendieren[11]. Eben zu solcher Ablenkung und Privatisierung tragen, so sagen viele, auch die konventionellen Formen und Inhalte des christlichen Glaubens bei, und um dieser ihrer objektiven Funktion in der spätkapitalistischen Leistungsgesellschaft willen

---

[9] Vgl. z. B.: H.-D. Wendland (Hrsg.), *Sozialethik im Umbruch der Gesellschaft*, Göttingen 1969; Paul Neuenzeit (Hrsg.), *Die Funktion der Theologie in Kirche und Gesellschaft*, München 1969.

[10] J. Habermas, *Erkenntnis und Interesse*, 1968.

[11] Vgl. J. Habermas, *Die Scheinrevolution und ihre Kinder*, in: *Die Linke antwortet Jürgen Habermas*, EVA, Frankfurt 1968.

könne eine andere Interpretation des Glaubens kaum auf Erkenntnisfähigkeit, geschweige denn auf Vollzugsbereitschaft stoßen. Die Proklamation neuer Glaubenshaltungen oder Glaubensverwirklichungen blieben vielmehr zwangsläufig appellativ, ja sie befestigten das Bestehende dadurch, daß sich der kritische Impuls im Appell verzehre. Gerade die sozialkritische Predigt sei darum „objektiv" eher als ein Ventil für angestautes Unbehagen des Pfarrers und seiner Gesinnungsgenossen zu betrachten, denn als eine Kraft tatsächlicher Veränderung konventioneller Überzeugungen.

Zweifellos handelt es sich bei dieser Anwendung der Habermas-Theorie von „Erkenntnis und Interesse" auf den Bereich von Glauben und Kirche um Vereinfachungen und Verzerrungen. Nichtsdestoweniger muß die Verbreitung dieser vereinfachten Betrachtungsweise in der zeitgenössischen Theologiestudentenschaft ihre Gründe haben und ist nicht nurch den Hinweis auf ihre Banalität erledigt. Doch soll hier weniger diesen Gründen als vielmehr einem entscheidenden Defizit der Argumentation genauer nachgefragt werden. Dieses Defizit soll mit dem kurzen Stichwort „Lernprozeß" angedeutet werden. Man kann, so scheint uns, den gesellschaftlich vermittelten Zusammenhang von Erkenntnis und Interesse nicht auf religiöse Vorstellungen beziehen, wenn nicht gleichzeitig die Kategorien des Lernens, beziehungsweise der Sozialisation, beziehungsweise der frühkindlichen religiösen Prägung und der Bedingungen ihrer Veränderung mitreflektiert werden. — Genau damit aber sind wir wiederum bei der Frage nach der Verantwortung der Kirche für die Glaubensvorstellungen ihrer Mitglieder und deren Veränderung.

Offenheit, „Plastizität" und Prägbarkeit des Menschen gelten seit langem als zentrale Begriffe sowohl der empirischen als auch der sogenannten philosophischen Anthropologie (Plessner, Gehlen). Vom Augenblick seiner Geburt an wird der Organismus des Neugeborenen von seiner kulturellen Umwelt dergestalt durchdrungen und geformt, daß er seine Ungerichtetheit aufgibt und eine „Identität" als handlungsfähige Person entwickelt. Verhaltensweisen, die etwa dem Tier durch einen ererbten Instinkt vorgegeben sind, kann der Mensch aber auch, anders als das Tier, variieren und modifizieren. In welchem Umfange die genetisch vermittelten „Anlagen" auch die Lernfähigkeit und die Lernrichtung des Menschen determinieren, ist offensichtlich empirisch noch nicht so weit erhoben, daß eine Übereinstimmung festgestellt werden könnte[12]. Doch kann kein Zweifel darüber sein, daß der plastisch-prägbare und damit von der Umwelt zu verantwortende Anteil der Entwicklung eines Menschen ein weit größeres Feld eröffnet, als wir es gegenwärtig bei bestem Willen auch nur einigermaßen zureichend bestellen könnten.

Ebensowenig kann ein Zweifel daran sein, daß unsere religiösen Vorstellungen auf das stärkste durch frühkindliche Erfahrungen und, während des Lebensverlaufes in abnehmender Intensität, durch spätere Umwelteinflüsse gewonnen und geprägt worden sind. Unter „Religiosität" wollen wir in einem empirischen und zunächst formalen Sinne eine emotional hochbesetzte Bindung an diejenigen Wert- und Deutungssysteme verstehen, die eine Kultur oder eine Subkultur grundlegend integrieren[13]. Im Sinne dieser Definition sind zwar nicht alle „religiösen Vorstellungen" etwa in unserem Lande kirchlich vermittelt, wohl sind umgekehrt alle kirchlich vermittelten Deutungs- und Wertauffassungen als religiöse Vorstellungen zu begreifen. „Kirchlich vermittelt" wiederum bedeutet keineswegs, daß diese Auffassungen nur oder in erster Linie durch die installierten kirchlichen Agenturen, also etwa durch Konfirmanden- und Religionsunterricht weitergegeben würden. Vielmehr weiß jeder Pfarrer und jeder Religionslehrer aus dem Kindergottesdienst oder dem ersten Schuljahr, daß bereits in diesem Alter entscheidende religiöse Vorstellungen fest internalisiert sind. Sucht man, woher diese Vorstellungen kommen, so stellt man nicht selten fest, daß sie nicht einmal notwendig der religiösen Vorstellungswelt des Elternhauses entstammen müssen. Kinder aus dezidiert aufklärerischen Familien haben gelegentlich erzählt, daß gewiß in einer schrecklichen Hölle verbrannt wird, wer nicht täglich seinen Rosenkranz betet.

Solche und weniger dramatische Auffassungen zeigen, daß neben dem „Sozialisationsträger" Familie gerade für das Kleinkind der Kontakt mit den Gleichaltrigen auf der Spielstraße von der größten Bedeutung für die religiöse Prägung sein kann. Ohne in die lebhafte Diskussion über den Einflußgrad von Familie, Gleich-

---

12 Vgl. z. B. D. Claessens, *Instinkt, Psyche, Geltung*, Opladen 1968; A. Mitscherlich, *Auf dem Wege zur vaterlosen Gesellschaft*.

13 Zur theologischen Relevanz dieses Religionsbegriffes vgl. D. Stoodt, *Information und Interaktion im Religionsunterricht*, in: *Anstöße*, Zeitschrift der Ev. Akademie Hofgeismar, Jg. 1970, S. 39—51.

altrigen („peers") und anderer Sozialisationsträger eingreifen zu können, ist hier mit L. A. Vaskovics festzuhalten, daß „die Sozialisation kirchlich-religiöser Werte, Normen und Symbole im wesentlichen im Kindes- und Jugendalter erfolgt und die dadurch geprägten Verhaltensformen nach Abschluß der Jugendphase nur noch geringe Korrekturen erfahren"[14].

Genau an dieser Stelle jedoch liegt unser Interesse. Kann man die Chance auf Korrektur der in der Jugend geprägten Vorstellungen nutzen? Oder ist sie so minimal, daß es sie gar nicht erst anzuwenden lohnt? Sind jene potentiell inhumanen theologischen Normen und Symbolbegriffe, von denen oben die Rede war, so fest einprogrammiert, daß sie bei denen, die mit und in diesen theologischen Formeln leben, nämlich bei der sogenannten Kerngemeinde, aussichtslos festgelegt und unveränderbar sind? Wenn aber die eingeprägten Vorstellungen verändert werden könnten, unter welchen Bedingungen stehen dann die Möglichkeiten der Veränderung? Anders gefragt: wie vollziehen sich Lernprozesse in religiösen Vorstellungen? Diesen Fragen wollen wir uns abschließend unter kommunikationssoziologischen Aspekten zuwenden.

Seit die Kirche erkannt hat, daß bestimmte überkommene Glaubensauffassungen weder unter exegetisch-neutestamentlichen noch unter modernen erkenntnistheoretischen Gesichtspunkten verantwortet werden können, hat sie versucht, in der gottesdienstlichen Predigt solche problematisch gewordenen religiösen Vorstellungen oder, wie man abgekürzt sagte, „das Bewußtsein" zu verändern. Die Predigten der letzten Jahrzehnte sind erfüllt von der Absicht, durch die Schale verkrusteter und abgestandener religiöser Meinungen hindurchzudringen und den Predigthörer da zu erreichen, wo er in seiner alltäglichen Welt wirklich steht, ihn zur Verantwortung gegenüber den nahen und den weltweiten gesellschaftlichen Aufgaben unserer Zeit zu rufen, ihn aus den Begrenztheiten eines individuellen Heilsverlangens hinaus in den Horizont jenes Heils zu führen, das denen zuteil wird, die sich in den Dienst Gottes an dieser Welt stellen. Der Versuch, einen solchen Wandel durch die sonntägliche Predigt zu fördern, hat jedoch soweit man das erfahrungswissenschaftlich feststellen kann, nicht die beabsichtigten

---

[14] L. A. Vaskovics, *Religionssoziologische Aspekte der Sozialisation wertorientierter Verhaltensformen*, in: *Internationales Jahrbuch für Religionssoziologie*, Band III, Opladen 1967, S. 115—146, Zitat S. 135.

Wirkungen gehabt. Gerade die treuen und ständigen Gottesdienstbesucher zeigen sich oft nur wenig beeindruckt von den modernen Versuchen, dem Auftrag des Evangeliums gerecht zu werden. Sie zeigen eher eine Abwehrhaltung, weil sie das, was ihnen vertraut und wichtig ist, vernachlässigt finden. Mit ihnen zusammen unter dem Medium der Predigt einen gemeinsamen Lernprozeß durchzumachen, ist auch nach der Meinung vieler Pfarrer nicht recht gelungen. In der homiletischen Literatur unserer Tage wird in kräftigen Tönen die „Belanglosigkeit“ der Predigt beklagt und analysiert[15]. Wo immer man die Ursache dieser Belanglosigkeit sieht, ob im Unvermögen der Prediger, ob in der „Verstocktheit“ der Hörer — oder, wie wir meinen, in den Bedingungen und Begrenztheiten der „Einbahnstraßenkommunikation“, soll hier nicht weiter diskutiert werden[16]. Jedenfalls werden wir damit rechnen müssen, daß die Predigt (ähnlich wie andere Vortragsformen im Hörsaal und am Funkgerät) nur eine sehr geringe Chance bietet, die eingelebten und „einprogrammierten“ Wertvorstellungen und Normen im Sinne einer Veränderung zu beeinflussen.

Welche Möglichkeiten aber hat die Kirche dann, den ihr aufgegebenen Lernprozeß in Hinsicht auf die Glaubensvorstellungen ihrer Glieder in Gang zu setzen und durchzuführen? Zur Entfaltung dieser Frage machen wir einen Umweg über allgemeinere kommunikationswissenschaftliche Beobachtungen zur Beeinflussung von kognitiven Systemen menschlicher Einstellungen. Vom Standpunkt der Forschungstechnik aus gesehen, gilt als eine der wichtigsten Untersuchungen das sogenannte „Indien-Experiment“[17]. Indien stellt infolge seiner rapiden Bevölkerungsvermehrung, seiner wirtschaftlichen Unterproduktion, seiner Analphabetenrate von durchschnittlich 75 %, seiner harten religiösen („Heilige Kühe“) und kastengesellschaftlichen Verkrustungen jedem Entwicklungsprojekt außerordentliche schwierige Bedingungen. Voraussetzung für den Erfolg eines Wirtschaftsprojektes ist zuerst die mental-religiöse Bereitschaft, sich auf das Projekt überhaupt einzulassen. Diese wiederum setzt einen Lernprozeß voraus. Dem erwähnten Experiment ging es darum, zwei verschiedene Kommunikationsformen

[15] Vgl. E. Lange (Hrsg.), *Zur Theorie und Praxis der Predigtarbeit*, Stuttgart 1968 (Beiheft 1 der *Predigtstudien)*.

[16] Vgl. den Aufsatz III, 2 dieses Buches: „Hören und Verstehen“ S. 218 ff.

[17] Vgl. H. O. Luthe, *Interpersonale Kommunikation und Beeinflussung*, Stuttgart 1968, S. 76 ff. und passim.

eines solchen Lernprozesses in ihrer Leistungsfähigkeit zu vergleichen[18]. Bei der einen Kommunikationsform handelte es sich um Radiovorträge ohne irgendein geregeltes Angebot zur Verarbeitung der betreffenden Information. Bei der anderen Kommunikationsform handelte es sich um jeweils dieselben Radiovorträge, verbunden mit einer geregelten Kleingruppen-Verarbeitung des übermittelten Stoffes in den sogenannten Radio- und Teleklubs. Die Ergebnisse dieser Kommunikationsbemühungen wurden in je 20 Dörfern beobachtet. Die Programme wurden in je 20 Sendungen in der Zeit zwischen dem 19. 2. und dem 26. 4. 1956 ausgestrahlt; also in 10 Wochen je 2 Sendungen pro Woche. Die Einstellungs-Erhebungen fanden kurz vor Beginn und kurz nach Abschluß des 10-Wochen-Zeitraumes statt. Erhoben wurde nach einem komplizierten Verfahren der Wissensstand der Bevölkerung zu dem in den Sendungen verhandelten Problemkreis. Dieser Wissensstand hatte sich in den 10 Wochen folgendermaßen verändert:

Region A (Radiosendungen ohne Gruppenarbeit) um 25 %
Region B (Radiosendungen mit Intensivgruppenarbeit) um 90 %

Dieses Ergebnis zeigt schlaglichtartig, welche Kommunikationsform offenbar als einzige in der Lage ist, die in unserer Zeit gebotenen Lernprozesse zu verwirklichen: nämlich die Kleingruppenarbeit. Im Anschluß an Luthe kann man die vier wichtigsten Bedingungen einer fruchtbaren Kleingruppenarbeit so formulieren:

1. kleine Zahl regelmäßig teilnehmender Personen (optimal 5—8; nicht über 12 Personen!);
2. hohe Kommunikationsfrequenz (je häufiger die Gruppe zusammenarbeitet, desto höher ist die Lernchance);
3. zeitlich begrenzte und sachlich konkrete Aufgabenstellung;
4. homöostatische Regelung der Gruppenintegration durch methodisch kontrolliertes „feed back".

Die im Vergleich zu anderen Kommunikationsformen große Fruchtbarkeit der „Intensivgruppe" in Hinsicht auf die Beeinflussung menschlicher Einstellungen und Haltungen gilt offenbar in besonderem Maße für die Beeinflussung religiöser Vorstellungen. Das kann uns deutlich werden, wenn wir die religiösen, d. h. im Sinne unserer Definition: die emotional hochbesetzten Wert- und Deutungsschemata aus methodischen Gründen einmal in ihrem

[18] a.a.O., S. 93ff.

kognitiven und ihrem emotionalen Aspekt unterscheiden. Der kognitive Aspekt beträfe dann eine Art von abfragbarem religiösem Wissen; also etwa das, was wir im Konfirmandenunterricht und aus Bibel, Gesangbuch und Katechismus über Gott, Christus und Kirche gelernt haben. Dieses Wissen kann, je nach Interesse und Ausbildung, stark differenziert sein, etwa in bestimmte theologische Systeme (Luther, Barth usw.) und deren Subsysteme. Es kann auch sehr gering und dumpf sein. Wie umfangreich die kognitive Abteilung aber auch sein mag, es sind immer nur bestimmte Subsysteme dieser Abteilung, die tatsächlich emotional besetzt sind, d. h. sich mit unseren elementaren Gefühlen wie Angst, Liebe, Vertrauen, Zuneigung, Aggression usw. auf das engste verflochten haben. Bei dem einen mag diese emotionale Besetzung mit dem kognitiven Problem der Existenz Gottes verbunden sein. Der andere hält dieses kognitive Problem für zweit- oder drittrangig und ist statt dessen auch affektiv durch und durch von der theologia crucis geprägt. Der dritte ist emotional besetzt in allen Fragen, in denen es um die Realisierung der Nachfolge Jesu geht, während ihn die theologischen Topoi der Gottesfrage oder der theologia crucis „kalt“ lassen.

Der Lernprozeß nun, der ja sowohl die kognitiven wie die emotionalen Aspekte unserer Religiosität betrifft, unterliegt unter dem einen Aspekt durchaus anderen Regeln als unter dem anderen. Was den kognitiven Bereich betrifft, so sind Veränderungen im allgemeinen nur unter den auch sonst üblichen und von der Lernpsychologie längst beobachteten Gesetzmäßigkeiten zu denken. Für solcherlei Lernen ist insbesondere auf die Fruchtbarkeit der sogenannten und im nächsten Abschnitt genauer darzustellenden Kleingruppen- (Lerngruppen-)Arbeit hinzuweisen. Das indische Beispiel zeigt, daß in den Intensivgruppen ungleich mehr gelernt wurde als unter denen, die die gleichen Informationen bekamen, aber nicht zu geregelter Verarbeitung angeleitet wurden. Unter den Gründen für die quantitativ sichtbar gewordene Effizienz der „Lerngruppe“ sind besonders die Gelegenheit und die (oft im Prestigekampf entwickelte) Motivation zu einer aktiven Teilhabe zu erwähnen. Im Gruppengespräch entwickeln sich beinahe automatisch Gegenrede, Modifizierung, Kommentar, Korrektur und Bestätigung der ursprünglich vorgetragenen These. All diese Formen von Widerspruch bis Unterstützung bedeuten aber zugleich auch eine sprachliche Aneignung der neuen Information und damit deren Speicherung sozusagen in den kognitiven Außenbezirken der Großhirnrinde.

Sehr viel schwieriger ist es mit den Lernprozessen, die unsere emotional stark besetzten Vorstellungen betreffen, die also, um in dem zuletzt verwendeten Bilde der Gehirnphysiologie zu bleiben, in den Hirnstamm hereinreichen; d. h. sie sind mit elementaren Identitäts- und Selbstwertgefühlen sowie mit anderen Affekten (Bewältigung von Angst, Urmißtrauen, Aggression usw.) ausgestattet. Wo ein Mensch durch neue Informationen (etwa zur Gottesfrage) seine religiöse Identität bedroht sieht, ist jegliche Lernbereitschaft zunächst blockiert. Er bedarf für eine solche existentielle Bedrohung seines Bezugsrahmens einer Kompensation, beispielsweise eine starke emotionale Zuwendung. Er bedarf, wenn er aus der (zumindest subjektiv empfundenen) Geborgenheit etwa der Jenseits-Hoffnung herausgetrieben wird, einer Kompensation in dem Augenblick, wo die alte Geborgenheit ihm verlorenzugehen scheint. Er braucht, wenn die Grundfesten seiner Seele erschüttert werden, eines anderen Halts. Die neueren Erkenntnisse der Sozialpsychologie und insbesondere der Kleingruppenforschung behaupten, daß in einer homöostatisch integrierten Kleingruppe am ehesten solche Kompensationen angeboten und auch angenommen werden. Daß dies in der Gruppe eher möglich ist als etwa im Einzelgespräch (oder selbst in einer auf Dauer gestellten Einzelbeziehung wie der Ehe), das hängt offenbar mit bestimmten Balance-Mechanismen zusammen, die den zunehmenden Primärkontakten ihre (im Einzelkontakt naheliegende) Rollenfixierung zugunsten von Offenheit und Rollenwechsel nehmen. Unter diesem Gesichtspunkt muß wahrscheinlich auch die Wiederholungsdynamik betrachtet werden, die in der zunehmend integrierten Kleingruppe das frühkindliche Erfahrungsfeld unserer Primärgruppe, der eigenen Familie, sucht und zum Teil wiederfindet. Doch brauchen wir diese Vermutung hier nicht zu vertiefen[19]. Festzuhalten ist vielmehr, daß, empirisch gesehen, die Kleingruppe nicht nur für den kognitiven Bereich, sondern gerade auch für den Bereich der außerordentlich widerspenstigen und empfindlichen Emotionen die besten Voraussetzungen für Lernprozesse bietet.

---

[19] Zum Problem vgl. T. Brocher, *Gruppendynamik und Erwachsenenbildung*, Braunschweig 1967, S. 26—60.

Wenn das richtig ist, dann steht, so meinen wir, die Kirche vor der Notwendigkeit einer radikalen Neubesinnung über die Kommunikationsformen ihres Handelns und ihrer Selbstdarstellung. Zu ihren wichtigsten Aufgaben, so sagten wir, gehöre die Aufarbeitung und Weiterführung jener Glaubensvorstellungen, die weder mehr nach neutestamentlich-exegetischen noch nach den gesellschaftlichen und erkenntnistheoretischen Bedingungen der Gegenwart aufrechterhalten werden können, die vielmehr der Emanzipation des Menschen und die darum auch der Realisierung wirklicher christlicher Humanität im Wege stehen. Diese Aufgabe vermögen die alten Kommunikationsformen wie Predigt, Bibelstunde und Gemeindevortrag nicht ausreichend zu erfüllen. Sie werden ergänzt werden müssen durch die neuen Formen einer methodisch reflektierten und gruppenpädagogisch fachkundigen Kleingruppenarbeit. Die Kirche hat, so meinen wir, etwas einzubringen in die gegenwärtigen Probleme der Definition und der Verwirklichung von Humanität. Doch kann sie es sich nicht länger leisten, daß die besten Stücke ihrer biblischen Tradition, nämlich die Botschaft von der Menschenfreundlichkeit der Liebe Gottes, von anderen Traditionsstücken dergestalt überwuchert werden, daß von zunehmenden Teilen einer kritischen und nach wirklicher Humanität suchenden jungen Generation der „christliche Humanismus" als ein Widerspruch in sich selbst empfunden wird. Sich auf den Weg des Lernprozesses in dieser Sache zu begeben heißt also nicht, diejenigen als „hinterwäldlerisch" abzutun, die hartnäckig an den problematisch gewordenen Auffassungen festhalten. Sondern es heißt, Seite an Seite mit ihnen und mit Hilfe neuer Kommunikationsformen nach einer Möglichkeit zu suchen, ihre Identität in einem neuen Deutungsrahmen des bleibenden Auftrages Jesu Christi an seiner Gemeinde wiederzufinden.

4. Erwägungen zur Zukunft der Religion

Welche Zukunft die Religion hat — und ob es überhaupt so etwas wie eine Zukunft der Religion gibt, das beantworten zu können hängt in erster Linie davon ab, was man unter dem Begriff „Religion“ versteht. Es ist keineswegs ausgemacht, daß alle diejenigen, die heute das Wort Religion positiv oder negativ im Munde führen, das gleiche meinen. Schon wer in Wörterbüchern oder in der Fachliteratur nachschlägt, wird leicht durch die Vielzahl und die Unterschiedlichkeit der Bedeutungen des Wortes Religion verwirrt. Rufen wir uns rasch einige der wichtigsten Begriffsbestimmungen ins Gedächtnis.

Am häufigsten wird Religion als die Bindung an etwas *Heiliges* beschrieben; doch gibt es Bindungen an sogenannte heilige Werte, beispielsweise an das heilige Vaterland oder an eine heilige Pflicht, die von den Betroffenen, also denen, die sich an diese sogenannten heiligen Werte gebunden fühlen, noch keineswegs als religiös empfunden werden; umgekehrt werden auch seitens der jeweils herrschenden Religionsgemeinschaften diese Bindungen keineswegs als wirklich religiös anerkannt, sondern allenfalls als pseudoreligiös, das heißt als falsche Religion abgetan.

Andere sagen, daß das Eigentümliche der Religion in der *Übernatürlichkeit* ihrer Entstehung und ihres Zieles liege. Dabei gilt als übernatürlich, was sich der menschlichen Erfahrung grundsätzlich entzieht; was, um es biblisch zu sagen, nicht von dieser unserer Welt ist. Doch gibt es ganze Weltreligionen, beispielsweise innerhalb des Buddhismus, in denen das Übernatürliche keinerlei nennenswerte Bedeutung hat. Und umgekehrt gibt es gerade im neueren Protestantismus gewichtige theologische Strömungen, von denen bestritten wird, daß die übernatürliche Offenbarung des christlichen Glaubens irgendetwas mit Religion zu tun habe.

Eine dritte Gruppe sagt, daß Religion überhaupt nur im Vollzuge *existentieller Entscheidung* und persönlichen Wagnisses erfahren und auch beschrieben werden könne; Schleiermacher beschrieb in einem ähnlichen Gedankengang schon vor 150 Jahren die Religion als das Gefühl einer schlechthinnigen Abhängigkeit. Doch auch diese Definition beschreibt nicht das gesamte Erscheinungsbild, denn Millionen von Anhängern aller Religionsgemeinschaften ist die besondere und auch im Bewußtsein gefüllte Erfahrung einer solchen existentiellen Entscheidung oder eines solchen Abhängigkeitsgefühles nie zuteil geworden.

Diese drei Definitionsversuche reichen aus, um unsere Verlegenheit erkennbar zu machen. Es gibt, so werden wir abgekürzt sagen müssen, keine einzige Definition, die das Wesen der Religion so umfassend beschreibt, daß alle Unterschiedlichkeiten darin sachgemäß aufgehoben wären. Aber je nach diesen Unterschiedlichkeiten ist das zu bemessen, was man als voraussichtliche zukünftige Entwicklung von Religion im Verständnis der jeweiligen Definition sagen können wird. Es erscheint beispielsweise als sehr fraglich, ob ein Begriff von dem „Heiligen", vor dem man erschauert, vor dem man sich in eine Demutshaltung zurückzieht, vor dem man Angst hat, vor dem man ohnmächtig aufbegehrt — ob das so verstandene Heilige noch eine Rolle spielen wird in einer Zeit, in der durch wissenschaftliche Aufklärung sowohl der Natur als auch des menschlichen Seelenlebens das Unheimliche wenigstens andeutungsweise durchschaubar wird — und in der mit der Überwindung altüberkommener paternalistisch-autoritärer Strukturen das untertänige Demutsgebaren zunehmend abgebaut und ohnmächtiges Aufbegehren allenfalls gegenüber Krankheit und Tod seine Realität behalten wird.

Ähnliches gilt auch für einen Religionsbegriff, der durch seine Ausrichtung auf das Übernatürliche, auf das der Erfahrung nicht Zugängliche gekennzeichnet ist. Zweifellos wird die fortschreitende Verwissenschaftlichung unseres Denkens den Spielraum des sogenannten Übernatürlichen immer stärker eingrenzen und einer Religiosität, die ihr Eigentümliches in der Beziehung zum Übernatürlichen sieht, wohl keine großen Zukunftschancen belassen. Allerdings hat sich in der neueren Diskussion von dem Begriff des Übernatürlichen ein anderer Begriff als der früher von Laien und selbst von theologischen Fachleuten gerne als synonym, als gleichbedeutend mit übernatürlich verwendete Begriff der Transzendenz abgelöst und verselbständigt. In zwei der wichtigsten neueren Beiträgen zum Thema Religion, nämlich in den Schriften des marxistischen Sozialphilosophen Max Horkheimer und in den Arbeiten des Religionssoziologen Peter Berger findet dieser Begriff der Transzendenz in einer neuen, dem allgemeinen Sprachempfinden offenbar weithin noch fremden Füllung eine stark hervorgehobene Bedeutung. Um den Unterschied zur sonst geläufigen Verwendung des Wortes Transzendenz deutlich zu machen, müßte man geradezu von einer „Vierdiesseitigung des Transzendenzbegriffes“ sprechen. Gemeint ist nämlich sowohl bei Horkheimer wie bei Berger wie übrigens auch in einer Reihe weiterer Versuche, daß die Gegebenheiten und Zustände unserer gegenwärtigen Alltagswelt transzendiert, das heißt: überschritten, relativiert werden können und werden müssen, daß wir uns nicht mit ihnen abfinden brauchen, so wie sie sind, daß wir in ihnen bereits die Spuren einer besseren Welt erkennen können und daß wir mit Blick auf eine solche bessere Welt auch die Aufgaben der Gegenwart in Angriff nehmen sollen.

Schon diese wenigen Andeutungen zeigen, daß ein Religionsbegriff, der auf ein solches verdiesseitigtes Verständnis von Transzendenz ausgerichtet ist, sehr wohl auch in der Zukunft von größter Bedeutung für die Menschen sein wird. Denn vorläufig sind alle Weltgestaltungen der Menschen noch sehr weit weg von dem Ziel, das sie sich selbst gesetzt haben und erst recht von den Bildern, die beispielsweise die Bibel von einer neuen Welt, einem neuen Himmel und einer neuen Erde zeichnet.

Nun könnte aber einer sagen, ein solcher Entwurf zur Transzendierung unserer Alltagswelt brauche ja nicht zwingend mit der Aufschrift „Religion“ versehen zu sein. Es könne sich ja genausogut um einen wissenschaftlichen oder um einen politischen Entwurf handeln, der mit Religion absolut gar nichts zu tun habe. So wohne beispielsweise der Vorstellung einer sozialistischen Gesellschaft gegenwärtig die stärkste Kraft der Transzendenz gegenüber unseren bestehenden Verhältnissen inne — und eine sozialistische Gesellschaft habe doch wahrlich wenig oder gar nichts mit Religion im bisher üblichen Sinn zu tun. Im Gegenteil: die Verwirklichung des sozialistischen Entwurfes könne überhaupt erst richtig in Angriff genommen werden, wenn die herrschende Religion entmächtigt sei. — So argumentieren bekanntlich viele Marxisten; solche der osteuropäischen orthodoxen Parteien ebenso wie der jüngsten europäischen Studentengeneration. Trotzdem gibt es eben auch überzeugte Marxisten, die das Wort Religion anders verstehen als die herrschende Lehre; Max Horkheimer ist unter ihnen keine Ausnahme. Gerade in der jüngeren Generation der osteuropäischen Staaten gibt es eine ganze Reihe von Philosophen und Schriftstellern, die in ihrem Bemühen um eine dynamische Transzendierung ihrer bürokratisch bestimmten Alltagswelt gerne auf den Begriff der Religion zurückgreifen.

Doch hat uns diese auf die aktuelle Diskussion bezogene Zwischenbetrachtung wiederum zu unserer ersten Feststellung zurückgeführt, daß nämlich angesichts des vielschichtigen und widersprüchlichen Sprachgebrauches von Religion alles darauf ankomme, wie wir selbst diesen Begriff bestimmen wollen. Da es offensichtlich genauso schwer ist, den Begriff der Religion von seiner diesseitigen oder jenseitigen Zielrichtung und deren entsprechenden Inhalten einheitlich zu fassen wie die Fülle religiöser Erscheinungen auf einen einheitlichen Nenner zu bringen, wollen wir hier einen anderen Weg einzuschlagen versuchen, der uns vielleicht einen Ausblick auf unser Hauptthema nach der Zukunft der Religion zu eröffnen vermag. Wir wollen der Frage nachgehen, welche Aufgaben denn die Religion im Leben des einzelnen Menschen erfüllt und welche Aufgabe sie im Leben der menschlichen Gemeinschaften wahrnimmt. Es geht uns demnach, um unsere Absicht formelhaft zu kennzeichnen, nicht um das *Wesen* der Religion, sondern es geht uns um die *Funktion* der Religion. Wir meinen, daß in dieser sogenannten funktionalen Betrachtungsweise der Streit darüber, ob die Religion auf das Heilige schlechthin bezogen ist oder nicht, ob es in der Religion notwendig um Übernatürliches geht oder nicht, zurücktritt, sozusagen unentschieden bleiben kann. Doch lassen wir das einstweilen auf sich beruhen.

Welche Aufgaben nun nimmt die Religion im Leben des Einzelmenschen, des Individuums wahr, was leistet sie? Diese Frage ist heute nicht mehr so klar und für jedermann einleuchtend zu beantworten wie sicher noch vor 50 Jahren und erst recht in früheren Zeiten. Das hängt unseres Erachtens vor allem zusammen mit der sogenannten „Segmentisierung" der Religion, d. h. mit ihrer Auffächerung gewissermaßen in eine Reihe von Unterabteilungen. Gemeint ist, daß dort, wo früher bei ganzen Bevölkerungsgruppen eine ziemlich einheitliche religiöse Vorstellungswelt bestand, heute eine Reihe von religionsähnlichen Auffassungen miteinander konkurrieren, sich miteinander vermischen und eben eine Art neuer Unterabteilungen von Religion hervorbringen. Mit diesen Unterabteilungen neuer Religiosität und ihrer Verflechtung in bestimmten Bevölkerungsgruppen werden wir uns noch genauer zu beschäftigen haben. Zunächst verdeutlichen wir uns, welche Funktion die Religion etwa im Leben der Bäuerin Hilda Michel vor etwa 150 Jahren gehabt hat.

Im Heimatdorf dieser Bäuerin stand die Kirche nicht nur äußerlich im Mittelpunkt des Ortes. Auch den allgemein geltenden Vorstellungen nach fühlte man sich dort ganz selbstverständlich als evangelisch. In ihrem Elternhaus wurde abends am Kinderbett gebetet; auch vor den Mahlzeiten sprach der Vater ein Tischgebet. Die Mutter ging alle 14 Tage zum Gottesdienst, der Vater durchschnittlich einmal im Monat. Im Religionsunterricht der Volksschule sowie im Konfirmandenunterricht mußte Hilda eine ganze Anzahl von Gesangbuchversen, die meisten Stücke des Katechismus und einen Teil der in der Lutherbibel fett gedruckten biblischen Kernsprüche auswendig lernen. Die evangelische Gedankenwelt wurde auf diese Weise ganz selbstverständlich zu ihrem eigenen religiösen Vorstellungs- und Ausdrucksrahmen. Dieser Rahmen wurde immer wieder bestätigt und gefestigt durch das, was die Menschen ringsum glaubten und wie sie sich verhielten. Selbst wenn ihr die evangelische Welt- und Lebensanschauung nicht einleuchtend gewesen wäre, hätte Hilda kaum die Möglichkeit eines anderen religiösen Rahmens gehabt; denn ihr fehlten sowohl die Kenntnisse einer anderen Weltanschauung als auch die Instrumente, mit ihnen umzugehen. Sie war, ohne selbst vorher gefragt worden zu sein, in die evangelisch-lutherische Religiosität nicht nur hineingewachsen, sondern die in ihrem Heimatgebiet herrschende Religion war ihre eigene, sozusagen ein Stück von ihr geworden.

Damit können wir die Frage wieder aufnehmen, welche Funktion denn die Religion im Leben von Frau Hilda Michel erfüllte, nachdem sie ins Nachbardorf hinübergeheiratet hatte und selbst Mutter geworden war. Ich unterscheide zur Verdeutlichung drei Bereiche, in denen diese Funktion klar zu beobachten ist.

Der erste Bereich betrifft das sogenannte Gefühlsleben. Frau Michel muß mit ihren verschiedenen Ängsten fertig werden, beispielsweise mit der Angst, daß ihr lebensgefährlich erkranktes Kind sterben könnte, oder mit der Angst, daß der eigene Ehemann als Soldat im Kriege fallen könnte, oder daß das heimatliche Dorf und die eigene Familie durch eine Epidemie oder durch eine Folge katastrophaler Mißernten in Not und Elend geraten könnte. Mit all diesen Ängsten fertig zu werden hilft ihr ihre Religion; sie betet, sie bittet Gott um Hilfe, sie sagt sich die Gesangbuchverse auf, die ihr die Möglichkeit geben, ihre eigenen Empfindungen überhaupt einmal in Worte zu fassen, sie damit ein Stück weit aufzuarbeiten. Überhaupt findet sie in diesen Gesangbuchversen ihre eigenen Lebensverhältnisse wieder, nicht nur, was die Angst betrifft, sondern auch, was die Erfahrungen der Freude oder des Glückes, des Vertrauens oder der Enttäuschung, des Leidens und des Sterbens angeht. Frau Michel hat, wie gesagt, keine anderen Instrumente, mit dem unruhigen Bereich ihrer Gefühle umzugehen als diesen ihren religiösen Vorstellungsrahmen. Der aber hilft ihr auch tatsächlich.

Der zweite Bereich, in dem die Religion eine wichtige Bedeutung für Hilda Michel hat, sind die sogenannten Sinnfragen des Lebens. Es ist nicht so, daß sie sich dauernd mit diesen Fragen beschäftigte, daß sie von ihnen umgetrieben würde. Aber sie weiß, sie sind grundsätzlich beantwortet. Diese Fragen, woher es beispielsweise kommt, daß man das Gute will und doch das Böse tut, woher es kommt, daß der eine, obwohl ein durch und durch anständiger Menschen, geradezu vom Pech verfolgt ist, und der andere, ein durchtriebener Schurke, auch noch Glück mit seinen finsteren Geschäften hat; warum Menschen überhaupt leiden und sterben müssen; diese Fragen haben ihre beängstigende Macht verloren. Im Katechismus hat sie gelernt, warum die Welt so ist, wie sie ist. Und diese Antworten des Katechismus hat sie ebensowenig wie ihre Altersgefährten und sonstigen Dorfgenossen je hinterfragt. Die sogenannten Sinnfragen des Lebens waren letzten Endes geregelt — auch wenn, das freilich wußte Frau Michel genau, es im persönlichen Leben oft sehr schwer war, sich in diesen Sinn zu schicken, ihn zu akzeptieren.

Der dritte Bereich, in dem die Religion für Frau Michel eine wichtige Rolle spielt, betrifft die sittliche Ordnung, die ethischen Werte und Normen, das, was man im Volksmund „gut und böse" nennt. Diese sittliche Ordnung hatte ihr Zentrum in den Zehn Geboten, ausgelegt und erklärt wiederum im lutherischen Katechismus. Gewiß erlebte Frau Michel ständig, daß diese 10 Gebote nicht streng eingehalten wurden, und gewiß war sie keineswegs darauf aus, mit erhobenem Zeigefinger hinter jedem herzulaufen, der ein Gebot ersichtlich übertreten hatte. Sie war keineswegs eine

religiöse Fanatikerin. Trotzdem hielt sie entschieden daran fest, daß von den Zehn Geboten nicht ein Tüpfelchen abgestrichen werden dürfe; denn wenn die grundsätzliche Gültigkeit der Zehn Gebote außer Kraft gerate, dann, so meinte sie ebenso wie die allermeisten ihrer Zeitgenossen, werde das Leben aus den Fugen geraten, werde gewissermaßen alles „drunter und drüber" gehen.
In diesen drei Bereichen, in dem der Bewältigung elementarer Gefühle, in dem der Regelung der Sinnfrage und dem der Vermittlung sittlicher Wertordnungen spielt die Religion für Frau Michel eine ganz zentrale Rolle. Man kann sagen, ihr religiöser Vorstellungsrahmen sei geradezu das Steuerungssystem, mit dessen Hilfe sie ihr Lebensschiff durch ihre Alltagswelt steuert, an dem sie Orientierung gewinnt, wenn die Fahrt einmal durch gefährliche unsichere und dunkle Gewässer geht.

Wir sahen, daß Frau Michel dieses ihr Steuerungssystem sich in ihrer Kindheit angeeignet, es gewissermaßen erlernt hat, daß sie die Werte und Normen ihrer Religion „internalisiert" hat, wie man heute sagt, daß sie also diese Religion sozusagen in ihr Innenleben hineingenommen, daß sie sie verinnerlicht hat. Damit soll ausgedrückt werden, daß es sich bei einem solchen Hineinwachsen in die Religion keineswegs nur um das Erlernen eines abfragbaren Wissens handelt. (Ein solches Mißverständnis hätte mit dem Hinweis auf das Auswendiglernen von Gesangbuchversen oder Katechismus-Stücken entstehen können.) Außer dem Bereich des Wissens, des Verstandes, wie wir landläufig sagen, spielt für die Religion der Bereich der Gefühle oder genauer dessen, was wir die Seele nennen können, eine ganz erhebliche Rolle. Freilich sind alle diese Unterscheidungen ein wenig gewaltsam. Denn in Wahrheit sind ja Gefühl und Verstand auch im religiösen Bereich auf das engste miteinander verflochten.

Weshalb wir trotzdem diese Unterscheidungen einführen müssen, kann an einem kleinen Beispiel deutlich werden. Auf dem kleinen Hof der Frau Michel wird im Zusammenhang der sogenannten Befreiungskriege für einige Wochen ein junger Leutnant einquartiert. Der junge Mann erklärt, daß er Religionswissenschaft studiere und selbst eines Tages Forscher werden wolle; von Hause aus sei er katholisch erzogen; inzwischen habe er jedoch längst seinen Kinderglauben überwunden und halte sich jetzt für einen aufgeklärten Atheisten. Die Frau Michel weiß nicht so recht, was das ist, kümmert sich auch nicht weiter darum. Beiläufig erfährt sie jedoch, daß der Leutnant auch vom lutherischen Katechismus und den Gesangbuchliedern sehr viel mehr weiß als sie selbst. Trotzdem, so spürt sie, hat dieses Wissen bei ihr und ihm doch einen anderen Stellenwert. Daß der Leutnant viel mehr weiß, bedeutet noch längst nicht, daß dieses Wissen für die Steuerung seines Lebens eine ebenso wichtige Rolle spielt wie das vergleichsweise viel kleinere Wissen, das die Bäuerin von der Religion hat, für sie selbst spielt. Sie versteht zwar nicht so gut die Zusammenhänge und Probleme. Aber sie ist, wie man so sagt, mit dem Herzen dabei. Sie reagiert empfindlich, wenn der Student eine schnodderige Bemerkung macht; man merkt, daß die Worte, die sie selbst findet, mit starken Gefühlen beladen sind. Und genau das ist es, was Definition von Religion im Sinne unserer funktionalen Betrachtungsweise dazugehört; der hohe Anteil von Emotionalität, von Gefühlsbindungen.

Fassen wir noch einmal zusammen, wie sich Religion darstellt, wenn wir von ihrer Funktion für den einzelnen Menschen ausgehen: sie erscheint als eine emotional hochbesetzte Bindung an ein bestimmtes Deutungs- und Wertschema; im Falle unserer Bäuerin Michel also als Bindung an das Deutungs- und Wertschema der lutherischen Volkskirche. Diese Bindung hat die Aufgabe, dem Menschen zu helfen, mit den Gegebenheiten, Zufälligkeiten und Undurchsichtigkeiten seiner Alltagswelt fertig zu werden. Oder, um es einmal mit den Worten des bekannten jüngeren Soziologen Niklas Luhmann und damit in einer bestimmten soziologischen Fachsprache zu formulieren: „Religion hat die Funktion, die an sich kontingente Selektivität gesellschaftlicher Strukturen und Weltentwürfe tragbar zu machen, d. h. ihre Kontingenz zu chiffrieren und motivfähig zu interpretieren.“ Etwas vereinfacht, bedeutet dieser Satz, daß Religion die Aufgabe hat, die mir zufällig zuteilgewordene Lebenssituation tragbar zu machen, d. h. ihre Zufälligkeit gewissermaßen zu chiffrieren und gleichzeitig im Sinne einer Motivation zu deuten.

Im Sinne dieser Betrachtungsweise ist eine recht klare Antwort auf die Frage nach der Zukunft der Religion zu geben. Religion im Sinne unseres Begriffes wird es immer geben; menschliche Existenz ohne solche Religion ist nicht denkbar. Freilich ist damit die Religionsproblematik unserer Gegenwart noch keineswegs erledigt. Nur ist sie gewissermaßen auf ein anderes Gleis geschoben. Man wird nicht mehr so sehr danach fragen, ob es Religion geben wird oder soll oder nicht, sondern man wird fragen: welche Deutungs- und Wertschemata sollen unter uns gelten. Und über diese Frage wird ja schon heute heftig gestritten. Beispielsweise darüber, ob die überkommenen christlichen Moralauffassungen über Arbeit und Freizeit, Liebe und Ehe, Krieg und Frieden, Eigentum und Diebstahl, Gehorsam und Mündigkeit — ob diese Auffassungen den Problemen und Gefahren einer sogenannten spätkapitalistisch organisierten Industriegesellschaft gerecht werden — oder ob sie möglicherweise gerade solche Strukturen verfestigen und indirekt verteidigen, die mit den Vorstellungen von Nächstenliebe und menschlicher Gleichheit nur sehr wenig zu tun haben. Doch ist das nicht unser Thema, wenngleich hier die wirklichen Ursachen auch für den in jüngster Zeit neu entfachten Streit über die Religion liegen dürften. Denn letzten Endes trägt die Frage danach, ob es so etwas wie Religion morgen und übermorgen noch geben werde, solange nichts aus, solange die Frage nach den Inhalten und Strukturen der Wertungs- und Deutungsschemata davon ausgeklammert ist. Der Einzelmensch wird immer dessen bedürfen, daß ihm seine Situation motivfähig interpretiert wird, nur fragt sich, woher die Interpretamente genommen werden sollen — und übrigens auch, woher sie überhaupt genommen werden können.

Statt freilich diese inhaltlichen Fragen im einzelnen weiter problematisieren zu können, müssen wir uns noch einmal einem allgemeineren Gesichtspunkt zuwenden. Religion ist nämlich in unserer funktionalen Betrachtungsweise nicht nur in ihrer Bedeutung für den einzelnen Menschen, sondern auch in ihrer Bedeutung für die Gesellschaft selbst zu beachten. Im Jahre 1912 hat der Franzose Emile Durkheim zum ersten Mal eine ausführliche Argumentation darüber vorgetragen, daß die Religion zu den wichtigsten Mitteln der Integration, d. h. der Einheit und des Zusammenhaltens einer Gesellschaft gehört. Dieser Gedanke läßt sich leicht an unserem Beispiel veranschaulichen. So, wie die Bäuerin Hilda Michel, dachten und glaubten im Grunde Millionen deutscher evangelischer Bäuerinnen — und nicht nur Bäuerinnen, sondern Menschen aus allen Alters- und Berufsgruppen. Das Deutungs- und Wertschema der lutherischen Volkskirche gehörte zweifellos über Jahrhunderte hinweg zum stärksten integrierenden Faktor, sozusagen zur stärksten Bindekraft der deutschen Gesellschaft, die politisch ja nicht geeint war. Und ähnliche Bedeutung kann man für den Katholizismus in Polen oder Spanien, für den Islam in Arabien und für bestimmte Stammesreligionen in Afrika nachweisen. Wollen wir diese Bedeutung soziologisch etwas differenzierter ausdrücken, dann müssen wir Religion nunmehr beschreiben als eine Institution der Vermittlung, Legitimierung und Transzendierung derjenigen Deutungs- und Wertauffassungen, die in einer Gesellschaft grundlegend in Geltung stehen. Die religiösen Institutionen haben also die Aufgabe, diese geltenden Auffassungen, deren Grundbestand oft in Heiligen Schriften (wie der Bibel, dem Koran, oder in einem etwas veränderten Sinn auch der sogenannten Mao-Bibel) festgehalten wird, zu überliefern, auszulegen, einzuüben, missionarisch auszubreiten. Sie haben ferner die Aufgabe, ihre Mitglieder oder Anhänger zu betreuen, sie beispielsweise zu vergewissern, daß die Grundauffassungen des gemeinsamen Glaubens nach wie vor gültig und tragfähig sind.

Dies alles hat offensichtlich jahrhundertelang so funktioniert und auch dort, wo im letzten Jahrhundert gewaltige Veränderungen vor sich gingen, wo, wie beispielsweise in Rußland, das religiöse Monopol der orthodoxen Kirche durch ein in unserem Sinne ebenfalls als religionsähnlich zu bezeichnendes Monopol der Partei abgelöst wurde, selbst dort also sind zwar die Inhalte und die gesellschaftlichen Auswirkungen der Wertungs- und Deutungsschemata massiv revolutioniert worden, ist aber der Zusammenhang von lehrender Institution, von Lehrinhalt und von der persönlichen Annahme dieser Lehre erhalten geblieben. Mit anderen Worten: Erhalten blieb oder neu formuliert wurde die tiefe strukturelle Zusammengehörigkeit von Deutungsschema, vermittelnder Institution und individueller Motivation. Eben die Einheitlichkeit dieser Strukturen des Verhältnisses von Religion und Gesellschaft scheint jedoch in neuester Zeit durch diejenigen Tendenzen in Frage gestellt zu sein, die wir vorhin als „Segmentisierung" gekennzeichnet haben und die landläufig unter dem Stichwort „Pluralismus" diskutiert werden. Gemeint ist, daß an die Stelle der bisherigen einheitlichen Grundauffassung in der Gesellschaft immer häufiger jene Vielfalt von Unterabteilungen tritt, die nicht nur miteinander konkurrieren, sondern oft auch gar nichts miteinander zu tun haben, vielmehr meilenweit voneinander entfernt sind. Die soziologisch interessante Frage ist dabei, ob die Gesellschaft auf ein Schema gemeinsam vertretener Grundüberzeugungen verzichten kann, ob sie es auf die Dauer verkraften kann, daß in den Grundfragen des menschlichen Zusammenlebens, also etwa zwischen strenger Monogamie und neuen Formen der Polygamie, zwischen Kapitalismus und Sozialismus, zwischen Gehorsam und Mündigkeit so verschiedene und gegensätzliche Konzeptionen nebeneinander existieren können, wie das zur Zeit in Westeuropa der Fall ist. Oder ob diese Pluralität nur ein Übergangsstadium markiert, an dessen Ende eine neue Einheitlichkeit der religiösen Grundauffassungen stehen wird. Oder, auch diese dritte Möglichkeit besteht, ob sich insgeheim, über und hinter all den Widersprüchlichkeiten in den ethischen Grundorientierungen und Konzeptionen, doch bereits wieder so etwas wie ein gemeinsam verpflichtendes und anerkanntes Wertsystem herauskristallisiert hat, dem beispielsweise die ideologischen Führer der modernen Marktwirtschaft genauso zustimmen wie die inzwischen recht zahlreich gewordenen Mitglieder der streng marxistischen Studentengruppen an unseren Universitäten. Mit den oft als Allerweltsformeln bezeichneten Begriffen von Humanität und Humanisierung könnte sich eine solche Entwicklung ebensogut andeuten wie in der von Herbert Marcuse beschriebenen Tendenz, daß sich die kulturellen Bedürfnisse etwa im Freizeit-Sektor oder am Fernsehgerät auf der ganzen Welt einander immer stärker annähern.

Doch können wir im Augenblick noch nicht genau erkennen, in welche Richtung uns die einander widerstreitenden Kräfte der Segmentisierung von Wertsystemen einerseits und der Nivellierung, der Abflachung zu einer Welt-Einheits-Kultur andererseits treiben werden. Wie immer aber das Ergebnis dieses Prozesses sein wird, im Blick auf die Funktion der Religion wird die Frage von größter Bedeutung sein, welche Formen der institutionell geregelten Vermittlung zwischen den sich neu herausbildenden Grundwerten der Gesellschaft und der auf den Einzelmenschen bezogenen Motivation entwickelt werden. Ob beispielsweise die christlichen Kirchen, die jahrhundertelang die wichtigsten Agenturen einer solchen Vermittlung zwischen den fraglos gültigen Werten und der persönlichen Motivation gestellt haben, diese Aufgabe auch im Zuge einer revolutionären Neuorientierung zu leisten vermögen, oder wer sonst an ihre Stelle treten könnte. Auch im Blick auf diese Agenturen, wie den Kindergarten, den Religions- und Konfirmandenunterricht sowie die sogenannten Kleinkreise von Erwachsenen wird die unmittelbare Zukunft der Religion wohl von erheblichen Auseinandersetzungen und Kämpfen gekennzeichnet sein. Was bleiben wird, ist ganz zweifellos so etwas wie das, was wir soziologisch bisher als Religion bezeichnet haben. Es fragt sich nur, ob die Menschen das, was sie bisher als Religion verstanden haben, darin wiederfinden.

III.

Probleme einer aufgabenorientierten Praxis

1. Pfarrerberuf und Kooperation

1.0 *Schwierigkeitserfahrungen in und mit der Praxis*

1.1 Die pfarramtliche Berufspraxis steht in einem Spannungsfeld vielfältiger und zunehmender Schwierigkeiten. Diese Schwierigkeiten sind gewissermaßen auf zwei Ursachenkomplexe bezogen, die äußerlich verschiedenartig erscheinen, jedoch latent eng miteinander verbunden sind. Der eine Komplex betrifft jenen rapiden gesellschaftlichen Umbruch, in den auch die Kirche hineinbezogen ist, in dessen Verlauf ihr eine Reihe bisheriger Zuständigkeiten bestritten, sie selbst heftig kritisiert und gelegentlich als total überholt bezeichnet wird. Der andere Verunsicherungskomplex betrifft jene Entwicklung der Theologie, die mit den Stichworten Säkularisierung, Entmythologisierung, politische Theologie und „Gott-ist-tot"-Theologie anzudeuten ist und offenbar von einem Großteil der Pfarrer nicht mehr mit ihren eigenen theologischen Grundüberzeugungen vermittelt werden kann.

Die Eigenerfahrungen der in diesem Feld virulenten Schwierigkeiten lassen sich sowohl unter persönlich-emotionalen als auch unter arbeitsorganisatorischen Gesichtspunkten beschreiben.

1.2 Die berufliche und die damit mittelbar (besonders beim Pfarrer) verbundene *persönliche Identität* scheint vor allem durch folgende Faktoren betroffen und angegriffen zu sein:

1.2.1 Die Erschütterung des eigenen theologischen Bezugssystems und damit zusammenhängend die Frage: kann ich überhaupt noch Pfarrer sein, ja: kann ich überhaupt noch als Christ gelten?

1.2.2 Das Gefühl, „entfremdete" (= uneigentliche) Arbeit verrichten zu müssen (z. B. Zeremonienmeister zu spielen, fragwürdige Bedürfnisse zu versorgen), während zu dem, was man „eigentlich" will, nämlich etwa die freimachende Kraft des Evangeliums bezeugen, weder die rechte Gelegenheit noch das rechte Instrumentarium bereitstehen.

1.2.3 Das Gefühl, auf verlorenem Posten zu stehen, weil kaum jemand in der Gemeinde die Verantwortung für die pfarramtliche Arbeit wirklich mitträgt; weil die meisten Gemeindeglieder die tieferen Verlegenheiten der gegenwärtigen Lage vielleicht nicht einmal verstehen können.

1.2.4 Der Mangel an Erfolgserlebnissen, wie sie jeder Mensch braucht — und wohl um so mehr, je mehr er mit Unsicherheitsgefühlen zu tun hat.

1.2.5 Die Isolierung in der dörflichen oder städtischen Umwelt von Menschen ähnlicher Ausbildung (akademische Berufe) und ähnlicher Auffassung (gesellschaftskritische, „linke" Positionen).

1.2.6 Das Mißtrauen gegenüber den kirchlichen Entscheidungsgremien und der kirchlichen Bürokratie, von denen man sich unverstanden, manipuliert oder unpersönlich „verschaukelt" fühlt; der Ärger darüber, daß es kaum Gelegenheiten gibt, bestehende Spannungsursachen aufzuarbeiten.

1.2.7 Das Gefühl, von der Fülle und den fachlichen Ansprüchen der Aufgaben überfordert zu sein.

1.2.8 Der Mangel an Möglichkeiten einer weiterführenden und in der Praxis verwertbaren Fortbildung.

1.2.9 Die Sorge um die finanzielle Entwicklung der Kirche und damit zusammenhängend um die wirtschaftliche Sicherheit der eigenen Familie.

1.3 Als besondere *arbeitsorganisatorische Schwierigkeiten* werden vor allem folgende Punkte häufig diskutiert:

1.3.1 Das unökonomische „Zeitbudget": im Alltag muß viel Zeit für ineffektive Tätigkeiten wie bürokratische Kleinarbeit, Sitzungen, Auto- und Straßenbahnfahrten, Routine-„smalltalks" usw. aufgewendet werden; auch die oft nach wie vor zeitlich sehr ausgedehnte Vorbereitung des Sonntagsgottesdienstes wird im Zusammenhang mit der Kritik an der monologen Predigt und mit rückläufigen Besucherzahlen in zunehmendem Maß problematisiert.

1.3.2 Das Defizit an humanwissenschaftlicher Sachkenntnis für zentrale pfarramtliche Arbeitsbereiche: beispielsweise an Kinder- und Jugendpsychologie, an Sozialpsychologie, Religionssoziologie und Religionspsychologie, Kommunikationswissenschaft, Psychotherapie, Wirtschaftswissenschaft usw. Ferner die Schwierigkeit, die humanwissenschaftlichen Erkenntnisse auf die eigene Praxis zu übertragen und hier nutzbar zu machen (Transferproblematik).

1.3.3 Das Defizit an Teilnahme- und Verarbeitungsmöglichkeiten an gegenwärtigen theologischen Fragestellungen und Entwicklungen.

1.3.4 Mangel an Möglichkeiten, durch methodische Kontrolle (z. B. Unterrichtsbeobachtung durch Kollegen) den Wirkungsgrad der eigenen Arbeit zu überprüfen und damit Maßstäbe für eine Verbesserung der alltäglichen Berufsaufgaben zu gewinnen.

1.3.5 Mangel an übergemeindlichen Arbeitsformen (Gemeindeseminare, Bibelkreise, Männer- und Frauenarbeit), die einerseits den Pfarrer in der Fülle seiner Parochialaufgaben entlasten und die andererseits eine bessere Qualität der Durchführung ermöglichen können.

1.3.6 Mangel an Möglichkeiten, Pfarrer nach ihren besonderen Interessen und Fähigkeiten schwerpunktartig übergemeindlich einzusetzen.

1.4 Bei der Suche nach Möglichkeiten, mit all diesen Schwierigkeiten besser umgehen und sie schrittweise bewältigen zu können, spielt der Gedanke der Kooperation eine zunehmend wichtige Rolle.

Die im Zusammenhang damit vielfach erörterten Probleme lassen sich in folgende Teilaspekte gliedern:

- 2.0 Kontinuität und Wandel des Amtsbegriffes,
- 3.0 Die gesamtgesellschaftliche Dynamik des Kooperationsbegriffes,
- 4.0 Die persönlich-emotionale Bedeutung einer engen Kooperation,
- 5.0 Organisatorische Möglichkeiten pfarramtlicher Kooperation,
- 6.0 Formen der Einübung in Kooperation.

1.5 Bei der Entfaltung dieser Aspekte wird vorausgesetzt, daß Kooperation ein wichtiges Mittel zur Bewältigung der angedeuteten Schwierigkeiten sein kann. Es ist nicht gemeint, daß durch Kooperation wie durch eine Art Wundermittel diese Schwierigkeiten bewältigt oder aufgehoben werden könnten. Doch scheinen in den gegenwärtigen Situationen die in einer engeren Kooperation angelegten Hilfen noch kaum ausreichend erprobt und fruchtbar gemacht zu sein.

2.0 *Zu Kontinuität und Wandel des Amtsbegriffs*

2.1 In der theologischen Diskussion wird der Gedanke von Team oder engerer Kooperation im Pfarramt häufig unter dem Blickwinkel der Einheit und Unteilbarkeit des „geistlichen Amtes" problematisiert und in Frage gestellt.

2.2 Verständnis jedoch und Gestalt des sogenannten „geistlichen Amtes" sind nicht zeitlos-absolut, sondern geschichtlich-wandelbar. Sie sind insbesondere abhängig von Kirchenverständnis und Kirchenstruktur, die ihrerseits wiederum in einem Verflechtungszusammenhang mit gesamtgesellschaftlichen Prozessen stehen. Beispielsweise werden Ämter und Dienste in der urchristlichen Gemeinde weithin anders verstanden und anders organisiert als etwa im mittelalterlichen Katholizismus, im landes- oder freikirchlichen Protestantismus des 19. Jahrhunderts, oder auch in den osteuropäischen Minoritätenkirchen der Gegenwart.

2.3 Diesem geschichtlichen Wandlungsprozeß unterliegen auch die im engeren Sinne theologischen Definitionen des „geistlichen Amtes", wobei als Konstante und als gemeinsamer Nenner vieler unterschiedlicher Deutungen der Bezug auf Jesus Christus evident ist. Wie verschieden die Beziehung auf Jesus Christus jedoch inhaltlich gefüllt werden kann, kommt schon in der klassischen Ämterlehre zum Ausdruck: sie gibt die Möglichkeit, entweder den prophetischen, den priesterlichen, den „königlich herrschenden" oder auch den dienenden Aspekt besonders zu akzentuieren. Doch soll es hier weniger um die theologische als vielmehr um die gesellschaftlich-strukturelle Seite des Amtsverständnisses gehen.

2.4 Die Einsicht in die Wandelbarkeit und Bedingtheit überkommener Begriffe vom „geistlichen Amt" darf weder zu einem resignierenden Relativismus noch zu einem trotzigen Beharren auf vergehenden Formen verführen. Es gilt vielmehr zu erkennen, welches Maß an Verantwortung der Kirche aufgegeben ist, in den Wandlungsprozeß von Formen und Aufgaben des „geistlichen Amtes" aktiv einzugreifen, die jeweiligen Tendenzen gründlich theologisch zu reflektieren und dann entweder zu fördern oder zu bremsen.

3.0 *Zur gesellschaftlichen Dynamik des Kooperationsbegriffes*

3.1 In unserer Zeit wirken für den einzelnen Amtsträger bewußt oder unbewußt vor allem folgende gesellschaftliche Kräfte auf die Gestalt und die Veränderung des „geistlichen Amtes" ein. Die Kraft der sogenannten Demokratisierung; die Kraft der sogenannten Arbeitsteilung; die motivierende Kraft der Kleingruppenarbeit.

3.2 Unter Demokratisierung verstehen wir Absicht und Versuch, für den einzelnen Menschen und gleichzeitig für alle Menschen mehr Mitbestimmung über die eigenen Lebensumstände, mehr Teilhabe an den Gütern der Natur und der menschlichen Arbeit, mehr Freiheit von sinnlos gewordenen Abhängigkeiten, mehr Gerechtigkeit in den Chancen der Bildung und Selbstverwirklichung und mehr Mündigkeit gegenüber den Formen der politischen Herrschaft zu gewinnen. Diese Tendenzen stehen nicht, wie heute ebenso von manchen Exponenten der Kirche wie von dezidierten Gegnern der Kirche behauptet wird, im Gegensatz zu den anthropologischen Traditionen von Bibel und Christentum; ihre Dynamik leitet sich vielmehr mindestens zu einem guten Teil gerade aus diesen Traditionen her (vgl. z. B. den Zusammenhang des abendländischen Demokratiebegriffs mit dem Gedanken vom allgemeinen Priestertum aller Gläubigen und der reformierten Foederaltheologie). Teil dieser Demokratisierungstendenzen ist es, die sogenannten autoritären und paternalistischen Entscheidungsstrukturen zu überwinden, Autorität rational durchsichtig zu machen und funktional zu begründen, sowie Entscheidungen zunehmend in partnerschaftlicher Kommunikation, also kooperativ zu erarbeiten.

3.3 Unter Arbeitsteilung verstehen wir Absicht und Versuch, die immens gestiegene Komplexität der ökonomischen Basisfaktoren (Rohstoffe, technische Mittel, Produktion, Markt etc.) zu bewältigen. Die Zunahme dieser Komplexität gegenüber früheren Zeiten geht vor allem auf die wissenschaftliche Erforschung von Naturkräften und deren Anwendungsmöglichkeiten zurück; auch sie steht in einem zwar mittelbaren, aber unübersehbaren Zusammenhang mit

zentralen Impulsen der christlichen Tradition („Entzauberung der Natur“, Berufsethos, innerweltliche Askese).
Die Teilbereiche der sogenannten wissenschaftlich-technischen Zivilisation (etwa Wirtschaft, Verwaltung, Schule, Universität, Kirche usw.) sind nur noch arbeitsteilig, das heißt durch Kooperation von Spezialisten sachgemäß zu bearbeiten. Die Tendenz zu weiterer Spezialisierung und Auffächerung scheint sich in Zukunft noch zu verstärken und dürfte auf alle Formen gesellschaftlicher Ordnung (Kapitalismus, Sozialismus und Mischformen) zutreffen.

3.4 Im Zuge der Entwicklung von Demokratisierung und Arbeitsteilung kommt es in immer stärkerem Maße auf Kreativität, Phantasie, Formulierungs- und Gestaltungskraft des Menschen an; diese Kreativität muß sich dringend gegen die starken Eigenkräfte (‚Sachzwänge‘, der technischen und ökonomischen Kräfte) durchsetzen und diese wieder von ihrer Herrschafts- in eine Dienstfunktion zurückverwandeln. Kreativität, Motivation und Arbeitsfreude aber werden ersichtlich gefördert durch intensive Kommunikation in kleinen Arbeitsgruppen, durch direkte Kooperation.

4.0 *Zur persönlich-emotionalen Bedeutung pfarramtlicher Kooperation*

4.1 Die gesamtgesellschaftliche Dynamik der Demokratisierung und Arbeitsteilung ist dem Pfarrer in seiner alltäglichen Berufspraxis gewöhnlich nicht unmittelbar bewußt; sie bleibt gewissermaßen latent. Die Tiefendimension dieser Entwicklung kann jedoch in Teilerfahrungen der Kooperation ganz unmittelbar manifest und damit in ihrer Bedeutung durchsichtig werden.

4.2 Zu solchen Teilerfahrungen kann bereits die Entlastung von denjenigen Tätigkeiten führen, die dem betreffenden Pfarrer besonders schwer fallen (sei es Religionsunterricht, sei es Verwaltung) und die in Arbeitsteilung von einem Kollegen wahrgenommen werden.

4.3 Weit eindrucksvoller dürften jedoch die Erfahrungen sein, die eine echte Kooperation für den emotionalen Bereich erschließen kann.

4.3.1 Dazu gehört zunächst jener Rahmen des Verstehens, der

sich in intensiver Zusammenarbeit entwickeln kann und innerhalb dessen der einzelne Pfarrer Aussprache und sogar Ausgleich für die eigenen theologischen Schwierigkeiten und andere seelischen Belastungen findet.

4.3.2 Innerhalb dieses Rahmens kann sich eine emotionale Vertrauensbasis bilden, die die Voraussetzung dafür ist, Kritik anzunehmen, diese fruchtbar zu machen und so die eigene Grundeinstellung schrittweise zu verändern.

4.3.3 In internsiver Zusammenarbeit können Predigten, Unterrichtsstunden, Gesprächsprotokolle usw. unmittelbar kritisch besprochen und aufgearbeitet werden. Dabei werden in der Regel bestimmte Schwierigkeitserfahrungen gleichsam entmythologisiert, d. h. in ihren Ursachen durchschaubar; durch den Vergleich mit den Schwierigkeiten der Kollegen werden sie zugleich relativiert und damit entmächtigt; endlich können sie — und möglicherweise in verbesserten Versuchen — fruchtbar gemacht werden.

4.4 Die emotionale Bedeutung einer engen Kooperation reicht jedoch über konkrete theologische und arbeitsorganisatorische Schwierigkeiten hinaus und betrifft in einem tieferen Sinne den seelischen Gesamthaushalt des Pfarrers.

4.4.1 Gerade wenn sich der Pfarrer seinen Gemeindegliedern und ihren seelischen Problemen, sei es im Unterricht oder sei es in der Seelsorge, in angemessener Weise zuwendet, muß er seinerseits ein hohes Maß an seelischer Kraft aufwenden. Um sich dabei nicht völlig auszugeben und damit selbst „ausgebrannt" zu wirken, braucht er gewissermaßen Möglichkeiten zum Aufladen und zur eigenen Regeneration.

4.4.2 Die Investition seiner seelischen Kräfte ist besonders hoch, wenn er als Medium psychischer Projektionen oder Identifikationen seiner Gemeindeglieder (sowohl durch Konfirmanden und Jugendliche aber auch durch Verwitwete und Alleinstehende) in Anspruch genommen wird. Diesen Ansprüchen gegenüber muß er die richtige Distanz gewinnen, das heißt gelegentlich auch die Kräfte zum Widerstand und zur Verweigerung, um dem betreffenden Gemeindeglied zu einer stärkeren Ich-Identität zu verhelfen. In dieser Situation braucht er selbst einen Kontakt mit Menschen, in denen er nicht nur seine seelischen Kräfte regenerieren, sondern darüber hinaus die eigenen Schwierigkeiten, Distanz zu gewinnen und Gegenübertragungen zu vermeiden, bearbeiten kann.

4.4.3 Bei dieser Aufgabe spielt in den meisten Fällen, und ohne daß man sich dessen bewußt wäre, die Pfarrfamilie eine besondere Rolle. Bis zu einem gewissen Umfang kann sie die nötige Hilfe wohl auch leisten: in schwierigen Fällen und bei zunehmender Häufigkeit ist sie jedoch stark überfordert. Dazu kommt, daß in der Familie selbst emotionale Gleichgewichtsprobleme eigener Art ihr Recht fordern.

4.4.4 Aus all diesen Gründen erscheint es als dringend erforderlich, daß sich eine Kleingruppe von Kollegen (und/oder Mitarbeitern) findet, in der solche, den emotionalen Gesamthaushalt betreffende Probleme der einzelnen Mitglieder in einer Weise miteinander aufgearbeitet werden, die zugleich Kräfte der seelischen Regeneration und der beruflichen Motivation freizusetzen vermag.

5.0 *Zu den Organisationsformen pfarramtlicher Kooperation*

5.1 Generell kann gelten, daß fast jede Form geregelter Zusammenarbeit fruchtbarer ist als die Arbeit des (isolierten) „Einzelkämpfers".

5.2 Pfarramtliche Zusammenarbeit wird seit einigen Jahren in der BRD in sehr verschiedenen Organisationsformen erprobt und praktiziert. Eine klare Typenbildung hat sich dabei bisher weder in den Organisationsformen noch in der Nomenklatur herausgebildet. Bezeichnungen wie Team, Arbeitsgemeinschaft, Gruppenpfarramt werden verschiedenartig und untereinander austauschbar verwendet.

5.2.1 Grundsätzlich lassen sich zwei Hauptansätze einer Typenbildung unterscheiden:

— 5.3 Der Ansatz bei der Intensität von Zusammenarbeit

— 5.4 Der Ansatz bei der funktionellen Differenzierung von Arbeitsaufgaben im parochialen oder überparochialen Bereich („gegliederte Gesamtgemeinde").

5.3 Unter dem Aspekt der Intensität von Zusammenarbeit lassen sich (nach dem Sprachgebrauch der Strukturkommission der Evangelischen Kirche in Hessen und Nassau) folgende Typen beschreiben, die in der Wirklichkeit allerdings nur in Mischformen zu finden sind:

5.3.1 Von einer *Beratungsgruppe* sprechen wir, wenn mehrere benachbarte Pfarrer sich regelmäßig persönlich treffen, um Erfahrungen und unmittelbar anstehende Aufgaben miteinander zu diskutieren und vielleicht sogar gemeinsam in Angriff zu nehmen (Predigt-Meditation, Unterrichtsplan). Fachliche Zuständigkeiten sind dabei nicht genau abgegrenzt, sondern werden je nach Interesse und Informationsstand der einzelnen Teilnehmer eingebracht. Die Zusammenarbeit wird methodisch nicht bewußt formalisiert, sondern erfolgt in informeller Spontaneität. Von den Routine-Arbeitsbesprechungen, wie sie unter Pfarrern etwa derselben Kirchengemeinde üblich sind, unterscheidet sich die Beratungsgruppe einmal durch eine größere Investition von Arbeitszeit (mindestens eine mehrstündige Sitzung in zwei Wochen) und zweitens durch die ausdrückliche Bearbeitung von Sachfragen (nicht nur Terminen und Organisationsaufgaben).

5.3.2 Von einer *Projektgruppe* sprechen wir, wenn über die kooperative „Beratung" hinaus bestimmte Aufgaben gemeinsam und evtl. überparochial durchgeführt werden: z. B. eine Konfirmandenfreizeit, ein Jugendgottesdienst, eine unmittelbar politische Aktion (Demonstration, sozialdiakonische Aktion) usw. Die Projektgruppe sollte in der Planung und gegebenenfalls zwischen den einzelnen Durchführungsphasen jeweils im methodisch geregelten Feedback die bisherigen Ergebnisse kritisch aufbereiten und als Impulse bzw. als Korrektur in die nächsten Aufgabenteile einbringen. Die Zusammenarbeit der Gruppe kann nach Abschluß des Projektes beendigt oder bis zur Durchführung eines weiteren Projektes suspendiert werden.

5.3.3 Von einer *Arbeitsgemeinschaft* sprechen wir, wenn eine langfristige Arbeitsplanung (halbjährige oder ganzjährige Dauer) gemeinsam erarbeitet und eingehalten wird. Zur Arbeitsgemeinschaft gehören regelmäßige, möglichst wöchentliche Kontakte, eine gewisse Schwerpunkt-Zuständigkeit der einzelnen Mitglieder, die gelegentliche Durchführung eines Projektes, das über die üblichen Arbeitsbesprechungen (wie über Predigtvorbereitung, evtl. Unterrichtsentwürfe usw.) hinausgeht. Auch in solchen Arbeitsgemeinschaften sollten regelmäßige Feedback-Einheiten zur selbstverständlichen Einrichtung werden; dabei sollte auf die Dauer jedes Gruppenmitglied ein Feedback der Gruppe über die Durchführung einer bestimmten Arbeitsaufgabe erfahren; auch die Art der Zusammenarbeit selbst und damit die Beziehung der Mitglieder der Arbeitsgemeinschaft sollten offen besprochen werden.

5.3.4 Von „*Team*“ im engeren Sinn (oder „Aktivgruppe“) sprechen wir, wenn ein hohes Maß von persönlicher und organisatorischer Integration der zusammenarbeitenden Gruppe erreicht ist. Voraussetzung dazu sind: eine hohe Kommunikationsfrequenz (etwa: wöchentliche Arbeitssitzungen von 3-4 Stunden), die ausdrückliche Aufarbeitung der gruppendynamischen Prozesse (von Zeit zu Zeit mit Hilfe eines Trainers oder Supervisors), das im geregelten Wechsel durchgeführte Feedback aller anfallenden Arbeitsaufgaben (Predigt, Unterrichtsstunde, Gesprächsprotokolle), die regelmäßige Durchführung von überparochialen „Projekten“, die Schwerpunkt-Spezialisierung jedes Team-Mitgliedes auf ein bestimmtes Arbeitsgebiet der pfarramtlichen Praxis (Homiletik-Kommunikationswissenschaft, Religionspädagogik, Seelsorge-Psychologie, vielleicht Soziologie-Sozialforschung). — Offen bleiben kann dabei, ob die Team-Mitglieder in einem Nachbarschaftsbezirk je für sich einer Parochialgemeinde zugeordnet sind oder ob sie in einem interparochial gegliederten Verband mehrerer Kirchengemeinden gewissermaßen arbeitsteilig eingesetzt sind (A nur für Unterrichts-Aufgaben, B nur für Seelsorge und Beratung usw.).

5.4 Unter dem Aspekt einer Differenzierung von Aufgabenbereichen wird pfarramtliche Zusammenarbeit seit langem in bestimmten Tätigkeitsgebieten praktiziert. Man kennt Jugendpfarrer, Studentenpfarrer, Männerpfarrer, Anstaltspfarrer, Industriepfarrer, Schulpfarrer usw. Grund für die Entstehung dieser Sonderpfarrämter war die Erkenntnis, daß zur Bearbeitung der betreffenden Aufgabenfelder einerseits spezielle Kenntnisse und Fähigkeiten und andererseits die volle Arbeitszeit und Arbeitskraft eines Pfarrers notwendig sind.

5.4.1 Von dieser Differenzierung unberührt blieb bis vor kurzem das Parochialpfarramt, das seit Jahrhunderten durch die Hauptfunktionen der Predigt, des Unterrichts und des seelsorgerlichen Hausbesuches konstituiert ist. Seit man jedoch erkannt hat, daß diese Funktionen, wenn man sie unter humanwissenschaftlichem Aspekt betrachtet, je für sich ein hohes Maß an differenzierter Sachkenntnis erfordern, verstärkt sich die Tendenz, die Funktionen bis zu einem gewissen Grad zu trennen und je durch speziell ausgebildete Fachleute (therapeutisch ausgebildeter Berater, erziehungswissenschaftlich ausgebildeter Unterrichts- oder Jugendfachmann usw.) wahrnehmen zu lassen.

5.4.2 Eine solche nach Funktionen gegliederte Arbeitsteilung läßt sich in einer ganzen Bandbreite möglicher Organisationsformen denken. Das fängt damit an, daß verschiedene Pfarrer einer Gemeinde schwerpunktmäßig zusammenarbeiten: der eine beschäftigt sich besonders mit Jugendarbeit und Unterricht, der andere besucht Krankenhaus und Altenheime, ein dritter verwendet einen großen Teil seiner Arbeitszeit auf Gemeindeseminare und Erwachsenenbildung; jeder behält dabei die Zuständigkeit für seinen eigenen Gemeindebezirk.

In einer zweiten Form werden bestimmte Parochialaufgaben ganz ausgegrenzt: der eine Pfarrer macht nur Jugendarbeit und Unterricht, der andere macht nur Seelsorgebesuche und nimmt die Kasualaufgaben wahr.

Eine weitere Form ist die sogenannte gegliederte Gesamtgemeinde, in der neben einigen Theologen auch anders ausgebildete Fachleute (Pädagogen, Psychologen, Sozialarbeiter usw.) zu einem pfarramtlichen Team integriert sind und gleichberechtigt zusammenarbeiten.

5.4.3 Den Tendenzen zu einer vollen Arbeitsteiligkeit in den Grundfunktionen steht jedoch vielfach entgegen, daß die Gemeinde energisch darauf besteht, daß jeder Bezirk „seinen“ eigenen Pfarrer hat; daß man eine feste Bezugsperson hat, die sowohl für die Konfirmation des eigenen Sohnes als auch für den Krankenbesuch bei der Großmutter als auch für den Frauenkreis, an dem die Mutter des Konfirmanden teilnimmt, zuständig ist. Ganz besonders in Dorf- und Kleinstadtgemeinden bestehen starke Widerstände gegen eine funktionale Arbeitsteilung.

5.5 Ein besonderes Problem stellt immer noch die Zusammenarbeit von Pfarrern und anderen hauptamtlichen Mitarbeitern (Diakon, Gemeindehelferin, Gemeindeschwester, Kindergärtnerin) dar. Obwohl immer wieder mit theologischen und organisatorischen Argumenten eine partnerschaftliche Zusammenarbeit gefordert und oft genug auch versucht wird, scheitert sie doch meistens an der Hierarchieproblematik (dienstvorgesetzter Pfarrer), an Bildungs- und Intentionsunterschieden, sowie am Mangel an methodischem Handwerkszeug.

Im Augenblick scheint es leichter zu sein, die Funktionsfähigkeit eines Teams von Pfarrern zu gewinnen, als die eines gemischten Teams von Pfarrern und sogenannten Laien.

6.0 *Formen der Einübung in Kooperation*

6.1 Notwendigkeit und Fruchtbarkeit einer engeren Zusammenarbeit zu erkennen und zu erfahren bedeutet gleichzeitig auch, Schwierigkeiten und Konflikte im Bereich der Kooperation zu erleben. Vielfach sind in den letzten Jahren die Versuche zu einer längerfristigen Zusammenarbeit nach wenigen Monaten wieder aufgegeben worden, weil die Schwierigkeiten größer erschienen als Entlastung und Ertrag.

6.2 Die Schwierigkeiten im Vollzug der Kooperation können auf vier besonders wichtige Faktoren zurückgeführt werden:

6.2.1 Auf scheinbar unüberwindliche persönliche Antipathien, die mit Sozialisationsprägungen, Übertragungen und Wiederholungstendenzen zusammenhängen können.

6.2.2 Auf den Mangel an Kenntnissen, miteinander zu kommunizieren: die Reizwort-Reaktion, die Durchsetzung eigener Vorstellungen, der Verständnismangel für andere Bezugssysteme und die Notwendigkeit, den Gesprächspartner bei dessen Bezugssystem abzuholen.

6.2.3 Auf die Divergenzen der Zielvorstellungen innerhalb des Teams: ob beispielsweise die kirchliche Arbeit mehr auf das soziale und politische Engagement, mehr auf Bekenntnisbindung oder mehr auf „Seelsorge" ausgerichtet wird.

6.2.4 Auf Spannungen im Berufsfeld: z. B. Gegensätzlichkeiten zwischen den Erwartungen der Gemeinde und den Intentionen des Pfarrers, zwischen teamzugehörigen und teamfremden Kollegen, zwischen Teaminteressen und Parochialinteressen.

6.3 Ein Teil dieser Schwierigkeiten kann durch eine sachgemäße Einübung in die Zusammenarbeit überwunden oder doch soweit bewältigt werden, daß man mit ihnen umgehen kann und die Kooperation nicht an ihnen scheitern muß. Zu einer solchen Einübung gehören vor allem folgende Elemente:

6.3.1 Die Fähigkeit, mit persönlich-emotionalen Problemen umzugehen; sie offen, allein oder notfalls mit Hilfe eines Supervisors aufzuarbeiten. Wenigstens einer der Mitglieder der Kooperationsgruppe sollte an einem gruppendynamischen Training teilgenommen haben. Dazu gehört auch eine elementare Kenntnis von den Ursachen emotionaler Konflikte und damit gewissermaßen deren Entzauberung.

6.3.2 Verbindliche Regelungen sowohl der Zeiten der Zusammenkunft als auch der Aufgaben. Im Prioritätenkatalog des Pfarrers sollten die Ansprüche der Kooperationsgruppe weit vorne stehen.

6.3.3 Kenntnisse einer methodisch geregelten Reflexion über einzelne Arbeitserfahrungen außerhalb und innerhalb der Kooperationsgruppe (Feedback-Organisation; vgl. dazu unten III 4: „Kleingruppenarbeit", Ziffer 4.00-4.80).

6.4 Nicht alle unter 6.2 aufgeführten Schwierigkeiten können durch Einübung, durch organisatorische Regelungen und emotionale Bearbeitung behoben werden. Eine Reihe von ihnen hängt zusammen mit unserer Gesellschaftsstruktur und deren sozio-ökonomischen Verhältnissen im weiteren Sinn und kann nicht unmittelbar durch pädagogische oder psychagogische Prozesse verändert werden. Diese Gegebenheiten behindern jedoch erst recht die Tätigkeit dessen, der lieber allein als kooperativ arbeitet. Sie schrittweise und mühselig zu verändern, kann nur gelingen, wenn sich Gleichgesinnte zur Kooperation zusammenschließen.

2. Hören und Verstehen*

Die Predigt in kommunikationssoziologischer Sicht

„... was wird landauf, landab für ein Aufwand für die Verkündigung des christlichen Glaubens getrieben! Aber ist es nicht, von Ausnahmen abgesehen, die institutionell gesicherte Belanglosigkeit?" Dieses Zitat aus G. Ebelings „Wesen des christlichen Glaubens" durchzieht wie ein heimliches Leitmotiv fast alle Beiträge, die „zur Theorie und Praxis der Predigtarbeit" in unserer Zeit publiziert werden. Das Problem „Belanglosigkeit" hat Resonanz bei uns allen, die wir regelmäßig zu predigen haben. Wir alle sind angefochten von der Erfahrung oder der Befürchtung, daß das Predigen, auf das wir unsere besten Kräfte zu konzentrieren versuchen, ohne Antwort und ohne Ertrag bleibt, daß es sinnlos sein könnte. Wir wissen wohl, daß viele Zeitgenossen unsere Predigten als „unverständlich, pathetisch, irrelevant und langweilig" empfinden (E. Lange). Wir merken auch, daß die treuen Gottesdienstbesucher gerade das nicht zu verstehen und anzunehmen scheinen, worum es uns „eigentlich" geht. Wir können das beispielsweise sehr deutlich erfahren, wenn wir unter unseren Konfirmanden, oder auch in einem akademischen Hauskreis eine kleine Umfrage durchführen. Schon die schriftliche Beantwortung der beiden kurzen Fragen: „Was wollte der Prediger heute sagen?" und: „Was kann ich persönlich mit dieser Predigt anfangen?" macht uns schmerzlich bewußt, wie wenig unsere Hörer von dem behalten und verstanden haben, was wir ihnen deutlich zu machen versuchten.

Unser Problem ist es, wie wir mit der Anfechtung der Belanglosigkeit, wie wir mit den Frustrationen des Predigens fertig werden können. Häufig wird uns gesagt, daß die Gründe für die gegenwärtige Situation und die Möglichkeiten der Änderung in erster Linie bei uns selber, den Predigern, lägen. Viele von uns sind bereit, das zu hören und jeden ernsthaften Verbesserungsvorschlag zu überdenken und zu experimentieren. Kaum einer von

---

* Dieser Aufsatz stellt eine überarbeitete und weitergeführte Fassung meiner Überlegungen in den *Predigtstudien* (Hrsg. E. Lange), Bd. IV, 2, Kreuz Verlag, Stuttgart 1970, dar.

uns meint, mit dem Hinweis auf die Verstocktheit oder den Wohlstandsmaterialismus der Gemeindeglieder die Belanglosigkeit erklären zu können. Auch geht es uns nicht darum, durch theologische oder psychologische Rationalisierungen von unserer Verantwortung oder unserem Versagen abzulenken. Doch mehren sich gerade unter uns Jüngeren die Stimmen, die es für unbillig, zermürbend und untragbar halten, die Schuld an der notvollen Situation letzten Endes doch einseitig dem Prediger anzulasten. Wir wehren uns gegen jene Tendenz, das Problem der Predigt auf das Problem des Predigers zu reduzieren, die sich gegenwärtig sowohl in Kirchenvorständen, die ratlos vor dem Rückgang der Kirchenbesucherzahlen stehen, als auch in vielen Stellungnahmen der Fachtheologie, beispielsweise in dem erwähnten Ebeling-Kapitel, findet. Zwar wird neuerdings in einer Art von ontologischer und dogmatischer Entideologisierung die sozusagen technische Dimension des Predigers freigelegt und als thematische Aufgabe formuliert[1]. Zwar werden auch soziologische Kategorien etwa die der Partizipation und einer veränderten gesellschaftlichen Öffentlichkeit in die Reflexion einbezogen, doch gerade weil sich die Predigtdebatte für ein kritisches erfahrungswissenschaftliches Denken zu öffnen versucht, fällt um so deutlicher ins Auge, daß die *Schwerkraft* des Problemfeldes „Predigt" keineswegs ihren Gewichten entsprechend erklärt und geordnet ist. Auf diesem Probefeld kommt nämlich den Bedingungen des Hörens ein mindestens ebenso großes, wenn nicht größeres Gewicht zu, wie denen des Redens. Die Bedingungen des *Hörens* aber erscheinen in der Literatur allenfalls als Bedingungen des *Hörers,* die ihrerseits freilich wiederum am Orte der Predigerproblematik verankert werden. Zum Beispiel wird gelegentlich der Prediger als Anwalt seiner Hörer definiert, eine Rollenbeschreibung, die in der theologischen Diskussion über die Relevanz des Textes gewiß eine wichtige und weiterführende Bedeutung hat. In erfahrungswissenschaftlicher Sicht erscheint die Rollenzuweisung „Anwalt des Hörers" jedoch als problematisch. Etwa insofern, als die Hörerschaft unserer Predigtgemeinden so vielfältig zusammengesetzt ist, daß sie sich gewöhnlich nicht in der Stimme (oder Argumentation) eines einzigen Anwaltes vertreten fühlen kann; es sei denn auf der Ebene jener realitäts- und person-

[1] Vgl. z. B.: E. Lange, *Zur Theorie und Praxis der Predigtarbeit; Predigtstudien,* Beiheft 1; Stuttgart 1968.

fernen Abstraktion, die ja erst das Empfinden hervorruft, das wir als Belanglosigkeit bezeichnen.

H. D. Bastian hat oft (z. B. Beiheft 1 der *Predigtstudien*) angedeutet, daß eine konsequente Anwendung kybernetischer Denkweisen dazu führen muß, die Problematik des Predigens in das Umfeld einer umfassenden Neubesinnung über kirchliche Kommunikationsformen zu stellen. Dies scheint in der Tat das Gebot der Stunde zu sein. Und vielleicht ist die Dringlichkeit für uns heute akuter denn je. Angesichts zunehmender (und verständlicher) Kirchenkritik (z. B. Thema Kirchensteuer), angesichts steigender Tendenzen, die Kirche insgesamt und nicht nur die Predigt als belanglos zu betrachten, wird die Frage der Kommunikationsformen des kirchlichen Handelns, mit anderen Worten: die Frage der Vermittlung dessen und vielleicht sogar die Einübung in das, was wir Evangelium nennen, sehr viel radikaler als bisher gestellt werden müssen. Das bedeutet freilich zugleich, daß wir die Schwächen und Mängel jenes Kommunikationssystemes „Predigt“ zu analysieren versuchen müssen, das zwar die protestantische Kirche geprägt hat, das uns aber gegenwärtig die größten Schwierigkeiten bereitet.

Eine Analyse des Kommunikationssystems Predigt könnte sich methodisch am ehesten an die Arbeitsweise und an die Ergebnisse der Kommunikationsforschung im weitesten Sinne anlehnen. Diese ist zwar in der BRD als eigenständige wissenschaftliche Disziplin noch kaum etabliert, hat aber in Amerika eine ganze Reihe von bemerkenswerten Ergebnissen vorlegen können. In Deutschland wurde eines der ersten größeren Feldforschungsprojekte als Befragung von 2500 Predigthörern im Jahre 1967 in Angriff genommen. Dieses Großprojekt hat zu einer ganzen Reihe von Voruntersuchungen und Anschlußuntersuchungen Gelegenheit gegeben. Ein Teil der dabei gewonnenen Ergebnisse liegt den folgenden Überlegungen zugrunde.

Was Fragestellungen und Ergebnisse der amerikanischen Kommunikationsforschung betrifft, so sind in jüngster Zeit mehrere Versuche vorgelegt worden, die das Predigtproblem betreffen[2]. Ob

---

[2] U. a.: D. Schneider, *Unter welchen Voraussetzungen kann Verkündigung Einstellungen ändern?*, in: *Pastoraltheologie, Wissenschaft und Praxis*, Jg. 58, 1969, S. 246—257. Auf katholischer Seite u. a.: O. Schreuder, *Soziologische Aspekte der Verkündigung*, in: *Concilium 4* (1968), 170—175; ferner: E. Bartsch, F. Kamphaus u. a., *Verkündigung*, in: *Pastorale*, Mainz 1970.

ihnen bereits die Übertragung auf die bei uns üblichen und verstehbaren Fragestellungen gelungen ist oder ob das erst schrittweise gelingen kann, diese Frage erscheint als zweitrangig gegenüber dem Verdienst, die inzwischen ebenso häufig wie widersprüchlich zitierten amerikanischen Forschungsergebnisse im Kontext der Predigtproblematik vorgestellt zu haben.

Unser eigener Versuch ordnet sich grundsätzlich in die gleiche, erfahrungswissenschaftlich bestimmte Fragerichtung ein, wie sie von den Amerikanern entwickelt wurde und in Deutschland zunehmend aufgenommen wird[3]. Wie bei jeder wissenschaftlichen Arbeit müssen auch hier die wichtig erscheinenden Teilaspekte aus einem komplexen Ganzen herausgelöst und methodisch isoliert betrachtet werden. Unser Versuch bleibt daher sowohl theologisch wie sozialpsychologisch ergänzungs- und korrekturbedürftig. Seine Absicht besteht im übrigen nicht darin, mit neuen Thesen zur wissenschaftlichen Kommunikationsforschung beizutragen. Es soll hier vielmehr in erster Linie darum gehen, ein paar Gesichtspunkte zur Diskussion zu stellen, mit deren Hilfe die uns alle belastende „Belanglosigkeit" auf ihre Faktoren hin analysiert und damit gleichsam versachlicht werden kann. Vielleicht hilft die methodische Auseinanderfaltung von Prozessen und Gesetzmäßigkeiten, die unserer Erfahrung großenteils längst vertraut sind, mit dazu, die ideologisierten und darum den Prediger deprimierenden Ansprüche an die Predigt gleichsam zu entmythologisieren; d. h. auch, sie auf das vernünftige Maß dessen, was tatsächlich von Predigt und Prediger geleistet werden kann zurückzuführen. Dabei ist diese Erörterung nicht unmittelbar auf praktische Anwendbarkeit gerichtet. Die Anwendung muß vielmehr in einer ganzen Reihe weiterer Überlegungen und Versuche reflektiert und erprobt werden. Doch kann man, so scheint es uns, bei solchen Überlegungen die empirisch-kommunikationswissenschaftlichen Gesichtspunkte nicht mehr ungestraft vernachlässigen.

---

[3] Z. B. in dem Sammelband *Grundfragen der Kommunikationsforschung* hrsg. von W. Schramm; deutsch, München 1964. Aus der jüngsten deutschen Literatur sind vor allem zu nennen: H. Heinrichs (Hrsg.), *Lexikon der audiovisuellen Bildungsmittel,* 1971; W. B. Lerg, *Das Gespräch,* 1970; H. Reimann, *Kommunikations-Systeme,* 1968.

I. „Einbahnstraße" vom Prediger zum Hörer

Die erste, schwerwiegende und heute keineswegs mehr akademisch-kommunikationssoziologische Frage an den Vorgang des Predigens heißt: handelt es sich hier überhaupt um Kommunikation? Oder schließt die Einseitigkeit der Kommunikationsrichtung, also gleichsam die Einbahnstraße vom Prediger zum Hörer, bereits logisch den Begriff der Kommunikation aus? Denn Kommunikation ist grundsätzlich durch Reziprozität, durch Wechselbeziehungen der beteiligten Personen definiert. Da diese Reziprozität beispielsweise bei den sogenannten Massenmedien nicht gegeben ist, wird gelegentlich der Ausdruck Massenkommunikation für die technischen Medien der Presse, des Hör- und Fernsehfunkes als logisch unrichtig abgelehnt[4].

Als eine bestimmte Form von Massenkommunikation wurde aber bisher auch die Predigt betrachtet. In der Tat treffen mehrere der bisher gängigen Bestimmungsmerkmale der Massenkommunikation genau auf die Predigt zu. Im Anschluß an G. Maletzke etwa lassen sich u. a. folgende Kriterien benennen[5].

1. Die Kommunikationsrichtung ist einseitig, d. h. es besteht kein Rollentausch zwischen Aussagenden und Empfangendem (Gegensatz: Dialog, Gruppengespräch);
2. Empfänger ist keine Einzelperson und keine zahlenmäßig begrenzte Gruppe, sondern eine beliebige Vielzahl von Personen;
3. Die Aussage ist öffentlich; jedermann kann sie hören.

Andererseits ist jedoch die Predigt von jener Art Massenkommunikation, wie sie sich in den technischen Medien (Fernsehen, Presse usw.) darstellt, in gewichtigen Punkten zu unterscheiden:

4. sie ist „direkt", d. h. es besteht keine räumliche oder zeitliche Distanz zwischen den Kommunikationspartnern;
5. sie wird „persönlich" und also nicht durch technische Geräte übermittelt;
6. sie ist in eine bestimmte Umwelt (gottesdienstliche Atmosphäre) einbezogen, die auf die Empfängerschaft gewisse seelische Einflüsse ausübt, den Einzelnen in eine spezielle Gemeinschaftssituation hineinstellt und ihn u. a. hindert, die Predigt wie ein Radiogerät abzustellen.

---

[4] Vgl. H. O. Luthe: *Massenkommunikation,* in: R. König, *Handbuch der empirischen Sozialforschung* II, 1969, S. 675 ff.

[5] G. Maletzke: *Psychologie der Massenkommunikation,* 1963, S. 32 f.

In der homiletischen Literatur wird oft die Meinung vertreten, daß aufgrund der Unterschiede (4—6) zu den Massenmedien die Predigt als eine Kommunikationsform zu betrachten sei, deren gemeinsamer Nenner mit den Medien, also das Kennwort „Massenkommunikation", wenig erhellend und ziemlich belanglos sei. Predigt sei eben etwas anderes als Massenkommunikation. Zusammen mit dem öffentlichen Vortrag, der Wahlrede oder der Festrede stelle sie einen Typ sui generis dar. Gerade sein persönlich-direkter Charakter rücke diesen Typ viel näher an die „face-to-face-relations" des Dialogs und des Gruppengespräches heran als an die unpersönlich-technisch-indirekten Medien des Fernsehens und der Presse. Predigt sei, so sagen viele, personale Beziehung.

Demgegenüber sind durch die Kommunikationsforschung andere Kriterien in die Diskussion gebracht worden, die die scheinbar grundverschiedenen Typen persönlich-direkt und technisch-indirekt ganz nahe aneinanderrücken. Ihr Gemeinsames als Massenkommunikation hebt sie danach prinzipiell von jedem Einzel- und Gruppengespräch ab. Diese Kriterien liegen vor allem in der Wirkungsweise, dem *Wirkungsgrad* und dem *Wirkungsergebnis* des Prozesses. Wenn man beispielsweise den gleichen Vortrag im Hörsaal oder am Radio, die gleiche Predigt in der Kirche oder vor dem Fernsehgerät hört, so wird man in beiden Fällen etwa die gleiche Quantität an Informationen, also Gedankensplittern oder an Beispielerzählungen aufnehmen. Diese Quantität wird vergleichsweise klein sein. Jedenfalls wird sie weit kleiner sein, als wenn derselbe Hörer über das gleiche Thema gleich lange (wie der Vortrag oder die Predigt gedauert hat) diskutiert hätte. Anders ausgedrückt: Im Blick auf die Mechanismen und Gesetzmäßigkeiten des Hörens und des Verstehens (Verarbeitens) gleichen sich die verschiedenen Formen der Massenkommunikation; sie unterscheiden sich aber augenfällig von den verschiedenen Formen der Gruppenkommunikation. Wie diese Mechanismen und Gesetzmäßigkeiten wirken und wie sie zu beschreiben sind, das wird uns später zu beschäftigen haben.

Vorher müssen wir noch einmal die Eingangsfrage dieses Abschnittes („Handelt es sich beim Predigen überhaupt um Kommunikation?") aufnehmen und differenzieren. Gewiß, so sahen wir, kann man auf die personale Nähe von Prediger und Hörer hinweisen und darüber hinaus auch ein aktives Hören als lebendige

Wechselbeziehung und damit als Kommunikation beschreiben. Gewiß darf dieser Gesichtspunkt auch nicht verharmlost werden. Doch scheint uns damit die Frage selbst noch keineswegs beantwortet zu sein. Sie ist und bleibt vorläufig wohl auch in einem doppelten Sinne unerledigt: einmal in einem mehr technischen und zum anderen in einem mehr theologisch-normativen Sinne. Technisch insofern, als der Mangel an aktiver Reziprozität, also an Rückfrage, Widerspruch und Zustimmung, die Möglichkeiten der Verarbeitung und damit der Wirkung der Nachricht, der Botschaft stark beeinträchtigt. Normativ insofern, als der Mangel an aktiver Reziprozität zugleich ein Defizit an Partizipation, an mündiger Teilnahme des Christen am Verkündigungsgeschehen bedeutet. Partizipation ist nicht nur die Voraussetzung von Kommunikation, sondern wahrhafte Kommunikation kann sich nicht anders als Partizipation verwirklichen. Mit anderen Worten: Normativ scheint es nicht mehr so sehr um die persönliche Teilhabe des Predigers an seiner Hörergemeinde zu gehen; dies müßte eigentlich selbstverständlich sein. Von unserer Norm her muß uns vielmehr die Frage bewegen, wie wir zu einer persönlichen Teilhabe des Hörers am Verkündigungsgeschehen gelangen, wie wir aus der Einbahnstraße vom Prediger zum Hörer herauskommen. Denn diese Einbahnstraße, die zum gegenwärtigen Zeitpunkt zweifellos noch wichtige Funktionen wahrzunehmen vermag, könnte, nach allem, was wir über die voraussichtliche gesellschaftliche Entwicklung wissen, in absehbarer Zeit zur Sackgasse werden.

II. Einflußkräfte im System Predigt

Der Vorgang des Predigens läßt sich also, versucht man ihn schematisch zu gliedern, auf das Grundmuster von „Massenkommunikation" zurückführen. Dieses Muster ist in seiner einfachsten Form durch drei Abteilungen gekennzeichnet:
A: „Kommunikator" = Sender = Prediger
B: Mitteilung (einschließlich Medium) = Predigt
C: „Rezipient" = Empfängerschaft = Predigthörer
Man kann dieses Muster grafisch so darstellen:

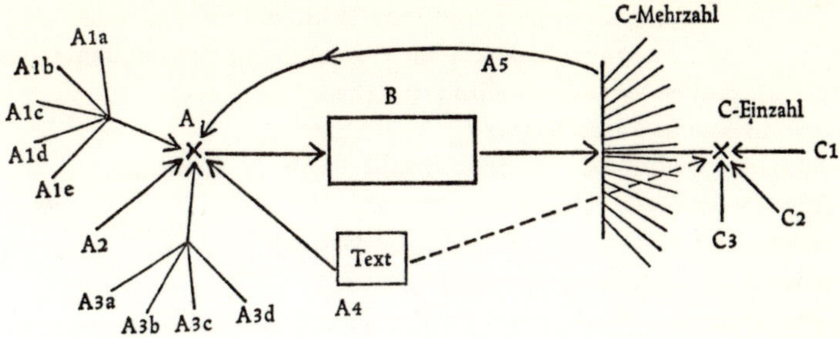

Im praktischen Vollzuge des Predigens wirken auf diese drei Abteilungen, und damit auf das ganze Muster, eine Fülle von Faktoren ein. Sie machen aus dem scheinbar starren Modell ein dynamisches und komplexes System. In formalisierender Vereinfachung sind besonders folgende Faktorengruppen herauszuheben:

A. Der Prediger

Er steht im Schnittpunkt folgender Kräfte oder Faktorenbündel, die sich im Verlaufe der Produktion einer Predigt zu einer Art Magnetfeld ordnen.

A1: *Die Hintergrundsvariablen* (der Begriff lehnt sich an die amerikanische Vokabel „background-variables" an). Dazu gehören u. a.

A1a: psychisch-emotionale Merkmale; „Temperament" optimistisch — pessimistisch — zupackend — zögernd, kontaktschnell — zurückhaltend, gefühlsbetont — betont nüchtern usw.) Diese Dinge hängen zusammen mit der

A1b: sozialen Biografie (Elternhaus — Mentalität, Schule, Studentenzeit, Ehe, Verwandtschaft, Nachbarschaft),

A1c: religiösen Biografie (Frömmigkeitsformen in der Kindheit, Jugendkreise, Religionsunterricht, Studienfreunde, theologische Lehrer),

A1d: theologischen Grundeinstellungen (Bekenntnisbewegung, Existenztheologie, Links- (oder Rechts-) Barthianer, Anthropologischer Ansatz),

A1e: politischen und gesellschaftlichen Grundeinstellungen

A2: *Die spezifische Berufsauffassung:* Sie ist zwar ihrerseits wiederum abhängig von A1, hat aber durch praktische Erfahrungen meist eine eigenständige Bedeutung angenommen. Die

Auffassung über Religionsunterricht, Beerdigung oder auch Predigt können durchaus im Gegensatz zu bestimmten theologischen Grundeinstellungen stehen.

A3: *Aktuelle Tagesereignisse:*

A3a: aus der Politik (Bundestagswahl, Kennedy-Attentat)

A3b: in der Stadt (Verbrechen)

A3c: in der Kirchengemeinde (Pfarrerwechsel)

A3d: in der Familie (Trauerfall)

A4: *Text der Predigt:* Er löst bestimmte Assoziationen aus, die mit A1 zusammenhängen, wird aber gleichzeitig sozusagen als Gesprächspartner eigener Art empfunden, vielleicht als Botschaft, die in einem Vorverständnis nicht einfach aufgeht, sondern dieses Vorverständnis selbst transzendiert.

A4b: Vom Text erwarten viele Prediger auch, daß er bei den Hörern bestimmte Vorstellungen oder Fragen auslöst.

A5: *Die Erwartungen und Reaktionsweisen der Gemeinde* (Rückkoppelung)

A5a: Bei der Predigtvorbereitung: etwa die Absicht, im Sinne Langes „Anwalt des Hörers" zu werden

A5b: Im Vollzug der Predigt: der Prediger reagiert (bewußt oder unbewußt) auf die Reaktionen der Gemeinde; er ändert gegebenenfalls den Wortlaut (variiert einen Gedanken) oder die Stimme (redet eindringlicher oder beruhigender usw.)

All diese Faktorenbündel wirken auf den Prediger ein — und damit auf die Entstehung der Predigt, auf ihren Inhalt und ihre Form. Diesen Faktoren gilt darum in der Homiletik, wie übrigens parallel dazu in der allgemeinen Kommunikationsforschung, den Einflüssen auf den Kommunikator, eine besondere wissenschaftliche Aufmerksamkeit und ein großer Teil von Untersuchungen und anderen Betrachtungen. Auch die oben (in der Einleitung) festgestellte Tendenz des Beiheftes zielt in dieser Richtung und wäre nach unserem Schema vor allem auf die Ziffern A1d, A2, und A5a zu beziehen. Wenn auch wir uns der Abteilung Kommunikator (= Prediger) zuwenden müßten, dann wäre es reizvoll zu fragen, welches Gewicht denn beispielsweise den Faktorenbündeln A1a, A1b, A1c zukommt, die in der wissenschaftlichen Homiletik nur wenig berücksichtigt werden, denen aber in der Kommunikationsforschung eine besonders wichtige Rolle zugeschrieben wird.

Doch soll es jetzt mehr um die Einflußfelder des Hörens gehen.

Allerdings ist die Persönlichkeit des Kommunikators, des Predigers, die ja vor allem von den Faktorenbündeln A1a—A1c bestimmt wird, auch für die Hörerbereitschaft und damit für die Wirkung der Predigt von der größten Bedeutung.

B. Die Predigt

Versucht man, die Abteilung B des Prozesses, also in unserem Falle die Predigt, im engeren Sinne von den Abteilungen A und C, also von Predigt und Hörer, methodisch zu isolieren, so lassen sich gleichsam als Schichten des Mediums Predigt folgende drei Faktorengruppen unterscheiden:

B1: *Der sachliche Inhalt der Predigt.* Dieser kann und ist in der homiletischen Tradition unter den verschiedensten Kriterien geordnet und beschrieben worden; z. B. als Themapredigt oder Homilie, als stark gegliedert oder als fortlaufend „linear"; als betont gedanklich oder als betont konkret; als Appell oder als Meditation.

B2: *Die rhetorische Präsentation der Predigt.*
(Volksmund: „Der Vortrag macht des Redners Kunst") Zu denken ist vor allem daran, ob der Pfarrer aggressiv, belehrend, väterlich, kollegial, ängstlich, pathetisch, ermüdend, vertrauenerweckend, ermutigend usw. redet. Auch auf dieses Faktorenbündel brauchen wir hier nicht näher einzugehen. Unter einer Fülle von Literatur zur Rhetorik finden sich neuerdings auch empirische Analysen.

B3: *Die gottesdienstliche Atmosphäre.* Sie besteht auch unabhängig von der rhetorischen Leistung des Predigers. Sie kann bestimmte emotionale Reize verursachen, die das Paket „Predigt" zum Teil unabhängig von dessen Inhalt, attraktiv oder unattraktiv machen können. Die gleiche Rede löst im Rahmen eines Gottesdienstes andere emotionale und kognitive Assoziationen aus als im Rahmen eines Hörsaal-Referates. Diese Andersartigkeit bedeutet freilich nicht notwendig, daß der eine Rahmen für das kognitive Verstehen grundsätzlich fruchtbarer, effizienter, dem Verarbeitungsprozeß förderlicher wäre als andere.

C. Die Hörerschaft

Sie besteht aus einer Vielzahl von Menschen, von denen jeder einzelne seinerseits im Schnittpunkt verschiedener Einflußkräfte steht. Zunächst wirken auf jeden einzelnen Hörer jene Faktoren ein, die wir bereits unter A, im Bezug auf den Prediger, zu kennzeichnen versuchten.

C1: *Die Hintergrunds-Variablen*

C1a: psychisch-emotionales Temperament

C1b: soziale Biografie

C1c: religiöse Biografie

C1d: es allgemeine Deutungs- und Werthaltungen gegenüber kirchlichen, gesellschaftlichen, politischen Gegebenheiten

C2: *Spezifische Auffassung über Gottesdienst, Predigt, Pfarrer*

C2a: allgemeine Grundeinstellung über Gottesdienst und Predigt

C2b: das Bild und die Einschätzung der Person des jeweils predigenden Pfarrers

C3: *Aktuelle Tagesereignisse*
vergleichbar A3; großenteils gleiche Gegenstände wie A3.

C4: *Der Text der Predigt.* Er wird von einzelnen Hörern sorgfältig zur Kenntnis genommen; bei der Mehrzahl wird er nach den uns vorliegenden Umfrage-Ergebnissen normalerweise nicht behalten.

C5: (entfällt; keine aktive Rückkoppelung!)

C6: (= „B“) = *das Paket „Predigt“*. Auch bei denjenigen Hörern, die primär um einer Predigt willen den Gottesdienst besuchen, muß man feststellen, daß die Wirkungsabsichten des Pfarrers und das Medium der Predigt in Konkurrenz mit anderen auf Einflußnahme bedachten Kräften stehen. Wie die Konkurrenz dieser Kräfte ausbalanciert wird, welche Faktorengruppe sich schließlich durchsetzt — und weshalb sie das tut, welche Gesetzmäßigkeiten dabei in Kraft sind, das alles muß nunmehr unsere Aufmerksamkeit in Anspruch nehmen. Doch versuchen wir zunächst, das eben im Hinblick auf seine verschiedenen Magnetfelder beschriebene Kommunikationssystem „Predigt“ in einem vereinfachten Schema grafisch darzustellen.

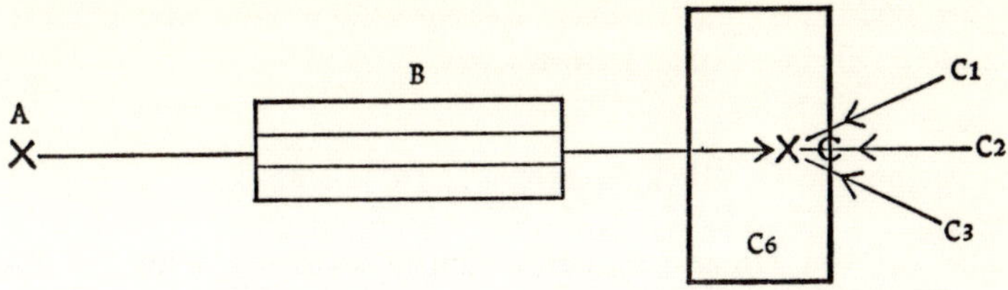

Aus diesem Schema schneiden wir jetzt sozusagen die Abteilung „C6“ heraus. Wir versuchen festzustellen, was mit dem Nachrichtenpaket „Predigt“ geschieht, wenn es den Hörer erreicht.

III. Stationen der Wahrnehmung und Verarbeitung

Man kann die Predigt kybernetisch als einen Strom von vorwiegend akustischen Signalen oder Signalelementen bezeichnen. Diese Signale sollen, das ist die Absicht des Predigers, bestimmte Auffassungen, Erkenntnisse, Aufforderungen oder Gefühle von ihm zum Hörer transportieren. Der Prediger hofft, daß die Bedeutung, die er selbst mit einem Signal verbindet, wenigstens ungefähr auch vom Hörer mit dem gleichen Signal verbunden wird. Der Hörer seinerseits erwartet ebenfalls, daß die akustischen Signale, die ihn von der Kanzel aus erreichen, solche Vorstellungen transportieren, die für ihn von Bedeutung sind. Doch bevor wir die Frage nach den Kriterien von Bedeutung und Bedeutsamkeit erörtern, interessiert uns zunächst der technische Ablauf dessen, was sich ereignet, wenn der Strom von Signalen sozusagen den Mund des Predigers verläßt. Wir unterscheiden, wiederum schematisierend, drei Stationen, die die einzelnen Signale durchlaufen, sofern sie nicht auf

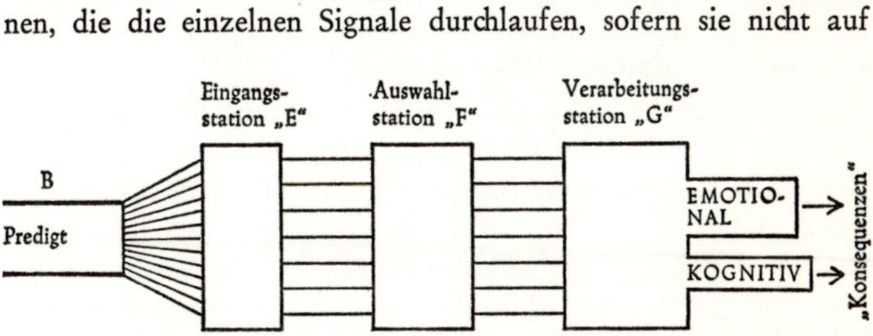

einer der ersten Stationen bereits gelöscht oder abgewiesen werden. Die drei Stationen stehen untereinander in einem Abhängigkeitsverhältnis, das als System von reduzierender Filterung einerseits und einer gleichzeitigen Kettenreaktion von Assoziationen andererseits beschrieben werden kann.

DIE EINGANGSSTATION („E")

Die auf den Hörer gerichteten Signale können sowohl auf ein eingeschaltetes wie auf ein ausgeschaltetes Empfangsgerät treffen. Ob das Gerät eingeschaltet ist oder nicht, hängt freilich nicht unbedingt und nicht einmal primär vom guten Willen des Hörers oder von den Motivierungsfähigkeiten des Redners ab. Es kann vielmehr von exogenen, also außerhalb des Systems „Predigt" lokalisierten Faktoren abhängen; vor allem von physiologischen oder psychologischen Dispositionen. Wer beispielsweise, wie ein Bau- oder Landarbeiter gewohnt ist, sich ständig in der frischen Luft zu bewegen, der wird im sauerstoffärmeren Kirchenraum und in einer ungewohnten körperlich inaktiven Haltung schneller mit dem Schlaf zu kämpfen haben als ein Schüler oder ein Bundestagsabgeordneter, bei denen längeres Zuhören zum Alltagsgeschäft gehört. Oder: ein Kaufmann, der intensiv mit seiner Jahresbilanz beschäftigt ist, wird sich kaum dagegen wehren können, daß seine Gedanken immer wieder von der Predigt zu seinen Wirtschaftsbüchern abschweifen. Oder: der Besucher eines Kasualgottesdienstes (etwa zur Taufe einer Nichte oder zur Beerdigung eines Kollegen) fühlt sich im kirchlichen Raum und in der gottesdienstlichen Atmosphäre fremd und unsicher. In diesen und ähnlichen Fällen bleibt, vielfach trotz beabsichtigter Hörbereitschaft gewissermaßen das Eingangstor verschlossen; der Teil der Signale, der auf das vorübergehend oder andauernd ausgeschaltete Empfangsgerät trifft, geht für den betroffenen Hörer verloren.

Nun spielt zwar das langfristige Abschalten im System Predigt eine, wie sich physiologisch leicht erklären läßt, wichtige Rolle. Doch ist es keineswegs die einzige und, quantitativ gesehen, in der Regel auch nicht die am stärksten wirkende Kraft im Bereich unserer „Eingangsstation". Ebenso wichtig sind die Sprechweise des Predigers (laut, leise, monoton, dynamisch, drängend, zurückhaltend usw.) sowie seine „Sprache" im Sinne des sogenannten „Symbolinventars" (Beispiele, Bilder, Wortschatz) und sein Satzbau (kurz, verschachtelt, lang usw.). All dies läuft wiederum damit zusammen, welche Menge von Signalen unsere Empfangsgeräte denn überhaupt (beispielsweise bei bester psychischer Hörerdisposition) aufzunehmen in der Lage sind. Diese Frage wird oft auf den Zeitraum der berühmten 20—25 Predigtminuten bezogen: was kann ein „Normalverbraucher" in zwanzig Minuten verkraften, und was geht über seine Kapazität? Dieses Problem kann aber nicht gelöst werden, solange nicht ein anderer, weniger bekannter aber wohl entscheidender Faktor in die Rechnung einbezogen wird: der Faktor der sogenannten „Redundanz".

Exkurs: Redundanz

Es geht bei diesem komplizierten und wissenschaftlich noch keineswegs umfassend geklärten Gegenstand u. a. darum, wie dicht, wie komprimiert, wie knapp eine Nachricht formuliert sein kann, wenn man sie verstehen und verarbeiten will[6]. Erste und vorläufige Gesichtspunkte zu dieser Frage haben sich aus einer Analyse unseres umgangssprachlichen Stils ergeben. In der Alltagskonversation wird gleichsam deutlich, auf welche Kapazität unsere Empfangsgeräte eingerichtet sind, genauer: an welche Kapazität sie gewöhnt sind. Der umgangssprachliche Stil ist geprägt von einer gewissen Weitschweifigkeit, Umständlichkeit, von häufigen Wiederholungen, von Variationen und Modifikationen des gerade diskutierten Gedankens. Der Kern einer Nachricht wird gleichsam in mehr oder weniger üppige Gewänder eingekleidet. Wem es ausschließlich um den harten Kern geht, der könnte die Gewänder für „überflüssig" halten (redundare = überfließen, im Überfluß vorhanden sein). Doch sind Weitläufigkeit und Ausschmückung offenbar eine Hilfe zum Verstehen. Zumindest müssen wir festhalten, daß die Empfangsgeräte des allergrößten Teiles unserer Zeitgenossen, und also auch der Predigthörer auf Redundanz, also auf eine breite, durch Variation und Wiederholung entfaltete Darlegung eingeschliffen sind.

Man hat das quantitative Verhältnis zwischen unbedingt notwendigen und überflüssigen Wörtern in der Nachrichtenübermittlung unsrer Umgangssprache zu errechnen versucht; dabei hat sich ergeben, daß die Redundanz bei 50—75 % liegt; d. h., daß auf jedes (im Sinne der Nachricht) notwendige

6 Einen für Laien anschaulichen Zugang zu diesem Teil der Informationstheorie vermittelt W. R. Fuchs, *Knaurs Buch der Denkmaschinen*, 1968, bes. S. 57ff.

Wort zwei bis drei überflüssige Worte kommen. Was die Predigt betrifft, so scheint, wenn das Predigtziel erreicht werden soll, der Anteil von Redundanz noch höher liegen zu müssen als in der umgangssprachlichen Konversation. Und zwar aus zwei Gründen: Einmal, weil hier Nachrichten übermittelt werden sollen, die nicht auf das technische Wissen zur Alltagsbewältigung sondern auf emotional verfestigte Grundeinstellungen bezogen sind; diese sozusagen religiösen Nachrichten sind aber sehr viel schwerer zu verarbeiten, brauchen mehr Redundanz als die „technischen" Mitteilungen der Umgangssprache. Zum anderen, weil, wie in früheren Abschnitten ausgeführt, die Predigt dem Hörer keine aktive Teilnahme ermöglicht und der Prediger darum in einer Art von Redundanz-Verdoppelung auch die potentiellen Rückfragen oder Einwände des Hörers breit aufnehmen müßte, wenn der Hörer überhaupt die Nachricht verarbeiten soll. Nun könnte sich bei dieser Erwägung die Sorge einstellen, daß die Predigt fast nur noch aus Redundanz, aus Packmaterial bestehen dürfe, wenn all dem Rechnung getragen werden soll. Wir können dieses neue Teilproblem hier nicht in extenso entfalten, können aber aufgrund zahlreicher methodisch kontrollierter eigener Beobachtungen darauf hinweisen, daß das Problem der gegenwärtigen Predigtpraxis vorrangig bei „zuwenig Redundanz" und nicht bei „zuviel Redundanz" liegt. In der Regel neigen die meisten Prediger heute dazu, zuviele „Nachrichten-Kerne", zuviele Gedanken und Informationen übermitteln zu wollen — und dabei die (meistens schwierigeren) Aufgaben der Explikation, der Entfaltung durch Variation und Veranschaulichung zu vernachlässigen.

Im Blick auf die „Eingangsstation", auf die der von der Kanzel kommende Strom von Signalen trifft, ist also festzuhalten, daß das Empfangsgerät auch deshalb vorübergehend oder für längere Zeit abgeschaltet werden kann, weil die Predigt zu dicht, zu komprimiert, zu abstrakt und darum ungewohnt und anstrengend ist. Insgesamt wird also damit zu rechnen sein, daß sowohl aus exogenen Gründen (wie körperlicher Müdigkeit) als auch systeminternen Gründen (wie Mangel an Redundanz) in der Eingangsstation ein beträchtlicher Teil der vom Prediger ausgehenden Signale blockiert wird. Die häufig gestellte (und auf die Faustregeln zur umgangssprachlichen Redundanz zurückgehende) Frage nach der durchschnittlichen Menge von abgewiesenen Signalen ist empirisch vorläufig noch nicht zu beantworten; vor allem darf das durchaus plausible Interesse an den Durchschnittswerten nicht darüber hinwegtäuschen, wie unterschiedlich die Menge der blockierten und damit zerstörten Signale bei den einzelnen Hörern ist.

DIE AUSWAHLSTATION („F“)

Die Signale, die in der Eingangsstation „E“ nicht abgewiesen und damit für den betreffenden Hörer gelöscht worden sind, erreichen eine zweite Station. Wiederum werden aus dem angebotenen Stoff bestimmte Signale herausgenommen und bleiben andere unbeachtet. Ebenso wie in den anderen Stationsbereichen arbeiten die hier wirksamen Kräfte nach bestimmten Regeln und Gesetzmäßigkeiten. Im Fachjargon spricht man von Mechanismen der Perzeption (Wahrnehmung) oder der Selektion (Auswahl). Man kann die Wirkungsweise dieser Mechanismen wiederum sowohl technisch-quantitativ als auch inhaltlich-qualitativ beschreiben; anders gesagt: man kann sowohl nach dem „Wie“ der Auswahl als auch nach dem „Was“ der Auswahl fragen. Im Bereich der Auswahl-Station besitzt jedoch der „Was“-Aspekt (etwa im Unterschied zu der vorhin beschriebenen Eingangsstation) eine Art Vorrangigkeit gegenüber dem „Wie“-Aspekt. Der Hörer wählt das aus dem angebotenen Signal-Material aus, *was* für ihn interessant ist, womit er etwas anfangen kann, was ihm hilft, mit einem Problem fertig zu werden.

a) Die Steuerung der Auswahl

Die Kräfte, die die Selektion des Hörers steuern, sind im letzten Jahrzehnt in der Kommunikationsforschung besonders gründlich untersucht worden. Wir versuchen, sie in fünf „Faktorenbündel“ zusammenzufassen, die freilich untereinander vielfach verflochten sind.

1. Das individuelle Bezugssystem

Seit langem wird in der Predigtliteratur die Kategorie „Vorverständnis des Hörers“ verwendet. Mit diesem Begriff, der im Sprachgebrauch meist etwas unscharf bleibt und der, soviel wir sehen, im Blick auf seine Bestandteile noch kaum systematisch problematisiert wurde, ist vermutlich Ähnliches oder Gleiches gemeint wie mit der kommunikationswissenschaftlichen Kategorie des individuellen Bezugssystemes. Es geht dabei um jenes System von Grundüberzeugungen und Glaubensvorstellungen, von Fähigkeiten der Abstraktion und der Konkretion, der Anpassung und des Widerstandes, mit dessen Hilfe wir uns in der verwirrenden Vielfalt unserer Umwelt zurechtzufinden und die Fülle der auf uns einstürmenden Eindrücke und Reize einigermaßen zu bewältigen versuchen. Dieses sogenannte Bezugssystem ist bei jedem von uns einerseits abhängig von der in unserer Lebensgeschichte, insbesondere in Kindheit und Jugend erfahrenen Programmierungen und andererseits abhängig von dem, was die „Leute um uns herum“, anders gesagt: was unsere Bezugsgruppen sagen, wie sie uns begegnen, uns kritisieren oder bestätigen. Doch ist das unter (3) noch zu erörtern.

Ersichtlich hat das Bezugssystem jedes Menschen eine je individuelle Prägung. Im Gespräch wird das vor allem darin deutlich, daß einzelne Schlüsselworte oder Reizworte für den einen Gesprächspartner eine ganz andere Bedeutung haben als für den anderen: sie haben einen anderen Stellenwert in seinem Bezugssystem. Während man sich im Gespräch darauf zumindest ansatzweise einstellen kann, ist das für den Prediger kaum möglich; er kann weder feststellen noch hindern, daß seine Worte falsch oder doch anders verstanden werden als er sie meinte. Gerade der jeder Predigt inhärenten Absicht, die Einstellungen des Hörers zu beeinflussen (sei es, sie zu ändern, oder sei es, sie zu bestätigen), muß es jedoch darum gehen, solche Mißverständnisse zu vermeiden. Eine auf Beeinflußung gerichtete Absicht muß darüber hinaus versuchen, jene Stelle im Bezugssystem des Partners zu finden, die es diesem ermöglicht, das Neue in der vertrauten Einrichtung seines Bezugssystems unterzubringen und schrittweise mit dieser zu vermitteln. Die Bereitschaft, etwas Neues zu erfahren und zu lernen, neue Glaubenserkenntnisse zu gewinnen, gewissermaßen die religiösen Subsysteme des eigenen Bezugssystemes weiter zu entwickeln, wird man, was die Absicht betrifft, bei den meisten Predigthörern voraussetzen dürfen (wobei die Möglichkeiten von Bearbeitung und Verarbeitung der neuen Gesichtspunkte gesondert zu problematisieren wären). Kaum allerdings wird man bei dem Predigthörer mit der Bereitschaft oder auch nur der Möglichkeit rechnen dürfen, die eigenen Grundeinstellungen preiszugeben oder von Grund auf zu ändern. Informationen, die das zum Ziel haben, werden in der Auswahlstation nachdrücklich abgewiesen oder unschädlich gemacht.

2. *Der Wunsch nach Bestätigung von Grundüberzeugungen*

Die Vergewisserung eigener Grundauffassungen ist als Interesse des Menschen mindestens ebenso stark wie der Wunsch, geistig weiterzukommen oder das Bezugssystem in seinen flexibleren Außenbezirken zu ergänzen. Bei dem Predigthörer wie bei den Rezipienten anderer Einweg-Veranstaltungen läßt sich nun beobachten, daß man besonderes genau das registriert und behält, was die eigenen Grundanschauungen bestätigen und bestärken kann. Offenbar kann das damit zusammenhängen, daß diese Grundanschauungen im alltäglichen Leben oft kritisiert oder bestritten werden, so daß man nach einem Gegengewicht sucht. Die Ansprüche der Umwelt, die sich heute etwa in einem von neomarxistischen Gedanken erfüllten Studenten, morgen in einem überzeugten Mitglied der Bekenntnisbewegung und übermorgen in einem dezidiert unchristlichen „Kapitalisten“ darstellen, können unser eigenes Orientierungssystem so sehr verunsichern, daß wir nach einem Gegengewicht suchen müssen, um einigermaßen in der Balance zu bleiben, anders gesagt, daß wir auf „Stabilisierung“ unseres Bezugssystems aus sind. Das ist auch deshalb notwendig, weil es kein Mensch bei Gefahr des Verlustes seiner Identität vermag, heute überzeugter Christ, morgen atheistischer Kapitalist und übermorgen etwa Buddhist zu sein. Eben daraus scheint sich jeder Wunsch nach Stabilisierung von eigener Auffassung zu erklären, wie er in der Regel bereits im Entschluß zum Gottesdienstbesuch mit enthalten ist. Ähnlich sind in Wahlversammlungen der CDU hauptsächlich CDU-Anhänger und in Evangelisationsveranstaltungen hauptsächlich „Bekehrte“ zu finden, die unter anderem eine Bestätigung ihrer einmal getroffenen Entscheidung suchen, und diese häufig gerade in der Art finden, in der Außenstehende für die eigene Sache gewonnen werden sollen.

Wenn aber das Interesse nach Vergewisserung der eigenen Grundeinstellungen als stärkster und dominierender Selektionsfaktor auszumachen ist, dann stellt sich erneut die Frage, was denn aus jenen Nachrichten wird, die dem Wert- und Glaubenssystem des Hörers widersprechen. Folgende Reaktionen können in einer gewissen Abstufung als typisch gelten: (a) was nicht in das eigene Überzeugungssystem paßt, wird überhört; (b) wenn der Widerspruch oder Unterschied zur eigenen Auffassung unüberhörbar geworden ist, sucht der Hörer die Nachricht umzudeuten („so hat er es nicht gemeint"); (c) wenn die Gegenposition so eindringlich vorgetragen wird, daß sie beim besten Willen nicht verharmlost noch umgedeutet werden kann, so sucht der Hörer diese Gegenposition dadurch gleichsam unschädlich zu machen, daß er den Gegensatz so weit eskaliert, daß die Gegenposition zu seiner eigenen Auffassung als absurd erscheinen muß.

3. Die Mentalität der Bezugsgruppen

Es kann sein, daß ein Hörer in einer bestimmten bisher vertretenen Überzeugung irre geworden ist, weil die Personen seiner unmittelbaren Bezugsgruppen (Familie, Kollegen, Freunde) diese Überzeugung nicht teilen. In diesem Falle ist er eher bereit, die korrigierende Information aufzunehmen (es kann freilich auch zu Verhärtungen und Trotzhaltungen kommen). Der Einfluß der Bezugsgruppen ist allerdings in der Verarbeitungsstation (G) noch größer als in der „Auswahlstation". Selbst wenn dem Predigthörer ein Gesichtspunkt der Predigt unmittelbar überzeugend erscheint, wird er diesen Gedanken kaum in die Subsysteme seiner Überzeugung integrieren, solange die Meinung seiner Bezugsgruppen den Gesichtspunkt ablehnt. Auch für diesen Faktor ist das Beispiel der Evangelisationsveranstaltungen kennzeichnend: sie sind am erfolgreichsten in den Gemeinden, in denen schon größere pietistische Gruppen anwesend sind. Schon durch ihre Anwesenheit machen sie dem Besucher deutlich, daß die Bekehrung ihn nicht in die soziale Isolierung treiben muß, sondern daß er gegebenenfalls neue Bezugsgruppen finden wird.

4. Die Minderung unerträglicher Spannungszustände

Bestimmte Spannungsverhältnisse — etwa zwischen Denken und Handeln, Glauben und Wissen, Sollen und Sein — gelten als Kennzeichen menschlichen Lebens. Ohne Spannungen kognitiver, emotionaler, ja selbst körperlicher Art ist kein Leben vorstellbar. Diese Spannungen können jedoch einen derartig intensiven Grad annehmen, daß sie als unerträgliche Belastung empfunden werden. In dieser Situation setzt der Betreffende gleichsam alle Hebel in Bewegung, um die Spannungsintensität zu vermindern. Er versucht möglichst rasch diejenigen Informationen zu gewinnen, die zur Minderung der Spannung beitragen können. Dabei spielt für viele Menschen unserer Gesellschaft (auch derer, die nicht zur Kerngemeinde gehören) der Pfarrer und die Predigt eine besondere Rolle. Sie gelten als kompetent für Fragen der Lebensdeutung und der Wertorientierung. Der betreffende Hörer nimmt, oft unabhängig von dem, was der Pfarrer tatsächlich gesagt hat, das aus der Predigt heraus, was ihm hilft, mit seinem Übermaß an Spannung fertig zu werden. (Häufig wiederkehrendes Beispiel: ein Hörer stürzt nach der Predigt auf den Pfarrer zu, bedankt sich überschwenglich für einen bestimmten Gedankengang und fragt, woher denn der Pfarrer seine, des Hörers, Situation so genau kenne. Der Pfarrer muß feststellen, daß er weder den Hörer noch dessen Situation kennt, noch auch den erwähnten Gedankengang vorgetragen hat. Der Drang des Hörers nach Spannungsminderung war so stark, daß er in die Predigt hineinprojizierte, was er aus ihr herausnehmen wollte.)

5. Das Bild des Predigers

Was der Hörer aus dem Angebot der Predigt auswählt, hängt schließlich von dem Bild ab, das er vom Prediger hat. Günstige Bedingung für das Hören ist es, wenn der Prediger bei dem betreffenden Hörer als glaubwürdig, kompetent und sympathisch gilt. Ist das „Image“ des Pfarrers schlecht, dann bestehen auch für die beste Predigt nur geringe oder gar keine Chancen, etwas Neues, Veränderndes, Weiterführendes zu vermitteln.

Diese fünf kurz skizzierten Faktorenbündel sind, wie gesagt, im praktischen Vollzug des Predigthörens vielfach verflochten. Zusammenfassend lassen sie sich als das Interesse des Hörers, seelische und kognitive Balance zu gewinnen, charakterisieren. Dieses Interesse steuert „Hören und Verstehen“.

b) Die Technik des Auswählens

Haben wir vorhin, im Zusammenhang der „Eingangsstation“ vom „Empfangsgerät“ gesprochen, so geht es gleichsam um die Wirkungsweise der „Antennen“. Die Aufgabe der Antennen wird im System Predigt von den Assoziationen, den Anknüpfungspunkten wahrgenommen. Anknüpfen kann man etwa an ein bestimmtes Stichwort („Vergebung“) oder an eine bestimmte Argumentation („Christen tragen Mitverantwortung für den Hunger in Ostpakistan“) oder an ein vertrautes Theologumenon („ich bin gewiß, daß weder Tod noch Leben ...“). Die Assoziationen, die ihrerseits vom „Vorverständnis“, genauer: von den soeben beschriebenen Selektionsfaktoren gesteuert werden, können wiederum ganz verschiedenartige Gedankenbewegungen zur Folge haben. Vergröbernd suchen wir die drei wichtigsten Bewegungsrichtungen der Anknüpfung zu unterscheiden. Wir gehen jeweils davon aus, daß das Reizwort „Vergebung“ die Aufmerksamkeit des Hörers erregt hat. 1. Dieser versucht daraufhin, den Darlegungen des Pfarrers aufmerksam zu folgen, vermag sein persönliches (Schuld)-Problem darin wiederzufinden und nimmt die betreffende Passage der Predigt in sich auf. 2. Der Hörer vermag sein eigenes Problem in den Darlegungen des Pfarrers nicht zu entdecken, hängt etwas zerstreut seinen eigenen Assoziationen nach, schweift ab und gewinnt erst bei einem späteren Stichwort wieder Kontakt zu der Predigt. Die entsprechende Passage der Predigt wird nicht registriert. 3. Das Reizwort Vergebung ruft eine solche Fülle eigener und vielleicht unbewältigter Gefühle hervor, daß der Kontakt zum Prediger augenblicklich unterbrochen, seine Explikation gar nicht zur Kenntnis genommen und statt dessen eine Kettenreaktion persönlicher Erinnerungen und Gedanken in Bewegung gesetzt wird.

Dem Hörer braucht seine Abschweifung weder überhaupt noch gar unangenehm bewußt zu werden. Er kann durchaus von der Predigt, die ihn zu eigenen Überlegungen angeregt hat, einen guten Eindruck haben — auch dann, wenn er außer dem betreffenden Stichwort fast nichts vom Inhalt der Predigt aufgenommen hat. In Befragungs-Interviews zeigen sich Predigthörer häufig selbst darüber erstaunt, wie positiv ihr Gesamteindruck ist, obwohl sie fast nichts vom Inhalt dieser Predigt wiederzugeben vermögen.

DIE VERARBEITUNGSSTATION („G")

Was geschieht mit den Signalen (bzw. den zu Nachrichten zusammengefaßten Signalkomplexen), die der Hörer aus dem angebotenen Stoff herausgenommen hat? Gehen wir aus von einigen Ergebnissen der schon erwähnten Predigthörerbefragung, die im Jahre 1967 in je 25 evangelischen und katholischen Gemeinden durchgeführt wurde und die je ca. 1250 evangelische und katholische, insgesamt also 2500 Predigthörer erfaßte. Da die Ergebnisse noch nicht im Gesamtzusammenhang veröffentlicht sind, müssen wir uns auf einige bekanntgewordene Teilergebnisse beschränken[7]. Diese Teilergebnisse beziehen sich insgesamt auf die Eindrücke, die an dem betreffenden Sonntag oder am Montag von den Befragten formuliert wurden; sie betreffen also jenen zeitlichen Abschnitt des Prozesses, den wir als „Verarbeitungsstation" beschreiben können, wenn überhaupt so etwas wie Verarbeitung stattfindet.
Aufschlußreich für diesen Verarbeitungsprozeß erscheint uns ein Vergleich zwischen dem *Gesamteindruck*, den die Hörer von der betreffenden Predigt hatten, und der Fähigkeit, etwas vom *Inhalt* der Predigt wiederzugeben.

Wie hat Ihnen diese Predigt zugesagt?
(Geschlossene Frage mit vorgegebenem Bewertungskatalog)

Gesamteindruck	evang.	kathol.
sehr gut	25 %	14 %
gut	57 %	55 %
teils — teils	6 %	11 %
nicht so sehr oder gar nicht	8 %	12 %

[7] Die Veröffentlichung wird von O. Schreuder, dem Leiter der Untersuchung, für die Reihe „Gesellschaft und Theologie" bei Chr. Kaiser und M. Grünewald vorbereitet.

Woran können Sie sich noch erinnern?
... Und woran noch?
(offene Frage)

Inhalt der Predigt	evang.	kathol.
richtige Antwort	4 %	6 %
teilweise richtig	27 %	30 %
falsche Antwort	31 %	22 %
keine Antwort	38 %	42 %

Auffällig ist zunächst der hohe Anteil derjenigen, die einen guten, bis sehr guten Gesamteindruck von der Predigt hatten, sich diesen positiven Eindruck über Stunden oder sogar Tage hinweg bewahrt haben und ihn spontan zur Kenntnis geben. Dieses Ergebnis erscheint uns als außerordentlich bedeutsam. Wie immer wir theologisch oder ideologiekritisch die Möglichkeiten und Grenzen der Predigt beurteilen mögen — wir müssen in der Regel davon ausgehen, daß mehr als drei Viertel der Gottesdienstbesucher subjektiv meinen, daß die Predigt ihnen geholfen, ihnen etwas gegeben hat — daß sie zumindest nicht enttäuscht wurden. Wir unsererseits meinen, daß dieses Ergebnis durchaus auch seine legitimen positiven Rückwirkungen auf den Prediger haben kann: wie jeder andere Mensch braucht auch der Prediger gelegentlich eine Bestätigung dafür, daß das, was er tut, positiv aufgenommen wird.

Freilich wird es kein ungebrochenes Erfolgserlebnis sein, das sich aus dieser Rückmeldung gewinnen läßt. Fragt man nämlich weiter, woraus sich denn der positive Gesamteindruck des Hörers zusammensetzt, dann fällt das Defizit an inhaltlicher Wiedergabefähigkeit besonders deutlich auf. Nach allem, was wir lernpsychologisch und kommunikationssoziologisch wissen, wird wohl zu folgern sein, daß, wenn die Wiedergabefähigkeit so gering ist, auch mit einer nur äußerst geringen eigenen gedanklichen Verarbeitung des Predigtinhaltes durch den Hörer gerechnet werden kann. Gerade das aber könnte vor allem protestantische Prediger im Mark ihrer Berufsauffassung treffen und verunsichern. Denn es ist für die meisten eben das gesprochene Wort, die Verbalisierung der Textauslegung, der Inhalt der Predigt, mittels derer sie ihre zentrale Berufsabsicht zu verwirklichen suchen: nämlich die grundlegenden Glaubens- und Weltauffassungen ihrer Gemeindeglieder mit dem Evangelium zu konfrontieren, sie zu beeinflussen, sie zu verändern.

Wenn das nicht gelingt, so meinen sie, sei ihre ganze theologische Existenz in Frage gestellt. Was bei dieser Berufseinschätzung vieler Pfarrer verhängnisvoll wirkt, ist die meist eindimensionale Reduktion anthropologischer Veränderungsvorstellungen auf kognitive Vorgänge; dabei dürfte von besonderer Bedeutung sein, das die theologisch sehr gefüllte Kategorie des Wortes Gottes zu schnell in Kongruenz gebracht wird mit der Kommunikationsform der Predigt und überhaupt mit dem eigenen verbalen Mitteilungsdrang. Wie stark Veränderungen des Verhaltens von emotionalen und motivationalen Faktoren abhängig ist, wird in einer mißverstandenen und mißverständlichen Theologie des Wortes kaum mitbedacht. Auf diese Weise kommt es leicht zu einer ziemlich verbreiteten Abqualifizierung von Begriffen wie „emotional“ oder „Stabilisierung“, wobei beide gewissermaßen auf die in ihnen (wie in jedem Begriff) angelegte Perversion reduziert werden: emotional wird leicht als Gefühlsduselei oder als Verschleierung, Stabilisierung als Verfestigung oder Verhärtung mißverstanden. Daß zu solchen Mißverständnissen auch Anlaß bestehen kann, soll nicht bestritten sein. Nur verstellt man sich mit dem auf Dauer gestellten Vorurteil gegenüber diesen in der Sozialpsychologie weithin instrumentell und einigermaßen wertfrei verwendeten Begriffen die Möglichkeit, auch eigene Schwierigkeiten zunächst einmal nüchtern zu analysieren.

a) Emotionale Balance

Wenden wir uns wieder stärker den Interessen und Bedürfnissen der Hörer zu, so wird man aus dem ganz überwiegend positiv qualifizierten Gesamteindruck schließen dürfen, daß die Predigt offenbar etwas leistet, was die Hörer als hilfreich empfinden; sie erfüllt also ganz bestimmmte Bedürfnisse. Nach den Angaben über die Predigtinhalte bestehen diese Bedürfnisse jedoch offenbar nicht in erster Linie darin, sich gedanklich mit den spezifischen Aspekten des betreffenden Textes oder Themas auseinanderzusetzen. Das Interesse der Hörer scheint vielmehr auf eine Art unspezifischer Bestätigung oder Bestärkung ihrer grundlegenden Glaubensvorstellungen gerichtet zu sein. Und eben diese scheinen sie aus den meisten Predigten herauszunehmen oder in sie hineinzuprojizieren. Dabei könnte es sein, daß schon die erneute Proklamation etwa der Herrschaft Jesu Christi oder der menschenfreundlichen Liebe Gottes, oder daß schon das öffentliche Postulat der Bekehrung oder der Nachfolge auch im politisch-gesellschaftlichen Bereich, daß aber schon die Erwähnung von wertbesetzten Schlüsselkategorien der Gemeindefrömmigkeit das Interesse nach Vergewisserung ansatzweise erfüllen. Vor allem dann, wenn es der Pfarrer auf der Kanzel ist, der die Grundauffassungen des Glaubens bestätigt, eine Autorität also, der nicht nur das subjektive Vertrauen des Hörers gilt, sondern die auch in der gesellschaftlichen Öffentlichkeit weithin als zuständig anerkannt ist.

„Verarbeitung“ wäre also bei diesen Hörern nicht so sehr im Sinne einer Ausweitung oder Veränderung von Glaubensauffassungen und Bezugssystem zu verstehen, sondern eben in einer Art von emotionaler Ausbalancierung jener Verunsicherungen und Frustrationen, die die Gottesdienstbesucher in ihrem alltäglichen Leben erfahren. Als Vehikel und Mechanismen einer solchen Verarbeitung könnten möglicherweise schon jene einfachen Formeln angesehen werden, die man häufig nach dem Gottesdienstbesuch hört: „heute hat er ganz gut gesprochen“, „da hat man doch wieder mal was anderes gehört“, „das hat mir etwas Auftrieb gegeben“.

Zweifellos wird der, der solche Formeln verwendet, grundsätzlich mit den in seiner Gemeinde geltenden religiösen Deutungsschemata vertraut sein. Tatsächlich wissen wir aber, daß von der Gesamtzahl der Gottesdienstbesucher eines Jahres etwa 80 % der sogenannten Kerngemeinde zuzurechnen sind, d. h. daß sie mindestens einmal im Monat zur Kirche gehen und also mit den dort verwendeten Deutungsschemata umgehen können. Sie zumindest scheinen im Gottesdienst zu finden, was ihnen hilft, mit den Schwierigkeiten ihres beruflichen und familiären Alltags fertig zu werden. Wie immer nun der Pfarrer seinerseits diese „emotionale Stabilisierung“ beurteilt; ob er die „Autoritätsgläubigkeit des unmündigen Gemeindegliedes“ beklagt, ob er die affektive Stabilisierung als Umweg zum kognitiven Verstehen in Kauf nimmt, oder ob er sie als einzige Hilfe, die er dem Hörer nach Lage der Dinge zuteil werden lassen kann, sozusagen diakonisch interpretiert (das alles kann hier nicht ausführlicher problematisiert werden) — jedenfalls wird er sich damit auseinandersetzen müssen, daß eindeutig der stärkste Wirkungsgrad der Predigt im Bereich der existentiell-emotionalen Balance liegt. Freilich scheint auch dieser Wirkungsgrad rückläufig zu sein: offenbar wendet sich auch das Bestreben, seelische Balance zu gewinnen, mehr und mehr den Formen aktiver Kommunikation (besonders dem Gruppengespräch) zu.

b) Kognitive Folge-Aufgaben

Wenngleich die kognitive Ebene gegenüber der affektiven im „System Predigt“ meist von zweitrangiger Bedeutung ist, so ist sie doch vorhanden und es lassen sich bestimmte Verarbeitungsregeln ausmachen. Was nach der Absicht des Predigers wie auch des Hörers kognitiv erreicht werden soll, wäre die Erzeugung, Ergänzung oder Veränderung einer Einstellung. Das aber bedeutet: Umorganisation des betreffenden Subsystems. Die Einzelteile des Systems müssen gleichsam hin und her bewegt, hier eingepaßt, dort angeklebt, durch neue Verbindungsstücke in andere als die bisherigen Zusammenhänge gebracht werden. Eine Predigt versucht beispielsweise das Verhältnis von Liebesgebot und Revolution so darzustellen, daß das alte Schema („Revolution sei die Urauflehnung gegen Gottes Ordnung“) widerlegt und die starre Entgegensetzung (hie christliche Liebe — hie revolutionäre Gewalt) überwunden wird. Wenn ein bisher konservativ denkender Hörer den neuen Gedanken tatsächlich aufzunehmen willens wäre, müßte das zu einer erheblichen Umorganisation seines Einstellungssystems führen. Zu dieser Organisationsarbeit aber braucht er Zeit, muß er mit den Einzelteilen seines Systems experimentieren können. Das alles aber kann er in der Predigt nicht. Er kann es vielleicht durch anhaltendes Nachdenken, etwa auf dem Heimweg und später in der Woche. Doch sind dann die Ablenkungskräfte gewöhnlich so stark, daß es zu einer geordneten Verarbeitung nicht kommt. Etwas mehr Aussicht auf erfolgreiche Verarbeitung wäre gegeben, wenn der Hörer die ihm wichtig erscheinende Nachricht nach der Predigt schriftlich aufzeichnet und kommentiert. Doch geschieht das ja fast nie. Sehr viel weniger aufwendig und trotzdem effektiver als selbst ein Gedächtnisprotokoll ist ein Kleingruppengespräch über die Argumentation des Predigers. Hier wird die Umorganisation der Subsysteme sozusagen „sozialisiert“. Die Hin- und Herbewegung des neuen Gedankens wird buchstäblich von den Gesprächsteilnehmern übernommen. Abwechselnd versuchen die Teilnehmer den neuen Aspekt selbständig zu formulieren, ihn zu widerlegen, zu variieren, zu modifizieren, zu verteidigen; wobei pro und contra in der Regel nicht auf bestimmte Personen festgelegt sind, sondern im Zuge des Rollenwechsels mal von diesem, mal von jenem Teilnehmer vorgetragen werden. Bedingung einer solchen kognitiven Verarbeitung in der kleinen Gruppe ist einmal, daß jeder Teilnehmer aktiv mitdiskutiert, die Gruppe also nicht mehr als zehn Personen umfaßt; die andere Bedingung ist, daß die Konversation in einer Sprache geführt wird, die jedem Partner die gleichen Partizipationsmöglichkeiten gibt, am besten in der Umgangssprache und jedenfalls nicht in der Theologensprache.

Wer mit seiner Verkündigung dazu beitragen will, Einstellungen zu verändern, und in unserer Zeit ist kaum etwas nötiger, als Vorurteile, veraltete Vorstellungen, pseudochristliches Denken zu korrigieren; wer nicht nur zur Umkehr aufrufen will, sondern den Hörer auch dazu anleiten; wer dem Gemeindeglied dazu verhelfen will, aus der Konsumentenhaltung heraus zu mündiger Teilhabe zu finden, der wird sich die Frage stellen müssen, wie der Kommunikationsform „Predigt“ die Kommunikationsformen der Gruppenkonversation zugeordnet werden können.

3. Kleingruppenarbeit in der Gemeinde

1.00 *Zur Notwendigkeit neuer Arbeitsformen in der Kirche*

1.10 Die überkommenen und in der Praxis eingeschliffenen Kommunikationsformen der Kirche erscheinen in zunehmender Dringlichkeit als ergänzungsbedürftig. Sie leiden weithin an den Unzulänglichkeiten der sogenannten Einbahnkommunikation und können darum weder ihrer konkreten Aufgabe noch dem allgemeinen Auftrag der Kirche in unserer Zeit in zureichendem Maße gerecht werden.

1.20 Die Schwierigkeiten und Mängel der Einbahnkommunikation betreffen nicht nur die üblichen Formen von Gottesdienst, Predigt und Kasualansprache, sondern auch die meisten anderen Formen der Gemeindearbeit. Gemeindeseminare, Bibelstunden, Männerabende, Frauenkreise, Jugendveranstaltungen und selbst Hauskreise sind in vielen Fällen nach dem Grundmodell der Einbahnkommunikation organisiert. Das heißt: der Pfarrer (oder Leiter) muß reden — die Gemeindeglieder hören zu; der Leiter muß gestalten und (sich) produzieren — die Gemeindeglieder „konsumieren", sie verbleiben, oft nolens-volens, in einer Art Konsumentenhaltung.

1.30 Jedoch sind die überkommenen Formen der Gruppenarbeit in der Gemeinde keineswegs einseitig negativ zu beurteilen. In ihrer örtlichen Umwelt bieten die kirchlichen Gruppen etwas häufig mehr Möglichkeiten zur Kommunikation als andere soziale Institutionen des betreffenden Dorfes oder Stadtbezirkes.

1.31 Jede Frauenhilfe-Stunde, jeder Altennachmittag gibt den Teilnehmern Gelegenheit, auch vor oder nach dem offiziellen Teil jene Art von Kommunikation mit ungefähr gleichgesinnten Menschen zu praktizieren, die ihnen in ihrem alltäglichen Leben vielleicht versagt bleibt; das Medium einer solchen Kommunikation kann durchaus der „small talk" sein.

1.32 Darüber hinaus empfinden viele das Zusammensein mit der vertrauten Gruppe auch dann als eine Art emotionaler

Geborgenheit, wenn sie selbst nicht aktiv, auch nicht im „small talk“ mitreden, sondern einfach nur dabei sind. Die Gruppe scheint dabei vor allem denen als wichtiges Ausgleichsmedium, die ihre alltägliche Umwelt als kalt und sich selbst als isoliert empfinden.

1.33 Nicht zuletzt wird in der konventionellen Gruppenarbeit (ebenso wie durch viele Predigten) jene Vergewisserung von eigenen Grundüberzeugungen vermittelt, die dem Teilnehmer seiner Meinung nach dazu hilft, die eigenen Lebensprobleme besser bewältigen zu können.

1.40 Diesen von vielen Teilnehmern der überkommenen, vorwiegend einbahnigen Gruppenarbeit als positiv empfundenen Erfahrungen stehen Unzulänglichkeiten gegenüber, deren Gewicht in zunehmendem Maße die Arbeit der Kirche beeinträchtigt. Das wird unter folgenden Gesichtspunkten deutlich:

1.41 Einbahn-Kommunikation ist im Blick auf Lernprozesse, auf die Veränderung von Einstellungen, von Überzeugungen und damit auch von Glaubensvorstellungen nur wenig wirksam und muß darum als relativ ungeeignet betrachtet werden. Die Kirche ist jedoch gerade in unserer Gegenwart herausgefordert, den rapiden Umwälzungen im Alltagsleben und in der Moral, im politischen Bewußtsein und erst recht in der Theologie Rechnung zu tragen. Sie muß weit stärker als früher ihre Arbeitsformen auf Lernprozesse von Jugendlichen und Erwachsenen, auf die Kritikfähigkeit ihrer Mitglieder, auf Innovationen in Kirche und Gesellschaft ausrichten. Für diese Aufgaben scheint die sogenannte Lerngruppe am ehesten geeignet zu sein. (Vgl. dazu H. O. Luthe, Interpersonale Kommunikation und Beeinflussung, Stuttgart 1968 — und meinen Kurzbericht darüber im Abschnitt „Humanität und Lernprozeß“; oben S. 176 ff.)

1.42 Einbahn-Kommunikation kann den Menschen in einem bestimmten Sinn unmündig halten. Sie gibt ihm keine Möglichkeit, seine eigenen geistigen und gefühlsmäßigen Eindrücke, seine Kritik und seine Fragen angemessen zu äußern. Sie hindert ihn also an aktiver Teilnahme, gewissermaßen an der „Teilhabe“ am Kommunikationsvorgang. Anders gesagt: sie beläßt ihn in seiner Konsumentenhaltung und verfestigt diese noch. Demgegenüber ermöglicht eine aktive Teilnahme dem Kommunikationspartner, daß er seine eigenen Interessen und Probleme, daß er auch seine Fähigkeiten und Kenntnisse in den Prozeß einbringt; er ist nicht mehr nur Nehmender, sondern immer auch Gebender; er ist nicht mehr nur Objekt, sondern immer auch Subjekt; er hat Gelegenheit, seine eigenen Gedanken in der Auseinandersetzung mit anderen zu erproben, sie zu korrigieren und so weiterzuführen.

In einem tieferen theologischen Sinn geht es darum, den Grundsatz vom allgemeinen Priestertum aller Gläubigen auch in den Kommunikationsformen der Kirche zur Geltung zu bringen.

Was für die aktive Teilnahme am Kommunikationsprozeß gilt, betrifft ähnlich die Teilnahme und Teilhabe („Partizipation") am öffentlichen Leben insgesamt, also an Politik und Wirtschaft, an Ausbildung und Beruf, an Kultur und Sport. Auch hier wachsen Interesse, Freude und Engagement, je stärker man aus der Konsumentenhaltung zu Mitbestimmung und Partizipation gelangt.

1.43 Einbahn-Kommunikation wird trotzdem keineswegs überflüssig werden; sie wird weiterhin bestimmte Aufgaben, beispielsweise aus den Bereichen der Information und der Unterhaltung, besser wahrnehmen können als andere Kommunikationsformen. Das gilt besonders für die großen Medien wie Film, Fernsehen und Hörfunk. Gerade auf diese Medien wird sich aber zunehmend das Interesse auch der Kirchenglieder richten, weil hier mehr Anschauung und Verstehbarkeit geboten wird als beispielsweise in einem Referat oder auch in einer Predigt.

Die Kirche ihrerseits wird zwangsläufig versuchen, die Möglichkeiten der technischen Medien weit stärker als bisher für ihren Auftrag zu erschließen. Dabei werden die Sendungen der öffentlichen Rundfunk-Anstalten eine geringere Rolle spielen als eigene Filmveranstaltungen, Kassetten-Fernsehen und vor allem als der Medienverbund von beispielsweise Film, Buch und Schallplatte. In jedem Falle aber ist davon auszugehen, daß die heute in der Gemeinde vorherrschenden Formen einer sozusagen personalen Einbahnkommunikation (Vortrag, Predigt) mit denen einer medialen Einbahnkommunikation nicht werden konkurrieren können.

Eine besondere Chance der Kirchengemeinden scheint jedoch darin zu liegen, daß sie über gute Voraussetzungen verfügen, die die Verarbeitung einer medial dargebotenen Information durch eine geregelte interpersonale Kommunikation ermöglichen. Das betrifft sowohl die dafür notwendigen Räume, als auch die freiwilligen Mitarbeiter, die als Gesprächsleiter und Moderatoren fungieren können, als endlich einen gewissen Vorschuß an Interesse und Motivation seitens eines Teiles ihrer Mitglieder.

1.50 Um das Defizit der einbahnigen Kommunikationsformen in der kirchlichen Arbeit auszugleichen, ist dementsprechend in erster Linie an die Kommunikationsform der Kleingruppe zu denken. In der Praxis einer Kirchengemeinde wird man vor allem drei Grundtypen einer solchen Kleingruppenarbeit unterscheiden.

1.51 *Die Lerngruppe*. Ihre Aufgabe ist es, die veränderten Problemstellungen in den Grundfragen der Lebensdeutung, des menschlichen Verhaltens und der gesellschaftlichen Situation zu bearbeiten. Beispielsweise müßten neuere Erkenntnisse und Ansätze sowohl der Theologie als auch der Humanwissenschaften erörtert, auf die Fragen des eigenen Lebens angewendet und dabei gewissermaßen die Konsequenzen für das eigene Verhalten formuliert werden. Konkret könnte es um Fragen der Erziehung oder der Ehe, des Alters oder der Krankheit, aber auch ganz unmittelbar um theologische Problemstellungen wie die Gottesfrage gehen.

1.52 *Die Aktionsgruppe*. Ihr geht es weniger um die kognitive Aufarbeitung neuer wissenschaftlicher Fragestellungen und Erkenntnisse als um unmittelbares demonstratives oder karitatives Handeln. Das Spektrum der Möglichkeiten reicht von einer Gruppenvorbereitung des Heiligabendgottesdienstes über Besuchsdienst, Gemeinwesenarbeit und Sozialdiakonie bis zur Vorbereitung von Demonstrationen oder etwa Entwicklungshilfe-Aktionen.

1.53 *Die seelsorgerlich-therapeutische Gruppe*.
Hier kann es sowohl um die Aufarbeitung eigener Schwie-

rigkeiten, eigener Trauer oder eigener Kommunikationsprobleme (Alter, Einsamkeit) gehen, als auch um die Mitarbeit an den Aufarbeitungswünschen anderer Gruppenmitglieder oder aber an der Integration von isolierten und sogenannten schwierigen Gemeindegliedern. Eine solche seelsorgerlich-therapeutische Gruppenarbeit scheint zunehmend als Ergänzung neben das seelsorgerliche Einzelgespräch zu treten.

2.00 *Zu den Bedingungen intensiver Kleingruppenarbeit*

2.10 Die Kleingruppe ist zunächst durch die kleine Zahl der an ihr teilnehmenden Personen definiert. Je nach Aufgabenstellung kann sie drei bis zehn (in Ausnahmefällen bis zu zwölf) Personen umfassen. Bei einer größeren Zahl

— werden die Möglichkeiten zu einer aktiven Teilnahme aller Gruppenmitglieder schon aus Zeitgründen immer kleiner;
— wird dementsprechend die Spontaneität unterdrückt;
— werden Rollenwechsel und flexible Rollenstrukturierung erschwert (z. B. werden einige produzieren, die anderen konsumieren).

2.20 Die Mitglieder der Gruppe sollen möglichst regelmäßig an allen Gruppenveranstaltungen anwesend sein; es sollen keine gruppenfremden Personen an der einen oder anderen Veranstaltung der Gruppe „ausnahmsweise einmal" teilnehmen. Mit jeder neuen Person verändert sich die Gruppensituation von Grund auf.

2.30 Die Gruppe soll während eines relativ eng begrenzten Zeitraumes möglichst häufig zusammenkommen, um eine möglichst dichte Kommunikationsfrequenz zu erreichen und die zwangsläufig von außen einwirkenden Störfaktoren möglichst gering zu halten. Am fruchtbarsten sind Klausurzeiten über 6—12 Wochen. Solche Klausurzeiten sind in der Gemeindepraxis freilich nur ausnahmsweise realisierbar; möglich erscheinen eher einwöchige Freizeiten oder auch mehrere Wochenendfreizeiten, die innerhalb eines Vierteljahres stattfinden; man kann auch ein einmal wöchentlich stattfindendes Seminar als intensive Kleingruppe organisieren, dabei müßten sich die Teilnehmer freilich zur Teilnahme an ca. acht Sitzungen innerhalb von zwei Monaten bereiterklären.

2.40 Die Aufgabenstellung der Gruppe soll sachlich begrenzt und inhaltlich konkret sein. In Lerngruppen sollte man von persönlichen und aktuellen Problemsituationen der Teilnehmer ausgehen und unter diesem Gesichtspunkt möglicherweise auch die Gruppe zusammenstellen: Konfirmanden-Eltern, Eltern von Kindergarten-Kindern oder auch Pensionäre, die gerade erst aus dem Beruf ausgeschieden sind. Die inhaltlich-theologischen Aspekte werden bei solchen, auf bestimmte Lebensfragen orientierte Gruppen in der Regel „in, mit und unter“ den verhandelten Problemen und nicht getrennt davon erörtert werden. Andererseits werden natürlich auch weiterhin ausdrücklich theologische Probleme Gegenstand einer Kleingruppenarbeit sein.

2.50 In allen Arbeitsformen der Kleingruppe, also nicht nur in therapeutischen Gruppen, sondern auch in Lern- und Aktionsgruppen sollten die emotionalen Beziehungen der Teilnehmer untereinander ausdrücklich thematisiert und aufgearbeitet werden. Das geschieht am besten im Phasenwechsel mit der Arbeit an dem betreffenden Sachthema. In einem solchen Wechsel von Sacharbeit und emotionalem „Feedback“ entwickelt sich in der Regel ein Verdichtungsprozeß, der im flexiblen Rollenwechsel von Widerstand und annehmendem Verstehen zu einer besonders großen Lernbereitschaft führt.

2.51 Emotionale Vorgänge sollen grundsätzlich in einer Weise erörtert werden, die dem anderen Gruppenmitglied zu helfen versucht — und von ihm nicht als Plakatierung oder Abstempelung empfunden werden muß.

2.60 Der Teilnehmerkreis einer solchen Kleingruppenarbeit soll gezielt ausgesucht und eingeladen werden. Voraussetzung für die Teilnahme ist das unmittelbare Eigeninteresse am Gegenstand der Arbeit sowie die Bereitschaft, die emotionalen Beziehungen innerhalb der Gruppe zu erörtern.

2.61 Es ist gerade auch an solche Teilnehmer zu denken, die nicht dem engeren Kreis der sogenannten Kerngemeinde zugehören und sich auch durch die Teilnahme an dem betreffenden Arbeitsvorhaben nicht für die Kerngemeinde vereinnahmen lassen, sondern nach Abschluß des Prozesses in die ihnen gewissermaßen liebgewordene Haltung einer distanzierten Volkskirchlichkeit zurückkehren wollen. Bisherige Versuche zeigen jedoch, daß gerade diese Teilnehmer die Ergebnisse der Gruppen- und Lernprozesse auf ihre Weise und damit als Multiplikatoren weiterzuvermitteln suchen und jedenfalls die Teilnahme an einer solchen Kleingruppenarbeit nachdrücklich weiterempfehlen.

2.62 Durch eine solche zeitlich begrenzte Gruppenarbeit kann ein Teil der Gemeindeglieder, die eine distanziert-volkskirchliche Grundeinstellung vertreten, an die Gegenwartsaufgaben der Kirche herangeführt und wenigstens vorübergehend in diese Aufgaben einbezogen werden. Vielleicht gewinnt der eine oder andere dabei auch ein differenzierteres Bild von dem, was die Kirche will, und wo ihre Schwierigkeiten in unserer Zeit liegen.

3.00 *Zur Kommunikationsform des „Gruppengesprächs"*

3.10 Eines der wichtigsten Arbeitsmittel fast aller Formen von Kleingruppenarbeit ist das sogenannte Gruppengespräch. Die Fülle von Gestaltungsmöglichkeiten eines solchen Gruppengesprächs läßt sich in drei Grundtypen gliedern:

3.11 Freies Gruppengespräch ohne Themen- oder Informationsvorgabe. Die Gruppe muß sich selbst ihr Thema suchen. Der Leiter (oder Trainer) verhält sich zurückhaltend, beobachtet den Prozeß und versucht nur an wenigen Stellen durch gezielte Fragen oder Informationen neue Impulse für den Prozeß zu geben. Die Dauer eines solchen Gespräches liegt zwischen 30 und 90 Minuten. Die Gesprächsform empfiehlt sich vor allem für Selbsterfahrungs- und Therapiegruppen; in der Regel vermag sie den emotionalen Verdichtungsprozeß am stärksten vorwärts zu treiben.

3.12 Ebenfalls freies Gruppengespräch ohne Themen- oder Informationsvorgabe. Der Leiter greift jedoch gar nicht in das Gespräch ein, sondern beschränkt sich auf die Beobachtung. Nach Ablauf der vorher vereinbarten Gesprächszeit (30 bis

45 Minuten) organisiert er ein sogenanntes methodisch geregeltes „Feed-back" (s. unten 4.0 ff).

3.13 Verarbeitungsgespräch über eine vorher dargebotene Information (Paper, Thesen, Kurzvortrag). Der Leiter kann Ergänzungs- und Rückfragen zum Informationsstoff beantworten. Er sollte sich aber nicht zu stark in die (emotional bewegten Schichten der) Diskussion verwickeln lassen. Er kann nach Absprache mit der Gruppe ein methodisch geregeltes „Feedback" auch zur kognitiven Aufarbeitung organisieren.

3.20 Die Darbietung der Information soll die Adressaten in den Frage- und Suchprozeß mit hineinnehmen und ihnen nicht wie durch einen Nürnberger Trichter fertige Antworten oder Antwortsysteme indoktrinieren wollen. Sie wird darum

3.21 eher Probleme aufreißen und Fragestellungen skizzieren als abgerundete Ergebnisse vortragen;

3.22 die Zuhörer durch eine freie, nicht an ein ausformuliertes Konzept gebundene Entwicklung und Entfaltung der Information in den Formulierungsprozeß versuchen einzubeziehen;

3.23 die mündlichen Darlegungen durch optische Mittel unterstützen und ergänzen (Tafelanschrieb, Film, videorecorder, overheadprojector).

3.30 Für die Verarbeitung von Informationen sind zwei Gesichtspunkte besonders zu beachten: einmal die gleichzeitige Beteiligung verschiedener Sinnesorgane und zum anderen die eigenständige Bearbeitung des betreffenden Gegenstandes (etwa durch Kommentar, Ergänzung, Widerspruch, Zusammenfassung usw.).

3.31 Die Bedeutung dieser Gesichtspunkte wird anhand einer tabellarischen Faustregel deutlich, die in der Medien-Diskussion oft verwendet wird und in starker Vereinfachung den Wirkungsgrad von Informations- und Verarbeitungsmitteln deutlich machen kann. Danach soll ein Mensch unter sonst vergleichbaren Bedingungen durchschnittlich aufnehmen:

10 % dessen, was er liest
20 % dessen, was er hört
30 % dessen, was er sieht

40 % dessen, was er hört und sieht (etwa Fernsehen oder Vortrag mit Tafelanschrift)

60 % dessen, was er hört; sieht und in eigenständiger Formulierung niederschreibt

70 % dessen, was er hört, sieht, niederschreibt und in der Gruppendiskussion durch explizite eigene Beiträge kommentiert.

80-90 % dessen, was er hört, sieht, niederschreibt, kommentiert und in eigenem Handeln öffentlich vertritt (Vortrag, Lehrveranstaltung, Aktion usw.).

3.32 Um die Aussagekraft dieser Tabelle nicht mißzuverstehen und daraus falsche Folgerungen abzuleiten, ist die Klausel von der Vergleichbarkeit der Kommunikationsbedingungen sorgfältig zu beachten. Sie bedeutet etwa, daß die gleiche Informationsmenge (beispielsweise eine 20-Zeilen dpa-Meldung) derselben Person bei gleicher Motivationslage, — aber eben durch verschiedene Medien (Zeitung, Rundfunk, Stummfilm, Fernsehen usw.) zur Kenntnis gebracht wird. — Sie bedeutet also nicht, daß jedweder Zeitungsleser, der geistig trainierte genauso wie der weniger geübte, jedesmal nur 10 % dessen aufnimmt, was er liest; sie bedeutet auch nicht, daß jeder Predigthörer, unabhängig von seiner jeweiligen Motivationslage, „immer nur“ 20 % dessen aufnimmt, was er hört.

3.33 Die Aussagekraft dieser Tabelle besteht also in erster Linie in der Verhältnisbestimmung zwischen den verschiedenen Formen der sinnlichen Wahrnehmung und der aktiven Verarbeitung. Die wichtigsten Folgerungen aus dieser Tabelle für die kirchliche Arbeit dürften deshalb darin bestehen, Gelegenheiten zu einer geregelten Verarbeitung zu schaffen sowie die verschiedenen Kommunikationsformen zu koordinieren. Dabei dürfte dem Gruppengespräch mit seinen besonders günstigen Perzeptionsbedingungen eine besondere Bedeutung zukommen.

3.40 Ein Gruppengespräch und darüber hinaus der gesamte Arbeits- und Beziehungsprozeß einer Gruppe entwickeln sich in der Regel umso fruchtbarer, je stärker der Leiter aus der ihm vorgegebenen Autoritätsposition, also gewissermaßen als „Dirigent“, zurücktritt und eine Moderatorenrolle übernimmt. Die Gruppe kann dann aus der einseitig auf die Lehrperson ausgerichteten Beziehungsstruktur in eine flexible Beziehungsvielfalt eintreten, die die gemeinsame Such- und Lernhaltung erheblich fördert.

3.41 Wenn der Leiter sich aus seiner Autoritätsposition zurückzieht, entsteht in der Gruppe eine Art Machtvakuum, in das der Gestaltungs- oder Geltungswille einzelner Gruppenmitglieder einzudringen versucht. In der Regel kommt es dabei zu Macht- und Positionskämpfen, die in mancherlei Verkleidung (z. B. Anspruch auf Sachkompetenz oder auf sachliche Verständlichkeit) ausgetragen werden können. Mit der Zeit bildet sich dabei eine festere Struktur (sogenannte Hackordnung) heraus, in der jedes Gruppenmitglied ein einigermaßen klar umrissenes Bild von der Position und der Kapazität der anderen Gruppenmitglieder zu haben meint.

3.42 Während dieser Phase einer Herausbildung von festeren Beziehungsstrukturen kann es zu erheblichen Konflikten, zur Aufdeckung von tiefreichenden Autoritätsproblemen, zu Verletzungen und Triumphhaltungen kommen. Wie erwähnt sollten diese emotionalen Vorgänge auf der sogenannten Beziehungsebene ausdrücklich thematisiert werden. Andererseits wird die Lerngruppe eine (wenn auch flexible) Grenze der Erörterung von Beziehungsproblematik festlegen müssen, wenn sie ihre eigene Arbeitsaufgabe im Blick behalten und sich nicht in eine Selbsterfahrungsgruppe verwandeln will.

3.43 In den Gruppen der Kirchengemeinde ist die Fixierung auf die Autorität des Pfarrers meist noch stärker als in anderen Gruppen der Gesellschaft. Dies hängt nicht zuletzt mit bestimmten religiösen und theologischen Vorstellungen von Priesterfunktion und Geistlichkeit zusammen. Der Pfarrer sollte sich dieser besonderen Orientiertheit auf seine Rolle bewußt sein, wenn er versucht, Schritt um Schritt sein Rollenbild in Richtung auf eine Moderatoren- und Partnerfunktion zu ändern. Er wird damit rechnen müssen, daß die Umwandlung einer autoritären Beziehungsstruktur in eine Struktur gegenseitiger Teilhabe und eigenverantwortlicher Teilnahme mühsam und langwierig ist.

3.50 Der Ablauf eines Gruppengespräches wird in kommunikationstechnischer Hinsicht am stärksten durch Reizwort- oder Stichwort-Assoziationen bestimmt. Das bedeutet, daß ein Teilnehmer bei einem bestimmten Wort oder Gedanken seines Vorredners einhakt, dann aber nicht in dessen gedanklicher Linie verbleibt, sondern seine eigene Grundeinstellung zu dem durch das Reizwort angerissenen Problem äußert: er gibt, wie man sagt, ein Statement ab.

3.51 Beispiel:

A fragt: suchen manche Kirchenleitungen in letzter Zeit nicht in theologisch fragwürdiger Weise die Koalition mit dem Pietismus und anderen rechtsstehenden Gruppen, um die Reformer zu bremsen?

B nimmt das Stichwort Pietismus auf und gibt ein energisches Votum ab über die Verdienste des Pietismus in Geschichte und Gegenwart der Kirche sowie in seiner eigenen Biographie;

C nimmt das Stichwort Kirchenleitung auf und schimpft über deren autoritäres Gehabe, Manipulation und Bürokratismus.

D fragt, was heute eigentlich nicht theologisch fragwürdig sei; äußert sich ausführlich über die Kriterien der Fragwürdigkeit und darüber, was Theologie überhaupt sei.

3.52 Solche Reizwortassoziationen können zu einem frustrierenden Hin und Her im Gespräch führen; die Teilnehmer fühlen sich in ihren Beiträgen nicht ernst genommen, das Gespräch gewinnt weder Struktur noch Ergebnis.

3.53 Vor allem in den ersten Gruppengesprächen einer neuformierten Gruppe bestimmen Reizwort-Assoziationen den Gesprächsverlauf und behindern die sachgemäße Erörterung des Themas. Später, wenn die Teilnehmer sich und ihre Bezugssysteme besser kennengelernt haben, tritt die Reizwortproblematik etwas zurück.

3.60 Der Tendenz, daß sich ein Gruppengespräch in einer Diffusion von Reizwort-Assoziationen erschöpft, kann auf folgende Weise entgegengewirkt werden:

— B vergewissert sich, ob er A richtig verstanden hat;
— B fragt nach, was A denn unter „theologisch fragwürdig" verstehe;

— B wiederholt den Gedanken von A mit etwas anderen Worten und führt ihn dann in seiner Richtung weiter;

— D versucht die Beiträge von A, B und C miteinander in Beziehung zu setzen und eine Folgerung daraus zu ziehen;

— C versucht zu „spiegeln“, d. h. die emotionale Unterströmung des vorhergehenden Votums zu artikulieren und dem Vorredner deutlich zu machen, daß er verstanden hat, worum es ihm „eigentlich“, nämlich in einem tieferen emotionalen Sinn bei seiner Reizwort-Reaktion gegangen ist.

3.61 Die Gesprächsbeiträge sollen möglichst kurz und prägnant sein; es soll vermieden werden, einen Gesprächspartner abzublocken.

3.70 Im Gruppengespräch läßt sich häufig ein Zusammenhang von Gesprächsbeteiligung und Gesprächsbewertung feststellen: wer sich rege am Gespräch beteiligt hat und seine Ansichten zu Gehör bringen konnte, wird in der Regel das Gespräch gut finden. Wer sich wenig beteiligt hat und auch sonst nicht die Aufmerksamkeit der anderen auf sich ziehen konnte, kann das Gespräch leicht negativ bewerten. Der Grund dafür reicht bis in die tieferen Schichten des eigenen Selbstwertgefühles.

3.71 Ebenso lassen sich in einem Gruppengespräch bestimmte Balance-Vorgänge beobachten: Wenn beispielsweise ein Gruppenteilnehmer einen etwas eigentümlichen Standpunkt dezidiert vertritt und einige Mitglieder daran heftige Kritik üben, wird der Betroffene von seiten anderer Mitglieder Schützenhilfe erhalten; sein Standpunkt wird etwa als im Kern gar nicht so abwegig bezeichnet oder man gibt ihm eine Art von emotionalem Beistand.

3.72 Wer im ersten Teil einer Gruppensitzung nicht zu Worte kommt, dem fällt es im Verlaufe des Gespräches oft schwer, noch in die Diskussion einzusteigen. Der Einstieg nach einer Zeit des Schweigens muß dann seiner eigenen Meinung nach so gekonnt sein, daß die anderen den Eindruck haben: er hat zwar bis jetzt geschwiegen, aber man sieht, er versteht auch etwas von der Sache. Wer diesen Einstieg nicht zu schaffen meint, bei dem kann es zu Kompensationsreaktionen kommen: sei es, daß er sich völlig zurückzieht; sei es, daß er demonstrativ sein Desinteresse zeigt; sei es, daß er durch eine etwas exzentrische Behauptung die Aufmerksamkeit auf sich zieht.

3.73 Betonte Schweigehaltungen können auch als Bedrohung von den Sprechenden empfunden werden; besonders dann, wenn sich die Mitglieder noch nicht richtig kennen. Man fürchtet etwa, daß die Schweiger besser informiert sein könnten und innerlich über den Redner lächeln. Die Gruppe ist meist bestrebt, Schweiger in das Gespräch zu ziehen.

4.00 *Zur Feedback-Organisation*

4.10 Das formalisierte Feedback ist ein wichtiges *methodisches Mittel,* um emotionale Vorgänge sowie kognitive Problemstrukturen eines Gruppengesprächs bewußt zu machen und aufzuarbeiten.

4.11 Der Begriff Feedback ist aus der Kybernetik übernommen und wird neuerdings auch als Zentralbegriff für physiologische, psychologische und kommunikative Vorgänge verwendet. Feedback ist die Rückmeldung der Wirkung eines Vorganges, wobei diese Rückmeldung wiederum die auslösenden Faktoren beeinflußt, verstärkt oder korrigiert.

4.20 In diesem Sinne bildet auch die *Kommunikation einen Regelkreis,* in dem die Rückmeldungen vom jeweiligen Adressaten die Aussagen des Kommunikators erneut regulieren. (Beispielsweise erfährt ein Lehrer aus der Antwort des Schülers, daß seine Information falsch verstanden wurde, daraufhin modifiziert der Lehrer seine Erklärung.)

4.21 In der Umgangssprache wird Feedback auch im Sinne von „wiederkauen“ verwendet. Damit ist gemeint, daß die Gesprächsteilnehmer sich nach Ablauf einer Gesprächsrunde bewußt machen und erneut durchdiskutieren, was während des Gespräches erörtert, wie es vorgebracht und wie es von den Teilnehmern aufgenommen wurde.

4.22 Man kann grundsätzlich verschiedene Arten der Feedback-Organisation unterscheiden.

4.22.1 Das Feedback erfolgt in methodisch geregelter und stark formalisierter Weise. Es wird gewissermaßen vom Gesprächsleiter organisiert.

4.22.2 Das Feedback erfolgt als unmittelbare, spontane Wiedergabe von Eindrücken und Empfindungen; die Rückmeldung wird nicht methodisch formalisiert, sondern erfolgt in informellem Wechsel von Rückmeldung und Gegenrede. In diesem Zusammenhang sagt man auch, daß ein Gesprächspartner dem anderen Feedback „gibt".

4.23 Das formalisierte Feedback, im Anschluß an ein Gruppengespräch, kann sich in folgende drei Teile gliedern:

— 4.30 Aktive Äußerung aller Teilnehmer
— 4.40 Verobjektivierung der Äußerungen durch Tafelanschrift
— 4.50 Auswertung durch Interpretation und Kritik

4.30 Alle Teilnehmer sollen ihre Eindrücke vom Gespräch *aktiv äußern.* Dazu formuliert der Leiter während des Gesprächs Fragen, die nach seiner Meinung das Gespräch am besten analysieren helfen. Diese Fragen betreffen in der Regel drei Bereiche: den emotionalen, den kommunikationstechnischen und den kognitiven.

4.31 Zu dem emotionalen oder affektiven Bereich rechnet man einerseits die individuelle, subjektive Anteilnahme jedes Gruppenmitgliedes an dem Gruppengespräch. Man kann diesen Aspekt etwa durch die Feedback-Frage „wie habe ich mich in diesem Gespräch gefühlt" (beispielsweise: war ich engagiert, interessiert, desinteressiert oder frustriert) erschließen. Andererseits hängt der emotionale Eindruck von den Beziehungen, die die Gruppenmitglieder jeweils untereinander haben, ab. Diesen Aspekt könnte man durch die folgenden Fragestellungen erschließen:

— Über wen habe ich mich während dieses Gespräches gefreut / geärgert?
— Wer hat in diesem Gespräch eine besonders herausgehobene Rolle gespielt (welche?)?
— Welche Beziehungen zwischen den anderen Gesprächsteilnehmern sind mir besonders aufgefallen?

4.32 Der kommunikationstechnische Bereich wird durch Stichworte wie Reizwortassoziation, Abholen, Redundanz, Schweigehaltung und Dauerreden usw. umgrenzt (vgl. dazu

3.60—3.83). Er kann mit Hilfe folgender Fragen bewußt gemacht werden:

— Welche Reizworte bestimmten den Gesprächsverlauf?
— Wo wurde ein Gesprächspartner massiv abgeblockt?
— Welche Abholversuche sind mir aufgefallen?
— Welche Gesprächsbeiträge riefen durch ihre Länge negative Reaktionen hervor?
— In welchem Gesprächsbeitrag wirkte die Diktion (Jargon, Fremdworte, zu komplizierte Satzkonstruktionen) störend?
— Welche Kommunikationstechniken wurden nicht beachtet?

4.33 Der kognitive Bereich betrifft das verhandelte Thema, die Vielfalt der inhaltlichen Gesichtspunkte, die neuen Fragestellungen, den Gehalt der Informationen und das sachliche Ergebnis für die einzelnen Teilnehmer.
Dieser Bereich könnte durch folgende Fragen erschlossen werden:

— Wo sehe ich mein Hauptproblem in der besprochenen Thematik?
— Welche konkreten Lernpunkte ergeben sich für mich aus diesem Gespräch?
— Welcher Aspekt ist mir unverständlich geblieben?
— Wie kann ich das Gesamtergebnis des Gesprächs in einem korrekt ausformulierten Satz zusammenfassen?

4.34 Die vorgeschlagenen Feedback-Fragen zu den drei Bereichen lassen sich je nach Gesprächsverlauf variieren. Da jedes Gruppengespräch anders verläuft, muß es im Grunde auch durch einen je anderen Fragesatz erschlossen werden. Sich auf die jeweils andere Situation einstellen und die entsprechenden Fragen formulieren zu können, ist eine der wichtigsten Qualifikationen eines Gesprächsleiters (Moderators).

4.35 Die Feedback-Fragen sollten im direkten Anschluß an die betreffende Kommunikationseinheit gestellt und von den Gesprächspartnern schriftlich beantwortet werden. Die schriftliche Fixierung soll die Unmittelbarkeit der eigenen Eindrücke sichern und vor einer Überlagerung durch die Kommentare der anderen Gesprächsteilnehmer schützen. So sollte auch eine Pause erst nach der schriftlichen Formulierung der eigenen Eindrücke stattfinden.

4.36 Das Antwortmaterial darf nicht so umfangreich sein, daß es in der nachfolgenden Feedback-Einheit nicht ausreichend bearbeitet werden kann. Darum sollten in der Regel nur 2—4 Fragen gestellt werden.

4.37 Die Antworten und Kommentare sollen reihum vorgetragen werden. Dadurch wird einerseits gesichert, daß jeder Teilnehmer ausreichend zu Worte kommt; andererseits werden diejenigen, die sich sonst eher zurückhalten, auch zu einer aktiven Äußerung angehalten.

Die Reihum-Äußerung der Gruppenmitglieder kann das Wir-Gefühl der Gruppe erheblich fördern und zur Integration beitragen.

4.40 Die Antworten und Kommentare der Teilnehmer werden in Kurzfassung an eine Tafel geschrieben. Die *Tafelanschrift* kann dabei folgende Bedeutung haben:

4.41 Die Äußerungen der Teilnehmer werden objektiv festgehalten und sind so jederzeit jedermann zugänglich.

4.42 Die Gruppe wird in den Formulierungsprozeß der Kurzfassung mithineingenommen, indem sie mithilft zu suchen, wie die Äußerungen des Gruppenmitgliedes treffend zusammengefaßt werden sönnen.

4.43 Die gemeinsam erarbeitete Kurzformel wird von allen Teilnehmern auch deshalb eher aufgenommen, weil man sie zugleich hören und an der Tafel sehen kann.

4.44 Jeder Teilnehmer gewinnt den Eindruck, daß seine Äußerung durch diesen Such- und Anschreibeprozeß gründlicher zur Kenntnis genommen werden, als wenn er sie nur eben vorgetragen hätte. Er fühlt sich auf diese Weise eher ernstgenommen und beteiligt.

4.45 Die Empfindungen der Teilnehmer werden durch die Tafelanschrift gewissermaßen verobjektiviert und versachlicht. Vorhandene Spannungen können dadurch abgekühlt werden. Nach einer solchen Entspannung kann das betreffende emotionale oder kognitive Problem besser bearbeitet werden.

4.46 Durch die öffentliche Bearbeitung und Anschrift der eigenen Äußerungen kann das jeweilige Gruppenmitglied erfahren, was die übrigen Gesprächspartner gemeint haben. Auf diese

Weise kann es seine Meinung korrigieren oder festigen. Es kann auch dazu kommen, daß sein Eindruck ihm durch das Feedback der Gruppenmitglieder als Vorurteil, Projektion oder Reaktion bewußt gemacht wird.

4.50 Nach der Verobjektivierung der Äußerung durch die Tafelanschrift erfolgt die *Auswertung*. Dabei versucht der Leiter zunächst, die an der Tafel festgehaltenen Äußerungen nach Problembereichen zu ordnen. Über diese werden die Teilnehmer dann erneut diskutiert, wobei der Leiter jetzt auch versuchen soll, zusätzliche Informationen und Impulse zu geben.

4.51 Die Interpretation kann sowohl unter psychologischen, soziologischen und sozialpsychologischen Gesichtspunkten, als auch, sozusagen auf einer anderen Ebene, unter theologischen Fragestellungen erfolgen.

4.52 Die erneute Bearbeitung der im Gruppengespräch verhandelten Gegenstände kann deren Verarbeitungsprozeß vertiefen.

4.53 Durch das Feedback kann es zu einer Berichtigung der im Gruppengespräch aus Mißverständnissen entstandenen Beziehungsstörungen kommen. Wenn diese jedoch Ausdruck tieferer Spannungen sind, kann das Feedback vielleicht mithelfen, das Spannungsfeld neu zu strukturieren und damit neue Möglichkeiten zur Aufarbeitung zu eröffnen.

4.60 Das Feedback kann dadurch vorbereitet werden, daß ein Teil der Gruppe *Beobachtungsaufgaben* wahrnimmt und sich nicht selbst an dem Gespräch beteiligt. Das Feedback wird so gewissermaßen vorstrukturiert und erhält insofern noch einen zusätzlichen Akzent von Objektivierung, weil die Beobachter nicht unmittelbar in die emotionale Bewegung des Gespräches einbezogen sind.

4.61 Beobachtungsaufgaben sind zunächst die verschiedenen Möglichkeiten des Protokolls. Das Sachprotokoll soll das Gespräch inhaltlich entweder vollständig oder zusammenfassend wiedergeben. Das Wortfolgeprotokoll soll Anzahl, Reihenfolge und Länge der Voten aufzeichnen (A—B—C—B—A—C—B ...). Das soziographische Protokoll soll zahlenmäßig festgehalten, wer wen wie oft direkt anspricht.

4.62 Beobachtet werden können zweitens die sogenannten Kommunikationstechniken (Reizworte, Strukturierungsversuche, Statementerklärungen, Nachfragen, Abholen usw.).

4.63 Beobachtet werden können weiterhin Syntax, Wortschatz, Wortwahl, Symbolinventar und andere sprachliche Merkmale, gerade sie können wichtige Auskünfte über Kommunikationsverhalten und Kommunikationsbarrieren geben.

4.64 Neben der verbalen Kommunikation ist auch die nonverbale Kommunikation zu beobachten. Man kann feststellen, wie sich der einzelne Gesprächsteilnehmer gibt (locker, unsicher, angespannt, verkrampft), in welchem Verhältnis Argumentation und Motorik zueinander stehen (gestikulieren, andere Ansichten durch Mimik oder Gestik abwerten, sich beifallheischend umschauen etc.), und ob das nonverbale Verhalten die Sachargumentation stützt oder beeinträchtigt.

4.70 Die ausführliche Differenzierung von Organisationsmöglichkeiten des organisierten Feedback darf die Wichtigkeit des spontanen und *nicht-formalisierten Feedback* nicht herabmindern.

4.71 Dieses spontane Feedback kann sowohl während des Gruppengesprächs als auch hinterher von jedem Teilnehmer oder vom Gruppenleiter gegeben werden. Es umfaßt sowohl Änderungen der Zustimmung als auch des Unmutes über einen bestimmten Gesprächsbeitrag oder über das Gesprächsverhalten einzelner Teilnehmer.

4.72 Ein solches Zwischen-Feedback kann erhellend wirken, kann dazu beitragen, daß es nicht zu einem gesprächshindernden Frustrationsstau kommt, und kann so den Arbeitsprozeß der Gruppe fördern.

4.80 Durch die Feedback-Arbeit soll insgesamt nicht nur die eigene Verarbeitung der im Gruppengespräch aufgenommenen Information vertieft, sondern es soll vor allem die eigene Sensibilität für Interesse und Gefühle des anderen Gesprächsteilnehmers entwickelt werden.

Literaturverzeichnis

R. Battegay, Der Mensch in der Gruppe, Bd. I, 1968

T. Brocher, Gruppendynamik und Erwachsenenbildung, 1967

K. Foppa, Lernen, Gedächtnis, Verhalten, 1970

H. Heinrich, Lexikon der audiovisuellen Bildungsmittel, 1971

A. Hollweg, Theologie und Empirie, 1971

W. B. Lerg, Die Gespräche, 1970

M. M. Leypoldt, Hilfe — Ich bin Gruppenleiter(in), 1970

H. O. Luthe, Interpersonale Kommunikation und Beeinflussung, 1968

H. O. Luthe, Massenkommunikation, in: R. König, Handbuch der Empirischen Sozialforschung, 1970

G. Maletzke, Psychologie der Massenkommunikation, 1963

H. Reimann, Kommunikationssysteme, 1968

P. Slater, Mikrokosmos, Studien zur Gruppendynamik

K. Spangenberg, Chancen der Gruppenpädagogik, 1969

D. Stollberg, Seelsorge durch die Gruppe, 1971

R. Tausch, Gesprächspsychotherapie, 1970

H. Tietgens, Lernen mit Erwachsenen, 1967

P. Watzlawick u. a., Menschliche Kommunikation, 1969

4. Seelsorgerliche Kommunikation

Über elementare Voraussetzungen einer erfahrungswissenschaftlich reflektierten Seelsorge-Diskussion

„Seelsorge“ ist eines der Stichworte, die die praktische Arbeit des Pfarrers nach allem, was wir empirisch feststellen können, in Zukunft weit stärker bestimmen werden als das jetzt der Fall ist. Die kirchensoziologischen Erhebungen der letzten Jahre stellen einhellig heraus, daß die große Mehrzahl der Bundesbürger (bis zu 80 %) unter den verschiedenen Aufgaben der Kirche dem persönlichen Bemühen um den einzelnen Menschen, insbesondere um Einsame, Alte und Kranke die größte Bedeutung zuspricht[1]. Diesem Aufgabenbereich wird von der Masse unserer Kirchenmitglieder (nicht so sehr von der sogenannten Kerngemeinde!) ein weit stärkeres Interesse zugewendet als beispielsweise dem Gottesdienst und der Predigt. Mehr als bisher solle die Kirche sich um die Vernachlässigten kümmern, solle sie denen beistehen, die mit ihren seelischen Nöten und Konflikten allein nicht fertig werden.

Gewiß wird man kritisch fragen müssen, ob es sich bei diesem zunehmenden Wunsch nach Einzelkontakten und persönlicher Kommunikation denn darum handele, was in einem strengeren theologischen Verständnis bisher als „Seelsorge“ bezeichnet wurde oder ob es sich hier eher um eine sogenannte Dienstleistung der Kirche handelt, die letzten Endes auch von anderen Einrichtungen als der Kirche, von anderen Personen als dem Pfarrer (nämlich von Psychologen, Gemeinwesenarbeitern usw.), sowie unter anderem Vorzeichen als dem einer biblischen Theologie wahrgenommen werden kann. Doch muß man bei der anfälligen theologisch-theoretischen Problematisierung dieser Fragen mitbedenken,

---

[1] Vgl. zuletzt: B. Kalusche, *Situationsanalyse*, in: W. Schneider (Hrsg.), *Aktion Gemeinde heute;* Wuppertal 1970, S. 14—56. — Meinungsbild über Gegenwartsfragen der Kirche; Repräsentativ-Erhebung 1969 des Institutes für Werbepsychologie und Markterkundung; Frankfurt/M. — Auch die Totalbefragung aller Katholiken in der BRD zeigt diese Tendenz, wenngleich Seelsorge (53 %) hinter der Messe (66 %) erst an zweiter Stelle des Aufgabenkataloges genannt wird. Vgl. *Synode* (Hrsg. K. Forster), Heft 1/1971, S. 43.

daß der Großteil der Kirchenmitglieder selbst kaum ein Bewußtsein von dieser Frage hat. Bei vielen von ihnen scheint vielmehr eine Haltung verbreitet zu sein, die etwa folgendermaßen zu charakterisieren ist: Mit dem meisten, was die Kirche sagt und tut, können wir nichts rechtes mehr anfangen; der Gottesdienst ist uns fremd geworden; was politische Diakonie und insbesondere die linken Aktivitäten betrifft, so verstehen wir entweder noch nicht recht, was das mit Kirche zu tun hat, oder wir lehnen diese Aktivitäten eher ab; was jedoch den Bereich der Einzelkontakte, der Zuwendung zu einsamen oder kranken Menschen angeht, so besteht darin deutlich ein dringender Bedarf; hier sollte die Kirche ihre Aktivitäten besser ausbauen; in dieser Arbeit sind auch die hohen Kirchensteuer-Beträge, die wir zahlen, sinnvoll angelegt.

Mit dieser zweifellos verbreiteten Einstellung ihrer Mitglieder werden sich die theologische Problematisierung einer kirchlichen Seelsorge in unserer Zeit ebenso auseinandersetzen müssen wie die kirchlichen Entscheidungsgremien, die über die Einrichtung von Instituten, Beratungsstellen und Ausbildungsgängen zu befinden haben. Gewiß wird keiner das beschriebene Erwartungssyndrom zum einzigen Maßstab seiner Beurteilung oder Entscheidung machen. Gewiß wird keiner die seitens der sogenannten Linken innerhalb und außerhalb der Kirche permanent und in immer neuen Variationen vorgetragene Kritik ignorieren können, daß die von der Kirche erwartete und bereitwillig gelieferte „Emotionale Zuwendung" die repressiven Verhältnisse des spätkapitalistischen Gesellschaftssystems stabilisiere, indem sie den verunsicherten, irritierten oder angeschlagenen Opfern dieses Systems eine pseudotherapeutische Hilfe oder Ablenkung zuteil werden läßt statt sie zu sozialkritischer Bewußtheit für die Gründe ihrer Situation zu bringen und über eine solche Politisierung die Voraussetzungen zu tatsächlicher Abhilfe zu schaffen[2]. Gewiß wird andererseits eine moderne Theorie kirchlicher Seelsorge zwischen der empirischen Aspekthaftigkeit und dem pauschalen Deutungsanspruch derartiger gesellschaftskritischer Analysen unterscheiden müssen, damit diese nicht von vornherein als ideologisches Glasperlenspiel und also als praktisch unbrauchbar abgetan werden. Ganz gewiß und wahr-

---

[2] Vgl. z. B. E. Weber / R. Trommershäuser, *Kirche im Kapitalismus II*, in: *Herausforderung an die Zukunft* (hrsg. von U. Greiwe), 1970, S. 260—274.

scheinlich sehr viel intensiver wird eine zeitgerechte Theorie kirchlicher Seelsorge sich mit den kritischen Anfragen auseinandersetzen müssen, die aus den Bereichen von Psychologie, Psychoanalyse und Psychotherapie an sie gerichtet werden. Endlich und vor allem anderen wird sie erneut die spezifisch theologischen Ingredienzien und Intentionen kirchlicher Seelsorge formulieren und definieren müssen. Dies alles steht dringlich an, wenn die Kirche sich der Herausforderung nach mehr „Seelsorge" in jenem zunächst unspezifischen Sinne stellt, wie er in dem charakterisierten Erwartungsrahmen ihrer Mitglieder (und Steuerzahler) zum Ausdruck kommt.

Doch ist es nicht die Absicht der hier entfalteten Überlegungen, unmittelbar zu der geforderten Theoriebildung kirchlicher Seelsorge beizutragen[3]. Uns geht es vielmehr darum, an einem gewiß partiellen aber doch auch aktuellen Methodenproblem einige elementare Voraussetzungen der erfahrungswissenschaftlich bestimmten Seelsorge-Diskussion insgesamt und zugleich das im Augenblick am stärksten diskutierte und experimentierte Einübungsmodell (CPT) speziell zu erörtern.

I. Das Defizit an Kommunikation

Die zunehmend stärkere Forderung nach kirchlicher Seelsorge im Sinne persönlicher Zuwendung zum einzelnen Menschen hängt anscheinend damit zusammen, daß in unserer Gesellschaft die Möglichkeiten der persönlichen Kommunikation gegenüber früheren Zeiten stark eingeengt und verringert sind. Die Ursachen dafür sind großenteils bekannt. Wir denken etwa daran, daß bis vor wenigen Jahrzehnten die Großfamilie den Menschen jenen Rahmen gab, innerhalb dessen sie sich kannten, miteinander reden, streiten, sich wieder versöhnen, kurz: Kommunikation haben konnten. In diesem Rahmen von verwandten und gut bekannten

[3] Erste Ansätze zu einer erfahrungswissenschaftlich reflektierten Theoriebildung finden sich u. a. bei: D. Stollberg, *Therapeutische Seelsorge*, 1969; D. Stollberg, *Seelsorge praktisch*, 1970; D. Stollberg, *Seelsorge durch die Gruppe*, 1971; J. Scharfenberg, *Religionspädagogik und Gruppendynamik*, in: *WPKG* (= Wissenschaft und Praxis; vormals Pastoraltheologie) Jg. 1970, S. 453—468; H. C. Piper, *Ein Zentrum für Clinical Pastoral Training in Hannover*, in: *WPKG*, Jg. 1970, S. 419—424.

Menschen war der einzelne von der Geburt bis zum Tode ganz selbstverständlich einbezogen. Auch dann, wenn sein Ehepartner starb oder er selbst vielleicht über Jahre hinweg krank und bettlägerig war, blieb ihm doch der Kreis derer, die ihm seit je persönlich vertraut waren und die ihm selbst dann noch das Gefühl einer gewissen sozialen Geborgenheit gaben, wenn er mehr unfreundliche als freundliche Gedanken gegen sie hegte.

Eben dieser selbstverständliche Kontakt mit einem gleichbleibenden Kreis von Verwandten und Nachbarn ist heute weitgehend verloren gegangen. Ältere Menschen, die in der Kleinfamilie gelebt und deren Kinder längst anderwärts eine eigene Familie gegründet haben, werden durch den Tod des Ehepartners häufig in eine ausweglose Isolierung gestoßen. Sie finden keinen rechten Kontakt mehr in dem Kreis, in den sie neu hineingestellt werden, sei es im Altenheim, sei es in der fremdgewordenen Familie des Sohnes. Ihre Angehörigen merken, wie sie vereinsamen — und fordern eben dann, daß sich die Kirche dieser einsam gewordenen Alten annehmen solle. Ähnliches gilt für Kranke, die vor einer schweren Operation stehen oder Jahre ihres Lebens im Rollstuhl, im Bett oder in der Klinik zubringen müssen, die aber oft niemand haben, dem gegenüber sie sich aussprechen können, der Zeit für sie hat, der ihnen Verständnis entgegenbringt. Auch hier ruft man nach dem Pfarrer, vielleicht, weil man selbst zu sehr unter Leistungsdruck steht, um sich in innerer Ruhe dem Kranken zuwenden zu können. Vielleicht auch, weil man meint, nicht den richtigen Ton, nicht die rechte Art für den Umgang mit dem Kranken zu finden. Ähnliches gilt für Trauernde und gilt zum Teil sogar für die Familien, deren Zusammenleben durch schwere Konflikte zerstört wird, besonders durch den Konflikt zwischen alt und jung.

Wenn es aber richtig ist, daß der Kirche mit dem, was wir herkömmlich als Seelsorge bezeichnen, eine so große Aufgabe zugeschoben wird, dann müssen wir sofort fragen, ob die Kirche denn überhaupt in der Lage ist, diese Aufgabe einigermaßen zu erfüllen. Hat sie genügend Mitarbeiter, die das alles tun können? Denn die Zahl derer, die besucht sein möchten und die auf die seelsorgerliche Kommunikation aus sind, geht allein in der Bundesrepublik in die Hunderttausende. Und weiter muß auch gefragt werden: Wissen die Pfarrer und die anderen Mitarbeiter der Kirche überhaupt, wie man ein seelsorgerliches Gespräch richtig führt? Werden nicht von vielen Pfarrern große Fehler in solchen Gesprächen gemacht? Hört man nicht oft, daß der Pfarrer bei seinem Besuch immer nur selbst geredet habe? Oder daß der Pfarrer zwar sehr eindrucksvoll von Trost des Glaubens gesprochen habe, daß man auch großen Respekt vor denen habe, die so glauben können, wie es der Pfarrer sagt, daß man aber eben selbst nicht so glauben kann — und daß man sich darum von den Worten des Pfarrers eher belastet als befreit fühlt.

Diese Erfahrungen, die wir alle schon gemacht haben und die auch den Pastoren selbst zum Bewußtsein kommen, ohne daß sie recht wissen, wie man es denn besser und richtiger machen könnte, haben dazu geführt, daß man die Möglichkeiten und Gesetzmäßigkeiten der seelsorgerlichen Gesprächsführung genauer erforscht hat. Diese Forschungsarbeit ist in enger Zusammenarbeit mit Psychologie und Psychotherapie vor allem in Amerika durchgeführt worden. Ihre Ergebnisse haben in den letzten fünfzehn Jahren zu zahlreichen Anregungen und Anwendungen in der praktischen Seelsorge-Arbeit geführt. In den amerikanischen Kirchen spricht man geradezu von einer neuen Seelsorge-Bewegung. Diese Bewegung ist in sich nicht einheitlich. Verschiedene Richtungen, die jeweils eher durch psychologische als durch theologische Schulen bestimmt sind, arbeiten nebeneinander, miteinander oder auch in Konkurrenz zueinander[4]. Beides, sowohl die starke Hinwendung zu einer empirisch-wissenschaftlich verantworteten Seelsorge-Arbeit als auch die gelegentlich konkurrierende Vielfalt der Methoden (vor allem der Ausbildungsmethoden) ist in den letzten Jahren auf dem europäischen Kontinent mit lebhafter Resonanz aufgenommen worden. Vor allem in Holland wurden die amerikanischen Methoden eigenständig weiterentwickelt[5]. Inzwischen ist in der EKD eine lebhafte Diskussion darüber im Gange, welche Ausbildungs- und Fortbildungswege unter welchen Bedingungen am ehesten zu empfehlen und zu verwirklichen sind[6]. Uns geht es hier

---

[4] Außer Stollberg, *Therapeutische Seelsorge*, vgl. H. C. Piper, *Aus der Seelsorgebewegung in den USA*, in: *Evangelische Krankenhausseelsorge*, Sanitas-Verlag, Berlin 1970.

[5] H. Faber, *Klinische Semester für Theologen*, 1965; H. Faber / E. v. d. Schoot, *Praktikum des seelsorgerlichen Gespräches*, 2/1970; W. Zijlstra, *Klinisch pastorale vorming*, Diss. Assen 1969.

[6] Vgl. *Seelsorge heute* Heft 11/1969 der Zeitschrift *Wege zum Menschen*; ferner: W. Becher, *Das amerikanische Clinical Pastoral Training ...*,

nicht darum, in diese Auseinandersetzung unmittelbar einzugreifen. Uns geht es vielmehr darum, die elementaren Voraussetzungen die dem „Clinical-Training" und in allenfalls modifizierter Form auch den anderen Methoden zugrunde liegen, noch einmal im Zusammenhang zu thematisieren. Dabei haben wir nicht so sehr den sogenannten „psychisch kranken" Menschen vor Augen, sondern den sogenannten (also relativ) „gesunden". Es geht also um die seelsorgerliche Kommunikation mit jenen Menschen und in jenen Situationen, mit denen es der Gemeindepfarrer fast täglich zu tun hat.

II. Erfahrung und Suchhaltung

Zu den elementaren Einsichten der neueren Reflexion über das seelsorgerliche Gespräch gehört vor allem der Grundsatz der Selbsterfahrung. H. Faber, einer der führenden holländischen Pastoralpsychologen, geht in seinem wichtigen und auch von uns zugrunde gelegten Werk sozusagen auch literarisch von der Beobachtung und Erfahrung des Lesers aus und läßt ihn selbst zu seinen Folgerungen finden[7]. Ähnlich geschieht es im „Clinical Training". Studenten und Pfarrer, die an einem Einführungskurs teilnehmen, machen jeder einen Krankenbesuch und fertigen im Anschluß daran ein Gesprächsprotokoll an. Dieses Protokoll wird dann in der Arbeitsgruppe unter Leitung eines sogenannten Supervisors analysiert. Der betreffende Pfarrer stellt zunächst selber fest, wo es in seinem seelsorgerlichen Gespräch nicht recht geklappt hat. Er versucht, Gründe dafür zu finden, warum es nicht geklappt hat. Die anderen Teilnehmer des Kurses versuchen ihrerseits, sich an diesen Überlegungen zu beteiligen und zu sagen, was ihnen an dem Gesprächsprotokoll auffällt. Versuchen darum auch wir, von einem solchen praktischen Beispiel auszugehen.

Ein Pfarrer besucht die 50jährige Frau Schmidt, deren Mann vor drei Monaten gestorben ist. Der Pfarrer begrüßt die Frau und fragt nach ihrem Ergehen. Die Frau antwortet: „Ach, Herr Pastor,

---

in: *Deutsches Pfarrblatt* 1969, S. 730ff. — Aus anderer Sicht: H. Doebert, *Balintgruppenseminare mit Theologen . . .*, in: *Deutsches Pfarrblatt* 1970, S. 130ff.; vgl. auch den Bericht: *Praktikum des seelsorgerlichen Gespräches,* in: *Ev. Kommentare* 2/1969. S. 591ff.

[7] H. Faber / E. v. d. Schoot, a.a.O. (vgl. Anmerkung 5).

ich kann noch gar nicht damit zurecht kommen, daß mein Mann mich für immer verlassen hat." Was soll der Pfarrer darauf sagen? Wir haben einen kleinen Kreis von Pastoren gefragt, wie sie in einer solchen Lage fortfahren würden.

Die erste Antwort war: „Ich weiß, wie Ihnen zumute ist; ich habe ja oft mit solchen Schicksalsschlägen zu tun. Und sehen Sie, alle mußten schließlich mit ihrem Geschick fertig werden; auch Ihnen wird die Zeit dabei helfen."

Der zweite Pastor antwortete: „Gerade, wenn man so hart getroffen ist wie Sie, Frau Schmidt, dann lernt man, daß es wirklichen Trost nur bei Gott gibt. Möglicherweise soll Ihnen das in dieser Zeit deutlich werden."

Der dritte Pastor sagte: „Vielleicht sollten Sie nicht soviel grübeln, vielleicht sollten Sie sich eine neue Aufgabe suchen; das lenkt Sie ein wenig ab. Ich dachte beispielsweise, daß Sie wieder wie früher Nachhilfeunterricht geben."

Der vierte Pastor sagte: „Wir kennen uns ja schon lange und ich weiß, daß Sie alles immer sehr schwer nehmen. Sie sind ein ernster Mensch und für Menschen Ihrer Art ist es besonders schwierig, mit den Härten des Lebens fertig zu werden."

Alle vier Pastoren wollten die traurige Frau trösten. Doch gelingt das mit ihren Antworten nicht recht. Frau Schmidt fühlt sich bei keiner der vier Antworten richtig verstanden. Sie weiß nicht weshalb; aber sie bekommt bei allen ein etwas ungutes Gefühl, ein Gefühl leichter Enttäuschung. Woher kommt diese Enttäuschung? Hören wir noch einmal, was Frau Schmidt selbst gesagt hatte und versuchen wir festzustellen, wo die Fehler in den Antworten der Pastoren liegen.

III. Hindernisse der Kommunikation

Frau Schmidt hatte gesagt: „Ach, Herr Pastor, ich kann noch gar nicht damit zurecht kommen, daß mein Mann mich für immer verlassen hat."

Der erste Pastor hatte darauf erwidert: „Ich weiß, wie Ihnen zumute ist; ich habe ja oft mit solchen schweren Schicksalsschlägen zu tun. Und sehen Sie, alle mußten schließlich mit ihrem Geschick fertig werden; auch Ihnen wird die Zeit dabei helfen."

In dieser Erwiderung wird das persönliche Schicksal von Frau

Schmidt verallgemeinert; es ist von vergleichbaren anderen Fällen die Rede. Frau Schmidt bedeutet es aber im Augenblick wenig, daß auch andere Menschen in ähnlicher Situation sind. Für sie ist entscheidend, daß eben *ihr* Mann gestorben ist. Dieser ihr persönlicher Schmerz über den Verlust ihres Mannes wird ihres Erachtens nicht richtig ernst genommen, wenn gleich von anderen Menschen die Rede ist. Sie fühlt sich von diesem ersten Pastor und seiner beruhigenden Verallgemeinerung nicht verstanden.

Der zweite Pastor hatte auf den christlichen Glauben hingewiesen und gesagt: „Gerade wenn man so hart getroffen ist wie Sie, Frau Schmidt, dann lernt man, daß es wirklichen Trost nur bei Gott gibt. Möglicherweise soll Ihnen das in dieser Zeit deutlich werden."

Es mag sein, daß Frau Schmidt im Grunde dieser Auffassung zustimmt, trotzdem ist sie im Augenblick davon abgestoßen. Die Erwiderung kommt ihr dogmatisch, belehrend vor. Sie hat auch von diesem zweiten Pfarrer nicht das Gefühl, daß er sie in ihrer persönlichen Einsamkeit wirklich versteht, daß er ihren persönlichen und konkreten Schmerz wirklich ernst nimmt. Sie hat den Eindruck, hier wird mir ein Rezept angeboten, mit dem ich im Augenblick gar nichts anfangen kann.

Der dritte Pastor wollte sie auf andere Gedanken bringen. Er hatte gesagt: „Vielleicht sollten Sie nicht soviel grübeln. Vielleicht sollten Sie sich eine neue Aufgabe suchen. Das lenkt Sie ein wenig ab."

Und er erinnert sie daran, daß sie etwa wieder Nachhilfeunterricht geben könnte. Aber auch dieser gutgemeinte Rat kommt bei Frau Schmidt nicht richtig an. Sie hat den Eindruck, daß hier von ferne ein moralischer Zeigefinger sichtbar wird, etwa in dem Sinne: Du mußt dich eben mehr um deine Mitmenschen kümmern. Auch diesem Hinweis stimmt sie im Grunde ihres Herzens zu, jedoch ist sie noch nicht so weit. Sie hat sozusagen eine Gefühlssperre gegenüber all dem, was ihr im Augenblick als Ablenkung vorkommt.

Der vierte Pastor schließlich hatte gesagt: „Ich weiß, daß Sie alles immer sehr schwer nehmen. Sie sind ein ernster Mensch und für Menschen Ihrer Art ist es besonders schwierig, mit den Härten des Lebens fertig zu werden."

Auch dieser vierten Äußerung stimmt Frau Schmidt der Sache nach zu. Trotzdem bleibt jetzt wieder so etwas wie eine Gefühlssperre. Verstanden und getröstet fühlt sie sich jedenfalls nicht. Sie hat den Eindruck: Hier werde ich diagnostiziert; hier wird nach Gründen gefragt und werden die Gründe wohl auch richtig erkannt. Aber das ist es nicht, was mir in dieser Situation hilft.

Als den vier Pastoren deutlich wird, daß sie alle mit ihrem doch aufrichtig gemeinten Trostwort bei der Frau nicht richtig ankommen, sind sie zunächst ratlos. Wie kann man einem Menschen in dieser Situation denn wirklich seelsorgerlich helfen?

IV. Emotionale Solidarität

In dem Einführungskurs für seelsorgerliche Gespächsführung müssen die Teilnehmer selbst, in immer neuen eigenen Versuchen, eine Antwort auf diese Frage finden. Und sie finden sie auch! Diese Antwort klingt, wenn sie richtig ist, zunächst etwas merkwürdig. Sie muß dahin zielen, daß der Seelsorger zu allererst versucht, der Frau Schmidt den Eindruck zu geben, daß er sie wirklich, das heißt, daß er sie vor allem gefühlsmäßig versteht, daß er sich in ihre Gefühle hineinversetzt, daß er das Bezugssystem ihrer Gefühle und Gedanken nicht nur akzeptiert, sondern daß er selbst innerhalb dieses ihres Bezugssystems zu reden versucht. Doch, so wird man jetzt fragen: kann man das überhaupt? Wer sagt mir denn, ob ich den Strom der Gefühle eines anderen Menschen mitvollziehen kann — und vor allem: wie sieht das praktisch, nämlich für den Fall unseres Beispiels aus?

Der Besuch bei der verwitweten Frau Schmidt hat uns zuerst gezeigt, was eine solche echte Kommunikation beeinträchtigt, was uns Menschen hindern kann, uns im tieferen Sinne verstanden zu fühlen. Zusammengefaßt liegt es daran, daß die vier Antworten der Pastoren sämtlich aus einer Haltung des Gegenüberstehens gegeben wurden. Aus dem Gegenüber heraus hatte der erste die Lage von Frau Schmidt durch Verallgemeinerung ein wenig relativieren, sie ein wenig herunterspielen wollen; der zweite hatte dogmatisiert; der dritte hatte leicht moralisierend ihren Blick in eine andere Richtung gelenkt; der vierte hatte diagnostiziert.

Dies alles bedeutet, daß der Seelsorger aus dem Gegenüber heraus selbst aktiv wurde; er bestimmte die Richtung des Gespräches; anders gesagt: er stand in einer Art Antworthaltung. Genau das

aber hilft dem Menschen, der mit einer schweren seelischen Not fertigwerden soll, wenig oder gar nicht.
Die „Antwort", wenn man so will, muß der Trauernde oder der Kranke selber suchen und selber finden, und das will er letzten Endes auch. Was er von dem Seelsorger zunächst einmal und über weite Strecken seines eigenen Suchens erwartet, das ist so etwas wie ein verstehendes Geleit. Er möchte den Seelsorger neben sich haben und nicht sich gegenüber. Er möchte und braucht die Solidarität in der Suchhaltung und nicht so sehr die Partnerschaft zwischen Fragendem und Antwortendem. Nebenbei gesagt, erfahren wir ja in der modernen Lernpsychologie ähnliches; auch dort ist die Rede davon, daß der Mensch am ehesten versteht und auch behält, was er durch eigenes Suchen herausgefunden hat — und nicht das, was ihm belehrend beigebracht, sozusagen indoktriniert werden soll. Auch in unserem Fall handelt es sich ja um so etwas wie einen Lernprozeß, nur daß es hier nicht um technische Fertigkeiten oder geistige Kenntnisse geht, sondern darum, mit seelischen Schwierigkeiten umgehen zu lernen.

Doch fragen wir noch einmal danach, welche praktische Antwort denn der Seelsorger in unserem Gespräch mit Frau Schmidt geben soll, wenn er ihrem unterbewußten Bedürfnis nach verstehender und begleitender Kommunikation gerecht werden will. Wir rufen uns dazu noch einmal die erste Äußerung von Frau Schmidt ins Gedächtnis. Sie hatte gesagt: „Ach, Herr Pastor, ich kann noch gar nicht damit zurecht kommen, daß mein Mann mich für immer verlassen hat." Der Pfarrer weiß jetzt, daß, wenn er der Frau wirklich helfen will, er zweierlei beachten muß: einmal muß er versuchen, der Frau das Gefühl zu geben, sie zu verstehen und sie vorbehaltlos anzunehmen; zum anderen muß er deutlich zu machen versuchen, daß er neben ihr steht, und nicht ihr gegenüber; daß nicht er die Richtung angeben will, sondern daß sie selbst das tun soll. Wie kann er diese Absicht in Worte fassen?

Er sagt mit fragendem Unterton: „Sie meinen, Frau Schmidt, daß Sie sich immer noch einsam und geradezu alleingelassen fühlen?" Und genau mit dieser Erwiderung des Pfarrers kann Frau Schmidt sich am ehesten akzeptiert, kann sie sich verstanden fühlen. Sie fährt deshalb fort in dem Gespräch und sagt: „Ja, Herr Pastor, es ist, als ob das Leben keinen Sinn mehr hat." — Was kann der Pfarrer darauf erwidern? Er und wir wissen inzwischen, daß er jetzt nicht generalisieren darf, etwa in dem Sinne: solche Gedanken kommen einem oft nach dem Tode eines Menschen, der eine zentrale Rolle in unserem Leben gespielt hat. Er darf auch nicht dogmatisieren, etwa: Sie wissen doch: „Gott ist nicht ein Gott der Toten, sondern ein Gott der Lebenden." Was der Pfarrer tatsächlich sagen kann und auch sagt, lautet: „Ohne Ihren Mann kommt Ihnen alles leer und ohne rechten Inhalt vor." Wiederum fühlt Frau Schmidt sich verstanden und wird sogar etwas lebhaft: „Ja, ja, Herr Pastor, Sie verstehen mich. Das ganze Haus kommt mir ausgesprochen öde und leer vor." Der Pfarrer sagt: „Die Stimme Ihres Mannes, der Austausch mit ihm, seine Anwesenheit beim Essen — das alles vermissen Sie ..." — In dieser Weise nimmt das Gespräch seinen Fortgang — und wir versuchen jetzt die Struktur der Antworten des Pfarrers zu analysieren.

V. Was heißt „spiegeln"?

Was der Pfarrer gesagt hat, kommt uns zunächst banal und unfruchtbar vor. Was soll es wohl der Frau helfen, wenn der Seelsorger andauernd nur mit etwas anderen Worten dasselbe sagt wie sie selbst? Das hört sich ja an wie das, was der Papagei ruft. Und mancher Pfarrer, der zum ersten Mal ein solches Gesprächsprotokoll las, fragte, ob man ihn damit veralbern wolle.

Jedoch, das geht aus hunderten von Berichten hervor, ist es gerade diese Methode, ist es also der Versuch des Seelsorgers, die Gefühle des Trauernden oder des Kranken in seinen eigenen Worten aufzunehmen, sie wiederzugeben und sie sozusagen zurückzuspielen, die bei vielen Klienten am ehesten den Bedingungen entspricht, von denen wir vorhin sprachen. Der Gesprächspartner fühlt sich bei dieser Methode, die ihm gleichsam eine Art aktiver Resonanz vermittelt, in der Regel tatsächlich verstanden und angenommen. Er empfindet, daß er hier nicht belehrt oder dirigiert werden soll. Er merkt, daß ihm eine Kommunikation angeboten wird, deren Richtung er selbst bestimmen kann.

Wer unserer Argumentation bis hierher folgt, wird jetzt möglicherweise einwenden, daß eine solche Methode doch nur Mittel zum Zweck sein könne. Der Zweck sei doch, dem Menschen wirklich weiterzuhelfen, ihn mit dem Evangelium zu konfrontieren, dazu beizutragen, daß er von seiner Fixierung auf sich selbst, auf die eigene Krankheit oder den eigenen Schmerz loskommt. Diese „Spiegelmethode“ aber, wie man geringschätzig sagt, würde den betreffenden Patienten ja immer nur weiter bestärken in seiner Fixierung auf den eigenen Schmerz, auf die eigene Krankheit, auf das eigene Ich. Aus diesem Grunde könne man allenfalls die ersten Stationen eines Gespräches mit dieser Spiegelmethode bestreiten. Danach aber müsse auch einmal Widerstand gesetzt, der Blick auf die Mitmenschen gerichtet, die Hilfe Jesu Christi ausdrücklich bezeugt werden.

An diesem Einwand ist grundsätzlich viel Richtiges. In der Tat gibt es während eines längeren seelsorgerlichen Kontaktes den Zeitpunkt, an dem ein Wort des Widerstandes, an dem auch ein ausdrücklicher Hinweis auf Jesus Christus oder auf den Willen Gottes gesagt werden muß. Doch ist es gewiß ein Irrtum, zu meinen, dieser Zeitpunkt wäre bereits erreicht, wenn man mit Hilfe der Spiegelmethode eine erste Plattform gegenseitigen Vertrauens errichtet habe. Unsere Methode, die Gefühle und Gedanken des Gesprächspartners immer aufs neue in eigenen Worten aufzunehmen, ist nicht mit einer Kurbel zu vergleichen, die ein Gespräch in Gang bringt, sondern sie gleicht eher dem Motor des Gespräches, dessen Fahrtrichtung — wie gesagt — von dem Patienten selbst bestimmt wird. Anders ausgedrückt: der Zeitpunkt, an dem Widerstand gesetzt werden muß, ist in aller Regel viel, viel später anzusetzen, als der Pfarrer es zunächst meint. Über weite Strecken, oft über Wochen hinaus, muß es bei der Methode des aktiven Hörens bleiben, wenn man dem betreffenden Partner helfen will. Im allgemeinen darf man sogar annehmen, daß die Methode der begleitenden und auf eigene Strukturierung verzichtenden Kommunikation auch denjenigen am besten hilft, die beinahe krankhaft auf ihren eigenen Schmerz fixiert sind. Denn überwunden werden kann diese Fixierung in der Regel nur durch den Gesprächspartner selbst, nicht durch Ermahnung, Belehrung oder Appell des Seelsorgers.

VI. Einübung durch Gruppenkontrolle

Wer in einem Einführungskurs all diese Gesichtspunkte, Vorbehalte und Untersuchungsergebnisse immer wieder durchdacht und mit den anderen Kursteilnehmern besprochen hat, gelangt gewöhnlich bald zu einer merkwürdigen neuen Erfahrung. Die Methode nämlich, die ihm vorher so einfach, ja geradezu banal und jedenfalls leicht erlernbar erschien, macht jedem Kursteilnehmer im praktischem Vollzug erhebliche Schwierigkeiten. Er erkennt, daß man einerseits die Wichtigkeit und sozusagen auch die Mechanik einer Methode durchaus begreifen, daß man diese dritten gegenüber sogar erläutern kann — und sich andererseits mit der praktischen Anwendung doch ausgesprochen schwer tut. Er merkt, daß es auf die Dauer sehr mühsam ist, immer auf die Gedanken und Gefühle des anderen konzentriert zu sein, auf sie einzugehen und die eigenen spontanen Regungen unter strenger Kontrolle zu halten, ja sie zu unterdrücken. Zu diesen spontanen Regungen gehört es, daß der Seelsorger dem Gespräch eben doch gerne eine bestimmte Wendung geben möchte oder dem Gesprächspartner eben doch einen bestimmten Rat; daß er vielleicht auch einmal einen energischen Protest loswerden möchte. Der Pfarrer merkt außerdem, daß er leicht unsicher wird, wenn der Patient ihm eine direkte Frage stellt. Etwa danach, ob er bald entlassen würde, oder danach, ob sein Krankheitszustand als hoffnungslos betrachtet werde. All diese Erfahrungen bringen den Kursteilnehmer zu der Erkenntnis, daß er sich die neue Methode des aktiven Zuhörens nur in einem gründlichen Einübungsprozeß aneignen kann. Zu diesem Einübungsprozeß gehört vor allem die ständige Erprobung; gehört aber genauso die regelmäßig durchgeführte methodische Kontrolle der eigenen Erfahrungen, d. h. die Bestätigung dessen, was richtig, und die kritische Bewußtmachung dessen, was falsch war. Konkret gesagt, es gehört dazu der seelsorgerliche Besuch genau so wie das selbstgefertigte Gesprächsprotokoll und die Analyse dieses Protokolls im Kreise der Kursteilnehmer oder, wenn der Kurs abgeschlossen ist, im Kreise der Kollegen. Am Schreibtisch und aus Büchern läßt sich diese Kenntnis nicht erwerben.

Einübungskurse werden gegenwärtig an verschiedenen Orten der Bundesrepublik durchgeführt. Nach amerikanischem Vorbild geschieht das in der Regel (und nicht nur im clinical training) im Zusammenhang mit der Seelsorgearbeit an kranken Menschen, weil man im Umgang mit denen, die unter einem bestimmten seelischen Druck stehen, auch selbst am meisten lernt. Die Zusammenarbeit mit klinisch kranken Menschen ist es auch, die dem hier betrachteten Zweig der modernen Seelsorge-Ausbildung ihren Namen gegeben hat: den Namen „clinical training". Hinter diesem Namen verbirgt sich freilich eine Arbeit, die wie gesagt, über den engeren Bereich der Krankenhausseelsorge weit hinausgeht. Sie wird, wenn nicht alles täuscht, dem Aufgabenkatalog unserer Kirche schon bald neue Akzente setzen.

5. Kirchliches Bauen im Wandel kirchlicher Aufgaben*

Es ist Kirchenvorstandssitzung in einer deutschen Kleinstadt (Frühjahr 1970). Die beiden wichtigsten Tagesordnungspunkte sind:
1) Finanzieller Beitrag von insgesamt 12 000 DM zum europäischen Klinikaufenthalt eines verwundeten Kindes aus Vietnam; 2) Bau eines Kirchenzentrums in der Neubausiedlung am Rande der eigenen Stadt.

Die meisten Kirchenvorsteher betonen, wie wichtig die Hilfe für verwundete Vietnamkinder ist; sie bedauern jedoch, daß die Gemeinde finanziell nicht in der Lage ist, ein Jahr lang monatlich 1000 DM für diese Arbeit aufzubringen. Es sei eher Sache der Landeskirche, hier zu helfen. Die Landeskirche könne Mittel freimachen, wenn sie nur ihre übertriebene Bautätigkeit einschränken würde. Bei der Abstimmung wird die Verpflichtung zur Finanzierung eines Kindes abgelehnt; statt der geforderten 12 000 DM wird eine einmalige Spende von 1000 DM für das zuständige Vietnamhilfswerk genehmigt.

Eine halbe Stunde später geht es um das neue Kirchenzentrum. Der Pfarrer hält den Bau nicht für unbedingt notwendig, da die Kirche in dieser Stadt über genügend Raum für Gottesdienste und für die verschiedenen Arten der Guppenarbeit verfüge. Die Mehrheit der Kirchenvorsteher stellt sich gegen den Pfarrer und beruft sich darauf, daß in der (kirchensteuerzahlenden) Bevölkerung der Siedlung immer wieder der baldige Bau des Zentrums gefordert werde, denn zu einem kompletten Stadtteil gehöre nun einmal eine moderne Kirche mit einem modernen Kirchturm („oder so etwas ähnliches"). Die Kirchenvorsteher des betreffenden Bezirks erklären, daß sie diesem Drängen nicht mehr standzuhalten vermöchten und ihren Sitz im Kirchenvorstand aufgeben müßten, falls der Bau weiterhin hinausgeschoben würde. Der Pfarrer erinnert daran, was dieselben Kirchenvorsteher vorhin im Zusammenhang mit dem verwundeten Kind aus Vietnam über kirchliches Bauen geäußert

* Dieser Aufsatz wurde zuerst in *Kunst und Kirche,* Heft 1, 1971, veröffentlicht (Arbeitsgemeinschaft der Verlage Das Beispiel, Darmstadt und Oberösterreichischer Landesveslag, Linz).

haben. Erregt antworten die Angesprochenen, das sei doch in der eigenen Gemeinde etwas ganz anderes; der jährliche Bauetat der Kirche sei ja doch einmal festgelegt, und wenn unsere Gemeinde sich nicht massiv um das notwendige Geld bemühe, dann gehe dieses Geld keineswegs an die Vietnamhilfe. Es gehe vielmehr an eine andere Gemeinde, deren Pfarrer sich entsprechend nachdrücklich bei der Kirchenverwaltung einsetze. Man könne nicht einsehen, daß das erhebliche eigene Steueraufkommen auf diese Weise am Ende gar der benachbarten Kreisstadt zugute komme, die ohnehin ständig von kirchlicher und staatlicher Seite bevorzugt werde. Ein Antrag, unverzüglich die Planung von Bau und Finanzierung einzuleiten, wird gegen die Stimme des Pfarrers und bei Stimmenthaltung von zwei Kirchenvorstehern mit großer Mehrheit angenommen. Was speziell den Kirchturm betreffe, so werde man, falls die zentrale Kirchenverwaltung das Geld dafür verweigere, durch freiwillige Spenden gewiß 120 000 DM aufbringen (das Zehnfache des für die Finanzierung des Vietnam-Kindes geforderten Betrages).

Zur allgemeinen Einstellung des sogenannten „Kirchenvolkes"

Der geschilderte Vorgang mag ein Einzelfall sein. Mitunter kommt es vor, daß Kirchenvorsteher samt Pfarrer guten Gewissens für 120 000 DM eine neue Orgel installieren, die Nachbargemeinde am Rande der City, sozial schwach und mit wenig Akademikern bestückt, seit langem bemüht, die Notunterkünfte der Gemeinde mit einem Neubau einzutauschen, erinnert man aber an die „Nöte der dritten Welt". Beide Vorgänge machen deutlich, wo in unserer Zeit die tatsächlich einflußreichen Faktoren des Problemskreises, ob die Kirche noch bauen soll, lagen und nach wie vor liegen. Sie liegen ganz wesentlich in der „Mentalität", genauer gesagt: in einer fest eingelebten „Plausibilitätsstruktur"[1], einer im Alltagsgespräch der „Menschen um uns herum" sich immer neu reproduzierenden Grundeinstellung des sogenannten Kirchenvolkes. Gewiß sind diese Grundeinstellungen nicht unveränderbar, sie sind in ständiger Bewegung. Jedoch ist eine solche Bewegung außerordentlich zähflüssig, sind gerade im Blick auf die Religion und im Zusammen-

[1] Vgl. P. Berger — T. Luckmann, *Die gesellschaftliche Konstruktion der Wirklichkeit*, Frankfurt 1969, bes. S. 165 ff.

hang damit auf den Kirchenbau die Grundeinstellungen der Menschen außerordentlich widerspenstig und resistent gegenüber neuen Einsichten und Fragestellungen.

Vor diesem Hintergrund nimmt sich die beinahe unübersehbar gewordene literarische Auseinandersetzung darüber, ob die Kirche noch bauen solle[2], wie ein fast makabres Glasperlenspiel aus. Ganz gewiß geht Gollwitzers Anklage, daß, während wir Millionen für kaum genutzte Gebäude verbauen, der „arme Lazarus“ in der Zweidrittelwelt millionenfach verhungert[3], jedem ernsthaften Christen schmerzhaft unter die Haut. Gewiß sind die Argumente von H. E. Bahr[4], H. H. Brunner[5] und anderen, daß wir heute anstelle von Sakralbauten Räume für Informationen und Kommunikation brauchen, wenigstens kognitiv ein gutes Stück weit einsichtig. Unüberhörbar sind endlich die in jüngster Zeit stark ins Gespräch gekommenen Aspekte, wer eigentlich die riesigen Kosten der Gebäude-Unterhaltung tragen solle[6], falls die Geldmittel der Kirche sich weiterhin verknappen; die katastrophale Finanzlage der englischen Kirche zeige, daß in absehbarer Zeit möglicherweise nicht einmal mehr die Bezahlung der hauptamtlichen Mitarbeiter geschweige denn die Gebäude-Erhaltung gesichert sein könnte.

All diese Argumente und Fragen sind in ihrer Tragweite allenfalls in das Problembewußtsein von Synodalen und Pfarrern eingedrungen; auch in den Kreisen derer, die Verantwortung tragen, findet sich ein stark emotionalisierter Widerstand gegen Tendenz und Struktur derartiger Argumentationsweisen; sie werden als „schwärmerisch“ (Gollwitzer), „soziologisch-untheologisch“ (Brunner u. a.) abgewehrt. Wenn man über die stärker theologisch orientierte Minorität der „Kerngemeinde“ hinaus die Gesamtheit der Kirchenglieder zu beschreiben versucht, gilt etwa folgende Grundeinstel-

---

[2] Diese Debatte spiegelt sich zum guten Teil in den Jahrgängen von *Kunst und Kirche;* zur Zusammenfassung vgl. zuletzt H. Schwebel, *Kirchenbau und kirchliche Kunst,* in: *Praktisch-Theologisches Handbuch,* hrsg. von G. Otto, Hamburg 1970, S. 290 ff.; dort auch Literaturhinweise.

[3] Z. B. H. Gollwitzer, *Die reichen Christen und der arme Lazarus,* München 1968.

[4] H. E. Bahr (Hrsg.), *Kirchen in nachsakraler Zeit,* Hamburg 1968.

[5] H. H. Brunner, *Kirche ohne Illusionen,* Zürich 1968.

[6] Vgl. die „Empfehlung des Baukonzeptionsausschusses“ der hessennassauischen Kirchensynode, in: *Materieldienst Kirchensynode,* Nr. 2 vom 23. Oktober, Frankfurt 1969.

lung: der eigene Kirchensteuerbeitrag wird primär nicht unter dem Aspekt der Dritten Welt und auch nicht unter dem Aspekt kirchlicher Probleme von übermorgen (wer unterhält die Gebäude?) bezahlt. Er ist vielmehr primär gedacht für die personelle und die bauliche Versorgung der eigenen Wohnwelt durch kirchliche Einrichtungen.

Das wird einerseits deutlich an den Konflikten der Kirchengemeinde, die über die „Kerngemeinde" und ihre theologische Auseinandersetzungen hinausgehen und tatsächlich eine breitere Öffentlichkeit mobilisieren. Diese Konflikte betreffen in der Regel die Bereiche der personellen und der baulichen Dienstleistung. Einen geradezu klassischen Konfliktfall beschwört die Forderung nach dem Bau eines kirchlichen Kindergartens herauf. Der Bau von Kindergärten wird meistens sowohl von den kirchlichen Bauämtern als auch von den gewöhnlich mehrheitlich der Kerngemeinde nahestehenden Kirchenvorstehern als zweitrangige Aufgabe der Kirche aufgefaßt. Im Gegensatz dazu wird er jedoch offenbar von einer Mehrheit der Kirchensteuerzahler als vordringlich angesehen; nicht zuletzt deshalb, weil hier der Zweck von Kirchensteuer unmittelbar evident ist.

Wenn die Forderung nach dem Kindergarten immer wieder abgewiesen oder die Entscheidung vertagt wird, kann der Konflikt so weit führen, daß es zu Protestmärschen oder zum Kirchenaustritt kommt.

Die Orientierung der Kirchensteuer-Mentalität an personellen und baulichen Dienstleistungen der Kirche kommt andererseits in Umfragen deutlich zum Ausdruck. Das Institut für Kommunikationsforschung in Wuppertal hat die Quersumme einer ganzen Reihe von verschiedenen Untersuchungen zum Thema „wofür sollte das Geld der Kirche vordringlich verwendet werden?" errechnet. Katholische und evangelische Gemeindemitglieder wurden gebeten, 100 DM auf die elf folgenden Aufgabengebiete so zu verteilen, wie sie selbst es für richtig hielten. Dabei entfielen im Schnitt von je 100 DM auf:

		katholisch	evang.
1.	Instandhaltung von Kirchen und Gebäuden	DM 5,—	DM 5,—
2.	Bau von Kirchen und Gemeindehäusern	DM 5,—	DM 3,—
3.	Unterhaltung von Kindergärten, Häusern der offenen Tür und Kommunikationszentren	DM 12,—	DM 16,—
Bauen insgesamt		DM 22,—	DM 24,—
4.	Entwicklungshilfe	DM 14,—	DM 14,—
5.	Hilfe für alte Menschen	DM 16,—	DM 17,—
6.	Hilfe für kranke Menschen	DM 13,—	DM 14,—
7.	Kinder- und Müttererholung	DM 10,—	DM 7,—
8.	Familienerholung	DM 3,—	DM 5,—
Karitative Aufgaben insgesamt		DM 56,—	DM 57,—
9.	Jugendarbeit	DM 10,—	DM 11,—
10.	Veranstaltungen und Kurse	DM 7,—	DM 5,—
11.	Einstellung weiterer Mitarbeiter	DM 5,—	DM 3,—
		DM 100,—	DM 100,—

Die Daten dieser Tabelle, die insgesamt für die Bundesrepublik Deutschland repräsentativ sind, scheinen für uns unter drei Gesichtspunkten bemerkenswert. Hauptsächlich insofern, als von den Mitgliedern der Kirche unter normalen Bedingungen fast 25 Prozent des kirchlichen Geldes für Bauen und Gebäude-Unterhaltung angesetzt werden. Dieser Prozentsatz bezeichnet übrigens die obere Grenze dessen, was in den evangelischen Kirchen tatsächlich für das kirchliche Bauen verwendet wird; bei den einzelnen Landeskirchen schwankt der Betrag zwischen 15 und 25 Prozent.

Zweitens fällt auf, daß die Hauptzüge der Einstellung in der katholischen und der evangelischen Bevölkerung einander fast deckungsgleich entsprechen. Darin kommt zum Ausdruck, daß, ganz abgesehen von der Eigenproblematik der theologischen Fragestellungen, in den allgemeineren institutionellen Fragen der Kirche unter Protestanten und Katholiken eine Einheitlichkeit erreicht ist, die schon aus Gründen von Arbeitsökonomie und Wirkungsmöglichkeit eine vermehrte interkonfessionelle Zusammenarbeit herausfordert. Die latente Kooperationsbereitschaft läßt sich, was ihre prinzipiellen Voraussetzungen in allgemeinen kirchlichen Grundeinstellungen betrifft, gewiß nicht nur auf gemeinsame Nutzung vorhandener kirchlicher Gebäude, sondern auch auf die Errichtung interkonfessioneller Kirchen und Gemeindezentren hin auslegen. Drittens ist wichtig, daß der eigene Anspruch auf eine direkte oder eine potentielle (durch Krankheit oder Einsamkeit notwendig werdende) Dienstleistung auf der einen Seite sowie die auf den Nächsten oder die Entwicklungshilfe gerichtete Caritas andererseits sich keineswegs ausschließen. Die Proportionen freilich können sich, wie unser Eingangsbeispiel von der Kirchenvorstandssitzung zeigte, durchaus sehr deutlich verschieben. Wenn eine Gemeinde ein größeres Bauvorhaben in Angriff nehmen zu müssen glaubt, werden nicht nur die Aufgaben der individuellen Caritas und der Entwicklungshilfe zurückgestellt; sondern es kann auch zu recht massiven Pressionen gegenüber Pfarrer, Kirchenverwaltung und Synode kommen. Eine theologisch noch so überzeugend begründete Forderung nach einem Baustop zugunsten des „armen Lazarus" oder auch eine Baustop-Begründung aufgrund des allgemeinen Rückganges von kirchlichen Finanzmitteln vermögen sich offenkundig nicht ohne weiteres durchzusetzen gegen die Einstellung „meine Kirchensteuer soll, zwar nicht ausschließlich, aber doch zu einem guten und deutlich sichtbaren Teil mir selbst, meinen Angehörigen, meiner Wohnwelt zugute kommen".

Entscheidungsgremien in der Zerreißprobe

Mit der beschriebenen Grundeinstellung des Kirchenvolkes sind, ob sie diesen Faktor ausführlich reflektiert haben oder nicht, diejenigen konfrontiert, die in einem unmittelbaren Sinne über die Verwendung der Finanzen und damit letzten Endes de facto die Frage entscheiden, ob die Kirche noch bauen soll. Diese Entscheidungsgremien scheinen zu Beginn der siebziger Jahre in eine beinahe unerträgliche Zerreißprobe gestellt. Sie stehen unter dem leisen, aber bestimmten Druck der oft sehr potenten Kirchensteuerzahler, die wenigstens einen Teil dieser Gelder in einem städtebaulich exponierten Kirchenbau, einem gültigen künstlerischen Ausdruck unserer Zeit, angelegt sehen wollen. Sie stehen, was die Zahl von Resolutionen und Demarchen angeht, unter dem sehr viel

manifesteren Druck derer, die mit Gollwitzer den unbedingten Baustop fordern. Sie stehen zwischen denen, die mit Bahr Informationszentren und Diskussionsforen in Hauptbahnhöfen, Flughäfen und Einkaufsstraßen fordern; denen, die mit Graß den „bergenden Raum für Einkehr und Stille, Zuflucht und Geborgenheit" nicht einfach preisgeben wollen[7]; den immer mehr zunehmenden Stimmen der jüngsten Theologengeneration, die für ihre Sozialisationsarbeit beispielhaft gebaute Kindergärten und Kommunikationsräume verlangen; denen, die gerade solche Baumaßnahmen an Staat, Kommune oder andere gesellschaftliche Einrichtungen abgeben wollen, um die kirchliche Arbeit auf die Zentralaufgabe der Verkündigung zurückzuführen und sich auf die Anmietung von Sälen zu beschränken. Sie stehen unter Conrads Postulat des „zweckfreien Gegenortes" gegen den Funktionalismus in Kirchenbau, Kunst und Gesellschaftsstruktur. Und sie müssen sich mit dem ebenfalls immer lautstärker vorgetragenen Verdikt auseinandersetzen, wie immer sich kirchliches Bauen darstelle: es trage so und so zur Festschreibung bestehender und repressiver Verhältnisse bei. Mit dem Aberglauben der Religion müsse endlich auch jede Form des Kirchenbaues aufgegeben werden.
Wie verhalten sich die Entscheidungsgremien in einer derartigen Zerreißprobe? Wichtiger noch als eine phänomenologisch-deskriptive Beantwortung dieser Frage ist es freilich, darüber nachzudenken, wie sich denn die Entscheidungsgremien überhaupt verhalten können, welche Bedingungen ihre Möglichkeiten bestimmen.

Die Hauptschwierigkeit, sich in dem Labyrinth der Aspekte zum kirchlichen Bauen klar zu orientieren, scheint uns darin zu liegen, daß fast jedes Argument sich auf (theologische) Grundüberzeugungen beruft, die untereinander nicht nur nicht zu harmonisieren sind, sondern die dem jeweiligen Gegenüber zum guten Teil nicht plausibel, in der Kommunikation nicht einsehbar gemacht werden können. Schon aus diesem Grunde erscheint es uns problematisch, die Forderung nach theologischer Fundierung und theologischer Zielsetzung an die Spitze einer Prioritätenliste der Reflexion über kirchliches Bauen zu setzen. Das darf jedoch keineswegs bedeuten, daß man auf eine solche Zielreflexion verzichtet und nur noch

---

[7] H. Graß, *Kirchenbau in der Krise?*, in: *Evangelische Kommentare*, 1970, S. 263—267.

pragmatisch, möglicherweise dem Druck der intensivsten Bittstellers widerwillig nachgebend, entscheidet. Diese scheinbare Selbstverständlichkeit muß deshalb ausdrücklich erwähnt werden, weil faktisch Ähnliches häufig in den zuständigen Ausschüssen passieren soll: da man sich theologisch oder überhaupt grundsätzlich nicht zu einigen vermag, muß man schließlich doch unter pragmatischen Gesichtspunkten, vielleicht auch nach dem innerkirchlichen Proporz entscheiden.

Was in der Regel zu fehlen scheint, ist eine Konzeption mittlerer Reichweite. Eine solche Konzeption bedarf ganz gewiß auch der Grundsatz- und Zielreflexion auf höherer Ebene; doch muß diese Reflexion auf die gegebene gesellschaftliche und kirchliche Realität angewendet werden können. Nicht nur deshalb, weil sie sonst einen „Pragmatismus" heraufbeschwört, sondern vor allem auch deshalb, weil sie die Entscheidungen, die in etwa zehn Jahren zu treffen sind, jetzt nicht präjudizieren darf. Konkreter gesagt: schon heute leidet die Kirche darunter, daß in den fünfziger Jahren die Fragen nach Bedarf, Nutzungsmöglichkeit und Nutzungshäufigkeit kirchlicher Gebäude offenbar nicht genügend durchdacht waren. So werden in einer Reihe von Großstädten die unverhältnismäßig zahlreichen Kirchen in der City kaum genutzt, während es gleichzeitig in anderen Stadtteilen an Räumen für die kirchliche Arbeit mangelt.

Eine realistische Konzeption mittlerer Reichweite wird also von der gegebenen kirchlich-gesellschaftlichen Wirklichkeit ausgehen, nach den Trends und den Möglichkeiten eigener Beeinflussung der Entwicklung fragen, dabei aber mehr über das „morgen" als das „übermorgen" nachdenken. Sie wird eine Sprache und einen Argumentationsstil verwenden, die eine rationale Analyse und Kritik der Konzeptionsmaßstäbe ermöglicht; d. h. sie wird in der Regel nach dem Schema „Begründung von Prämissen — Entfaltung logischer Ableitungen" vorgehen[8].

---

[8] Vgl. Anm. 6: in den „Empfehlungen" wird diese Methode intendiert, wenngleich meines Erachtens nicht immer durchgehalten (Kindergartenproblem).

Soziologische Aspekte einer kirchlichen Baukonzeption mittlerer Reichweite

„Soll die Kirche noch bauen" — nach den bisherigen Überlegungen ist diese Frage unter theoretischem Gesichtspunkt nur zu beantworten, wenn folgende Teilprobleme eine angemessene Berücksichtigung finden:

Erstens: Die Frage kann nicht losgelöst von der Grundeinstellung derjenigen beantwortet werden, für die und von deren Geld gebaut oder nicht gebaut werden soll. In dieser Grundeinstellung sind dem Stichwort Kirche die Stichworte kirchliches Bauen und „Kirche" im Sinne eines eigen gestalteten Gebäudes fest zugeordnet. Wer beispielsweise einen Baustop (etwa zugunsten von Entwicklungshilfe) fordert, muß erkennen, daß diese Forderung nicht nur die Entscheidungsgremien betrifft, sondern auch den Kirchensteuerzahler. Wenn dieser sich nicht entmündigt und evtl. zum Kirchenaustritt veranlaßt sehen soll, können weitreichende Eingriffe in das kirchliche Bauwesen nur unter gleichzeitiger Bemühung um die Veränderung der Grundeinstellungen bedacht werden[9].

Zweitens: In der Vielfalt und Widersprüchlichkeit der Vorstellungen über Zweck und Form kirchlichen Bauens in unserer Gegenwart (Sakralbau, Kommunikationszentrum, Informationsstand usw.) spiegelt sich die Vielfalt und Widersprüchlichkeit des Verständnisses von Religion und Kirche — und damit letzten Endes die Differenzierung und Segmentierung unserer Gesellschaft. Da die verschiedenen Vorstellungen von Kirche und kirchlichem Bauen erst in der Konkurrenz untereinander die Durchschlagkraft ihrer Wahrheitsmomente erweisen können, wird eine gesamtkirchliche Baukonzeption dem Ergebnis dieser Auseinandersetzung nicht dadurch vorgreifen können, daß sie sich auf das eine oder andere Kirchenverständnis festlegt. Sie wird gerade im Blick auf Experimentier-Projekte offen sein und diese fördern, zumal mit weiterer gesellschaftlicher Segmentierung gerade auch des religiösen Lebens zu rechnen ist.

Drittens: Da die verschiedenen Auffassungen von kirchlicher Arbeit und kirchlichem Bauen direkt oder mittelbar einem bestimmten Teilbereich von Gesellschaft zugeordnet sind, wird eine Baugenehmigung von der ausdrücklichen Reflexion und Darstellung

[9] Vgl. das Kapitel *Humanität und Lernprozeß*, S. 176 ff., S. 273—284.

dieses Zusammenhanges abhängig sein. Das war für Dorfkirchen oder Kathedralen nicht erforderlich. Wenn sich heute jedoch „Gemeinde“ an einigen Orten vor allem im Zusammenhang von Kindergarten- und Elternarbeit versteht, wird eine Baukonzeption nicht grundsätzlich den Bau von Kindergärten als Sache des Staates deklarieren und den Bau kirchlicher Kindergärten ablehnen können.

Viertens: Die Zeit der Auseinandersetzungen um den Bau von Kirchen im konventionellen Sinne geht offenkundig zu Ende; einerseits, weil der konventionell begründete Bedarf bald gedeckt sein dürfte, andererseits weil das Verhältnis von Aufwand und Nutzung in zunehmendem Maße auch von den Gemeindegliedern als problematisch empfunden wird; drittens weil die Nutzungsmöglichkeiten gegenüber den neuerdings stärker empfundenen und diskutierten Bedürfnissen der Gruppenarbeit, Kommunikation, Einkehr in einem kapellenähnlichen Raum unzureichend sind. Der Bau von Kirchen im konventionellen Sinne dürfte in der Zukunft zur wenig umstrittenen Ausnahme werden; die Auseinandersetzungen werden sich stärker auf Gemeindezentren, Mehrzweck-Komplexe, Mehrzwecknutzung von Gottesdiensträumen, Informationszentralen, aber auch auf den Zusammenhang von kommerziell nutzbaren (sich finanziell eigenständig tragenden) Gebäuden (etwa Mietwohnungen) und Räumen für Gottesdienst und Gemeindearbeit richten.

Fünftens: Nach den uns gegenwärtig möglichen Einsichten ist zu erwarten, daß die Arbeit der Kirche in den nächsten Jahrzehnten in dem durch folgende Stichworte bezeichneten gesellschaftlichen Zusammenhang stehen wird: methodisch geregelte Lernprozesse mit Jugendlichen und Erwachsenen; Verarbeitung einer Überfülle von Information; Einübung in „herrschaftsfreie Kommunikation“; Aufarbeitung von Sozialisationsproblematik; Umgang mit Konflikten; Kommunikationsmöglichkeit für ältere (pensionierte, verwitwete) Menschen; kreatives Spielen.

Eine zukunftsorientierte kirchliche Baukonzeption wird den Architekten zur Aufgabe machen, bauliche Voraussetzungen für eine solche kirchliche Arbeit zu schaffen.

IV.

Thesen zur Reflexion kirchlicher Wirklichkeit heute

1. Aufgabe und Bedeutung von Religion in der Gesellschaft

1.0 Nachdem das Thema Religion in der öffentlichen Diskussion der letzten Jahrzehnte (abgesehen von konfessionspolitischen Fragen) kaum behandelt wurde, ist es seit etwa 5 Jahren wieder stärker zum Gegenstand eines allgemeineren Interesses geworden. Dabei spielen vor allem folgende Aspekte eine wichtige Rolle:

a) Im Zusammenhang der neomarxistisch beeinflußten studentischen Protestbewegung ist die Bedeutung des lange Zeit vergessenen Satzes *„Die Kritik der Religion ist die Voraussetzung aller Kritik“* (Marx) erneut und energisch geltend gemacht worden. Das hat beispielsweise in den Auseinandersetzungen um den Religionsunterricht einen wichtigen politischen Ausdruck gefunden (vgl. den Apell des SLB-Frankfurt-1968: „Verlaßt massenhaft den Religionsunterricht!“).

b) Gleichzeitig ist von anderer, vor allem mit *Zukunftsplanung* befaßter Seite auf das *Wirklichkeitsdefizit* und auf die *Rückständigkeit* von wichtigen, bei uns geltenden religiösen Vorstellungen hingewiesen worden; (vgl. etwa die „Hinterwelt“-Problematik bei K. Steinbuch, *Falsch programmiert*, 1968). Das betrifft beispielsweise bestimmte Erziehungsmaßstäbe, Partnerschaft und Gleichberechtigung von Mann und Frau, politische Verantwortung und Mündigkeit, Wirtschaftsverhalten und Arbeitsmoral.

c) Teils aufgrund, teils neben dieser Argumentation scheint sich in einigen Bevölkerungskreisen die Anschauung zu verbreiten, daß Religion *zunehmend irrelevant* (bedeutungslos, uninteressant) werde. Dies hat seine Auswirkungen offenbar auch in der steigenden Zahl von Kirchenaustritten.

d) Im Gegensatz zu diesen Tendenzen und für viele völlig unverständlich sind in den letzten Jahren große Teile der amerikanischen und zunehmend auch der westeuropäischen Jugend, nämlich die sogenannten Jesus-People von einer Art *rauschhaften Religiosität* erfaßt worden, die nicht nur bei ihnen selbst, sondern auch in der Öffentlichkeit die Diskussion über Religion erneut angeheizt hat.

2.1 Wie in der allgemeinen Öffentlichkeit, so schien das Thema Religion auch in der *wissenschaftlichen* Diskussion weithin als prinzipiell erledigt, zumal sich breite theologische Strömungen der Religionskritik von Feuerbach, Marx und Freud anschlossen. Durch die Entgegensetzung von Religion und Offenbarung brauchte sich die Theologie nicht mehr als Reflexion von Religion zu verstehen und sich von der Religionskritik betroffen zu fühlen.

2.2 Es gab allerdings auch Wissenschaftsbereiche, in denen das Thema Religion während der letzten Jahrzehnte als keineswegs erledigt galt; zu ihnen gehört eine hauptsächlich empirisch und analytisch ansetzende *Soziologie* (Durkheim, Max Weber, T. Parsons u. a.). So sind es auch in der Hauptsache soziologische Publikationen, die in jüngster Zeit das wissenschaftliche Gespräch über den Religionsbegriff erneut in Gang gebracht haben. Die neueren Akzente wurden von folgenden Teildisziplinen der Soziologie gesetzt:

a) der *Religionssoziologie* (bes.: T. Luckmann, *Das Problem der Religion in der modernen Gesellschaft*, 1963; J. Matthes, *Religionssoziologie*, 2 Bände, 1967—1969).
b) der *Wissenssoziologie* (bes. P. L. Berger, *Auf den Spuren der Engel*, 1970; P. L. Berger, *The sacred canopy)*
c) der *Sozialpsychologie* (bes. R. Bellah, *„Religion“* in: International Encyclopedia of the Social Sciences, Bd. 13, New York 1968; D. Stoodt, *Religion stabilisiert und emanzipiert*, Ev. Kommentare 12/1970, S. 707 ff.; vgl. dazu: K. Dienst, *Religionsunterricht — Interaktion — Gesellschaft*, in: Der Evangelische Erzieher, 23/1971, S. 10—22)
d) der *Systemtheorie* (bes. N. Luhmann, *Die Organisierbarkeit von Religion und Kirchen*, 1971).

3.0 Die verschiedenen Varianten dieser neueren soziologischen Problematisierung von Religion haben eine wichtige Gemeinsamkeit in ihrer *funktionalen Betrachtungsweise*.

3.1 Diese Betrachtungsweise kann man etwa durch folgende Fragen kennzeichnen:

Welche *Aufgaben* erfüllt die Religion im gesamtgesellschaftlichen Prozeß?

Welche Aufgaben erfüllt die Religion im Leben des Einzelnen?

Welche Aufgaben werden ihr zugewiesen und welche bestritten?

In welchem Verhältnis stehen ihre Aufgaben zu denen anderer gesellschaftlicher Kräfte?

Welche gesellschaftlichen Kräfte beeinflussen die Religion und die Erfüllung ihrer Aufgaben?

3.2 *N. Luhmann* beispielsweise definiert die Religion von ihrer Funktion her: „Religion hat die Funktion, die an sich kontingente Selektivität gesellschaftlicher Strukturen und Weltentwürfe tragbar zu machen, d. h. ihre Kontingenz zu chiffrieren und motivfähig zu interpretieren."

3.3 Man kann die funktionale Betrachtungsweise auch dadurch veranschaulichen, daß man sie auf die in den Thesen 1 und 2 beschriebene jüngere Geschichte des Religionsbegriffes selbst anwendet. So könnte es sein, daß die *Religionskritik* insofern zum Wesen der Religion notwendig hinzugehört, als sie eine von der Religion selbst angebotene Möglichkeit zur Emanzipation von verkrusteten religiösen Vorstellungen ist. Die Religionskritik nähme damit eine notwendige gesellschaftliche Funktion wahr. Sobald allerdings die Religionskritik die religiösen Institutionen selbst und damit ihren eigenen Aktionsraum zu zerstören droht, gefährdet sie auch ihre *emanzipatorische Funktion* für die Gesellschaft. Da die Gesellschaft aber gewissermaßen weiß, daß sie auf Funktionen der Religion und der Religionskritik gleichermaßen angewiesen ist, wird sie eine solche Zerstörung kaum hinnehmen. Sie wird also Gegenkräfte gegen die Tendenzen der Zerstörung aus sich heraussetzen. Als solche Gegenkräfte könnten gegenwärtig sowohl die Jesus-people-Bewegung als auch die jüngste Aktualität der wissenschaftlichen Diskussion des Religionsbegriffes interpretiert werden.

3.4 Bei der Betrachtung der Funktionen der Religion ihrerseits läßt sich modellhaft und vergröbernd ein mehr individualer und ein mehr sozialer Aspekt unterscheiden.

4.0 Unter mehr individualem Aspekt kann Religion als eine *emotional hochbesetzte Bindung an* diejenigen *Deutungs- und Wertauffassungen* beschrieben werden, mit deren Hilfe ein Mensch die Welt zu bewältigen sucht.

4.1 Die Aufgabe der Bewältigung richtet sich vornehmlich auf:

c) *Grundaffekte* wie Angst, Vertrauen, Hoffnung, Liebe, Selbstwertgefühl u. a.

b) *„Sinnfragen"* etwa nach dem Woher des Lebens, dem Warum des Leidens und des Todes,

c) ethische *Verhaltensnormen* wie Nächstenliebe, Frieden, Gerechtigkeit, Aggressionskontrolle, Vergebung, Fleiß, Leistung.

4.2 Die inhaltlich-kognitiven Bestandteile der Deutungs- und Wertauffassungen werden im *Sozialisationsprozeß* erlernt, mit den eigenen Anlagen verbunden und emotional verankert (internalisiert).

a) Das geschieht von frühester Kindheit an vor allem in der *Familie* und in den „peer groups" (Altersgefährten in Spielstraße und Schule).

b) Eine mehr oder minder stark differenzierte kognitive Aufarbeitung der zunächst vorbewußten Internalisierung kann im Wege sprachlicher Kommunikation (z. B. im *Religionsunterricht)* erfolgen.

c) Eine auf Emanzipation gerichtete emotionale Aufarbeitung religiöser Sozialisationsprägungen (also auch -schäden) kann am ehesten in „sozialer Interaktion" z. B. in der *Gruppenarbeit* mit Konfirmanden) erfolgen.

4.3 Dauerhaftigkeit und Tragfähigkeit der so gewonnenen religiösen Einstellung sind für das Individuum insbesondere abhängig von

a) der *Bestätigung* der eigenen Auffassung durch die „Menschen um uns herum" (Bezugspersonen und Bezugsgruppen; „Plausibilitätsstruktur").

b) der *Resistenzkraft* einer starken emotionalen Bindung, auf die das Individuum gerade in Situationen besonderer Belastung der eigenen Überzeugungsmusters (Missionar, Märtyrer, status confessionis, schwere Krankheit) zurückgeworfen wird.

4.4 Zu unserem Verständnis von Religion als einer emotionalen Bindung an bestimmte Deutungs- und Wertsysteme gehört implicit, aber konstitutiv der Aspekt einer *„Motivation zum Handeln"*. Es geht bei der Funktion von Religion also nicht nur darum, daß sie Orientierungspunkte (Ideen, Inhalte, Werte) anbietet, vermittelt und internalisiert, sondern sie stellt sie auch in einen Zusammenhang von Sanktionen; nämlich einerseits von Belohnung und Ansporn und andererseits von Strafe und Angst. Theologisch wird man dieser Funktion nicht gerecht, wenn man sie als „Werkgerechtigkeit" interpretiert und abtut; auch eine „gratia praeveniens" beispielsweise, die dem Handeln vorausläuft, kann unter funktionalem Aspekt als Motivation betrachtet werden.

4.5 Die Religion kann ihre Funktionen für das Individuum, nur erfüllen, weil sie dem Individuum nicht nur als Idee, sondern gleichzeitig als Institution begegnet, die gleichsam die Vermittlung organisiert und die Motivation dauernd erneuert. Unter diesem Blickwinkel kann Religion auch als ein *Verflechtungszusammenhang von Idee, Motivation und Institution* beschrieben werden.

5.0 Unter mehr sozialem Aspekt kann man Religion als eine *Institution* im Sinne eines organisierten Systems zur Vermittlung, Legitimierung und Transzendierung derjenigen Deutungs- und Wertauffassungen beschreiben, die in einer Gesellschaft (bzw. in Segmenten der Gesellschaft) grundlegend in Geltung stehen.

5.1 Religiöse Institutionen nehmen vor allem folgende Aufgaben wahr:

a) Die *Überlieferung*, Auslegung, Einübung, Verbreitung, symbolische Darstellung, *Kritik* und *Weiterentwicklung* der geltenden Deutungs- und Wertauffassungen, deren Grundbestand in der Regel in Heiligen Schriften festgehalten wird (z. B. Bibel, Koran; vergleichbar sind auch Schriften von Mao, Stalin, Hitler u. a.).

b) Die *Gewinnung*, *Integration* und Versorgung von *Mitgliedern*. Um die Mitgliedschaft zu festigen, bedürfen die Mitglieder der wiederholten Vergewisserung darüber, daß die religiösen Grundauffassungen der Gemeinschaft nach wie vor gültig und tragfähig sind. Solche Vergewisserung war bisher vorwiegend rituell und liturgisch organisiert (Gottesdienste, Prozessionen; vergleichbar auch Aufmärsche und Demonstrationen); neuere Formen tendieren stärker auf verbale Kommunikation (Gesprächskreise, Kleingruppen).

c) Im Zusammenhang der Funktion, Deutungs- und Wertsysteme an die Mitglieder zu vermitteln, werden neben dem überkommenen und schriftlich fixierten zunehmend „neue“ Wertauffassungen produziert und formuliert. Diese *Neubildung* wird nicht zuletzt dadurch herausgefordert, daß die Institutionen sich mehr als früher um die Erhaltung und Erweiterung ihres Mitgliederstandes bemühen müssen. Jedenfalls spielen bei der Reformulierung von Wertsystemen die bisher nicht ausdrücklich berücksichtigten Einstellungen und *Bedürfnisse der Mitglieder* eine entscheidende Rolle. Innerhalb der Kirchen läßt sich diese Tendenz etwa daran ablesen, daß Umfragen unter den Mitgliedern eine immer größere Bedeutung erlangen; sie zeigt sich auch in dem Ausmaß und der Energie, in der das Evangelium unter den Bedingungen einer neuen Zeit und neuer Fragestellung radikal neu interpretiert wird; auch die Übersetzung der lateinischen Messe in die jeweilige Muttersprache ist ein Symptom dieser Tendenz.

5.2 Religiösen Institutionen sind gewöhnlich *Symbole* zugeordnet, in denen die Grundauffassungen zu Formeln oder Zeichen verdichtet und geronnen sind. Grob zu unterscheiden sind:

a) *Wortsymbole* wie „Evangelium“, „Glaube“, „Auftrag Jesu“; (vergleichbar auch „Sozialismus“, „Humanität“). In solchen Formeln sind die religiösen Inhalte soweit verdichtet, daß sie im alltäglichen Sprachgebrauch gleichsam als Kurzsignale verwendet werden können. Der Abstraktheit dieser Kurzformeln entspricht jedoch ein breites Band unterschiedlicher Interpretationsmöglichkeiten („Evangelium“ wird je anders interpretiert von einer

„Bekenntnisbewegung — Kein anderes Evangelium", in einer „Theologie der Revolution" oder in einer sogenannten Existential-Theologie). Solche „Leerformeln" können einerseits Gegensätze verschleiern oder Bewußtseinslücken überspielen; sie können andererseits jedoch auch eine Minimalbasis der Kommunikation innerhalb der Institutionen eröffnen (z. B.: alle Interpreten wollen dem „Auftrag Jesu" nachkommen).

b) *Nichtverbale Symbole* wie Kreuz, Halbmond (vergleichbar auch Rote Fahe, Hammer und Zirkel u. a.). Mit Hilfe solcher Zeichen drückt einerseits das Mitglied seine Zugehörigkeit zu der betreffenden Institution aus und werden andererseits die Präsenz und der Geltungsanspruch der Institution sichtbar gemacht (Glockenläuten; Fahne auf erobertem Gebäude).
Verbale wie nicht-verbale Symbole werden auch heute noch mehr oder minder unbewußt mit magischen Kräften ausgestattet (Fahnenweihe).

5.3 Religiöse Institutionen können in sehr verschiedenen *Sozialformen* organisiert sein:

a) der Typ „Großkirche" ist auf die Ebene der Gesamtgesellschaft bezogen (Staatskirche; vergleichbar mit „weltanschaulich" festgelegten Staatsparteien). Im Zuge der Differenzierung der Gesellschaft und der Entstehung von Teilsystemen mit je eigenen Wertungs- und Deutungsschemata (z. B. schichtenspezifische Erziehungs- oder Sexualmoral) verliert der Typ „Großkirche" offenbar an bindender Kraft.

b) Der Typ „Freiwilligkeitskirche" rekrutiert sich meist aus gesellschaftlichen Teilsystemen (so sind viele Denominationen der USA auf bestimmte Sozialschichten begrenzt).

c) Bei dem Typ „Religiöse Kleingruppe" liegt der Hauptakzent auf der Ebene der „elementaren Interaktion" (face-to-face-relations). Dieser Typ kann sowohl der Großkirche wie der Freiwilligkeitskirche zugeordnet sein; er kann auch unabhängig von beiden bestehen. Beispiele: Kloster, Exclusiv-Sekte; vergleichbar sind auch Kommune und politisch ausgerichtete „Zellen".

5.4 Nach einer verbreiteten Lehrmeinung besteht eine dialektische Zusammengehörigkeit von Idee und Institution; etwa in dem Sinne, daß eine Idee ohne institutionelle Sicherung auf die Dauer nicht lebensfähig ist (M. Hauriou). Ergänzend dazu konstatiert Th. Luckmann den Typ „Weltansicht" als organisatorisch nicht gebundene Religiosität. „Die Weltansicht ist in der menschlichen Gesellschaft universal, hat keine besondere und eindeutig abgrenzbare institutionelle Grundlage, steht vielmehr in einem dialektischen Verhältnis zur Sozialstruktur." Sie ist beispielsweise in Spruchweisheiten (Morgenstund hat Gold im Mund) oder in allgemeinen moralischen Anweisungen (Vaterlandsliebe) formuliert und von erheblichem Einfluß auf die Motivation.

6.0 In der bisher angewandten funktionalen Betrachtungsweise tritt der alte und leidige Streit darüber, ob Religion grundsätzlich auf etwas *Übernatürliches* zurückzuführen sei oder ob religiöse Auffassungen insgesamt und ohne Rest von natürlichen, geschichtlichen und damit empirisch beobachtbaren Gegebenheiten abgeleitet und erklärt werden können, in den Hintergrund; er kann in der funktionalen Betrachtung gewissermaßen unentschieden bleiben. Wichtig ist nicht in erster Linie, was die Ursache für die Religion ist; sondern: wichtig ist, wofür die Religion ihrerseits zur Ursache wird, was sie bewirkt, was sie verhindert, welche Funktionen sie damit wahrnimmt, und welches wiederum die Folgewirkung dieser Funktionen sind.

6.1 In dieser funktionalen Betrachtung stellt sich also die Frage nach dem Übernatürlichen in anderer Weise:

a) Welche Funktion hat es, daß Religionen sich auf etwas Übernatürliches zurückführen?

b) Welche Funktion haben Aussagen, die das Übernatürliche nicht nur behaupten, sondern es auch näher beschreiben, die es sozusagen in Gegensatz zum Natürlichen und Empirischen bringen?

c) Welche Funktion hat es, das Übernatürliche vom Menschen zu trennen und es gleichsam auf dem Umweg über den Offenbarungsbegriff wieder an ihn heranzubringen?

d) Welche Funktion hat es, das Übernatürliche zu bestreiten und das Phänomen der Religion als erledigt zu erklären?

6.2 Im Problemzusammenhang dieser Fragen läßt sich ein bemerkenswerter *Bedeutungswandel* in der Verwendung der Kategorie des „Übernatürlichen“ feststellen:

a) Früher wurde „übernatürlich“ meist im Sinne von absoluter, nicht hinterfragbarer, menschlichem Verstehen prinzipiell entzogener Gültigkeit der betreffenden Auffassung verwendet.

b) Neuerdings geht die Tendenz eher dahin, mit Hilfe der Kategorie des Übernatürlichen eingelebte und verkrustete religiöse Auffassungen (und damit gesellschaftliche Verhältnisse) zu *„transzendieren“*, d. h. sie zu kritisieren, durchsichtig zu machen, weiterzuführen, zu verändern. So sucht und findet etwa P. L. Berger in der Alltagswelt „Zeichen der Transzendenz“, die eben diese Alltagswelt überschreiten und eine größere, die Alltagswelt wie das Weltganze umgreifende Wirklichkeit zurückspiegeln, „reflektieren“ *(Spuren der Engel).*

7.0 Den besonderen Akzenten und damit den potentiellen Einseitigkeiten der funktionalen Betrachtungsweise von Religion wird eine Kritik gelten, die besonders prägnant von der sogenannten *„Kritischen Theorie“* formuliert wurde. Ihre Frage geht etwa dahin, welches erkenntnisleitende Interesse unserer Analyse zugrunde liegt. Ob mit der funktionalen Analyse religiöser Gegebenheiten diese doch wieder als gleichsam naturgegeben angesehen und damit letzten Endes festgeschrieben werden? Oder ob diese Gegebenheiten schon als solche problematisiert, kritisiert und damit verändert werden.

Diese Kritik ist bisher kaum in systematischer Explikation auf die neuere Thematisierung von Religion angewendet worden. Eine Anwendung ist jedoch aus dem allgemeinen Ansatz der kritischen Theorie ohne Schwierigkeiten herzustellen. Sie könnte sich etwa an den Stichworten „geschichtslose Generalisierung“, „technologische Verwertbarkeit“, „inhaltliche Heteronomie“ konkretisieren.

7.1 Als *„geschichtslose Generalisierung“* des Phänomens Religion erscheint eine Methodik, die die überzeitlichen Strukturen unseres Problems so herauszudestillieren versucht, daß sie als Quasi-Naturgesetz erscheinen. Religion aber ist als Konstruktion der Gesellschaft nicht bestehende Natur, sondern produzierte Geschichte und damit sowohl veränderbar als auch veränderungsbedürftig. Darum muß gerade eine soziologische Analyse von Religion immer auch die Perspektive des Möglichen, der Antizipation, der Veränderung herstellen. (Horkheimer, Adorno).

7.2 Der Verdacht einer nur oder primär *technologischen Verwertbarkeit* der funktionalen Analyse von Religion verweist auf die Problematik impliziter Ziele und Zwecke von wissenschaftlichen Betrachtungsweisen. Hier lautet die Frage: Wem dient, wozu nutzt eine funktionale Betrachtung der Religion? Dient sie den bestehenden gesellschaftlichen und besonders den sozialökonomischen Verhältnissen als Verschleierungstheorie und damit als Stützungsmechanismus; dient sie der emanzipatorischen Befreiung des Menschen von den Zwängen einer in der Agonie befindlichen Gesellschaftsordnung?

7.3 Bei uns findet sich Religion vor allem im Zusammenhang kirchlicher Institutionen und der Tradition biblisch-christlicher Deutungs- und Wertauffassungen vor. Dem Ansatz der „Kritischen Theorie" nach müßte sich deren Kritik auf beides richten: auf Institution und Idee. Dabei scheint die tiefere und schwerwiegendere Kritik die Idee, also die biblischen Deutungs- und Wertauffassungen zu betreffen. Insofern nämlich, als die biblischen Inhalte großenteils als *heteronome Objektivationen* einer vergangenen gesellschaftlichen Situation empfunden werden. — Andererseits werden bestimmte Aspekte der christlichen Theologie seitens der „Kritischen Theorie" immer wieder als gemeinsames Interesse formuliert. Es handelt sich insbesondere um

a) die Frage nach dem Absoluten (nach Gott?), das die Geschichte in ihren Teilen wie insgesamt transzendiert (Horkheimer);

b) die Idee der Unfertigkeit und Vollendbarkeit von Menschen und Welt (Eschatologie) (A. Schmidt);

c) den Widerspruch gegen die Herrschaft und Allmächtigkeitsansprüche der „technologischen Rationalität", gegen die Hypostasierung der Zweckrationalität zur absoluten Vernunft und damit zum obersten Prinzip eines vernünftigen Lebens der Menschen (Habermas).

8.0 Wer die wissenschaftliche Fruchtbarkeit einer funktional-analytischen Betrachtungsweise vertritt, wird sich den Anfragen der „Kritischen Theorie“ *selbstkritisch* stellen können; er wird sich nicht durch naheliegende Gegenargumente zu einer eiligen und apologetischen Gegenkritik verführen lassen.

8.1 Im Sprachgebrauch der funktionalen Betrachtungsweise lautet die Kernfrage der Kritischen Theorie: *„Welche Funktion hat und erfüllt die funktionale Analyse?“* Will sie „wertfrei“ Wissenschaft sein? Und wenn sie selbst zweckfrei wäre, von wem wird sie dann für die eigenen Zwecke eingespannt? Wird sie beispielsweise für Zwecke der Herrschaft, der Unterdrückung, der Manipulation mißbraucht? Wenn ja, ist dann die Analyse selbst dafür verantwortlich oder diejenigen, die sie für ihre Zwecke verwenden?
Im Blick auf unser Thema „Religion und Gesellschaft“ wird dieser Fragenkreis sich in den Folgerungen konkretisieren müssen, die man aus unserer Feststellung sieht, daß in den gegenwärtigen Formen der Religiosität wichtige gesellschaftliche Funktionen wahrgenommen werden. Wird man innerhalb der religiösen Institutionen, also etwa innerhalb von Kirche und Theologie folgern, daß dann ja alles in Ordnung sei und gewissermaßen beim alten bleiben könne? Wird man die Sinnhaftigkeit einer Funktion naiv auf die Arbeitsformen und Inhalte des entsprechenden Funktionsbereiches übertragen; wird man beispielsweise die gegenwärtige Gestalt des Gottesdienstes, der Predigt, des Konfirmandenunterrichtes damit verteidigen, daß sie als religiöse Handlungen eine notwendige Funktion im Rahmen der Gesellschaft erfüllen?

Diese und ähnliche Anfragen wird die funktionale Betrachtungsweise aufnehmen, in ihre Arbeit einbeziehen und auf ihre sozusagen „religionspolitischen“ Konsequenzen zu überdenken haben, wenn sie nicht zu einer positivistischen Rechtfertigung des Bestehenden mißbraucht werden will.

8.2 Umgekehrt wird man aus der Sicht einer funktionalen

Analyse freilich auch die Rückfrage stellen, welche *Funktion* denn die *Kritische Theorie* ihrerseits mit ihrer Kritik erfülle oder intendiere? Ob sie etwa auch eigene Interessen verfolge? Es könnte beispielsweise sein, daß sich in den inhaltlichen Aspekten der Kritik an biblisch-theologischen Auffassungen eigene und neue Wert- und Deutungsschemata manifestieren, die ihrerseits auch wieder als so etwas wie „Religion" zu beschreiben sind. Es könnte sogar sein, daß man daran interessiert ist, für diese neuen religiösen Inhalte einen institutionellen Verarbeitungsrahmen zu finden, der den Möglichkeiten der kirchlichen Organisationen nicht nur vergleichbar, sondern sogar überlegen ist; dies könnten beispielsweise staatliche Institutionen wie die Schule sein.

8.3 Der wissenschaftsmethodische Streit zwischen „funktionaler" Analyse und „kritischer" Analyse im Sinne der Kritischen Theorie kann hier nicht gründlicher thematisiert werden. Andeutungsweise sei aber die Vermutung geäußert, daß beide Methoden in einer Art *dialektischer Arbeitsteilung* aufeinander bezogen werden müßten. So könnte „Kritik" im Sinne der „Kritischen Theorie" als eine Gegenkraft gegen die latenten positivistischen Tendenzen in der funktionalen Betrachtungsweise wirksam sein. Umgekehrt könnte eine empirisch-funktionale Analyse dazu beitragen, daß die „Kritik" im Sinne der „Kritischen Theorie" nicht zu schnell zu einer neodogmatischen Form von Religion erstarrt und als solche mißbraucht wird.

2. Aspekte einer funktionalen Theorie des kirchlichen Handelns

1. Man kann Aufgabe und Stellung der Kirche sowohl in theologischen als auch in erfahrungswissenschaftlichen Begriffen und Denkweisen beschreiben. Wir versuchen im folgenden die gegenwärtige Situation der Kirche in der BRD in einer bestimmten *soziologischen Betrachtungsweise*, nämlich unter funktionalen Gesichtspunkten zu erörtern. Möglicherweise ergeben sich daraus neue und andere Aspekte, als wenn man das Phänomen „Kirche" ausschließlich abstrakt-theologisch erörtert.
2. Der Begriff „funktional" ist hier in einer doppelten, ineinander verschränkten Bedeutung verwendet:
   a) „Funktional" bezeichnet einerseits die Verflechtung der Kirche mit anderen gesellschaftlichen Gruppierungen, Aufgaben und Interessen und ihre Bedeutung für das Zusammenleben der Menschen überhaupt. Mit der Betonung dieses Akzentes soll deutlich gemacht werden, daß Kirche nicht zureichend erfaßt ist, wenn man sie als Größe eigener Art isoliert von anderen Lebensbereichen (etwa der Wirtschaft, der Erziehung, der Wohlfahrt) betrachtet.
   b) „Funktional" bezeichnet zweitens eine Sicht, die an den Aufgaben orientiert ist, die der Kirche zugeschrieben werden, die sie wahrnimmt oder abweist. Es wird etwa gefragt, was leistet die Kirche tatsächlich in der Gesellschaft — und was könnte sie leisten.
3. Die Verflechtung der Kirche mit der Gesamtgesellschaft kommt u. a. darin zum Ausdruck, daß in der BRD ca. 95 % der Bevölkerung den christlichen Kirchen angehören, nach demoskopischen Erhebungen „so etwas wie Kirche" grundsätzlich bejahen und in gewissen Situationen bestimmte kirchliche Leistungen fordern und in Anspruch nehmen.
4. Die grundsätzliche Bejahung von „so etwas wie Kirche" darf nicht als statisch, d. h. unveränderbar und auch für die Zukunft selbstverständlich angesehen werden. Die Zunahme der Kirchenaustrittszahlen zeigt, wie die Selbstverständlichkeit, zur Kirche zu gehören, in einigen Bevölkerungskreisen schwindet

(schichtenspezifisch: obere Mittelschicht, Jugend). Das Interesse an der Kirche und daran, ihr Mitglied zu bleiben, hängt weitgehend davon ab, ob man und wie man bei direkten persönlichen Kontakten das kirchliche Handeln als hilfreich, verstehend oder (zunehmend) im Sinne der eigenen Vorstellung als „progressiv“ erfährt.

5. Die Gesamtheit der Kirchenmitglieder läßt sich unter dem Gesichtspunkt des Kirchlichkeitsbewußtseins und der Grundeinstellungen grob in zwei Haupttypen erfassen:
   a) Die Kerngemeinde (örtlich verschieden 1 %—10 % der Mitglieder); aus ihr kommt die überwiegende Mehrheit der Teilnehmer an den konventionell als zentral empfundenen kirchlichen Veranstaltungen (Gottesdienst, Abendmahl, Bibelstunde etc.).
   b) Die sozusagen „distanziert volkskirchliche“ Mehrheit der Mitglieder; ihre kirchlichen Kontakte beschränken sich in der Regel auf Religions- und Konfirmandenunterricht sowie auf die Kasualien (Taufe, Trauung, Beerdigung).
6. Nach neueren kirchensoziologischen Erhebungen richten sich Interesse und Erwartungen der Kirchenmitglieder (mit Ausnahme einiger Gruppierungen innerhalb der Kerngemeinde) nicht so sehr auf theologische Fragen im engeren Sinn (z. B. Jungfrauengeburt, leibliche Auferstehung, Rechtfertigungslehre, Gottessohnschaft Jesu, Gott-ist-tot-Theologie, Auseinandersetzung zwischen der Bekenntnisbewegung „Kein anderes Evangelium“ und Richtungen der modernen Theologie); theologische Fragestellungen interessieren vielmehr eher im Zusammenhang eigener Lebensprobleme, sogenannter Sinnfragen und persönlicher Daseinsorientierung.
7. Weit stärker als auf theologische Fragen und auf den sonntäglichen Gottesdienst richten sich Interesse und Erwartungen auf denjenigen Bereich, der herkömmlich als seelsorgerliche Tätigkeit umschrieben wird. Dazu gehört vor allem die persönliche Zuwendung zum einzelnen Menschen, besonders im Zusammenhang mit den Kasualien, mit Einsamkeit und Krankheit, dazu gehört aber auch die Beratung etwa bei Erziehungs- und Eheproblemen. In dem Aufgabenkatalog, wie er der Kirche von ihren Mitgliedern zugeschrieben wird, folgt mit Abstand

der Bereich der karitativen (überindividuellen) Diakonie sowie die Erziehungs- und Jugendarbeit.

8. Entsprechend diesem Verständnis der kirchlichen Aufgabenfelder gilt in erster Linie der Pfarrer und neben ihm die hauptamtlichen Mitarbeiter als Repräsentanten und Bezugspersonen der Institution Kirche. In einem bestimmten Sinne wird ihre Arbeit gerne mit der des Arztes oder der des Lehrers verglichen: wie man den Arzt im Falle von Krankheit ruft, erwartet man von dem Pfarrer, daß er in den eben beschriebenen Situationen hilft. Umgekehrt gilt freilich auch, daß man ebenso wie zum Arzt auch zum Pfarrer, einen nur distanzierten Kontakt hält, solange man ihre Hilfe nicht zu brauchen meint.

9. Alle diese empirisch erhobenen Merkmale zeigen, daß die Kirche von ihren Mitgliedern im hohem Maße unter dem Gesichtspunkt ihrer praktischen Tätigkeiten verstanden und beurteilt wird. Man kann sie darum auch als eine Institution betrachten, die für bestimmte Aufgabengebiete auf dem sogenannten Dienstleistungssektor unserer Gesellschaft zuständig ist; dieser Sektor umfaßt nach soziologischem Sprachgebrauch die Bereiche der Bildung und die Organisationen der Daseinsvorsorge.

   Wie in allen gesellschaftlichen Bereichen haben sich auch auf dem Aufgabenfeld der Kirche seit der Industrialisierung große Veränderungen ergeben. Zahlreiche Funktionen, beispielsweise im Schul- und Krankenhauswesen, hat die Kirche abgegeben; andere Aufgaben (z. B. Akademien, Erwachsenenbildung) hat sie neu übernommen. Andererseits läßt sich die Gesamtheit ihrer gegenwärtig wahrgenommenen Tätigkeiten in zwei Funktionsbereiche ordnen, die den in Jahrhunderten gewachsenen Grundfunktionen des „Lehrens“ und „Helfens“ durchaus vergleichbar sind.

10. Für unsere Gesellschaft lassen sich die beiden Funktionsbereiche des kirchlichen Handelns folgendermaßen beschreiben:
    a) *Funktionsbereich A:* Darstellung und Vermittlung von grundlegenden Deutungs- und Wertsystemen. Hier geht es um Bedeutungszusammenhänge, um Lebens- und Verhaltensorientierung, um ethische Motivation und ethische Normierung. Eine kirchliche Zuständigkeit für diesen Funk-

tionsbereich kommt u. a. darin zum Ausdruck, daß „Christsein“ nach wie vor weithin gleichgesetzt wird mit „guter Mensch sein“; — christliche Erziehung soll ein Bewußtsein für „Gut und Böse“ vermitteln. Als Einübungsraum für die „christlichen Werte“ und das, was man darunter versteht, gelten Religions- und Konfirmandenunterricht sowie andere Formen der Jugendarbeit und zunehmend auch Erwachsenenkreise.

b) *Funktionsbereich B:* Helfende Begleitung, in Krisensituationen und an Knotenpunkten des Lebens. Hier geht es einerseits um die Bewältigung von akuten Krisen (Trauer, Krankheit, Familienkonflikt, schuldhaftes Versagen) und eingeschränkten Lebensmöglichkeiten (Einsamkeit, Alter, Gebrechlichkeit) durch persönliche emotionale Zuwendung. Andererseits geht es um überindividuelle und weltweite Hilfe in Notsituationen. Darüberhinaus geht es um eine öffentlich-soziale Sanktionierung und Interpretation der Wendestationen im Lebensablauf (Pubertät, Eheschließung, Elternschaft, Trauer usw.).

11. Beide Funktionsbereiche sind traditionell und wie in anderen Kulturkreisen miteinander verflochten; als kirchliche Aufgabengebiete hatten sie die gleiche Wertigkeit. In unserer Gegenwart werden sie jedoch offenbar nicht in gleichgewichtiger Weise auf die Kirche bezogen: während die kirchliche Zuständigkeit und Inanspruchnahme im Funktionsbereich A erheblich kleiner geworden ist, hat der Funktionsbereich B während der letzten Jahrzehnte in der Nachfrage und in den Erwartungen der Bevölkerung zunehmend an Bedeutung gewonnen. Viele Kirchensteuerzahler sehen in diesem Funktionsbereich „B“ die Hauptaufgabe, einige sogar die einzige Aufgabe der Kirche in unserer Zeit.

12. Der Kirche wird weder für den einen noch für den anderen Funktionsbereich seitens der Gesellschaft ein Monopol zugeschrieben, wohl aber eine Art besonderer Zuständigkeit. Diese ist vor allem in folgenden zwei Faktoren begründet:

a) In einer jahrhundertelangen Tradition dieser Zuständigkeit, die sich im Erwartungs- und Bedürfnisfeld der Bevölkerung widerspiegelt und darin verankert ist. Sie erneuert sich jeweils durch die Erziehung und durch die Meinung der

Menschen „um uns herum“ (die sogenannte „Plausibilitätsstruktur“).

b) In der Anwesenheit und Funktionsfähigkeit eines bis ins letzte Dorf und in den letzten Stadtbezirk durchorganisierten sogenannten „Kleinverteilungsapparates“. Dieser Apparat ermöglicht einen Kreislauf zwischen der Bevölkerung und der Erfüllung dieser Erwartung im funktionalen Vollzug durch den Pfarrer.

13. Mit beiden Funktionsbereichen ist der hauptsächliche Aktionsraum der Kirche in unserer Gesellschaft umschrieben. Die zukünftige kirchliche Entwicklung wird in erster Linie davon abhängen, in welcher Weise sie ihre Aufgaben innerhalb dieser Bereiche wahrnimmt und nicht so sehr davon, wie sie sich außerhalb dieses Aktionsraumes engagiert. Auch die Wirkungen von neuen theologischen Entwürfen, von den vielerlei Initiativen der Kirchenreform, von anderen Versuchen der Innovation und des Protestes werden in erster Linie davon abhängen, wie weit sie mit den konkreten Aufgaben der Gemeindepraxis vermittelt werden können. Reformversuche, die die Bedeutung der eingelebten Erwartungen der Bevölkerung ignorieren oder gar disqualifizieren, wirken eher destruktiv und haben wenig Chancen, eine dauerhafte Veränderung herbeizuführen. Diese Erkenntnis darf freilich nicht zu resignierender Anpassung führen. Die notwendigen reformerischen Bestrebungen werden am ehesten zum Ziele kommen, wenn man beharrlich die Mühsal der kleinen Schritte auf sich nimmt.

14. Wir plädieren für eine reflektierte Bejahung und eine kritische Wahrnehmung der Aufgaben in den genannten Funktionsbereichen. Wir meinen allerdings, daß die heute üblichen Arbeitsformen und der Stand der theologischen Reflexion den Herausforderungen und Aufgabenstellungen unserer Zeit nicht mehr gerecht werden.

a) Im Funktionsbereich der Vermittlung von Deutungs- und Wertsystemen gilt es vor allem, die radikale Umwälzung der überkommenen Wertvorstellungen theologisch zu verarbeiten. Das betrifft die Maßstäbe der Erziehung, die Sexualmoral, die Wirtschaftsethik (Kapitalismus und Leistungsprinzip) und insgesamt die Bedingungen von Emanzipation und Selbstbestimmung unter wirtschaftlichen und technischen Systemzwängen. Wenn es Theologie und Kirche nicht gelingt, das Evangelium als kritische Kraft auch für die sich neu herausbildenden Wertvorstellungen verstehbar zu machen, wird ihre Zuständigkeit für diesen Funktionsbereich weiter abnehmen und von anderen Institutionen (weltanschaulich und politische Gruppierungen, Staat) übernommen.

b) Im Blick auf beide Funktionsbereiche müssen die überkommenen Arbeitsformen des kirchlichen Handelns kritisch überprüft und in neuen Versuchen ergänzt und verändert werden. Das betrifft die Gestalt des Gottesdienstes, die Wirkungsweise der Predigt, die Praxis des seelsorgerlichen Gesprächs, die Methoden und Lernziele des Religions- und Konfirmandenunterrichts, die Didaktik der Gruppenarbeit mit Erwachsenen sowie die Kooperation der Pfarrer und Mitarbeiter. Dabei sind besonders die Erkenntnisse der modernen Humanwissenschaften (Psychologie, Soziologie, Pädagogik) zu berücksichtigen.

15. Eine Einstellung, die die Kirche in erster Linie unter dem Gesichtspunkt der Erfüllung ihrer praktischen Aufgaben sieht und beurteilt, steht unseres Erachtens nicht im Gegensatz zu dem, was theologisch als Auftrag der Kirche definiert wird. Es besteht allerdings die Gefahr, daß diese Einstellung eine passive Konsumentenhaltung fördert und dadurch die Gemeinde in einem bestimmten Sinne unmündig hält. Unter funktionalem Aspekt ist dieser Gefahr am ehesten durch eine bewußt emanzipatorische und dadurch zu mündiger Teilnahme am kirchlichen Handeln führender Kleingruppenarbeit zu begegnen. Unseres Erachtens sollte eine solche Kleingruppenarbeit nicht als Gegensatz zu einer aufgabenorientierten volkskirchlichen Arbeit gesehen werden. Viele Kirchenmitglieder mit einer „distanziert-volkskirchlichen" Grundeinstellung sind erfahrungsgemäß stark daran interessiert, an einer zeitlich und thematisch begrenzten emanzipatorischen Gruppenarbeit (z. B. über Probleme von Taufeltern oder Konfirmandeneltern) oder an einer Dienstgruppenaktion teilzunehmen, möchten aber nach Abschluß der Arbeit nicht in die kernkirchlichen Kreise „vereinnahmt" werden, sondern wieder in

eine gewisse Distanz zurückkehren. Im Wege dieser zeitlich befristeten Gruppenarbeiten könnten über den Besucherkreis des Sonntagsgottesdienstes hinaus Menschen mit den kritischen und helfenden Inhalten des Evangeliums gründlicher bekannt werden und sich damit auseinandersetzen.

3. Stationen des Hörens

1.0 Die Chance, daß eine Nachricht gehört, zur Kenntnis genommen und verarbeitet wird, ist umso größer, je besser die folgenden beiden Bedingungen erfüllt sind:

1.01 wenn die Nachricht ein Thema betrifft, das den Empfänger stark beschäftigt, und der Empfänger den Eindruck gewinnt, daß diese Nachricht ihm konkret weiterhilft; (Suchhaltung)

1.02 wenn der Empfänger Gelegenheit hat, sich die Nachricht vermittels eigener aktiver Äußerungen (Widerspruch, Kommentar, Rückfrage usw.) anzueignen.

1.1 Diese einfache Grunderkenntnis der Kommunikationsforschung ist im Blick auf ihre abstrakte Richtigkeit jedermann einsichtig und geläufig. Problematisch ist jedoch, warum dieser Grunderkenntnis im faktischen Kommunikationsverhalten der Menschen kaum entsprochen wird. Sowohl im Einzelgespräch, als im Gruppengespräch als erst recht in der „Einbahn-Kommunikation“ (Vortrag, Predigt, Medien) werden die erwähnten Bedingungen nur selten ausreichend berücksichtigt.

1.2 Auch seinerseits sieht sich jeder Vortragende in der Verlegenheit, diesen Bedingungen nicht zureichend Rechnung tragen zu können. Es ist eine ähnliche Verlegenheit, wie sie der Prediger im Sonntagsgottesdienst erfährt:

1.21 Ebensowenig wie der Prediger weiß der Verfasser, wo die Hörer tatsächlich der Schuh drückt; wo sie also am ehesten abgeholt werden können. Bekannt ist ihm nur, daß einige gründlich mit dieser Materie vertraut sind — und daß andere sich zum ersten Mal mit dieser Betrachtungsweise auseinandersetzen wollen. Wie aber kann man zugleich den einen wie den anderen gerecht werden? Ist unsere erste Bedingung also in (1.01) einem solchen Unternehmen, das in seiner Kommunikationsstruktur der Predigt ähnlich ist, überhaupt zu erfüllen?

1.22 Zur Bedingung der aktiven Anteilnahme am Gespräch als einem wichtigen Mittel der Verarbeitung: kann ein Referat dem einzelnen Hörer genügend Gelegenheit zu solcher Verarbeitung geben? Die Kleingruppen-Nacharbeit gibt zweifellos weit bessere Voraussetzungen, als sie den Predigthörern normalerweise geboten sind. — Doch ist eine solche methodisch geregelte Kleingruppenarbeit in jedem Falle organisatorisch möglich?

2.0 Der *Kommunikationsvorgang des Predigens ist* wie alle Wirklichkeit *komplex.* Mit dieser Komplexität kann man wissenschaftlich nur umgehen, wenn man sie reduziert, d. h. auf bestimmte Hauptbestandteile oder Hauptprobleme zurückführt.

2.1 Jedes homiletische Modell, jede systematische Homiletik stellt einen Versuch dar, die Komplexität des Problems Predigt zu reduzieren.

2.11 In jedem solchen Modell sind bestimmte Absichten und Kriterien implizert: seien es theologisch-dogmatische Interessen, seien es praktische Anleitungen, seien es politische Grundauffassungen.

2.12 Jede Reduktion von Komplexität bedeutet immer auch Verkürzung und Vereinseitigung, da ein einzelner Versuch nicht die ganze Wirklichkeit erfassen kann. Es bedarf daher notwendig der Entwicklung von Gegenmodellen, Ergänzungen und Korrekturen.

2.2 Unser Modell versucht den Kommunikationsvorgang des Predigens mit Hilfe erfahrungswissenschaftlicher (psychologischer und soziologischer) Kategorien durchsichtig zu machen. Sein Ziel ist nicht unmittelbar, sondern mittelbar auf praktische Verwertbarkeit gerichtet. Es geht zuerst um Erhellung, begriffliche Differenzierung und damit um eine Voraussetzung von Anwendungsreflexion.

2.3 Eine Grobeinteilung des Kommunikationsvorganges Predigt kann drei Einheiten unterscheiden:

a) den Prediger (Kommunikator)
b) die Predigt (Nachricht)
c) die Predigthörer (Recipient)

2.31 Diese Einheiten stehen einerseits untereinander in einem engen Verflechtungszusammenhang und sind andererseits einer Fülle eigener, sozusagen abteilungsspezifischer Einflußkräfte ausgesetzt. Z. B. wirken auf

a) den Prediger:
bestimmte Sozialisationsprägungen,
bestimmte theologische Richtungen,
familiäre Verhältnisse usw. ein;
c) den Predigthörer:
seine eigene religiöse Biografie,
seine berufliche und familiäre Situation usw.

2.32 Ein großer Teil dieser individuellen oder sozialen Einfluß-Variablen muß in unserem Modell vernachlässigt werden, obgleich sie im konkreten Einzelfall einer Predigt wichtiger sein können, als die allgemeinen Gesichtspunkte unseres Modelles.

2.4 Uns geht es ausschließlich um die Einheit „Predigthörer" und dabei wiederum um die psychologischen und sozialpsychologischen Merkmale des Hörens im weiteren Sinn, also der Wahrnehmung und der Verarbeitung.

2.41 Wir müssen dabei eine ausführliche soziologische Reflexion (etwa des schichtenspezifischen Hörens oder eine kirchensoziologische Hörertypologie, wie sie O. Schreuder vorschlägt) vernachlässigen. Allerdings scheinen die bisher dazu vorgelegten empirischen Unterlagen noch kaum zur Theoriebildung auszureichen.

2.5 Um uns die wichtigsten Vorgänge bei dem, was wir zusammenfassend Hören nennen, bewußt zu machen, unterscheiden wir, stark schematisierend, drei Stationen:
(These 3) die Eingangsstation
(These 4) die Auswahlstation
(These 5) die Verarbeitungsstation

3.0 *Die Eingangsstation*
Die von dem Prediger kommende Nachricht kann entweder von einem eingeschalteten Empfangsgerät zur Kenntnis genommen oder von einem abgeschalteten Empfangsgerät abgewiesen werden. Die Gründe dafür, ob das Gerät eingeschaltet ist oder nicht können (3.1) außerhalb des Kommunikationsvorganges einer konkreten Predigt oder sie können innerhalb (3.2) des Vorganges einer konkreten Predigt liegen.

3.1 Folgende *außerhalb* des konkreten Vorganges liegende Faktoren können die Empfangsbereitschaft des Hörers mindern oder steigern:

3.11 physiologisch-psychologische Disposition: etwa Müdigkeit (Unausgeschlafenheit); Ungewohntheit, über einen längeren Zeitraum zuzuhören; Eingestelltsein auf audiovisuelle Wahrnehmung (durch Fernsehen).

3.12 Umweltbedingtes Abgelenktsein: etwa die Jahresbilanz eines Kaufmanns, das Fußballspiel am Nachmittag.

3.13 Grundeinstellung zum kirchlichen Raum und zur gottesdienstlichen Atmosphäre (bei den regelmäßigen Gottesdienstbesuchern ist die Reaktion anders als bei seltenen Gottesdienstbesuchern).

3.20 *Innerhalb* des Predigtvorganges wirken folgende Faktoren besonders stark auf die Ein- oder Abschaltung des Gerätes:

3.21 Verstehbarkeit des „Symbolinventars" (der verwendeten Vokabeln, Bilder, Gedanken). Wenn die Verschiedenheit (z. B. durch theologischen Fachjargon) zu groß wird, schaltet der Hörer ab, weil er nicht in der Lage ist, die Information in das Symbolinventar seiner Alltagswirklichkeit zu transferieren.

3.22 „Redundanz": die übermittelte Nachricht muß mit einem bestimmten Maß von „Überfließendem" (Überflüssigem, Weitschweifigkeit) ausgestattet sein, um von den Rastersystemen unserer Empfangsgeräte registriert werden zu können. Unsere Rastersysteme sind in der Regel auf die alltagssprachliche Kommunikation eingerichtet, in der 50 bis 80 % Redundanz gemessen worden sind (wissenschaftliche Kommunikation: 15—30 % Redundanz).

3.23 Gedankliche Stringenz: sie ist ein mehr bildungsspezifisches Kriterium; für Volksschüler spielt die gedankliche Stringenz etwa im Verhältnis zur Bedeutung von Reizwort-Assoziationen eine nur untergeordnete Rolle.

3.24 Rhetorische Präsentation:
3.241 formal:
laut, leise, monoton, temperamentvoll, sachlich, pathetisch
3.242 material:
Gliederungszäsuren, Bilder, Beispiele

3.25 Das „Image des Predigers" hat einen entscheidenden Einfluß sowohl auf die Hörerbereitschaft als auch auf die Auswahl aus dem angebotenen Informationsstrom (These 4). Empirisches Beispiel: Pietistische Predigt durch nichtpietistischen Pfarrer vorgetragen wurde von Pietisten stark angegriffen; dezidiert antipietistische Predigt durch einen als pietistisch geltenden Pfarrer vorgetragen wurde von denselben Pietisten mit starker Zustimmung aufgenommen. Ist das Image des Pfarrers schlecht, dann bestehen nur geringe Chancen, etwas von seiner Predigt positiv aufzunehmen. Das Image eines Pfarrers ist nur schwer zu ändern.

4.0 *Die Auswahlstation*

Was nimmt ein aufmerksamer Predigthörer aus dem Informationsstrom, der von der Kanzel auf ihn zukommt auf — und warum nimmt er gerade das auf, was er aufnimmt?

4.1 Von überragender Bedeutung für alle Selektions- oder Perzeptions (= Wahrnehmungs) -Vorgänge ist das sogenannte Bezugssystem des Hörers.

4.11 Von seinem Bezugssystem aus beurteilt der Hörer die Predigt; in seinem Bezugssystem sind bestimmte Reizworte verankert, die die wichtigsten Assoziationen beim Hören der Predigt auslösen; Informationen, für die im eigenen Bezugssystem kein differenziertes Problembewußtsein gegeben ist, werden größtenteils überhört.

4.12 Seiner Struktur nach läßt sich das eigene Bezugssystem als eine Hierarchie von Subsystemen beschreiben. Wichtige Subsysteme sind etwa: „Familie", „Beruf", „Geld", „Auto". Jedes Subsystem besteht wiederum aus Teilsystemen. Solche Untersysteme zum Stichwort „Familie" sind beispielsweise: Ehefrau, Kinder, eigene Eltern; aber auch Urlaub, Auto usw.

4.121 Sowohl im Blick auf das Bezugssystem insgesamt wie im Blick auf seine Teilsysteme lassen sich kognitive und emotionale Gesichtspunkte unterscheiden.

4.1211 Unter „kognitiv" können wir jenen Teil des Bewußtseins verstehen, von dem Informationen registriert, geordnet und gespeichert werden (Hirnrinde als eine Art Computer).

4.1212 Unter „emotional" können wir jene Art der Bewußtheit verstehen, die stark von unseren Grundgefühlen (z. B. Angst, Selbstwertgefühl, Ur-Vertrauen, Ur-Mißtrauen usw.) bestimmt ist. (Diese Grundgefühle reichen sozusagen bis in den Hirnstamm). Der emotionale Aspekt des Bewußtseins ist in der Regel mit der Erinnerung an bestimmte Bezugspersonen oder Situationen im frühkindlichen Alter verknüpft.

4.1213 Jeder Bewußtseinsakt besteht sowohl aus emotionalen wie aus kognitiven Elementen. Der Anteil jedes der beiden Elemente ist allerdings jeweils verschieden groß.

4.1214 Von den religiösen Subsystemen unseres Bezugsrahmens kann man sagen, daß die kognitiven Schemata (Glaubensvorstellungen Wertauffassungen) in besonders hohem Maße emotional besetzt sind.

4.13 Das eigene individuelle Bezugssystem ist vor allem deshalb so dominant in den verschiedenen Kommunikationsvorgängen, weil es eine zentrale Aufgabe im Leben des Individuums wahrnimmt.

4.131 Das Bezugssystem gleicht etwa einem Lotsen, der den Menschen einigermaßen sicher durch die widersprüchliche Fülle von Interessen, Lebensanschauungen, politischen Ansprüchen usw., die in seinem alltäglichen Leben auf ihn einstürmen, hindurchführt.

4.132 Das Bezugssystem entlastet den Menschen von der Notwendigkeit, sich in jeder Situation ab ovo orientieren und entscheiden zu müssen.

4.133 Religiöse Subsysteme sind in spezifischer Weise auf solche Funktionen angelegt. Sie helfen dem Menschen, bestimmte Lebensprobleme zu bewältigen (Leiden, Versagen, Dankbarkeit...). Gerade deshalb, weil sie eine so wichtige Funktion haben, sind sie gleichsam durch ihre emotionale Besetzung gegen zu schnelle und damit verunsichernde Überzeugungsänderungen abgesichert.

4.2 Vom eigenen Bezugssystem aus wird die Auswahl aus all dem, was der Prediger sagt, gesteuert.

4.21 Ausgewählt wird vor allem das, was das eigene Bezugssystem sichert und bestätigt (Beispiele: CDU-Wähler besuchen CDU-Wahlveranstaltungen; Gemeinschaftschristen besuchen Evangelisationsveranstaltungen ...).

4.22 Was passiert mit jenen Nachrichten, die dem eigenen Bezugssystem widersprechen?

4.221 sie werden überhört, werden also nicht zur Kenntnis genommen (z. B. NS-Zeit: Jesus lieben heißt auch: für die Juden eintreten);

4.222 wenn sie unüberhörbar eindringlich vorgetragen werden, versucht der Hörer, sie umzudeuten („er hat es ja ganz anders gemeint");

4.223 wenn die Gegenposition so hartnäckig vertreten wird, daß sie trotz aller Mühe nicht umgedeutet werden kann, versucht der Hörer, sie dadurch unschädlich zu machen, daß er den Gegensatz zur eigenen Meinung ins Abstruse steigert. (Er sagt: Jesus wäre halt nur ein Jude gewesen und hätte mit uns gar nichts zu tun.)

4.3 Nicht einfach identisch mit dem allgemeinen Bezugssystem ist ein anderer Selektionsfaktor: der Wunsch nach Minderung von starken Spannungsempfindungen. Z. B. von:

4.31 ethischen Spannungszuständen zwischen dem, was „ich eigentlich soll" und dem, was ich tatsächlich tue;

4.32 kognitiven Spannungszustände; etwa: wie verhält es sich denn tatsächlich mit dem Tod; gibt es eine Auferstehung oder nicht?

4.33 emotionalen Spannungszuständen; (z. B. Frustrationsstau einer Frau, die mit einem Trinker verheiratet ist ...)

4.34 Der Wunsch nach Spannungsverminderung kann so stark sein, daß der Hörer in die Predigt hineinprojiziert, was er aus ihr herausnehmen will.

4.4 Ein weiterer wichtiger, mit dem eigenen Bezugsrahmen nicht einfach identischer Selektionsfaktor ist die Mentalität der eigenen Bezugsgruppe (Familie, Freunde, Kollegen). Z. B. Evangelisationen sind am erfolgreichsten, wo schon größere pietistische Gruppen anwesend sind; der unentschlossene Besucher weiß dann, daß ihn die Bekehrung nicht in eine soziale Isolierung treibt.

4.5 Die beschriebenen Auswahlkriterien bedienen sich während des Predigtvorganges vor allem des Kommunikations-Vehikels „Reizwort". Solche Reizworte, die, wie erwähnt, im eigenen Bezugssystem verankert sind, bilden gleichsam die Anknüpfung für eine potentielle Verarbeitung der Information.

5.0 *Die Verarbeitungsstation*
was geschieht mit den Nachrichten, die bis in die Verarbeitungsstation hinein vorgedrungen sind?

5.1 Was dringt überhaupt bis dahin durch?

5.11 Predigthörerbefragung 1967 (Schreuder u. a.): 2500 befragte Predigthörer

Gesamteindruck:		*Inhaltliche Wiedergabe:*	
sehr gut	20 %	etwas richtig	28 %
gut	55 %	richtig	5 %
teils-teils	8 %	falsch	26 %
nicht gefallen	10 %	gar keine	40 %

5.12 Was den Mangel an kognitiver Wiedergabefähigkeit betrifft, so entspricht er etwa einer bekannten Perzeptionsfaustregel. Danach nimmt ein Mensch unter den jeweils gleichen Perzeptionsbedingungen auf:

10 % dessen, was er liest
20 % dessen, was er hört
30 % dessen, was er sieht
40 % dessen, was er hört und sieht
60 % dessen, was er hört, sieht und diskutiert
80 % dessen, was er durch eigenes Suchen und Verarbeiten entdeckt
90 % dessen, was er entdeckt hat, wofür er kämpfen und leiden muß.

5.2 Der Hauptwirkungsgrad von Predigt liegt also offensichtlich nicht in einem kognitiven Lernvorgang, sondern in einer emotionalen Erfahrung.

5.21 Diese emotionale Wirkung ist zunächst gleichsam „wertneutral“ festzustellen und zu reflektieren.

5.22 Sie kann einerseits eine wichtige Hilfe für den Menschen bedeuten: etwa dort, wo sie eine Art emotionaler Kompensation für Alltagsfrustrationen vermittelt (Trost und Kraft).

5.23 Die emotionale Wirkung kann sich jedoch auch in Gefühlsduselei erschöpfen oder durch gefühlsmäßige Kompensation von bestimmten sozialen oder politischen Mißständen ablenken.

5.24 Insgesamt bedarf die gesamte emotionale Wirklichkeit einer neuen sowohl allgemein-theologischen Qualifizierung als auch einer speziell homiletischen.

5.30 Was die kognitive Verarbeitung religiöser Informationen betrifft, so wird man die Predigt an dieser Stelle durch andere Kommunikationsformen ergänzen müssen.

5.31 Gerade im Blick auf die religiöse und theologische Neubesinnung (Konzil, Wandel von politischen und wirtschaftlich ethischen Grundauffassungen, neues Verständnis der Bibel) sind kognitive Lernprozesse (auch an der Basis der Gemeinde) unausweichlich.

5.32 Für kognitive Lernprozesse ist jedoch jene aktive Eigenverarbeitung notwendig, von der oben die Rede war (selbständige Formulierung von Widerspruch, Kommentar, Zustimmung). Die Kleingruppe, soweit sie sich der methodischen Regeln des Feedback bedient, erscheint gegenwärtig als fruchtbarste Möglichkeit der Ergänzung kirchlicher Arbeitsformen.

4. Soziologische Anmerkungen zum Thema Predigt

1.00 *Zur gesellschaftlichen Bedeutung der Kommunikationsform Predigt:*

1.10 Abgesehen von den technischen Massenmedien (Fernsehen, Hörfunk, Presse) hat das Kommunikationsmittel Predigt unter der erwachsenen Bevölkerung der BRD die höchste Teilnehmer- (Hörer-)zahl. (Ca. 1 Mio evangelische; ca. 1,5 Mio katholische Predigthörer pro Sonntag; in der Weihnachtszeit werden ca. 25 Mio von einer christlichen Predigt oder Ansprache erreicht.)

1.20 Nach wie vor gilt am ehesten der Predigt-Gottesdienst als das Medium, in dem sich die gesellschaftliche Großorganisation Kirche darstellt und ihre Ziele (Wert- und Deutungsschemata) auslegt.

2.00 *Zur Hauptkritik an der Kommunikationsform Predigt*

2.10 Predigt ist Einbahn-Kommunikation; ihr fehlt die Reziprozität, die wirkliche Kommunikation erst konstituiert.

2.11 Das Defizit an Reziprozität kann als autoritärer Stil empfunden und beschrieben werden.

2.12 Reziprozität ermöglicht mündige, selbstbestimmte, emanzipative Teilnahme (= Teilhabe) am Kommunikationsvorgang.

2.13 Aktive Teilhabe am (reziproken) Kommunikationsvorgang ist die Voraussetzung für kognitive Verarbeitungsprozesse.

2.20 Hauptaufgabe der Predigt in unserer Zeit ist es, zur Veränderung eingelebter pseudo-christlicher Bewußtseinsstrukturen (Lernprozeß) beizutragen. Dafür ist Einbahnkommunikation unzureichend.

3.00 *Zur Effizienzproblematik der Predigt*

3.10 Es lassen sich kognitive und emotionale Wirkungsweisen unterscheiden.

3.11 Das kann — theologisch auf die Lutherische Unterscheidung zwischen lehren (= kognitiv) und vermahnen im Sinne von aufrichten, trösten, ermutigen, erschüttern (= emotional) bezogen werden.

3.12 Repräsentative Untersuchungen haben ergeben, daß die Hauptwirkung der Predigt den emotionalen Bereich betrifft (grobe Relation: 25 % kognitive — 75 % emotionale Rezeptions-Anteile).

3.20 Zur kognitiven Problematik: In der Regel vermögen nur 25 % der Hörer einigermaßen richtig wiederzugeben, was der Prediger gesagt hat. 60—70 % vermögen gar nichts oder nur falsches wiederzugeben.

3.21 Zur kognitiven Verarbeitung gehört aktives Formulieren (widersprechen, kommentieren, wiederholen, ergänzen, aufschreiben usw.).

3.30 Zur emotionalen Problematik: In der Regel geben 60 bis 70 % der Hörer ihren Empfindungen einen positiven Ausdruck (hat mir geholfen, mich ermutigt, getröstet usw.).

3.31 Hier scheint eine wichtige Kompensation für Frustrationen im Alltagsleben gesucht und gefunden zu werden.

4.00 *Zur Ergänzung der Kommunikationsform „Predigt"*

Verschiedene Formen von Gruppenarbeit

4.10 Predigtnachgespräch: Hauptschwierigkeiten sind:

4.11 Starker Wechsel des Teilnehmerkreises

4.12 Mangel an Möglichkeiten zu aktiven Gesprächsbeiträgen für alle Teilnehmer (meist Exponierung von 2—3 „Star"-Diskutierern)

4.20 Predigtnachgespräche sollten in Kleingruppen mit methodisch geregeltem Feedback stattfinden; d. h. jeder Teilnehmer soll seine Empfindungen und Gedanken zunächst äußern und erst dann beginnt die Diskussion. Möglichst soll sich am Ende der Diskussion noch einmal jeder Teilnehmer darüber äußern, ob er etwas und was er gelernt hat.

4.21 Die Teilnahme an einer einzigen solchen Kleingruppenarbeit ist effektiver als bloßes Zuhören bei vier oder fünf Nachgesprächen.

4.30 Ähnliches gilt für Predigt-Vorbereitungskreise. Vor allem können die Teilnehmer am Vorbereitungskurs später Gruppenleiter der Nachgespräche sein.

4.40 Weitere Ergänzungsmöglichkeiten sind: Podiumsdiskussion über die Predigt im Gottesdienst; Gruppenpredigt etc. Wenngleich die Rezeptionsmöglichkeiten der Hörer durch Personen und Phasenwechsel beim Vorgang des Predigens vergrößert werden, bleibt doch zu beachten, daß es zur wirklichen Verarbeitung der aktiven eigenen Äußerung des Hörers bedarf.

5.00 *Zur sozio-ökologischen Bewußtheit des Predigers*

5.10 Der Prediger sollte die sozio-ökologischen Gegebenheiten in seiner Gemeinde im Hinterkopf präsent haben. Wenn er z. B. polit-ökonomische Fragen behandeln will, kann er das nur in der Konkretisierung an der unmittelbaren Situation der Menschen — und nicht abstrakt.

5.11 Zur sozialen Situation der Gemeinde gehört insbesondere ihre religiöse Biografie.

5.20 Eine Bewußtheit von der ökologisch-ökonomischen Situation der Gemeinde läßt sich am ehesten durch eine methodisch kontrollierte Beobachtung und durch Aufarbeitung mit etwa gleichaltrigen Kollegen gewinnen (vgl. Beobachtungsbögen als Modell).

5. Kirchliche Kommunikationsprobleme in sozialpsychologischer Sicht

1) Wichtige Probleme der Kirche in der gegenwärtigen Zeit lassen sich als *Kommunikationsschwierigkeiten* beschreiben. Diese Kommunikationsschwierigkeiten äußern sich einerseits *innerkirchlich;* beispielsweise im Verhältnis der verschiedenen Gruppen zueinander („rechts"-„links", „oben"-„unten", „bekenntnistreu"-„progressiv", „politisch"-„überpolitisch"). Die Kommunikationsschwierigkeiten äußern sich andererseits im Verhältnis von Kirche und *Gesellschaft* (etwa: die Sprache der Kirche sei unverständlich, antiquiert, hinterweltlerisch; die Organisation der Kirche sei unzweckmäßig und vorgestrig).

2) Diese Kommunikationsschwierigkeiten der Kirche können unter unterschiedlichen Gesichtspunkten analysiert und problematisiert werden: unter theologischen, historischen, soziologischen usw. Wir versuchen, sie in *sozialpsychologischer Sicht* zu erörtern und sind uns dabei bewußt, daß jede Betrachtungsweise bestimmte Einseitigkeiten aufweist und darum kritikbedürftig bleibt.

3) Empirisch (von der Erfahrung ausgehend) kann man feststellen, daß die Auseinandersetzungen in der Kirche meist in einer Weise geführt werden, die als *„stark emotionalisiert"* zu bezeichnen ist. Gemeint ist, daß man oft reizbar reagiert; daß sogenannte sachliche Argumente auf massive gefühlsmäßige Barrieren stoßen, daß ein Gesprächspartner bei bestimmten Worten unvermittelt „in die Luft geht", d. h., daß bei ihm eine „wunde Stelle" getroffen wurde, von der der andere Partner vielleicht gar nichts weiß.

4) Solche stark emotionalisierten Reaktionen sind ein Zeichen dafür, wie eng der behandelte Gedanke mit dem zentralen Wertsystem des betreffenden zusammenhängt. Die *emotional hochbesetzte Bindung an ein bestimmtes Wertsystem* scheint geradezu ein wichtiges Merkmal von Religiosität darzustellen.

5) Wertsysteme und „Deutungsschemata", lassen sich auch unabhängig davon beschreiben, ob das Verhältnis zu ihnen emotional besetzt ist oder nicht. Man spricht dann von dem

sogenannten *kognitiven* Aspekt dieser Systeme. So läßt sich etwa das theologische System Karl Barth's oder das Glaubenssystem eines Buddhisten gleichsam akademisch-nüchtern darlegen, ohne daß man sich dafür oder dagegen engagiert.

6) Die hohe Emotionalität, durch die die Bindung eines jeden Menschen an sein eigenes Wertsystem gekennzeichnet ist, deutet die zentrale Funktion an, die solche Wertsysteme für uns haben. Sie sind wie ein *Steuerungssystem,* mit Hilfe dessen der Mensch die *Komplexität* seiner Wirklichkeitserfahrungen zu *bewältigen* sucht. Sie helfen ihm, mit den schwierigen Fragen nach dem Sinn des Lebens und des Sterbens, des Leidens und des Verlangens nach Glück fertig zu werden. Sie sagen ihm, woran er sich orientieren, wie er sich in den Fragen nach „gut" und „böse" zurechtfinden kann. Sie entlasten ihn davon, all das im Falle jeder neuen Entscheidungsnotwendigkeit von Grund auf neu zu reflektieren und sich dabei in der Fülle divergierender Möglichkeiten zu verirren.

7) Solche verhaltenssteuernden Wertsysteme sind auf das engste mit unserer *Identität* verwachsen. Die Grundstrukturen des Systems werden im sogenannten Sozialisationsprozeß erlernt und eingeübt. Dabei werden die Erfahrungen die im Umgang mit Mutter und Vater mit Geschwistern und Spielkameraden gewonnen werden, mit unseren Anlagen (z. B. Temperament) vermittelt und „internalisiert". Weil die Wertsysteme auf diese Weise zu einem Teil unserer Identität geworden sind, weil sich gleichsam *Selbstwertgefühl* und *Steuerungssystem unauflöslich verbunden* haben, sind wir ganz vital daran interessiert, daß diese Wertsysteme einigermaßen stabil bleiben. Gleichzeitig sind wir darauf aus, hinzu zu lernen, unser System also ständig weiterzuentwickeln. Wir wehren uns jedoch energisch, wenn unser System pauschal angegriffen oder beschimpft wird. Es ist unmöglich, unser Wertsystem en bloc zu wechseln, so wie man etwa seinen Beruf wechseln kann.

8) Die Kommunikationsschwierigkeiten in der Kirche scheinen vor allem damit zusammenzuhängen, daß bestimmte Gruppen und Einzelpersonen in den Auseinandersetzungen unserer Zeit ihr Wertsystem (ihren „Glauben") und damit sich selbst unmittelbar *bedroht* sehen. Dieses Bedrohungsgefühl hindert sie daran, sich in die jeweils von der Gegenseite geforderten

Lernprozesse einzulassen. Das läßt sich sowohl bei theologischen Fragen im engeren Sinne (z. B. Wunderglaube, Jungfrauengeburt, „Gott-ist-tot"-Problematik) als auch in der Anwendung theologischer Überzeugungen auf gesellschaftspolitisches Verhalten („darf oder muß ein Christ Revolutionär sein?") beobachten.

9) Auf der anderen Seite sind jedoch Veränderungen und Erweiterungen unserer überkommenen Wertsysteme unausweichlich und dringlich. Beispielsweise scheinen die traditionellen und bei uns allen „eingelebten" ethischen Vorstellungen über Gehorsam, Obrigkeit, Eigentum, Frieden, Gerechtigkeit, Erziehung usw. noch keineswegs in Übereinstimmung gebracht mit wichtigen humanwissenschaftlichen und von der Theologie längst (jedenfalls grundsätzlich) akzeptierten Erkenntnissen. Wer aber die Notwendigkeit solcher *Lernprozesse* bejaht, der muß sich auch der schwierigen Frage nach den Möglichkeiten und Methoden ihrer Durchführung stellen.

10) Sozialpsychologisch ist zur Methodenfrage von Lernprozessen in religiösen Einstellungen vor allem folgendes zu bedenken:

a) Da religiöse Einstellungen emotional stark verfestigt sind, dürfen Veränderungsabsichten nicht allein den „kognitiven" Aspekt, sondern sie müssen erst recht die Notwendigkeit *„emotionaler Kompensationen"* berücksichtigen. Wenn mir etwas von dem genommen wird, worauf ich bisher meine Hoffnung und mein Vertrauen setzte, dann brauche auch ich einen starken Ausgleich für den Verlust. M. a. W.: Ich kann nur soviel *Kritik* verarbeiten, wie mir andererseits *Kredit* zugewendet wird. Und umgekehrt: Einem Pfarrer wird seine Kritik an überkommenen Vorstellungen nur solange abgenommen wie er Kredit bei seiner Gemeinde hat. Dabei sind „kognitive Kritik" und „emotionaler Kredit" bis zu einem gewissen Grad miteinander kompensierbar.

b) Lernvorgänge, die bis in die emotionalisierten Wertsysteme unserer Identität reichen, bedürfen einer *intensiven Verarbeitung*. Dazu gehört vor allem die aktive Partizipation: etwa die selbständige Formulierung von Widerspruch, Kommentar, Rückfrage. Ein bloß „konsumierendes" Hören oder Lesen bedeutet noch nicht Verarbeitung und Integration des neuen Gedankens. Wer also Prozesse im kirchlichen Bereich einleiten will, der wird zuerst die Gelegenheit zu einer aktiven Verarbeitung (z. B. im Gruppengespräch) organisieren.

c) Verhaltenssteuernde Wertsysteme sind in der Regel auf unsere alltäglichen Lebensprobleme und auf unsere umgangsprachliche Begrifflichkeit bezogen. Wer Lernvorgänge einleiten will, wird versuchen, an unmittelbaren Tagesproblemen (Erziehungsschwierigkeiten, Pensionierung) anzusetzen. Er wird bemüht sein, den eigenen, fachlich differenzierten (z. B. theologischen) „Jargon" auf die Umgangsprache zu übertragen und zu elementarisieren.

d) Kommunikationsvorgänge sind in ihren Ablaufgesetzlichkeiten leicht zu durchschauen. Es ist jedoch überaus schwierig, sein eigenes Kommunikationsverhalten an den gewonnenen Einsichten zu orientieren. Dazu bedarf es, gerade wenn es um den empfindlichen Bereich der eigenen (religiösen) Wertsysteme geht, einer oft mühseligen und methodisch sorgfältig kontrollierten („Feedback"-) Einübung.

Sachregister

Aktion Kirchenreform 157 ff.
Alltagssprache 90
Alltagswelt 192 f., 197, 299
Amtsbegriff 208 ff.
Amtshandlungen 80, 99, 107 f., 143, 151 f., 166, 245, 304
Ballint-Seminare 125, 269
Begleitung, helfende 116, 144 ff., 306
Beistand, emotionaler 121 ff., 127
Bekennende Kirche 38 ff., 70 f.
Bekenntnisbewegung 106
Berufsimage, bildungsbürgerliches 90
Berufsmobilität 90
Cäsaropapismus 20
Celler Konferenz 142, 157 ff., 162 ff., 167, 171
Christokratie 13
CPT-Kurse 125, 154, 266
Demokratisierung 47, 161, 209
Dezisionismus 18 f.
Diakonie 108, 113, 135, 143
Dienstleistung 110 ff.
Differenztheologie 131 ff., 142
Einstellungen, religiöse 173 ff.
Ekklesiologie 103, 165
Emanzipation 189, 293 f., 307 f.
Erziehung, emanzipatorische 148
Eschatologie 104, 300
Ethik, politische 73
Feedback-Organisation 257 ff., 318, 325
Frage, soziale 21 f., 33 f.
Freiwilligkeitskirche 297
Frustration, funktionale 125, 129 f.
Funktionsbegriff 101 f.
Gesellschaftstheorie 67
Gottesdienst 107 f., 145, 172, 296, 301, 308, 310
Gruppendiskussion 65
Gruppendynamik 125, 150
Gruppengespräch 251 ff.
Gruppenkontrolle 275 ff.
Gruppenpfarramt 212
Handeln, kirchliches – funktionale Theorie 99 ff., 303 ff.
Hindergrundserfüllung 110 f., 113 ff.
Humanismus, protestantischer 17 ff.
Humanität 176 ff., 200, 296
Identität, berufliche 131 ff., 139 ff., 205 ff.
Innovation 104 f., 133, 144 ff., 307
Internalisierung 196 f.
Institution 113
Jesus-People 292 f.
Kapitalismuskritik 72
Kasualien (s. u. Amtshandlungen)
Kerngemeinde 107, 184, 242, 264, 304
Kirche
– Funktionsbereiche der 117 ff.
– und Gesellschaft 322
– Monopolstellung der 130, 177
– Selbständigkeit der 20, 25
Kirchenaustritt 103, 105 f., 119, 128, 291, 303
Kirchenforschung, empirische 105 ff., 116 ff.
Kirchenkritik 110, 115, 119, 126, 132, 144, 165, 220
Kirchenreform 157 ff., 307
Kirchensoziologie 67, 111
Kirchensteuer 123, 126, 129, 166, 220, 265
Kirchlichkeitsbewußtsein 109
Kleingruppenarbeit 186 ff., 209 f., 245 ff., 308
Klerikalismus 13 f., 55
Kommunikation 103, 122, 127, 184 ff., 206, 220 ff., 266 ff., 270 ff., 274 f., 280, 310 ff.
Kommunikationsprobleme, kirchliche 322 ff.
Konfessionalisierung 13, 45
Konservativismus 18 f., 21
Kooperation 205 ff., 217
Kriegspredigt, protestantische 24
Kulturkampf 26, 30, 54

Kulturprotestantismus 19
Lernprozeß 176 ff., 319
Lernpsychologie 187
Lutherrenaissance 19
Nationalsozialismus 35 ff., 57, 69 f., 136
Neomarxismus 110 f.
Pädagogik 150
Passage-Riten 124
Patriotismus, religiöser 23
Pfarrerberuf
– und Arbeiterschaft 45
– in der Aufklärungszeit 22
– Berufsfeld 92 ff., 99 ff.
– soziale Herkunft 86 ff.
– und Kooperation 205 ff.
– Sozialgeschichte 11 ff.
– Sozialstatistik 75 ff.
– in übergemeindlichen Tätigkeiten 93
– Verhältnis zum Staat 13 ff.
– ohne akademisches Vollstudium 92
Pfarrerin 92
Pfarrernachwuchs, katholischer 51
Pfarrerssöhne 86 ff.
Pfarrerzahl 77 ff.
Pfarrhaus 86
Pietismus 23, 26
Plansibilitätsstruktur 127, 279, 294, 307
Positivismus 111
Praxisbezogenheit 66, 137 f.
Predigerseminar 59 ff.
Predigt 30, 108, 182, 184 f., 189, 206, 211, 214, 218 ff., 222 ff., 227 ff., 245, 264, 301, 308, 310 ff., 319 ff.
Priester, katholischer 91
Privatisierung 181
Psychologie 125, 153 ff., 158, 268, 308
Psychotherapie 125, 150, 153 ff., 206, 268
Redundanz 231 f., 258, 313
Religion
– Bedeutung 291 ff.
– Zukunft 190 ff.
Religionsbegriff 134, 172, 183, 187
Religionskritik 293
– aufklärerische 22
Religionssoziologie 206
Religionsunterricht 99, 108, 118, 172, 201, 294, 304, 306
Rolle, soziale 188
Säkularisation 165, 178, 205
Seelsorge 264 ff., 276, 308
Segmentisierung 196, 199
Sinnfragen 117, 195 f., 294, 304
Solidarität, emotionale 272 ff.
Sozialdemokratie 14, 22, 27 f., 33 f.
Sozialethik 181
Sozialisation 118, 127, 143, 182 f., 216, 294, 323
Sozialismuskritik 72
Sozialpsychologie 115, 154, 162, 188, 206, 241
Sozialtherapie 143
Soziologie 158, 308
Staat und Kirche 14 ff., 20, 45
Staatskirche 33, 297
Subsidiaritätsprinzip 45
Supervisor 217, 269
Systemforschung 115
Theologie
– dialektische 133, 139
– empirisch-kritische 67
– exegetische 66
– existentiale 139
– lutherische 15 ff.
– politische 106, 114, 205
– systematische 66, 73, 132, 144
Theologiestudenten 45
– Fluktuation der 25, 48 ff.
Theorie, funktionale 99 ff., 303 ff.
Theorie, kritische 102, 104, 145, 162, 299 ff.
Theoriebegriff 101 f., 144
Theorie und Praxis 65 f.
Transferproblematik 207
Transzendenz 191 f., 299
Verhaltenspsychologie 67
Verkündigungsauftrag 131 ff., 138, 141
Volkskirche 33, 132 f., 135, 166, 168, 197

Volkskirchlichkeit, distanzierte 107 f.
Weimarer Republik 31 ff., 56, 68 f.
Wertvermittlung 116, 135 f., 144 ff., 155
Wissenssoziologie 115
Zuwendung, emotionale 122 ff., 188, 265, 304
Zweireichelehre 16 f.

Namenregister

Adorno, Th. W. 104, 300
Bahr, H. E. 280
Barth, K. 15, 18, 20, 22, 42, 53, 70 ff., 83, 132 f., 135, 187, 323
Berger, Peter L. 127, 168, 191 f., 279, 292, 298
Bernanos, G. 75
Bismarck, O. 13, 15, 17, 23 ff.
Bohren, R. 151
Bolte, K. M. 76
Bormann, G. 76
Brocher, T. 188
Brunner, H. H. 103, 168, 280
Büchsel, F. 33
Bühler, K. W. 142
Bukow, W. D. 143, 160
Claessens, D. 183
Cox, H. 167 f.
Dahm, K.-W. 20, 22 ff., 31, 33, 35, 75, 133
Dibelius, O. 13, 26, 44
Dienel, P. 103, 113
Dienst, K. 111, 117, 178
Doehring, B. 31
Drews, P. 75
Dross, R. 157 f., 160, 162
Durkheim, E. 116, 198, 292
Ebeling, G. 218
Elert, W. 16
Ellwein, T. 13
Faber, H. 268 f.
Fischer, F. 15 ff., 24
Freud, S. 292
Gehlen, A. 113, 182
Gollwitzer, H. 180, 280
Graß, H. 284
Greinacher, N. 165
Gremmels, Chr. 111, 133
Habermas, J. 102, 104, 181 f.
Hanssler, B. 13
Harenberg, W. 105, 177
Hegel, G. W. F. 142, 180
Heinemann, G. 180
Henkel, M. 163
Herder, J. G. 22
Hermelink, H. 18, 20, 22, 26, 28
Herrmann, W. 111, 133
Heydte, F. v. d. 30
Hoekendijk, J. C. 165 f., 168
Holtz, G. 75
Horkheimer, M. 102, 104, 191 f., 300
Jetter, W. 103
Käsemann, E. 132
Kahl, J. 176
Kaiser, G. 23
Kalusche, B. 105, 264
Kappstein, T. 29
Kehrer, G. 110
Klaus, R. 76
Koehler, M. 89
Krämer-Badoni, R. 176
Kreck, W. 70 f.
Kretzschmar, G. 86
Kupisch, K. 34, 36
Lagerlöf, S. 75
Lange, E. 185, 218 f., 226
Lefringhausen, K. 112 f.
Linke, K. 134
Lohse, J. M. 103, 111
Luckmann, T. 110, 127, 279, 292, 298
Luhmann, N. 102, 197, 292 f.
Luthe, H. O. 185 f., 222, 246

Luther, M. 15, 23, 43, 135 f., 187
Maletzke, G. 222
Mannheim, K. 44
Marcuse, H. 104, 200
Marhold, W. 105
Marsch, W. D. 103, 106, 132, 134, 142, 148, 167
Marx, K. 180, 291 f.
Matthes, J. 13, 45, 110, 132, 292
Mayntz, R. 101
Melanchthon, Ph. 17
Mitscherlich, A. 183
Moltmann, J. 132 f., 165 f.
Müller, E. 13
Naumann, F. 17, 19, 29
Neidhart, W. 151
Neuenzeit, P. 181
Niemöller, M. 38, 40, 180
Noth, M. 136
Oeser, K. 169
Opp, K. D. 101
Otto, G. 151, 280
Päschke, B. 133
Pannenberg, W. 103
Parsons, T. 292
Piper, H. C. 266, 268
Plessner, H. 182
Ragaz, L. 31
Rauschning, H. 37
Rendtorff, T. 21, 76, 132, 142, 149, 178
Ritschl, A. 55
Roessler, R. 171
Rohrmoser, G. 102
Scharfenberg, J. 266, 268
Schelsky, H. 113
Schleiermacher, F. D. 20, 142
Schmauch, W. 13
Schmidt, A. 300
Schmidt, D. 40
Schmidt, H. 148
Schnath, G. 169 f.
Schneider, D. 220
Schneider, J. 33
Schneller, L. 31
Scholder, K. 23, 36
Schulze, C.-D. 165 ff., 170
Schweitzer, W. 13
Schreuder, O. 220
Schwering, L. 41
Seidel, I. 75
Seiz, P.-G. 170
Senghaas, E. 76
Shanahan, W. O. 18, 21, 23
Sohm, R. 19, 29
Spiegel, Y. 76, 93, 122, 151
Stahl, F. J. 18
Steck, K. G. 71
Steinbuch, K. 291
Stoecker, A. 25 f.
Stoll, G. E. 39
Stollberg, D. 266
Stoodt, D. 103, 117, 167, 183, 292
Strauß, D. F. 54
Strohm, T. 17
Tillich, P. 142
Todt, R. 27
Tödt, H. E. 19
Topitsch, E. 101
Trautwein, D. 171
Troeltsch, E. 19, 139
Trommershäuser, R. 111, 124, 133, 265
Vaskovics, L. A. 184
Wagner, C. T. 113
Weber, E. 111, 124, 133, 265
Weber, H. 149
Weber, M. 19, 29, 292
Wendland, H.-D. 21, 34, 46, 149, 176, 181
Werdermann, H. 75, 89
Weymar, E. 23
Wichern, J. H. 21 f., 33, 147
Wittram, R. 30
Wolf, E. 13, 15, 17, 19, 40 f., 43
Wurzbacher, G. 76
Zink, J. 136 f.
Zipfel, F. 37 ff.

JOHN B. COBB, jr.

Christlicher Glaube nach dem Tode Gottes

Gegenwärtiges Weltverständnis im Licht der Theologie

Aus dem Amerikanischen von Dr. Hans Weissgerber

151 Seiten, Pbck., DM 12,—, Bestell-Nr. 71 201

Unter denen, die sich heute darum bemühen, eine christliche Theologie ‚nach dem Tode Gottes' zu entwerfen, kommt dem amerikanischen Theologen John B. Cobb besondere Bedeutung zu. Er gilt als einer der führenden Vertreter der sogenannten ‚Prozeß-Theologie', die dem philosophischen Denken Whiteheads verpflichtet ist. In dem vorliegenden Buch legt Cobb eine neue Deutung des biblischen Schöpfungsglaubens vor, die wesentlichen Grundeinsichten heutiger Naturwissenschaft Rechnung trägt und sie in positiver Weise aufnimmt, um zu einem neuen, sinnvollen Gottesbegriff zu gelangen, der die Auseinandersetzung mit dem naturwissenschaftlichen Denken unserer Zeit nicht zu scheuen hat. Cobbs Gedanken verdienen es, neben theologischen Grundeinsichten unserer Zeit genannt zu werden, die sich mit Namen wie Bonhoeffer, Bultmann, Teilhard oder Altizer verbinden.

In einem Anhang zu diesem Buch beschreibt die deutsche Theologin Helga Reitz den gegenwärtigen Stand der amerikanischen Prozeß-Theologie, die in zunehmendem Maße auch in Europa allgemeine Beachtung findet.

Inhalt: Unser Standort / Der Ruf nach vorn / Die Welt und Gott / Das Böse und die Macht Gottes / Christentum als Religion. Anhang: Helga Reitz, Was ist Prozeß-Theologie?

Claudius Verlag München